日本の組織

社縁文化とインフォーマル活動

The Anthropology of Japanese Organisations

[編] 中牧弘允
ミッチェル・セジウィック

東方出版

はしがき

人類学のジャンルのひとつにジャパン・アンソロポロジーJapan Anthropology あるいはアンソロポロジー・オブ・ジャパン Anthropology of Japan とよばれる分野がある。二つは同じことなので、ここではジャパン・アンソロポロジーで代表させることにしたい。そのジャパン・アンソロポロジーは「日本の人類学」と訳されたりするが、いささか誤解をまねきやすい。というのも、それは「日本における人類学」ではなく、「日本を研究対象とする人類学」を意味しているからである。

本書はそのジャパン・アンソロポロジーの成果として刊行される。十四にのぼる論文は、日本の組織に挑んだ人類学者たちの実地調査（フィールドワーク）の結晶である。実地調査は言うまでもなく人類学の有力な研究方法のひとつだが、日本や日本人について、文献で調べるだけでなく、人びとの実際の行動を観察し、当事者へのインタビューをこころみ、そこからさまざまな解釈をうみだす源泉となっている。実地調査に基づく理論構成——これが本書をつらぬく共通の人類学的姿勢でもある。

ちなみに、ここで言うところの人類学とは、もっぱら文化人類学や社会人類学、あるいは民族学とよばれてきた学問のことを指している。それは諸民族の文化や社会を研究の対象とし、人類の身体的特徴を研究する形質人類学（自然人類学）とは一線を画している。したがって、ジャパン・アンソロポロジーも日本人の形質的・遺伝的特徴ではなく、日本人が後天的に習得する文化や日本列島に歴史的に形成されてきた社会を問題としている。

ところで、本書を編集するきっかけとなったのは、ジャパン・アンソロポロジー・ワークショップJapan Anthropology Workshop（通称JAWS）である［詳しくは、桑山敬己・中牧弘允「Anthropology of Japan in Japan（AJJ）とJapan Anthropology Workshop（JAWS）」『民族学研究』66巻2号、2001、参照のこと］。ジョーズと発音するＪＡＷＳは一九八五年にイギリスのオックスフォード大学で産声をあげた。当初は二十人ほどの小集会で、ワークショップの名が示唆するように、ジャパン・アンソロポロジーを共通の関心とする研究者たちが忌憚のない議論を展開する場であった。それが今（二〇〇一年の統計）では二六〇名を越え、ワークショップの名にはふさわしくないほど、おおきな組織になっている。研究大会は基本的に一年半ごとに開かれ、主にヨーロッパの大学が会場を提供してきた。そして第十二回大会になってはじめて日本の地で開催されることになった。一九九九年三月十日から十四日にかけてのことであり、会場は大阪の国立民族学博物館（民博）だった。共通テーマとしては「アンソロポロジー・オブ・ジャパンの新動向」をかかげ、パネルを七つ設定した。そのひとつが本書の基となった「日本の組織の人類学（Anthropology of Japanese Organisations）」であり、十日と十一日の両日にかけておこなわれた。われわれは「組織」を最大の関心事として取り上げ、学校、会社、自治体、教団などの現場をふまえた報告に人類学的な検討を加えようとした。

「日本の組織の人類学」のパネルは二つのサブパネルから構成されていた。「現代日本の社縁文化」と「日本の（フォーマルな）組織におけるインフォーマル活動」であり、それがそれぞれ本書の第一部と第二部となっている。パネルのコーディネーターは前者を中牧弘允、後者をミッチェル・セジウィックがつとめ、本書の編集も担当することになった。

それぞれのパネルのねらいは各部の序論にゆずるが、ここではひとつの点に注意を喚起しておきたい。というのは、日本において開催されたジャパン・アンソロポロジーの大会で、日本の組織をテーマにとりあげた際、クローズアップされた概念や理論がはからずも一九六〇年代の日本で提示されたものだったからである。つまり「社縁文化」パネルでは米山俊直氏の「社縁」が、「インフォーマル活動」パネルでは「タテ社会」をはじめとする中根千枝氏の理論が各報告に参照枠とインパクトを与え、議論に陰影をつけていたからである。

「社縁」の概念は日本ではふつう「会社の縁」とうけとられ、マスコミなどでもよくつかわれているが、国内でも、また海外ではジャパン・アンソロポロジーの世界ですら、これが日本の人類学者によってつくられた概念であることはほとんど知られていない。そこでJAWS民博大会を機にあらためて「社縁」概念の発想と、それなりにたどった足跡について、提案者本人に報告してもらうことになった。それが序論へのコメントとして掲載されている「社縁との縁」である。

他方、中根千枝氏の理論は日本国内では『タテ社会の人間関係——単一社会の理論』（講談社現代新書）、海外では*Japanese Society*（Penguin Books）という著作とともに、人類学者のみならず広く知れわたっている。特に外国の場合、日本の組織を語るときには、話の枕か、議論の礎《いしずえ》か、あるいは反駁の的かは別として、タテ社会（vertical organization）についての単純明快な中根理論はかならず言及しなければならないほどになっている。「インフォーマル活動」のパネルでも「フォーマルな組織における」という限定をつけることによって、やはり中根理論の妥当性を問うかたちで議論は展開した。

米山理論と中根理論はともに一九六〇年代に誕生しながら、長島信弘氏の論文（第一部序論のあとの米山コメントを参照）などを除き、これまでほとんど交錯することはなかった。本書においても第一部と第二部においてそれぞれ言及されてはいるけれども、両者をならべて検討しているわけではない。しかし、振り返ってみれば、高度成長の最盛期にジャパン・アンソロポロジーの組織論においては後代に影響をあたえた重要なキー・コンセプトがすでに提起されていたのであり、その後、数々の実証的研究によってそれを克服したかに感じるようになったけれども、実際には今でもそれと格闘しているのである。その意味で、われわれの企画したパネルは過去と未来をつなぐ重要な結節点としての役割を果たした、と言えるかもしれない。

ただし、「社縁」と「タテ社会」をとりまく環境は六〇年代と比較するとはげしく変化している。東西冷戦体制の崩壊、グローバル化の進行、そしてそれにともなう会社組織や行政組織のリストラ、ボランタリーな団体の台頭、さらには海外における日本的組織の栄枯盛衰など、「社縁」や「タテ社会」の強固な絆はゆるみはじめている。「社縁」

と「タテ社会」の代表的演出である社葬ですら、より平等主義的な「お別れの会」へと移行しつつある。

「社縁」や「タテ社会」の弛緩をより鋭敏に感知するのは、日本社会にどっぷり漬かっている者よりも、外国暮らしに慣れた日本人や異国の暮らしに興味をもつ外国人かもしれない。在外日本人や滞日外国人であるジャパン・アンソロポロジストの眼に日本の組織はどう写っているのだろうか。JAWS民博大会ではイギリスやアメリカ、香港やシンガポール、ドイツやオーストリア、韓国やオーストラリアを出身地とするジャパン・アンソロポロジストたちが、当事者の日本人とともに同じテーブルについて組織論の議論をくりひろげた。

日本人ならさして気にも止めない居眠りのような事柄や、日本人なら立場が微妙で書きにくい京都のフランス橋のようなテーマに、外国人ならではの眼差しで果敢に挑戦している。会社、学校、市役所、宗教団体のようなガードの堅い組織にも首尾よく入り込む一方、市民参加の団体や気のおけない仲間内の団体にも潜り込んでいる。在外日本人のジャパン・アンソロポロジストたちもジェンダーを武器にするどく日本企業や海外日本人社会に切り込んでいる。

ところで、「社縁」パネルでは米山俊直氏のほかに、日置弘一郎（京都大学）、石井研士（國學院大学）の両氏からコメントがなされた。また司会を担当した祖運輝氏は大会終了後シンガポールにおいて日本人墓地の調査をおこない、論文を寄稿してくれた。そして「社縁」パネルの英語版は一足先にSenri Ethnological Studiesの一冊として二〇〇二年三月二十九日に刊行された［Nakamaki, Hirochika（ed.）*The Culture of Association and Associations in Contemporary Japanese Society*, *Senri Ethnological Studies*, no. 62, Osaka: National Museum of Ethnology, 2002］。他方、「インフォーマル活動」のほうは、パネルの報告とそれ以外の論文を加えた英語論文集の出版を準備中である。

紆余曲折を経ながらもここに「日本の組織の人類学」の日本語版がようやく出版されることに感謝と安堵の念を禁じえない。ここに至るまでの間には、翻訳をはじめ幾多の障害を乗り越えなければならなかったが、関係各位のご支援のおかげでようやくゴールにたどりついた。思い起せばJAWSの民博大会は民博の組織的な協力をはじめ、伊藤謝恩育英財団、鹿島学術振興財団、日商岩井国際交流財団、Wenner-Gren Foundationの理解ある財政的支援、ならびにUCCコーヒー博物館の協賛のもとにおこなわれた。これらの団体に対し、記して謝意を表する次第である。

日本語版の準備に際しては、多くの翻訳者の手をわずらわせることになった。大多数は大学院博士課程の学生、ならびにその修了生であり、かれらの労苦を多としたい。

最後に、本書の出版を引き受けていただいた東方出版の今東成人社長、編集実務に携わっていただいた北川幸さん、ならびに中牧研究室で大会事務、原稿整理等をしていただいた河田尚子さん、小﨑明美さん、岡美穂子さん、重親知左子さんにも心から御礼を申し述べたい。

二〇〇二年九月

中牧弘允

ミッチェル・セジウィック

●目次

装幀——森本良成

第一部　現代日本の社縁文化

序論　現代日本の社縁文化

中牧弘允

なぜ社縁か

第一部は現代日本社会――国内と海外――における結社の人間関係とその組織の文化について考察するものである。焦点は日本の「社縁」概念にある。

社縁は地縁、血縁から派生した概念である。地縁はムラやマチに代表される地域的な社会結合をさし、血縁は血筋を基礎とした家族や親族の関係を意味している。イエは奉公人なども含む社会的単位であるので、純粋な血縁集団とはかならずしもいえないが、血縁を基礎とする典型的な集団である。それにたいし、社縁は一般に会社の縁を総称する便利な言葉として流布している。しかし、地縁や血縁がふつうの辞書にものっている単語であるのにたいし、社縁はスタンダードな日本語辞典とみなされている『広辞苑』にはまだ採用されていない。社縁はなじみの概念であっても、日本語としての市民権はまだ獲得していないのである。

社縁は一九六〇年代はじめに日本で産声をあげた概念である。生みの親は文化人類学者の米山俊直氏である。かれは社縁を会社の縁に限定せず、ひろく結社の縁を意味する用語として一九六三年の日本民族学会の大会で提案した。同大会でその英訳を問われたとき、とっさに人類学的用語で sodality とこたえた。米山教授の提起した社縁の概念は、会社のほかに、講や組、クラブなどを含む広い意味での結社縁を意味していた（本序論につづくコメントを参照のこと）(1)。

それにたいし、世間では社縁といえば会社の縁のことをもっぱらさしている。こちらも六〇年代からジャーナリズムなどでしばしばつかわれてきた。これを狭義の社縁、米山氏の提案を広義の社縁とみなすことにしたい。(2)

第一部であつかうのは主として広義の社縁である。ここには会社の人間関係を論じる論文もあれば、任意の市民運動をとりあげた論考もふくまれている。海外の日本人会と華人系のクラブを比較した報告もあれば、グローバル化する日本の新宗教を会社文化と類比する発表もある。いずれにしろ、第一部のひとつの顕著な特徴は、社縁文化というテーマのもとに、会社以外の場で形成されている人間関係を視野に入れていることである。

では、なぜ広義の社縁を問題にしようとしているのか。主な理由は次の二つである。ひとつは、強固に組織された会社や役所の周縁に任意の集団が形成され、活動の輪を広げるとともに、社会的認知度も高まってきていることがあげられる。男性中心にうごいてきた会社が女性の総合職を採用したり、行政主導の地方自治に市民の参加や抗議の行動が顕著にみられるようになったのは、そのあらわれの一端である。第二の理由は、情報化やグローバル化の進展にともない、日本的な社縁集団が海外においてさまざまな形で定着するとともに、たえず変容をとげつつあるからである。それらの集団は会社とは一定の距離を置いた日本人コミュニティーであったり、それにも加わらないネットワークであったりする。また、非日本人にひろがる日本の新宗教教団の場合もある。

会社という社会が地縁のムラやマチ、あるいは血縁のイエを凌駕するまでに異常な発達をとげたのは、高度経済成長の時期であった。このとき社縁という言葉がうまれ、もっぱら会社縁をさすことになったのは、マルキスト流に言えば歴史的必然かもしれない。この時期の社縁の典型はカイシャということになり、社葬はカイシャ文化の粋ともいえる内容をもつようになった。しかし、経済成長にかげりがみえ、バブル経済が崩壊し、グローバルな産業が経済や社会を牽引するようになった現在、もはや会社中心の社縁概念は妥当性をうしないはじめている。第一部でとりあげる社縁文化が主に女性や市民、あるいは海外の日本人や非日本人によって担われている事実も、もうひとつの歴史的必然といえるかもしれない。

第一部の構成

第一部は三つのサブテーマから構成されている。すなわち「任意団体」、「海外の日本人社会」、「会社文化、ジェンダー、宗教」である。

最初の「任意団体」に収録された三つの論文は、市民が行政との関係において結成した任意団体を対象としている。京都（第一章）の場合は、行政が推進しようとしたポン・デ・ザール橋の建設に反対する市民運動であり、川崎（第二章）と武生（第三章）の場合は行政の枠内ではじまった活動が主な対象となっている。

「海外の日本人社会」におさめられた三つの論文はイギリスとシンガポールの事例研究である。イギリスの場合（第四章）は、日本を脱出した女性たちが主役であり、シンガポールの場合には、帰国を前提としている日本人（第五章）と現地に骨を埋めた日本人（第六章）について論じられている。

「会社文化、ジェンダー、宗教」では会社文化はジェンダー（第七章）、儀礼（第八章）、ならびに類比の対象（第九章）として考察されている。最初の二つの論文は狭義の社縁にかかわり、最後の論文は広義の社縁として新宗教教団の崇教真光の事例をとりあげている。

注

（1）米山俊直『同時代の人類学』NHKブックス、一九八一年、一〇五～一二九頁。

（2）社縁をめぐる議論としては、以下の論考を参照のこと。井上忠司「社縁の人間関係」栗田靖之編『日本人の人間関係』ドメス出版、一九八七年、二四四～二五九頁。上野千鶴子「選べる縁・選べない縁」栗田靖之編、前掲書、二二六～二四三頁。中牧弘允『むかし大名、いま会社』淡交社、一九九二年、一四二～一四八頁。日置弘一郎「社縁」中牧弘允編『共同体の二〇世紀』ドメス出版、一九九八年、二〇六～二二〇頁。高田公理「前近代ノスタルジーの精神安定装置——日本とアメリカにおける大衆社会化と共同体」中牧弘允編、前掲書、二五一～二七一頁。

社縁との縁——序論へのコメント

米山俊直

最初に「社縁」という概念を私がもちだしたのは、京都大学人文科学研究所の今西錦司教授の主催する研究会だった。当時、評論家の故坂本二郎氏などがこの言葉をもっぱら「会社縁」という意味でジャーナリスチックにつかい始めていた。しかし、より包括的な、結社縁という意味で、この言葉を使いたかった。それは血縁、地縁と並んで鼎立する関係概念で、人類史の全体に要素として含まれている。しかしその重要性は産業社会になって強まり、現代では最重要な関係となっている、という考えである。また、社縁関係にもとづく集団を社縁集団と呼ぶことにしたかった。すでに、アソシエーションとかゲゼルシャフトという言葉は手垢にまみれているという、若い者の気負いである。

今西先生が血縁・地縁とことなる第三の人間関係、それにもとづく人間集団を指している社縁という概念を、学会で報告するようにと示唆された。それで、人類学民族学連合大会で「社縁について」という報告をした。私は一九六〇年にアメリカ留学から帰国して、その秋から定例的に今西研究会には出席していたから、いつ、今西さんからこの示唆を受けたかは、はっきり記憶していない。

報告をしたのは一九六三年五月に慶應義塾大学で開催された民族学の研究大会だった。その時、最前列の席に石田英一郎先生が陣取っていて、私の報告を聞くと「社縁は英語でなんと言いますか?」と質問された。予想していなかったので、一瞬たじろいだが、とっさに sodality ではどうかと思います、と答えた。ソダリティという言葉は Robert H. Lowie がその *Social Organization* で用いており［Lowie 1959 : 294-316］、また、Elman R. Service が *Primitive Social Organization* でもロウィの用法を引用して使っている［Service 1962 : 21］。それはとっさのことであったが、勉強していてよかったと思ったことを思い出す。

その後、もう一度「再び社縁について」という報告を、翌年の研究大会（立教大学か）でおこなった。その時には和歌森太郎先生が質問されて、「私も〝神縁〟とかいろいろ使ってみたのだが……」ということであった。ほかにもいくつか質問があった。

その質問の内容はよく覚えていないのだが、その後『民族学研究』三四巻二号（一九六九年）で「特集・文化人類学のテキスト・概説書・参考書」という合評会があった。

編集主任の中根千枝先生をはじめ、九人の学者が討論の形式で二十二冊の書物をとりあげて批評した。そのとき、私の『文化人類学の考え方』（一九六八）が選ばれて、講評がおこなわれた。そのなかで、故野口武徳氏が、「この本でもそうですけれども、ここにあるNHKブックスの『集団の生態』もですね、米山さんのお得意の場面ですけれど、社縁という概念を非常に表面に出される。血縁・地縁・社縁と、この三つがですね、我々の結合の原理ってものを導き出す時に、並列して論じられるものかっていうことについちゃ問題がものすごく多いと思います」。

司会の中根先生が「あれ誰か反論してましたか、はっきりと……」とたずね、高橋統一氏がそれを受けて、「それはねえ。学会報告で彼が提案した時にねえ、和歌森さんその他数名がねえメチャクチャにやった……（笑）これはもうやっぱり問題があると思いますね」。

中根「やっぱり。誰か素人の人が、社縁なんて使っていたようだけれど」。

高橋「そうですか……」。

原ひろ子「これだけひろまっていて、読者が多いから……」。

ということで、『考え方』は野口氏は一般向けの本と位置付けた。新書だから当然一般向けである。その後、比嘉政夫、原忠彦、松園万亀雄の諸氏の厳しい批評があった。

じつは、社縁という言葉が活字になったのは、ここに引用されている『集団の生態』（一九六六）が始めである。この本は、NHK現代科学講座の一部として、一九六五年四月に大阪放送局で制作し放映されたものをもとにして、その番組全体を担当した私が書き下ろした本である。普通、学者はその研究の成果を論文や著述として発表するが、私の場合はテレビが社会的なデビューのはじめだった。それも泉靖一先生を先頭に、茅誠司先生を最後にした、学界の権威者に互しての仕事である。そのかわり出演者には伊藤嘉昭、河合雅雄、上山春平、富川盛道、角山栄、増田光吉の諸先生など、第一級の学者をならべ、友人の佐々木高明、和崎洋一、加藤秀俊、三宅一郎などの若い仲間の応援も得た。いわば私はコーディネーターであった。担当ディレクターは佐藤森彦氏、アナウンサーは秋山和平氏であった。佐藤さんには声の出し方、身ぶりのことまで指導していただいた。

この本のはじめ二章は、「集団」と「群れから家族へ」という、人類進化の過程での集団の動態を述べたが、その第三章「血と土と結社」で、血縁・地縁・社縁という鼎立概念を用い、つづく第四章「産業社会までの道程」で、上山春平氏の説である自然社会・農業社会・産業社会という発展段階のなかで、社縁の重要性のたかまりを説き、最後の第五章「社縁の時代の集団生活」を展開している。

さきにあげた『民族学研究』の合評会での批判は、この鼎立概念の並列性にあるらしくて、和歌森先生とその仲間の質問もそれで理解できた。立教大学（だったと思う）の会場の議論はメチャクチャにやっつけられたという印象はなかったが、当時の私の派手な行動に反発している人達には、そう受け止められたのかもしれない。

その後『日本人の仲間意識』（一九七六）では、日本語のセケン・ナカマ・ミウチ・ハラカラという言葉を鍵にして、集団の大小と、血縁意識の有無を基準にした四象限の枠組みを提示し、そのうちナカマが具体的な生活世界であることを述べ、江戸時代の組・講・連・社・流・派などの「社縁集団」にも言及したけれども、あえて社縁という言葉は一度も使わず、あとがきに「この仲間論と社縁論をひとつにしてゆく作業は将来にのこしておきたいと思う」と述べるにとどめている。この本について、長島信弘氏が「日本的社会関係」（講座比較文化6『日本人の社会』所収一九七七）という洒脱で卓抜な論文を書いている。これ以上触れないが、そのなかにも「社縁」という言葉が、私の言葉というクレジット付きで紹介されている。

さらに私は、『同時代の人類学』（一九八一）に、その一章を「社縁の時代」として、現代社会をそのような特長でとらえることを試みた。この本は一九九四年に『新版同時代の人類学――二一世紀への展望』として、京大退官の時の祝賀会のお土産にした。

この本は、アンドレ・シーグフリードの『現代――二十世紀文明の方向』（杉捷夫訳）が管理時代、秘書の時代、広告の時代、家事合理化の時代、遊覧旅行の時代、速度の時代という章だてをしているのをまねて、現代の特長を「なにになにの時代」という章だてでまとめたものである。列挙すると、序説につづいて「都市化の時代」「南北の国家の時代」

「社縁の時代」「多様化の時代」「ひとりものの時代」「日本の時代」となっていた。新版では最後の章を「民族と環境の時代」に書き改めて修正したもので、アズ・ナンバーワンのナショナリズムを反省したのだといってよい。このとき「社縁の時代」では、あらためて現代の社縁の重要性を説き、ことに資格社会になっていることを指摘した。

ところで、クロード・レヴィ＝ストロースが、国際交流基金の招きで一九七七年に来日したとき、各地で活発な研究調査と講演活動をおこなった。その時の講演集が『構造・神話・労働――日本講演集』（一九七九）として刊行されている。編者はこの来日に当たって一貫して協力された、故大橋保夫氏である。氏の訳した『野生の思考』（一九七六）は、見事な翻訳の例である。この本のなかにNHKで一一月一八日に放映した「未開と文明」という対談がある。相手は大橋保夫さんであった。レヴィ＝ストロースは冒頭、来日の目的を三つあげ、まず職人の仕事の考え方と技術を理解しようとしたこと、そしてつぎのように発言した。大橋さんの訳をそのまま引用する。

つぎに、第二の理由もこれと関連しているのですけれども、その是非はともかく、血のつながり、住居や地域的つながり、仕事や職業上のつながりのあいだのバランスについての考え方が、日本と西欧とでは違うように感じます。日本語にはその三種のつながりを示す言葉まであるそうですね。たしか、「血縁、地縁、社縁」でしたね。さて西欧人にとって、また民族学者、社会学者としての私にとって、西欧社会とは非常に異なる日本の社会で、この三種類のつながりのあいだに生ずる矛盾葛藤がどのように解決されているかを知るのは、たいへん重要なことなのです。

（同書一一三頁）

レヴィ＝ストロースは、来日の第三の理由として、日本が過去を破壊しないで工業社会に移りえた理由を究明したい、と述べている。明治維新一回でそれも〈王政復古〉というかたちで近代化を達成したことに注目しているのである。じつは、この発言には聞き手の大橋さんも驚いて、社縁という言葉は君が使ったはずだが、その出典を教えろと、私の研究室に来られたのである。私は『集団の構造』をあげ、それが、注として収められている。

昨一九九九年のJAWSが日本で初めて開催されることになり、中牧弘允さんが「現代日本の社縁文化」というパネルを計画されているのを知って大変うれしかった。中牧さんが主宰する民博での共同研究は、経営人類学を構想する日置弘一郎氏をはじめとして、企業博物館、社葬など社縁の研究が続けられていた。研究会には、多忙で欠席がちのメンバーであったが、参加していた。このパネルには私も出席して、発言の機会をいただいた。

三日目の京都表千家訪問も含めて、楽しい集会であった。二〇〇〇年のＥＡＪＳ（European Association for Japanese Studies）のフィンランドのラチ Lahti での会議で、オックスフォード滞在中の中牧さんに会い、このパネルの報告論文集がまとまりつつあるとして、それに寄稿を求められた。

それにこたえようとしてこの文章を書いたが、今西、石田、泉、野口、原忠彦らの諸先生。そしてアフリカにも一緒に行った大橋保夫さん。多くの人がこの世にはいない。

四十年近い歳月がこの言葉には流れている。ある友人が、「社縁という言葉を君が作ったなんて知らなかった。みんなあたりまえに使っているじゃないか」と言ったことがあるが、もって冥すべきであろうか。（二〇〇〇年九月六日）

参考文献

C・レヴィ＝ストロース『構造・神話・労働』みすず書房、一九七九年。

Lowie, Robert, *Social Organization,* New York: Renehart, 1948.

中根千枝他編「特集・文化人類学のテキスト・概説書・参考書」『民族学研究』三四巻第二号、一九六九年。

長島信弘「日本的社会関係」『日本人の社会』（講座比較文化　第六巻）、研究社、一九七七年、一八五〜二一三頁。

Service, Elman R., *Primitive Social Organization,* New York: Randam House, 1962.

米山俊直『文化人類学の考え方』、講談社、一九六八年。

――――『集団の生態』日本放送出版協会、一九六三年。

――――『日本人の仲間意識』講談社、一九七六年。

――――『同時代の人類学』日本放送出版協会、一九八一年。

第一章　ポン・デ・ザールの白紙撤回と市民運動
——京都のフランス橋はなぜ架からなかったのか

クリストフ・ブルマン

はじめに

本稿では、一九九八年の暮れに京都の地方紙『京都新聞』に掲載された、旧年の市内十大ニュースのリスト中、府知事の再選と、参議院議員選挙における自民党候補者の予想外の敗北というニュースがあったにもかかわらず、トップ・ニュースとなった出来事を取り上げたい。その出来事とは、京都市長桝本頼兼氏が鴨川に架かる歩道橋建設計画を白紙撤回したことである。その橋は、パリのルーブル美術館と美術学院の間のセーヌ川に架かる十九世紀前半に建造されたポン・デ・ザールをモデルとして造られるはずであった。それは、三条大橋と四条大橋の中間に位置するかたちで、お茶屋街である先斗町と祇園を結ぶ予定であった。

京都において建造物をめぐる論争が大ニュースになるのは稀ではない。ふつう「景観論争」と言われるその論争は、すでに一九六〇年代に京都タワーが建てられた時に盛り上がっていた。一九九〇年代の初頭には、京都市の中心部に位置する京都ホテルの高層化再建や、アジアで最大の建造物といわれる新京都駅ビルの建設について、市民の間で意見が分かれて激しい議論が展開された。これらの建築計画において京都市は建築規制を緩和し、これまで禁じられていた六十メートルの高さをいわゆる総合設計制度のもとで許可した。この二つの計画は激しい反対にもかかわらず、着々と計画通りに推進されていった。とくに京都ホテルの場合には、観光地として有名な寺院で結成される京都仏教会の反対で、経営陣が一時妥協を受け入れようとする兆しを見せたが、すぐに元の計画に戻ったため、根深い恨みが残った。一九九九年五月にやっと、京都市と京都仏教会の間に和解が結ばれ、完成されて数年になる京都ホテルの宿泊客の拝観を拒否する看板が、清水寺や銀閣寺などから撤去された［飯田・南部　一九九二：二二二―二五七、まちづくり市民会議　一九九七、京都TOMORROW　一九九〇a、一九九〇b、一九九一］。こうした紛争の前史ゆえに、ポン・デ・ザールの白紙撤回はより一層人々の関心をひきつけた。つまりこれは市長の推進する計画として、法律上必要な審議会・市議会・府議会・知事のすべてにおいて認められていたことで、中止するのはほとんど不可能な段階まで進んでいた公共事業であった。しかしながら、この場合は少なくとも「市民パワーが勝った」（毎日新聞の見出しより）。なぜこのようなことが起こりえたのか。ここでは、実際の経過の詳細状況を見ながら説明を始めていこう。

（自身の取材のほか、［木村　1999］と以下のホームページを参考とした）

http://www.iijnet.or.jp/goyou/kyoto/pont/index.html;
http://www.kyoto－np.co.jp/kp/special/bridge/kamo_index.html;
http://www.city.kyoto.jp/sogo/project/ziti100/kaigou3/kai3－1.html;
http://web.kyoto－inet.or.jp/org/gakugei/judi/semina/s9710/index.htm#Mgei1001

白紙撤回までの歩み

三条・四条大橋間に歩道橋を建設する必要性は一九八〇年代から議論され、歩道橋建設をふくめた都市計画は一九八七年に決定された。にもかかわらず、その問題が浮上するたびに、地元の反対によって真剣な話し合いは中止されてきた。しかしながら、こういった状況は、京都市長が一九九六年の六月にフランスのジャック・シラク大統領訪問歓迎レセプションの晩餐に出席したことで大きく変化した。まさに次の日、市長はポン・デ・ザールをモデルにした歩道橋が、シラク大統領の提案によって鴨川に建設されることを表明したのである。伝えられるところによると、パリの前市長でしばしば京都を訪れていたためか、フランスの大統領は一九九八年の「日本におけるフランス年」とパリ—京都間の姉妹都市提携四十周年の記念にその計画を実現するよう提案したという。桝本市長は有頂天になっていて、パリからはそのデザイン以外には何の協力も約束されなかったことを全く気にとめていないように思われた。その橋が日仏の友好を深めるというだけではなく、いつも込み合っている三条大橋と四条大橋に加えて、歩行者専用の橋が欲しい、という地元の強い要求に合致しているとのことであった。もし歩道橋が架かれば、自転車や車椅子、ベビーカーなどが安全に通行でき、また狭い先斗町からの緊急の脱出も可能となる。そして歩道橋に花壇やベンチを設置することで休息スポットにもなり、衰退しつつある京都の観光産業にも新しい目玉商品を導入することができるだろうと伝えられた。市長は、その橋はコンクリートの橋脚の上に鉄で造られるにもかかわらず、軽くて、透明感のあるデザインで、ちょうどパリのそれのように木製の板床を付けると主張していた。

反対者たちはこの意見に全く賛成しなかった。鉄とコンクリートは川の土手に広がる先斗町の木造の町並みとはまったく調和しないにちがいない。北山の、四条大橋から見てとりわけ美しい景色は破壊されてしまい、二つの橋の間にある広い開放的な空間も切り離されてしまいかねない。狭い先斗町の路《みち》は十メートル幅の橋が架かってしまえば、そこに繋がる道路で強制的に分断され、平行する木屋町通りで近年、週末にみられる若者の迷惑な振る舞いが先斗町にも氾濫してくるかもしれないと考えられた。あまりにも急速な決定経過は、過度のいらだちをひきおこすものである。しかしおそらく、何よりも、有名な場所にすでに外国に存在している橋を単に複製するという考えが、多くの市民の怒りを買ったと考えられる。

しかしながら、市長の発表は最初の半年はほとんどなんの反応もひきおこさなかった。建設予備調査は市の予算に計上され、建設費は六億円ほどに見積もられた。一九九七年八月、京都市は地域の住民を集めて、参加者にかなり一方的、かつ高慢として受けとられるような態度で説明会を開催した。そして橋のデザインを公開し、橋に関する都市計画案の縦覧をおこなって、それについて市民の意見を求めた。

その夏の初め頃から反対運動は始まっていて、八月から十月にかけて、その計画の再考を求める要望書が相次いで市長に提出された。九月には、フランスのル・モンド紙の第一面で、その橋の建設計画とシラク氏が批判され、その後京都の新聞社各社も同様に議論を報道しはじめたのである。フランス側は慎重な態度をとった。シラク大統領はある仏教僧侶からの反対の手紙に応じて、橋の計画を支持しながらも、決定権は京都市民にあることを強調した。その秋の終わり頃にはフランスの首相ジョスパンは、フランスが決してその計画を公式に要求したことはない、と再び表明した。十月の初めには、テレビ朝日の人気番組『ニュースステーション』がお茶屋と先斗町の芸伎たちの、その計画に対する反対意見を紹介し、国民規模の議論をひきおこすことになった。建設中止を求める第一回の署名運動がはじまり、晩秋には橋の建設に関する集会やシンポジウム、セミナーが京都の各地で開催された。既存の市民団体がしだいに新しくつくられたグループと合流していき、一九九七年の終わりには二つの大きな輪が反対運動の中心となった。ひとつは前市長候補と弁護士を看板として掲げ、共産党と市職員労働組合によって支持されているものであった。もうひとつの団体は、シラクに手紙を書いた僧侶やもう一人の著名な弁護士を中心に、既存の組織にあまり関係のない無党派の市民たちによって支持されるものであった。

そうこうするうちに、その計画は異常なスピードで、共産党の議員を除くすべて議員の賛成を受けて市議会、府議会を通過していった。明らかに反対運動に反応したかたちで市長は、橋は単なる複製というより、ポン・デ・ザールの理念を実際に生かしたものにしたいし、フランス語の名前にもこだわるわけではないと表明した。そして驚くべき展開として、照明やベンチ、花壇の三つの異なったデザイン案が、一九九七年十二月から公開され、その縦覧に来る市民の投票で決めるよう計画された。それでも市長は、間違いなく計画を実行に移すと宣言し、反対者たちの「偏狭なナショナリズムと排除の思想」を非難する言動をとった。一九九八年二月、その夏に着工予定とされた橋の建設費が一九九八年度の予算に計上された。

このような事態に直面して、反対運動も次の段階に進まねばならなかった。共産党の反対運動は一九九八年の一月、週一回の街頭宣伝で、市役所や主要駅前、ならびに最適な場所と思われた四条大橋の上で、宣伝カーからの演説や署名運動などをはじめた。署名は歩道橋建設の予算を凍結することを目的とした。このいわば伝統的な戦略に連動して、四月には元大学教授、映画監督、狂言師の三人が日本中のメディアや芸能界の著名人に協力を求めて手紙を出すという手法が編み出された。三百以上もの回答があり、中では「お茶漬けにマヨネーズ」などのしゃれたコメントもあって、多くのメディアがこれを取り上げることになった。そして五月の終わりのデモ行動では、建設予定地を取り囲んだヒューマン・チェーン（人の鎖）も実現され、新手法としてマスコミの注目を集めたのである。

無党派の運動もまた新しい戦略を行使していった。中心メンバーである弁護士のアドバイスにより、地方自治法に含まれる住民投票の手段に訴えることが決定された。それによると、どのような地方行政区の住民も――市の場合には一カ月の期間内に――その行政区の参政権を持つ人の二パーセントの署名を集めることができれば、その議会に住民投票の実施を要求できるというものである。もし議会がこの要求を認めれば住民投票がおこなわれ、その結果を行政機関は「尊重」しなければならない。議会にとって住民投票の実施は必ずしものことではないし、ましてやその結果に必ず従わねばならないという拘束力もないので、このシステムは強い武器とはならない。そして驚くなかれ、日本では住民投票を求める運動のほとんどすべては、こういった二つの障害のどちらかに行き詰まってしまうのである。しかしながら、橋に対する無党派の運動は、住民投票の要求を唯一残された手段と見なしてその方向に従った。そして準備会がまず始められ、ついで一九九八年の六月に、正式に「ポン・デ・ザール市民投票の会」が住民投票要求の署名運動準備のために発足したのである。住民投票は政治の新現象として全国で人気を集めているだけに、このグループの活動はほかのどのような反対運動よりもマスコミに注目された。

このような活動のため、ポン・デ・ザール問題は新聞の見出しから消えることはなかった。そして一九九八年四月、府知事は再選されたが、特に橋の建設予定地の周辺で、多くの支持者を失ってしまった。それは府が架橋を許可したせいだったのではないかと考えられた。情報通のインフォーマントによれば、市長は選挙の後すでに、どのように橋の計画を最も円滑に中止するか、とのアドバイスを求めはじめたという。いずれにせよ公式には、夏に鴨川に納涼床をだす先斗町の飲食店に配慮するという理由で、市長は橋の建設着工を五月から九月へと延期した。続く六月に参議院議員選挙がおこなわれ、ここ五十年間ではじめて自民党の議員が議席を失い、それに対して共産党の橋の建設に反対していた議員が議席を守り、ポン・デ・ザール問題を避けてきた若い無所属の候補者が新しく議席を獲得したのである。

参議院議員選挙のあと、歩道橋建設計画はまもなく中止されるであろう、という噂が広まりはじめた。これによって二つの反対運動は伸びなやみはじめた。しかしながら、反対派はお盆の終わりまで待たざるをえなかった。そして八月二十二日、市長は記者会見を開き、橋の建設計画の白紙撤回を正式に発表したのである。彼は反対運動を感情的であると非難しながらも、橋についての情報提供の不十分さを認めた。行政と市民の間のいわゆる「パートナーシップ」に基づくべき将来的な協力関係も、この計画によって悪化し、日本とフランスの友好関係にもひびが入りかねなかった。白紙撤回のニュースは京都市だけではなく、特に大々的な報道をおこなってきた朝日新聞をはじめ、全国的なメディアで報じられた。共産党と連携していた活動グループは、「市長は当然のことをしたのだ」と表明したが、その撤回宣言がどの程度、住民投票を求めたグループの功績によるのかの質問に対しては複雑な心境をあらわした。後者のグループは比較的ひかえめなコメントをし、あまりに長い期間市長が市民の意見に聞く耳を持たなかったことを非難しつつも、その決断の価値を一応認めた。このようにして、ポン・デ・ザールの問題は幕を閉じたのである。少なくともそう見えたのである。

建設中止の要因

では、なぜポン・デ・ザールの建設計画は取り下げられたのであろうか。いくつかの要因はすぐにでも思いつくことができる。まず第一に、京都の新駅ビルや京都ホテルの問題とは異なって、建設による即効の収入効果を期待できる人がほとんどいなかったことが挙げられる。鴨川の東側に商店をかまえる若干の人たちだけが、積極的にこの計画を支持していた。そして建設費用があまりに少額だったために、おそらく建設会社は政治家たちに圧力をかけるほどには、これに関心を持たなかった。京都の結果とは全く異なる、神戸空港建設計画の中止を求める住民投票要求の動きを考えてみれば、その理由は自然明白である。一九九八年の秋、選挙権を有する住民の三分の一以上もの署名が集められたにもかかわらず、神戸の市長と市議会は住民投票の要望を拒否した。ポン・デ・ザール三〇〇〇個以上にあたる建設費用を要する空港建設をとりまく状況が、大震災によって変化したかどうかを議論することさえ拒まれた。インフォーマントたちによれば、ポン・デ・ザールの白紙撤回が最終的に実現されたもうひとつの要因は、株式会社ワコールの社長であり、京都商工会議所の元会頭であった塚本幸一氏の病気と、一九九八年五月のその死にあったという。彼はフランスから勲章を授与されていたこともあり、そのお返しにその建設計画を支持していたと言われる。さらには一九九八年の夏、市長はパリを訪問してポン・デ・ザールの実物を見学し、実はそれを気にいらなかったとも言われている。

しかしながら、予算だとか個人的な要素とは別に、京都駅ビルや京都ホテルの事情とは異なる、四つの重要な要因があるように思われる。それらをひとつずつ検証していこう。

第一の要因として、これまでの景観論争に由来して、京都の市民グループ活動のネットワークが強くなっていたことが挙げられる。京都の一般的な政治的風土はこれらの活動に好意的である。第二次世界大戦のあと二十年以上も、京都は共産党推薦の府知事を擁していた。いまだに国内の他地域よりも共産党員が多数おり、多くの投票数を獲得している。そして京都には大学が集中しているために、学生や大学教員が多く住んでいる。また作家や芸術家、創作活動に携わる人々が多数暮らしている。こうした背景のもと、先の駅ビルや京都ホテルに関する大きな論争に乗じて、市民グループは一九九〇年から一九九四年の間に、京都北部の賀茂川上流に予定されていたダムの建設の中止［田中一九九二］や、周辺の山々に二つのゴルフ場を開設する計画の中止［Hoffman 1996 : 585-673, まちづくり市民会議 一九九七、野田 一九九八 : 二六二-二六四］を勝ち取ってきたのである。もちろんこういった事例は、論争を引き起こした計画がすべて中止されてきたことを意味するわけではない。そして共産党を除く市議会を運営する政党はみな連立を組んで、情報公開や市民の参加が求められた時は、どちらかというと保守的な態度を守ってきたのである。その上長い間の自民党と共産党の対峙で、どんな市政の論点もすぐに政党間抗争の対象になるため、市政に対してあきれている市民も少なくない。

にもかかわらず、多くの市民の間では、潜在的な反対意見があり、これまでの多くの論争や一九九七年に京都で開催された世界環境サミットの「COP3」からも、市民運動はかなりの刺激を受けてきた。数多くの様々なグループは他の日本の大都市とは異なって、都市計画をテーマにする「まちづくり市民会議」や京都の周辺部の自然環境を取り上げる「水と緑を守る連絡会」などの持続的な連帯組織の形成に成功してきた。加えて、月刊誌の『ねっとわーく京都』や季刊誌の『京都TOMORROW』は現政権から独立した観点から市政に対してコメントするので、行政に対する批判的な情報が市民に流れることは可能であった。これまでの事例では、共産党の活動に対する協力がひとつの分岐点を導くものであった。しかしながらポン・デ・ザール反対運動の場合、実際の二つの運動がその効果を互いに減少させることなく、むしろ全体の運動に多様性を含ませたと言えよう。いずれにせよ、建設中止を求める両方のグループはこうした社会背景のもとで、これまでの実績から多少高名になり、この種の運動に熟練したリーダーたちを得ることができた。それと同時に、これらのリーダーたちはポン・デ・ザール反対の際、それまでに培ったマスメディアや有名人との繋がりを活用したのである。

しかし、もし一般の住民の間での幅広い支持がなかったならば、これらのベテラン活動家の展望にも限界があったかもしれない。これが第二の要因である。多くの市民は、京都ホテルと新駅ビルをめぐる紛争を京都市の行政・共産党・京都ホテル・仏教会のような大組織同士の争いとみなし、自分の出番を見つけるのは困難であった。その上、当時反対運動の先頭に立っていた組織は両方とも、多くの京都市民の好感をあまり得ていなかったといえる。しかしながら今回、仏教会はすでに早い段階で橋にかかわらないことを明らかにし、また共産党と連携した運動も政党と労働組合の協力をそれほど意識的には表にださなかった。同時に、党や組合もビラなどの印刷や宣伝カーを提供したが、生命財産にかかわらない論点だったからか、それ以上には熱心にならなかった。

しかしながら今回は、男性や年輩の人々よりも、概してこういった活動に関心がないと思われる女性や若者を数多く含んだ、一般の市民たちが熱心に参加したのである。中学生までもがその協力を申し出た、と共産党系の一人の活動家は語った。ふだんは政治問題に縁遠い市民の間でも、ポン・デ・ザールの計画は「馬鹿」らしいと考えられた。二つの活動グループの中心メンバーのなかには、以前の景観論争の問題ですでに経験を積んだ人々のほかに、市民運動の初心者も数多く含まれ、なかには橋の建設予定地の地元住民たちも入っていた。私がもっとも親しくなった住民投票を求めるグループの場合、中心メンバーは多種多様な分野から出ていた。僧侶、弁護士、大学事務官、グラフィックデザイナー、工芸家、園芸家、大学講師は以前の景観論争の活動にも参加していた人々であったが、画廊のオーナー、証券会社の社員、学生、ジャーナリスト、芸術家、リストラされてしまった二人の元サラリーマンのように、以前には政治活動の第一線になど立ったことのないような人々も含まれた。つまりポン・デ・ザールの問題は、都市景観問題として、一般住民の関心を最大限にひきつけていたのである。朝日新聞の唯一のまともな世論調査も、歩道橋建設の反対者は市全体のおよそ過半数にのぼることを示した。

第三の要因は、なぜそのように多くの一般市民がこの問題に関心を持ち、熱心になったのかという背景にある。同時にそれによって共産党と組合がそれほど熱心にならなかったことも説明しうる。以前の景観論争の問題にもまして、ポン・デ・ザールの問題は政治的な問題というよりは、文化的な問題としてとらえられた。市長の個人的な計画による公共スペースの私物化や専制的な決定の経過は、反対運動によって断固阻止されるべきであると考えられた。しかしそれだけでこれほど多数の人々を動員することができたとは考えられない。なぜなら多くの市民はすでにこのようなことには慣れっこになっていたからである。しかし伝統的な京都の中心地域に、外国の橋を真似して建設することは、多くの市民をじっとできなくなるほど怒らせた。「外国の橋はいらない」というスローガンからわかるように、反対者たちの多くにとっては、ポン・デ・ザールはただの「フランス橋」であったがゆえに反対したのである。このようにして、直接的には政治色の強い問題に触れたがらないような人々までも動かすことができた。なぜこの運動が女性や若者、磯崎新氏や加藤周一氏のような著名文化人を巻き込んで展開しえたのかがここからわかる。そして京都の財界のリーダーたちが計画を支えてきたにもかかわらず、準トップクラスの社長連からは率直な批判の声が聞かれた。こういったことは明らかに政治問題としてとらえられる論争の場合には起こりえないであろう。興味深いことには、私がアンケート用紙を送付して回答を頼んだ、住民投票を求めるグループメンバーの半数以上が、創作の世界で活動している人々だった。もしそれがフランス橋と呼ばれず、たまたまカタカナの名前がついていなかったとすれば、建設には何の問題もない、とある都市計画の教授は語ったが、この意見には一理あるような気がする。

ただし、ポン・デ・ザールを文化的な問題として攻略するためには、第四の要因がなければその効果も半減したことであろう。以前の景観論争問題とは全く異なって、人々は市長の計画に干渉する権利があると考えたのである。このことは先斗町で、元お茶屋を現在レストランとして経営している女将さんにインタビューをおこなった時、私の中で明確な意識となった。彼女は京都ではよく知られた人物で、さきの二つの運動にも顔役として活躍し、日本中の彼女の常連客から橋の建設に反対する三万もの署名を集めて回った人である。呼びかけ文書の郵送費や十年以上も放置されていたにもかかわらず、今突然市当局の関心を呼んでいる違法の屋上看板の撤去費用はかなりの金額になった。にもかかわず、彼女は他の人々に同じような財政的犠牲を求めないようで、京都ホテルや新駅ビルの投資家たちが経済的利益を追求するならば、たとえそれが高層化を意味するとしても、これは許されるべきであると語った。さらに彼女は、京都ホテルの完成から随分時間が経ったのに、拝観拒否の看板を取り下げない京都仏教会の頑固さを非難した。

この背景には日本の土地所有に対する態度が、ヨーロッパのそれとは大きく異なっていることが見てとれる。「土地は財産」つまり土地が第一、それ自体が投資の対象として考えられているのである。激しい地価下落が数年続いてきた現在でも、地価はその上に立つ建造物の建設費の数倍にあがるのはふつうであり、とくに都心部ではその傾向が顕著である。基本的に建物はまったく二次的なものであり、土地投資の返済が唯一の目的で、建物は余剰予算で建てられる傾向がある。国の政策で、固定資産税のもとになる固定資産税評価額と相続税のもとになる路線価格は、近年、どんどん土地の時価に近づいてきており、その差はすでに二、三割に過ぎなくなった。

つまり現在は、税金の面から考えれば、土地は貯金や証券のような財産とほとんど同様に扱われていると言える。それゆえかなりの額になるその税金に加えて、土地所有者に負担をかけることにはそれなりの遠慮があると言える。

都市計画や文化財保護もその所有権を守らざるを得なく、たとえばドイツで日常茶飯事である所有者の意思に反しての文化財指定は、日本ならば法律上で不可能である。数年前、京都にある最も美しい町家のひとつを所有する家族が、その町家を解体し、マンションに建てかえることに決めた。ある市民グループが署名活動と国際的なアピール方法などで、この家を買収するように京都市に説得を試みた。しかしその町家は文化財に指定されず、町家再生運動で活躍する研究者・町家住民・愛好者の多くさえも沈黙を守ったのである。なぜなら彼らは、そこに住む人々の財産の運用法に口をはさむ権利はないと考えたからである。その町家所有者の一人は有名な伝統行事を運営する組織の役員を務めていた。だからといって周囲の慎重な態度が変わることはなかった。ポン・デ・ザール計画について住民投票を求めるグループのメンバーたちも例外ではなかった。彼らのうち、四分の三の人々が、京都ホテルや新駅ビルなどのように、大企業あるいは公共事業によって建設されるケースでは、より厳しい規制が求められるべきと同意しても、一家族が所有する前述の町家にもそれが適用されるべきと考えている人は三分の一に過ぎなかったのである。

　このように個人の不動産所有権の侵害を敬遠する傾向は都市計画にもあらわれている。京都市が指定している美観地区・風致地区の建造物の高さ・建ぺい率・容積率・かたち・色合い・用途・屋外広告物などについての規制は、他のどのような日本の政令都市よりも厳しいが、ヨーロッパや北米の同レベルの歴史都市に比べて非常にゆるいと言える。その上、これらの規制は絶対的ではない。特に風致地区の中で、建ぺい率違反は多く、その違反がたとえ追及されたとしても、罰金を求められる可能性はあっても、取り壊し命令を出す裁判所はまずない。先に述べたように、新築するために、家族が膨大な金額で苦労して獲得した敷地の上に、ある程度の住居空間を確保しようと努力したとして、もしそれが公の美しい景観に対する一般の権利を侵害しても、行政や司法によってはそれほど厳しく取り締まることはできないという意識が強い。

　京都がいかに「日本のこころのふるさと」と評されていても、この私有財産に対する態度は他の都市とそれほど差異はない。京都の多くの市民は、かれらの街の景観に関心を持っているし、ここ二十年間の町並みの変化を歓迎する人は少ない。しかし景観運動のなかで活動する人々まで、不必要に大きく、醜い建造物が建てられないようにすることは、厳しい規制によるものではなく、所有者の良き判断に任せるべきだと考えている。とりわけ美しい町家を所有するあるインフォーマントの例を紹介しよう。二十年前、彼が父親の死後その家に戻ってきたとき、この町家はほぼ完全に西洋的なつくりに変えられてしまっていた。古物屋や解体現場を回り、伝統的な建具を手に入れながら、長年かかって彼は家を元の外観に戻した。それは町家再生がひとつの流行になるよりずいぶん前のことであった。しかしながら、彼は町家再生を運動化することにあまり興味を持たないと言い、行政の町家保存に対する補助金制度の導入に反対している。彼の目には自分の家の外観に気を配るのは所有者の義務だと写っているからである。そして人々は戦前にそうであったように、自分の家の外観を守るという自らのプライドを取り戻すべきだと考えているのである。

この背景に公共の場としてではなく、単なる私的な場の大きな集合体である京都の概念を垣間みることができる。この意識ゆえに、ポン・デ・ザールの事例はみんなの土地、誰のものでもない川に架かるという理由で、私有土地の事例とは異なり、格好の攻撃対象となったのである。鴨川は多くの京都市民にとって重要な場所である。私がしばしばインフォーマントに配った長いチェックリストの中の、「もしそれがなければ京都は京都ではなくなるぐらい大切なもの」の項目で、鴨川はほとんど例外なく選ばれていた。京都市民のこの川に対する強い感情は、幼少期からすでに育成されている。橋爪（年代不詳）によると、鴨川は比叡山とともに京都の小学校や中学校の校歌にもっとも頻繁に登場する風物のひとつである。

この重要な公共のスペースに、若干浅薄、かつテーマパーク的な発想で手を出すことが容認されなかったのである。しかしながらここにきてなおも、建設予定地の近くに住んでいる市民の意見に対して、特別な配慮が見られる。市長は歩道橋計画が「地元からの強い要望」に応じているという主張を何度も繰り返したが、反対運動はそのたびにその強い要望が実在しないことを証明しようとした。さらに住民投票を要求したグループのある活動家は橋について、多くの知人に対して彼女が彼らの意見を求めた際に、間違いなく全員が、その橋の近くに住んでいないことを前おきしてから自分の意見を言った。つまりポン・デ・ザールのケースさえも、京都人がなんとかして、所有者を定めようとしたように見える。京都には実に公共の場というものがありえないのではないか、という疑問をもたざるを得ない。

再建築？

たいへん興味深いことに、白紙撤回があったにもかかわらず、歩道橋の建設計画はまだ抹消されたわけではない。フランスの橋をコピーして建築するというアイデアは、記念周年が過ぎてしまった今、過去のものとなってしまった。しかし市長は白紙撤回の際、やはりその場所に歩道橋を敷設する必要性を強調し、都市計画決定も相変わらず存在していると表明した。その後すぐに、建設に関心を抱く鴨川東岸の商店主たちは署名を集め始めた。今回は橋の「建設」のためで、一九九八年十二月にはその請願が市議会で受領された。これに並行して、京都のある大学のデザイン教授のゼミは自発的に歩道橋の新しいプランをつくりだし、京都市に提出したことが新聞などで報道された。それで一九九九年度の予算では、三千万円が橋の建設実現にむけての、学識経験者による検討会のために分配され、共産党支持のグループがそれに対して反対の申し入れをおこなった。こういったすべての動きは市長の後押しなくしておこったとは考えられない。なぜあれ程手痛い目にあったにもかかわらず、市長は手をひかないのかという質問の明確な答えには、インフォーマントたちも苦慮している。いずれにせよ、二〇〇〇年二月に予想される市長選の前に、具体的な動きはないであろうと考えられる。現市長再選の場合、鴨川歩道橋の計画も新しい展開をむかえるかもしれない。しかし今回の市民運動の勝利は、京都市政の新しいページを開いたことは間違いない。

参考文献

橋爪紳也「京都の地域イメージに関する環境計画的県境」原稿、未刊。
Hoffman, Steven M., *The Influence of Citizen / Environmental Groups upon Local Environmental Policy Process in Japan*, Ph. D. thesis, University of Wisconsin-Madison, 1996.
飯田昭・南部孝男『歴史都市京都の保全・再生のために』文理閣、一九九二年。
木村万平『鴨川の景観は守られた——「ポン・デ・ザール」勝利の記録』かもがわ出版、一九九九年。

京都TOMORROW「特集・京都「三次」景観論争」『京都TOMORROW』十三、一九九〇年a、九〜四一頁。

京都TOMORROW「特集・ふたたび京都景観論争」『京都TOMORROW』十四、一九九〇年b、九〜二九頁。

京都TOMORROW「特集・京都景観論争の新段階」『京都TOMORROW』十五、一九九一年、九〜四三頁。

まちづくり市民会議「京都駅ビルと第二次景観論争」原稿、一九九七年。

野田浩資「景観・環境問題と都市の成熟化」、仏教大学総合研究所（編）『成熟都市の研究——京都のくらしと町』法律文化社、一九九八年、二五七〜二七九頁。

田中真澄『ダムと和尚——撤回させた鴨川ダム』北斗出版、一九九二年。


（岡美穂子訳）

第二章　日本における任意団体――体制への機能的貢献か変革力か？

文玉杓

はじめに

中根千枝の *Japanese Society*[1] が出版されてから三十年以上が経つ。この本のなかで中根は、日本人の個人の帰属集団も個人と個人を結ぶ関係も一方的であり、唯一の忠誠心が最も重要で確固とした地位を占めていると論じた。都会ふうの日本人男性の大多数にとって「全身全霊の参加」が求められる第一次集団は、会社であったかもしれない。そして性別による厳格な分業という状況のもとでのみ男性のそうした完全なる献身が可能であったとしたら、女性にとっては、イエや地縁組織が第一次集団であったといえるだろう。また人々は、第一次集団に加えて多くの任意集団に属することができる。しかし後者の集団は二次的かつ周縁的であるので、日本の社会関係の基本的特性を理解するためには重要ではない、と考えられている。

本論は、過去においては正しかったかもしれないこうした議論が、現在の日本社会にはもはやあてはまらないことを前提に、この顕著な社会的・文化的変化の要因の分析を試みる。そして最終的には「第一次」集団をイエ、ムラ、あるいは会社のみに限るような傾向――それはすくなくとも日本についての多くの人類学研究で支配的であった――が、日本社会に対するいささか静態的な見解や、人間関係の日本的パターンの理解におけるさまざまな文化決定論を導きだしたことを論じたい。またこの傾向は、意識的にしろ無意識的にしろ、「日本的特殊性の神話」を助長する一因となった。

日本社会は、世界における他の工業化社会、ポスト工業化社会と相まって変化している複雑な社会である。そしてこの変化の特性を理解するためにわれわれは、新《オルタナティブ》規な人間関係に関する、ささいではあるが広範に及ぶ多くの試みに目を向けるべきである。任意団体は、そうした試みのための場を提供しているように思われる。これから明らかにするように、任意団体に積極的に参加している人たちは、垂直的、役割による拘束、押しつけられたコンセンサス、個性の抑圧などの、「第一次」集団を支配している社会関係のパターンから離れるための努力をしばしば意識的におこなっている。過去において少なくとも一九八〇年代初頭までは、こうした試みの中で積極的に活動していた人たちは、たいてい疎外され、体制の中での落伍者と見なされていた。しかし一九九〇年代末期において、社会における支配的な言説は「滅私奉公」から「活私奉公」へと変化したように思われる。また、新《オルタナティブ》規な生活様式をめぐる多様な試みは、奨励されたように思われる。本論では、東京の南に位置する川崎市で観察した二つの任意団体と東北地方の村落地域の任意団体の特性を詳細に検討することで、任意団体に参加する人々にとってのこの集団の意味、そして、われわれがこの参加を社会全体の変化の指標としてどの程度解釈してよいのか明らかにしたい。

任意団体――概念考察

「任意団体」という用語は、出自によって自動的にメンバーの資格が付与される第一次集団とは対照をなし、人が自らの意志によって参加する第二次的特性をもつ集団を包括的に指している。現代社会において、第二次集団的な結合の重要性が増しつつあることは一般に、社会発展の普遍的過程とみなされてきた。日本では、人類学者の米山俊直が、血縁地縁のような非選択的特性をもつ伝統的な縁と対比して、現代的結社縁に社縁という術語を作り出すことで、初めてその重要性にわれわれの目を向けさせた。

しかしながら、上野千鶴子が指摘するように［一九八七］、第一次集団的な縁の重要性が急速に減少している現代の状況では、社縁という術語は、その言葉が指し示す範囲があまりにも広くなりすぎて、分析概念としては有効ではなくなっている。上野はまた、とくに日本において、会社や軍隊のような現代的組織では、選択が極端に限られている事実をわれわれに思い起こさせる。言いかえれば、それらは第二次集団でありながら、実際には、意志による加入、脱退の自由が人々にはそれほどないのである。それゆえ上野は現代的結社縁を、加入・脱退の自由の度合い、つまり、「選べる縁」か「選べない縁」かによって、さらに二つに分類することを提案している。ほかの研究者たちは、現代的結社縁を目的志向的な縁と価値志向的な縁に分けることを試みている［井上　一九八七］。

本論で焦点を当てたいのは、結社縁の中の選べる縁と価値志向的な縁である。綾部恒雄［一九七六：一四］によると、そうした結社グループ内の人間関係の特性は、メンバー間の平等、任意、局部性、選択性によって特徴づけられる。綾部は「選択性」という用語で、人々が生計を立てる目的でそうしたグループに参加しているのではないことを強調している。なぜならそうした目的は、いったん所属するとそこを辞める自由を必然的にうばうからである。たとえば、比較的フォーマルで永続性のある会社や官僚組織のような現代的結社は、内部的なヒエラルキーや厳格な組織構造を構築する傾向があるので、任意団体が示す自発性や平等性や柔軟性に欠けている。本論でこれから分析をおこなう団体は、実際、こうした官僚化された現代的結社とは対照的に、局部的で私的な組織であって、そのメンバーたちは、意図的に、自由で個人的な人間関係を追求し、階級的束縛、厳しい規制、厳格な対人関係を避けようとしている。

ここで扱っているインフォーマルな任意団体のさらなる特徴のひとつは、その組織のメンバーシップがイエのような集団よりむしろ、自立的な個人によって構成されているという事実である。その点において任意団体は伝統的結社と異なっている。日本社会には、講として一般的に知られている宗教的・経済的結社を典型例とする任意団体に長い伝統があるとされてきた［桜井　一九六二、綾部　一九七九］。講のメンバーシップが家柄にかかわらず平等な基準によって決められていたところまでは、伝統的結社が現代の任意団体に類似していると言えるかもしれない。そしてこの点が、本家と分家が垂直的結合によって構成されている同族のようなほかの伝統的組織を支配する関係とまったく異なっていることに疑いの余地はない［鳥越　一九九三］。

しかし講のような伝統的な任意団体は、メンバーの単位が個人よりもむしろイエに基づいていた点で、現代の任意団体とは異なっている。もちろんこのことは、個人によって構成される講の事例がないということではない。たとえば徳川時代後期において、女性だけで組織されたさまざまな巡礼集団（講）があったという記録がある［Vaporis 1994 : 243］。しかし、講のメンバーの単位はたいていイエであり、家長がイエを代表してそれらに参加した。またこうしたメンバーの資格はときには継承されたので、任意団体としての特徴をそこからいっそう奪っていった。さらにこれらのメンバーシップはしばしば地域的に限られていたので、任意の特性をもつ講を、事実上生まれながらにして帰属することが決まっている地縁集団から区別することをますます困難にした。

川崎市——調査地

任意団体は、過去の日本でも現代の農村地域においてもみられるが、イエ、同族、そのほかの地縁集団のような一次的結合が比較的弱い都市でより頻繁にみられる。移住してきた家族が大半を占める、拡大しつつある都市の住民たちは、信頼と親密さをもって親しく交わることができる「コミュニティ」や新たな仲間を早急につくる必要性を感じていたのかもしれない。任意団体の行動が比較的活発であることの背景として、こうした状況を考慮に入れるとすると、川崎市で観察した二つの事例はその典型となるだろう。

川崎市は東京の南に位置し、第二次世界大戦後、劇的に成長をとげた都市である。その急成長ぶりは人口統計をみれば明らかであり、一九四五年には人口約二十万人、一九五五年には三十万人、そして一九六五年には六五万人、さらに一九九五年には一二〇万人以上に増加している。一九七〇年代以降、とくに市内北部は東京の「ベッドタウン」として開発され、川崎駅から品川駅まで急行で二十分しかかからないことから、多くの通勤者が引っ越してきた。また川崎市は、日本国内にある数少ない革新自治体のひとつであることから、進歩的な政治をおこなっていることで知られている［矢澤　一九八七］。社会党初の候補者である伊藤三郎氏が市職員の労働組合を基盤にして一九七一年に市長に選出されて以来今日まで、川崎市では社会党が政権を握ってきた。

環境、福祉、市政への市民参加、外国人居住者に関わる政策などの問題と結びつく多くの社会的・文化的・政治的試みのために、こうした川崎市の政治環境が、一般市民とエリートに活躍の場を提供したことは明らかである。そしてこうした進歩的な試みはしばしば、国全体における既存の体制への挑戦となっていった。たとえば、一九九八年に川崎市は二人の在日韓国人を市職員に採用した。外国人居住者に市職員になる権利を認めたことは、民族差別の撤廃にむけての象徴的かつ意味のある意志表示であった。川崎市でも、この措置だけでは民族差別の完全撤廃に至るのにまだ時間がかかる。しかし、同市のこの措置は、日本のほかの多くの自治体では今なおこれを模範とする体制も整っていないような前進とみなされる。

北東から南西に長くのびる川崎市は現在、景観と社会的特徴の相違から二つの地域に分けられる。一方は、工場労働者、老舗の店主、不法滞在の外国人労働者が密集している古くからの工業地域の南部で、もう一方は、多くの会社員、地方公務員、通勤者などが住む住宅地の北部である。川崎駅と沿岸の工業地域周辺に発展してきた昔ながらの南部が本来《ネイティヴ》の川崎とみなされる一方、中産階級の居住地である北部は、ニュータウンとみなすことができよう。ここでの任意団体についての事例研究は、中産階級者が住む川崎市の北部地域の新興住宅地で一九九四年から一九九六年にわたっておこなったものである。

Tさんと「生活学校」

Tさん（一九九八年、六十五歳）は、東京の会社に電車通勤をしていた電気技師の夫と一九六八年に川崎市の北部地域に引っ越してきた、この地域の新住民としては典型的な中産階級の主婦である。Tさんは愛媛県の田舎町で生まれ育ち、二年制の専門学校を卒業後、裁縫の先生として働き、二十二歳（一九五六年）のときお見合いをして同じ町の出身で会社員の今の夫と結婚した。彼女が引っ越してきたあたりは、住民のほとんどが他所者《よそもの》の新興住宅地であって、彼らのほとんどが、彼女のように地域のコミュニティをゼロからつくる必要性を感じていた。引っ越してまもなく彼女の家族は、新たに組織された自治会にはいり、彼女は、川崎市に巨大な流通センターを建設しようとした政府の計画に反対する市民運動に積極的に参加しはじめた。

　自治会の会員は農村地域の場合のように世帯を基盤にしていたが、この地域集団の場合、ほとんどの夫が日中、地域社会にいなかったので、活動に参加する者の大多数は主婦であった。市の新しい社会党政権に政府原案を撤回させたことで最終的に成功をおさめた一九七〇年代初頭のこの反対運動は、川崎市民のほぼ全員を動員した出来事だった。公害や生活環境の悪化を危惧してほとんどの住民が反対運動に参加したのである。そしてその動員は自治会や町内会を基盤に組織的におこなわれた。Ｔさん自身、住民からの署名集めに歩き回り、この問題が議題になったときには市議会での座り込みの抗議に隣人たちと交代で参加した。

　この市民反対運動への参加に加えてＴさんは、彼女の二人の娘が通う学校のＰＴＡを通じて、地域の社会活動にもかかわった。しかし、自治会とＰＴＡの活動はともに、彼女に継続的なコミュニティを提供しなかったので、どこか不満を感じていた。彼女が自治会の会員として参加した市民反対運動は、いったん目的が達成されると、継続的に人を集めるだけの勢いをもはやもっていなかった。自治会は、敬老会や八月の盆踊りのような慣例となった活動を続けてはいたが［Yi 1993］、会員は同じ地域に住んでいることで自動的に決められており、Ｔさんは、こうした活動に同じ関心や価値観をもつコミュニティを見いだせなくなっていた。彼女はＰＴＡにも同様の限界を感じていた。彼女は娘の学校のＰＴＡのメンバーとして、彼女が住んでいる地域に子供たちが放課後遊べる公園を新たにつくる計画を推進した。しかし子供が卒業すると親もＰＴＡへの参加をやめるので、ＴさんはＰＴＡのメンバーとして活動を続けることが不可能であることもまもなく実感した。こうしたなか、市による社会教育プログラムは、彼女が望む結社縁を築くいい場所と機会を与えてくれた。

　明治時代に初めて取り入れられた用語である社会教育は、国や地方自治体によってすすめられた教育プログラムのことで、人々を社会や国家にとって有益な「公民」に変えることが具体的な目的だった。こうした教育は続けられ、終戦直後の荒廃していた時期でさえも、政府は、「敗戦のショックやその後の社会混乱から人々を立ち直らせるための援助」を明確な目的にさだめ、まず全国に公民館のような社会教育のための施設を整備しはじめた。社会教育の目的は地域によって異なっていたが、一般的には文部省社会教育課によって定期的に決められたガイドラインに沿ったものであった［川崎市教育委員会　一九九三］。

川崎市の場合、第二次世界大戦後における社会教育の最初の主な対象は、労働者として市内で群れをなしていた多くの中途退学者たちであった。多数の夜間講座では、そうした若者たちの未完の教育を部分的に補助する意味で、彼らに教育の場を提供した。そして一九七〇年代にはこの主な対象が、働く若者から女性、とくに主婦に変わっていった［Moon 1995］。川崎市に高学歴の専業主婦が増えたことで、社会教育に対する要求が増大したのである。多くのカルチャーコースはデパートのような民間組織によって提供されていたが、市によって提供された社会教育は、安価なだけではなく、ほとんどの場合、より質の高いものだった。市は市民館のような場所を用意して、講師を招いた六カ月ほどの講座を開設した。そのうえ教育委員会は、その講座を修了した人たちに、自主学習グループを自分たちで組織するよう促した。時には、市から助成金をもらって初めから市民館で自主学習グループがつくられることもあった。

Ｔさんの生活学校グループは、後者のタイプだった。Ｔさんは、娘の中学校のＰＴＡの代表として活動していたとき、ある市民館を訪れる機会があり、そこで市の社会教育プログラムについて知った。Ｔさんは一九七三年に彼女の知人のなかから約二十人を集め、市からわずかな助成金を受けて生活学校をはじめた。彼女たちはそれ以降、市民館で定期的に集い、近隣地区の問題、環境保護、子供の教育、老人福祉などについて、時には講師を招いて、またある時は自分たちで勉強した。またこの勉強会に加え彼女たちは、定期的な大気汚染調査、リサイクル運動、環境保護のための募金活動、健康食品の宣伝、農村の若者との交流といったさまざまな活動もおこなった。さらにＴさんの生活学校のメンバーたちは一九七〇年代以降、子供のための図書館を運営してきた。彼女たちは市の図書館から大量に本を借りてきて、それらをＴさんの家においておき、週末、子供たちにＴさんの家に来て本を読むようすすめた。生活学校のメンバーたちは時々、やってきた子供たちのために特別な授業やパーティーを企画した。

市民運動という意味でのTさんの生活学校の主な成果のひとつは、一九七五年以来このグループが、市長や市政に彼女たちの近隣地域に分館を開設するよう陳情したことである。他の市民からの援助を受けてこの活動を続けた結果、十三年後の一九八八年にようやくこの陳情は受け入れられた。この運動の目的は、社会教育プログラムと市民活動への住民参加を促進し、容易にすることだった。Tさんや彼女の同僚たちは運動の成功を、従来の市政による上から下へという一方的なスタイルにまさった市民のイニシアティブの勝利であるととらえている。新しくできた市民館や関連施設の管理は川崎市がおこなっているが、その運営は、大部分がTさんの生活学校に任されている。

生活学校のメンバーの活動の関心と特徴は時代とともに移り変わり、自然とメンバーも多少変わってきたが、Tさんは二十五年以上基本的にこの同じグループを運営してきた。Tさんは生活学校を彼女の生活に不可欠な部分と考えている。彼女やほかのメンバーたちは、主婦としての仕事を忠実に果たしてきたが、生活学校でおこなってきた家事以外の活動や親睦なしに暮らすことはできないと感じている。生活学校は、彼女たちに妻や母としての経験やアイデンティティとは違う世界を与えたのである［吉武　一九八二、Imamura 1987］。彼女たちは、家庭では社会に要求された人間関係の様式に従っていたが、生活学校ではグループ内に序列をつくらないよう意識的に心がけた。またTさんはこのグループをはじめたが、決してグループのリーダーであることを主張せず、グループは常に自発的参加によって民主的に運営されてきた。

勉強会と市民活動に加えて生活学校のメンバーたちは、数年前にお弁当をつくるワーカーズ・コレクティブを始めた。ワーカーズ・コレクティブは、労働者自身が所有、運営、資金調達をおこなう、つまりは資本、労働、所有が分けられていない組織のことである。この組織は川崎市などの市町村の住民による試みのひとつで、階級の差や序列が存在する既存の労働形態への挑戦である［石見一九八六、Moon 1997］。ワーカーズ・コレクティブの労働形態では、全員が平等であり、平等に基づいて意志決定と利益配分がおこなわれる。Tさんの生活学校のメンバーは、今やこのお弁当の収入で彼女たちの活動のほとんどを賄っている。そしてこのお弁当業務のことで彼女たちは、週に三回以上、新しくできた分館に集まらなければならなくなっている。

会社員の男性による「いたかの会」

第二の事例は、川崎市北部にある男性グループである。このグループは「いたかの会」という。この名称は日本の父親たちが会社人間であり、彼らが家庭や生活する地域に根づいていなかったことを象徴的に表している。前述の「生活学校」のようにこのグループも、「父親のための家庭教育講座」という川崎市の社会教育プログラムのひとつから派生した。

七〇年代における社会教育のおもな対象が女性であったとすると、八〇年代にはそれが男性へと転換した。八〇年代に女性の雇用が増大したことで女性の社会教育に対する要求が減少する一方、会社での構造調整による定年前の退職者の増加によって、男性側からの社会教育の需要が著しく増大した。会社での生活に没頭していたがゆえに、日常生活という現実世界との関わりを失っていた定年後の男性たちは、地域や社会全体で役立つよう再社会化する必要があると思われた。女性に対する社会教育の場合と同様、初期の段階では趣味のクラスや文化的講座がほとんどだった。しかし、「いたかの会」は、定年を迎えた年輩者たちの単なる暇つぶしの講座ではなかった。というのも参加者は、この講座に新規《オルタナティブ》な生活スタイルを探し求めたからである［いたかオヤジの会　一九九三］。

父親のための家庭教育講座は最初、川崎市の社会教育運動で活動していた女性たちによってはじめられた。社会教育の拡大にともなって、以前社会教育プログラムの講座で学んでいた数人の女性たちが、市の社会教育プログラムの運営への市民参加を促す運動をはじめたのである。彼女たちは、川崎市民は市から提供されるプログラムに対する受動的受け皿、あるいは単に教育・指導される立場のままでいるのではなく、なにを学ぶのかを自分たちの関心に基づいて決定できるべきであると主張した。この運動はかなりの成功をおさめ、川崎市における社会教育プログラムの運営に関わる市民は顕著にふえた。「川崎社会教育を考える会」と称する任意団体は、この運動のリーダーとこれに関わった市職員によって構成されており、社会教育プログラムの内容や方向性の決定に際して発言権を与えられた。「父親のための家庭教育講座」は、そうした市民のイニシアティヴを反映したプログラムのひとつであった。このプログラムは初めから、日常生活の中で家庭や地域との関わりを失ってしまった「会社人間」である男性を、再び「社会人間」に変えることを意図してはじまった。またこのプログラムは、既存の父子関係ならびに夫婦関係を改めることも目的としていた。

ここで論じる「いたかの会」は、一九八二年に川崎市で開講された第一回父親のための家庭教育講座に参加した男性約二十人によってつくられた自主学習グループである。彼らは六カ月間その講座に参加し、八三年に自分たちでグループ活動を開始した。メンバーのほとんどが四十、五十代の会社員だったが、中には別の職業の人もいた。彼らが、一般に社会教育プログラムに参加する定年退職した年輩者たちと違う点にわれわれは注目すべきである。彼らはすでに会社人間としての自らの存在に疑問を抱き、既存の組織における人間関係に批判的な人たちであった。それゆえ「いたかの会」は、そうした支配的パターンから離れる努力を意識的におこなったのである。

最初に彼らがおこなったことは、彼らの名刺から「肩書き」を全てとることだった。それは、日本の慣習に見られるような役割や地位ではなく、互いが人間として接触することを可能にした。また、メンバー間の年齢には十歳以上の差があったが、彼らは平等な立場でお互いつきあうことになんとか成功した。さらにこの会への彼らの参加は、規則や規制のない、全くの自発性に基づくものだった。彼らの大多数は、垂直的序列なしでは組織は機能しえないと信じる人が多くを占める会社の社員であった。にもかかわらず、このようなやり方でこれまで十五年以上もこの結社縁を維持できたことに彼ら自身驚いていた。メンバーへのインタビューによると、彼らの主眼は、「自由意志をもって自立した人間として参加できる、管理されていない世界を創造すること」である。「いたかの会」の活動には、川崎市の他の多くの任意団体にみられるようなコミュニティづくりの運動、環境汚染の抗議運動、リサイクル運動などが含まれた。しかし彼らの活動の焦点は常に、生活スタイルと人間関係のパターンを変えること、家族や地域における居場所を取り戻すことであった。

近年日本には、これに類似した理念をもつ任意団体が数多く現れている。そこで「いたかの会」は一九九四年に、首都圏に出現したいくつかのこうしたグループと、川崎おやじ連というネットワーク組織を設立し、交換プログラムや共催活動をはじめた［川崎おやじ連　一九九四］。彼らが一九八三年にこの会を始めたときには、社会全体からのかなり否定的な反応に直面せざるを得なかった。たとえば、地方新聞にこのグループのことが載ったとき、あるメンバーの奥さんの親友は、そうした変わった活動への男性の参加が公表されるのは、その人の会社での出世に不利であると忠告した。またその当時の一般的な雰囲気は、プライベートな生活をもつことは会社人間としての忠誠心に欠けることを意味し、職場で家族や隣人関係について話すのは恥であるというものだった。そしてそうした活動に参加している男性たちは、子供の非行、夫婦関係、仕事での昇進などといった、深刻な問題を抱えているに違いないと多くの人から信じられていた(2)。

他方一九九〇年代には、全国でその状況がだいぶ変わった。「いたかの会」のような活動に関わっている人が会社の中にいることやそれを公開することが、以前のように非難されなくなったのである。むしろ、組織が個人の生活や多様性を認め、柔軟性をもっていることを示すものさしとして、こうした事実が会社のイメージアップのために公表されるという現象がみられる。日本の会社は、もはや会社と完全に結びついた人間ではなく、仕事、家庭生活、そのほかの社会的活動をバランスよくこなすことができる「完全な人間」を求めているとよく言われる。

農村青年の「平成ボランティア協会」(3)

日本の農村にみられる団体は、イエを基盤にするメンバー構成と、地方行政と結びつくヒエラルキーを発達させた点に特徴がある。こうした特徴は、伝統的な団体に限らず、明治以降出現した団体にも認められる。今日、国内でかなり画一的にみられる村落団体の多くは、実際には、明治初期に新地方行政システムが実施された際に中央政府によって規定された雛型と指導に基づいてつくられたものである［Moon 1989 : 138］。政府によって作られたこれらの団体のうちのいくつかは、その活動が戦争を支持したことを理由に第二次大戦後禁止されたが、少なくとも理論の上では個人参加による任意団体であるということですぐに復活した。

しかしながら、村に新たに作られた団体でも実際には、イエを基盤とする伝統的なメンバー構成になる傾向がある。したがって、婦人会や青年団であっても、その村落の各世帯を代表する人が団体を構成しており、それぞれの団体には、村、郡、県、そして最終的には国といった、より規模の大きな行政管区の代表者がいる。また、これらの団体は地縁集団の特徴を保持しているので、任意団体と見なすことは難しい。しかし、特に一九八〇年代から日本の農村にも、以下で論じる「平成ボランティア協会」のような、「伝統化された」村の団体というよりも、都市にみられる現代的任意団体のような市民団体が現れてきた。

平成ボランティア協会は、約二十人の若いメンバーで構成され、福島県H村の社会や文化の再活性を目的として、彼ら自身が一九八〇年代半ばに組織したグループである［Kwon 1995］。H村は日本の他の多くの村と同様、住民の都市への流出の結果、高齢化問題の深刻化や地域経済の衰退に見舞われた。平成ボランティア協会は若者のグループであり、彼らは、遠隔地や後進的な場所としての村のネガティブなイメージを払拭する、村民のための新しくてポジティブなアイデンティティの構築と、地域社会や文化の再活性に期待をもって集まった。彼らがこのために最初にとった行動は、この地域での巨大リゾートの建設計画に反対する環境運動だった。

これは日本における村おこしの広範にわたる運動のひとつであった。そしてその方策のひとつは、都市に対して村を独特な文化的伝統や汚染されていない自然を保護する場所として示すことだった［Moon 1991］。彼らは、即時的な利益を保証するであろうその地域の都会人相手のリゾートとしての開発に代えて、できるだけ環境破壊から自然を守り、彼らの新たなアイデンティティの基盤としての地域的特徴を洗練することを試みた。平成ボランティア協会——メンバーの多くは、都市や外国での生活経験があり、それゆえ国やグローバルなレベルの言説に詳しいUターン者である——は、こうした文化的かつ環境的志向の運動団体のよい例である。それゆえ反リゾート運動以来十年以上の間、このグループは、地域文化の保存、森林保護、村おこしなど、他の多くの市民運動の中核を担ってきた。

平成ボランティア協会は、自発性と平等に基づいて集う、共通の価値観と目的をもつ者たちによる団体であるという点で、現代的任意団体の典型ととらえることができる。この団体は地域を基盤としているが、伝統的な村落団体とは異なり、居住によって自動的にメンバーが決まるのではない。このグループの目的や方針に賛同した人だけが参加しているのであって、世帯ではなく個人がメンバーとなる。したがってこのメンバーの資格は、地縁集団に基づく農村の伝統的な任意団体の場合よりも広範囲に及んでいる。さらにこのグループは、厳しい序列と官僚主義によって「麻痺させられた」日本の現代組織文化に対する良心的な批判からはじまったと言われている。そこで、平成ボランティア協会のメンバーは、形式的な組織に特徴的な官僚化を避けるために、活動が終了すると自動的に解消する一時的な枠ないし場のみを設けるようにした。また彼らは、加入と脱退の自由を強調し、永続的な組織構造もあらゆる強制も最小限に抑えるよう試みた。

平成ボランティア協会のメンバーは、村役場の職員や農協関係者、会社員、専業農家の人たちであった。言いかえれば、この団体の活動は、生計が目的ではないのである。しかし、にもかかわらずメンバーたちは、人生の価値やアイデンティティのための主な源泉となっているのは、家庭や職場ではなく、この団体の活動であると主張する。またこのグループの名称に使っている「ボランティア」は、地域の社会福祉一般と結びつくさまざまな無料奉仕の活動という単純なニュアンスではなく、「彼らが生活する地域の新しい文化の構築に関わる自発的で創造的な活動と実践」という特定な意味をもっていると彼らは強調する［Kwon 1995：424］。

おわりに

本論では任意団体に焦点を絞り、変わりつつある日本社会の人間関係の特性を示すことを試みてきた。ここでは三つの事例についてのみ詳細に論述してきたが、任意団体の活動への高まりつつある関心は、決して川崎市民や福島県の数人の青年たちに限るものではない。われわれは現代日本社会において、類似した志向や人間関係のパターンを示す村落団体ならびに都市の多くの女性あるいは男性グループに気づくだろう［Takabatake 1978、藤井　一九八七、佐藤　一九八八、佐藤ほか　一九九五］。とくに一九七〇年代前半以降広範囲にわたって急増している市民団体は、日本の既存の組織文化に対する挑戦のように思われる。

しかし、中根［1970］や他の研究者に従えば、今日、日本社会のさまざまなレベルでみられる任意団体は、周縁的かつ私的であり、それゆえ、イエ、ムラ、会社のような第一次集団と比較すると、日本社会の人間関係の基本的特質を特徴づけるのには重要ではないと論じられるに違いない。しかしまた、本論で取り上げたような任意団体への参加は、既存の体制の円滑な操作を支える機能的な要因《ファクター》と解釈することもできる。というのも、こうしたグループのなかで人々が経験する人間関係におけるリラックス、自由、円満な完全さは、彼らが同時に関わっているフォーマルな組織からのプレッシャーに耐えるための助けとなっているからである。

しかしながら、日本社会自体に重大な変化が起こっているという事実を考慮すると、別の評価も可能である。言いかえると、任意団体に対する態度の変化は、社会の価値志向に起きている、より根本的な変化を反映していると考えられる。都会の生活環境や、核家族のなかで孤立したTさんのような高学歴の主婦にとって、血縁や地縁は、もはやアイデンティティのための重要な源泉ではないのである［吉武　一九八二、上野・電通ネットワーク研究会　一九八八、佐藤　一九八八］。同様に、もはや終身雇用を保証できない経済や近年のバブル崩壊後の不景気は、社縁の限界を示している。高齢者や早期定年者が急増したことで、福祉問題について社縁組織で補いうる部分は急速に減少し、個人の資質に依存する必要性が高まりつつある。

村落地域でさえも、もはや伝統的な血縁や地縁に埋めつくされた孤立した場所のままではない。今日、日本の田舎に住む人々のほとんどは、都市での生活経験、メディア、都市からの観光客、インターネットなどを通じて、村よりも広い社会の中に完全に統合されている。そして、こうした住民のうち、特に地域活性化運動に従事する人たちは、現代日本のアイデンティティや文化に関わるような政策に深く携わっている。彼らは都市と農村、国家と地方、中心と周辺といった既存の力関係によって付与されたアイデンティティを受け入れることを拒み、環境論、文化差、地方主義などについての言説に由来する彼ら自身のための新たなアイデンティティの創造を試みようとしている［Moon 1991］。最近日本の農村地域で広くみられる任意団体は、こうした意図でおこなわれる市民運動に望ましい場を与えている。そして平成ボランティア協会は、この新たな進展の一例にすぎないと言えるだろう。

こうしたあらゆる社会変化は、人間関係のパターンの根本的変化を要求している。また、一九九五年の阪神・淡路大震災の時のような状況下で、現在の体制の限界が明らかになったことが、人々の懐疑心をあおる一因となったことに疑いの余地はない。既存の体制が機能し、人間関係のパターンを満足できるものであると人々が信じている間は、中根の単一社会の理論で論じられた垂直的、一方的、唯一の忠誠などの人間関係のパターンは、疑われることもなく、支配的であるに違いない。しかし、この体制の限界や不十分さを意識するようになるにつれて多くの人は、新規《オルタナティヴ》な生活スタイルか、少なくとも多様なアイデンティティを探し求めるようになるだろう。本論で論じてきたような任意団体の活動に積極的な人のすべてに共通な点は、多様なアイデンティティを探求していることと言えるかもしれない。彼らは、家族における妻や母、「全身全霊の参加」を要求される会社員、伝統に縛られる村民といった、彼らに与えられた単一のアイデンティティとは違う、別のあるいはそれだけではない何かをもつ必要があると感じている。

任意団体やそこで試みられた新規《オルタナティヴ》な人間関係が、伝統的な縁や人が生計を立てるために属しているフォーマルな会社組織に全く取って代わるということではない［Yi 1995］。しかし、これまでの事例でみてきたように、それらが多様なアイデンティティの源となっていることは確かである。さらに、事例でみたグループで起こっている変化は、伝統的組織においても現代的組織においても人間関係のパターンに影響を及ぼしていると思われる。たとえばTさんの生活学校のメンバーたちは、まずは彼女たち自身、つぎに子供、夫、両親など、自分の家族内の人間関係を変えるためにさまざまな試みをしている。また、いたかの会のメンバーたちも、彼らが属するそれぞれの組織のなかで十分それをおこなっている。これらの活動が社会全体の変化に成功をもたらすかどうかは将来わかることであるが、いずれにせよ、日本社会のさまざまなレベルでおこなわれているこうした試みが、体制それ自体に変革をもたらす力をもっているといえるだろう。

〈付記〉この論文の一部は、高麗大学校亜細亜問題研究所と日韓文化交流基金の支援でおこなわれた、第一期日韓共同研究フォーラム（一九九五～一九九八年）による調査研究に基づいている。

注

（1） 原書『タテ社会の人間関係』は一九六七年が初版。

（2） あるメンバーの報告によると、実際、「いたかの会」のメンバーたちのことを番組にしようとしてテレビ会社が彼らを取材にきたが、期待に反し、メンバーの生活にスキャンダルを見いだせなかったので、結局この企画をとりやめたことがあった。

（3） 平成は、クォン［Kwon 1995］が用いた仮名であり、「平成ボランティア協会」もまた同様である。

参考文献

綾部恒雄「約縁集団（クラブ）の社会人類学——任意集団の系譜とその適応的性格」東京都立大学社会人類学会編『社会人類学年報』二号、弘文堂、一九七六年、一三～三九頁。

——『日本における約縁集団の展開——近世以降の発展を中心として』九州大学教育学部付属社会教育文化研究施設綾部研究室、一九七九年。

藤井知昭「クラブ型社会の可能性」栗田靖之編『日本人の人間関係』ドメス出版、一九八七年。

Imamura, Anne, *Urban Japanese Housewives : At Home and in the Community*, Honolulu : Univ. of Hawaii Press, 1987.

井上忠司「社縁の人間関係」栗田靖之編『日本人の人間関係』ドメス出版、一九八七年。

石見尚編著『日本のワーカーズ・コレクティブ——新しい働きが社会を変える』学陽書房、一九八六年。

神奈川県ワーカーズ・コレクティブ連合会編『'93 はたらきづくり・まちづくり　ガイドブック（改訂版）』生活クラブ生活協同組合、一九九三年。

川崎市教育委員会編『社会教育要覧』No.四〇（平成五年）川崎市教育委員会、一九九三年。

川崎おやじ連「川崎おやじ連キックオフ」一九九四年。

Kwon, Sugin, "Politics of Identity : With Reference to the Activities of Heisei Volunteer Association", *Korean Cultural Anthropology* 28, Seoul : Korean Anthropological Association, 1995.

Moon, Okpyo, *From Paddy Field to Ski Slope : The Revitalisation of Tradition in Japanese Village Life*, Manchester, England : Manchester University Press, 1989.

――"Village Revitalization Movements in Japan : In Search for a New Concept of Rituality", *Rural Society : Korean Society for Rural Sociology*, 1991. pp. 211-251.

――"The Role of Neighbourhood Associations（Chonaikai）in the Community Revitalization（Machizukuri）Movements of the Southern Kawasaki City", *Regional Studies* 2(3), Institute of Regional Studies, Seoul National University, 1993, pp.45-165.

――"Between the 'Public' and 'Domestic' Spheres : Women's Role in Making Urban Communities in Japan", *Korean Cultural Anthropology* 28 : Korean Society for Cultural Anthropology, 1995, pp. 101-137.

――"Workers' Collective Movement in Japan : A Challenge to the Corporate, Male Dominated System", *Women's Studies* 52（Summer, 1997）, Korean Institute for Women's Development, 1997, pp. 233-256.

中根千枝『タテ社会の人間関係』講談社、一九六七年。

Nakane, Chie, *Japanese Society*, Penguin Books, 1970.

いたかオヤジの会編『地域を知った父親たち』一九九三年。

櫻井徳太郎『講集団成立過程の研究』吉川弘文館、一九六二年。

佐藤慶幸編著『女性たちの生活ネットワーク――生活クラブに集う人びと』文眞堂、一九八八年。

佐藤慶幸・天野正子・那須壽編著『女性たちの生活者運動――生活クラブを支える人びと』マルジュ社、一九九五年。

Takabatake, Michitoshi, "Citizen's Movements : Organizing the Spontaneous", In J. Victor Koschmann（ed.）, *Authority and the Individual in Japan : Citizen Protest in Historical Perspective*, Tokyo : University of Tokyo Press, 1978.

鳥越皓之『家と村の社会学』（増補版）世界思想社、一九九三年。

上野千鶴子「選べる縁・選べない縁」栗田靖之編『日本人の人間関係』ドメス出版、一九八七年。
上野千鶴子・電通ネットワーク研究会著『「女縁」が世の中を変える——脱専業主婦のネットワーキング』日本経済新聞社、一九八八年。
Vaporis, Constantine Nomikos, *Breaking Barriers: Travel and the State in Early Modern Japan*. Cambridge (Massachusetts) and London: Harvard University Press, 1994.
矢澤澄子「「革新自治体」・川崎」島崎稔・安原茂編『重化学工業都市の構造分析』第一四章Ⅱ、東京大学出版会、一九八七年、九〇一—九三七頁。
Yi, Si-jae, "A Study of Japanese Neighbourhood Associations with Particular Reference to the Activities of Chonaikai," *Regional Studies* 2 (3), Institute of Regional Studies, Seoul National University, 1993, pp. 95-108.
—— "What is New in Alternative Movement of Seikatsu Kurabu Seikyo?", *Economy and Society*, Summer (in Korean), 1995.
吉武輝子「血縁から地縁、女縁へ」佐藤洋子ほか『共働き・離婚・友だち』教育史料出版会、一九八二年。

（山田香織訳）

第三章　日本の市民社会と共同体づくりにおける市民参加——武生市の事例

G・ピーター・ウィットビーン

組織文化の研究は集団、その集団の課題、そしてその集団が活動する領域といったことに関係する。本稿は福井県の武生市がまちづくり（コミュニティーづくり）において、その市民参加を可能にした最近の事例をとりあげるものである。市民のボランティア活動を活性化させることに関して、革新派の市長は非常な熱意をもって取り組んでいるが、現在のところさまざまな困難に直面している。筆者は武生市における初期のフィールドワークにもとづいて、より活気ある市民社会の可能性とともに、行政が支配する公の領域図を明らかにしたい。武生市の事例は任意団体の組織、公の組織、その両方がどのような活動を展開していくべきかという問題を明らかにするものである。

序論

本書のテーマは組織文化に関してであるが、本稿においてはその対象組織は任意団体であり、とりあげるべき点はその体質とかたちである。日本における「公益法人」の数はおおよそ二万六〇〇〇ほどであるが、アメリカの非営利団体はだいたいその四十倍であるといわれる。日本の人口はアメリカの約半分であるとはいっても、組織的な任意団体の数はアメリカの五パーセント程度に過ぎない。本稿においては一例として、なぜ日本人がアメリカ人よりも任意団体との接触をもたないのかということについても取り上げたいと考える。

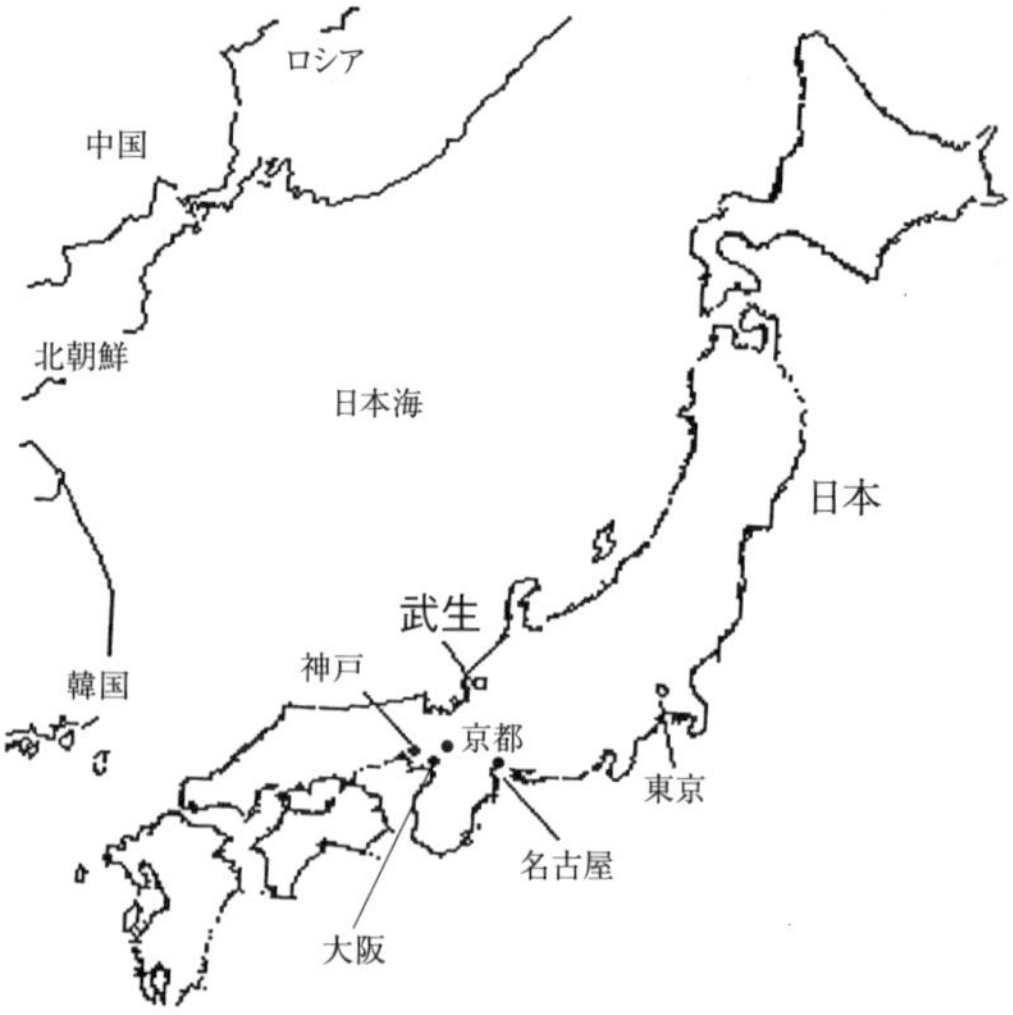

図1　武生市の位置

ある組織の活動について記述をなし、分析するために、われわれは三つの大きな点について注意しなければならない。その三つとは、その組織自体、組織の目的、組織が活動する公的な領域というものである。筆者はこの三つ目の要素、つまり日本における公的な場の設定とその特徴を、とくに大阪から所要二時間の距離にある、日本海にほど近い福井県武生市の事例を中心に取り上げて考えていく。

はじめに現武生市長にいたるまでの背景と『武生市環境基本計画』と名付けられた市全域の環境活性化計画にいたるまでの状況を説明したい。とりわけ、その市民参加が市の要求によって触発されたものであることに着目する。続いて、「市民社会」と呼ばれる公の問題に対する市民参加を促進する要因、あるいはそれを阻害する要因といったものにも焦点をあてる。最後にそのような市民参加の、さまざまな状況に対する武生市の「エコシティ計画」を評価し、武生市における市民参加の可能性を新たな構図のもとに結論づけたい。

日本海に沿って位置するこの地域は「北陸」と呼ばれ、福井県、石川県、富山県、新潟県という四つの県によって構成されている。新潟県を除いて福井県、石川県、富山県は方言、食習慣、仏教への信仰心、三世帯同居率や共稼ぎ率の高さ等に共通性が見られ、人口は総体的にみて少なく、その県民性は総じて真面目、仕事熱心、忍耐強いと評されている。

また家と車の所有率[1]は国内の平均よりも高い。この日本の保守的な地域の寸描をみることで、人口七万一〇〇〇人の武生という地方都市の性格が理解できるであろう。

武生の由来はこの地域に関しての最初の記述がなされた紀元六〇〇年頃までさかのぼることができる。海から内陸の山間部への（西から東への）商品輸送経路と京都から海岸地帯である北部へのそれが交差する地点として、武生のまちは数世紀にもわたって一種の中心地域であり続けた。それゆえしばしば「小京都」として京都や金沢などの都市と、その落ち着き、自信、保守性といった点で比較される。そこではまちとしての古さというよりは、他の要因が保守性を生み出している。娘ひとりにかける結婚費用の国内平均総額と比較して、福井県、とりわけ武生ではその数倍もの金額を使うという。子供たちが大学へ進学し大都市で仕事を見つけるかたわら、長男や長女が両親たちと武生にとどまることは当然とみなされる。教員や公務員といった安定した収入を得られる仕事につく人々はしばしば長男、あるいは寺社関係者といった具合である。以上、あるひとつの古いまちのイメージの概略図からは、少なくともこのまちの中心部に存在する古さを認識し、教育や行政のシステムにおける保守性をうかがうことができる。

新しい環境づくりにおいて市民参加を促した武生市の計画を紹介する前に、筆者の観察の基準とこの観察の限界を記しておく必要がある。一九八四年に筆者は武生近隣の学校に英語教師として赴任した。一九八八年には旧交を温めるべく、また日本語の勉強のために再来日した。一九九四年、一九九五年に地方資料館における歴史的展示物に関するテーマのもとに、博士論文の資料を収集した。しかしながらこれら一連の滞在中に、市立博物館を設立しようとする武生ルネサンスの市民活動が活発化したが、後に当時の市長小泉氏によって引き起こされたスキャンダルでその活動は混乱に陥った［上坂　一九九四、馬田　一九九六］。この市民活動は行政の監視者、市民による不満の代弁者の役割を担うことになった［三木　一九九五］。彼らの市役所とのやりとりの観察、地域的あるいは全国的なメディア、そしてまちの人々の助けによって、筆者はその市民社会のかたちを理解することができた［Witteveen 1995］。

最終的にはそのスキャンダルは正され、直後の選挙によって武生ルネサンスのメンバーの一人である精神科医の三木勅男氏が五百票差で市長に当選した。一九九七年五月に公務に就いて以降、三木氏はさまざまな改善策を推進した。まず第一に情報公開制度を実施した。次に倫理規定を設定した。それは武生市の六百人の公務員を市民と公務員の間にある伝統的な相互義務や贈答の習慣から可能な限り解放するという規定であった。再利用計画を強化することで、市のゴミ処理施設の隣にリサイクル館という粗大ゴミ（自転車、器具、家具など）を修理し、再利用するための施設が設けられた。市役所と家庭内の利用者を接続する地元のケーブルテレビのシステムによって市のホームページが開設された（http://www.city.takefu.fukui.jp）。さらに一九九八年十月には、新しく設立された市役所の環境計画事務局が『武生市環境基本計画』の中間報告を発表した。一九九九年の二月の終わり頃、最終案が公表された［武生市　一九九九］。

武生市環境基本計画

数カ所でその計画に対する市民参加が呼びかけられた。その計画案は一二七ページの説明文と付録、用語解説が付けられたもので、細目、一覧表、ペン書きのイラストなどがぎっしりと書き込まれている。概要を見ると守るべきテーマは六つの枝に分割されている。その六つとは、地球環境（酸性雨、オゾン層破壊、地球温暖化）、環境保全に向けた地域活動、自然環境（水象、空気、動植物）、歴史的・文化的環境、社会環境（人口ピラミッド、開発動向）、そして生活環境（騒音、大気、水質汚濁）である。市民、事業家、そして市の行政の間でこれらの環境保全に対する責任は分割されている。組織的な方法でそれぞれの環境領域が調査され、一覧表が武生の各行政区のために作成されている。さらに特別に注意を要する事項や達成目標が図2［武生市　一九九九：一一〇］のようにしばしば明確でわかりやすいマンガのイラスト入りで示されている。

図2に示した概要は図3の概略図［武生　一九九九：四］にあらわされるとおりである。この図に関する詳細を述べる必要はないと考えるが、地域的な組織や協会が広範囲に捉えた場合の総体的なまちの環境（基本的には各種市民活動、NGO活動、行事など）に含まれることは記すに値すると考える。しかしながら興味深いことに、市の行政は姿をみせない。その計画の起案者たちは自分自身を計画の途中段階での主役であると考え、彼ら自身を取り囲む大きな円をのぞき込んでいるかのようである。あるいは道路、情報メディア、医療などといった行政区分は先に述べた六つ

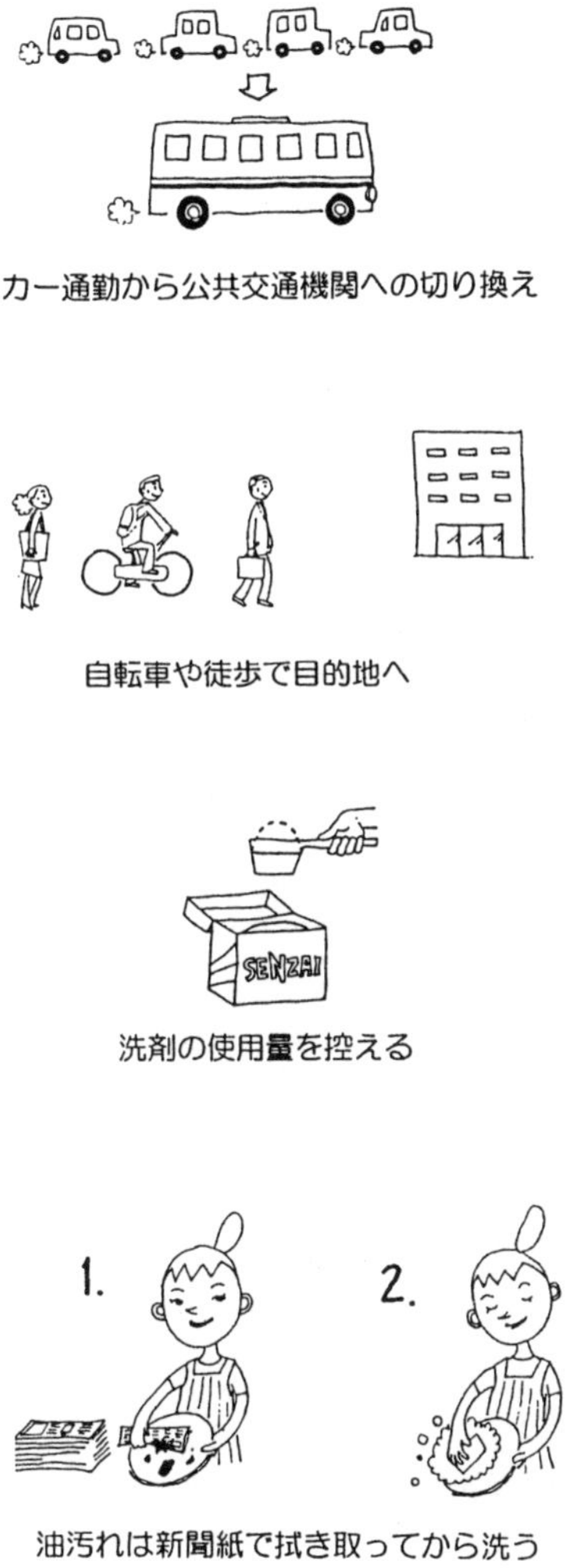

洗剤の使用量を控える

油汚れは新聞紙で拭き取ってから洗う

図2　テキストのためのイラスト

武生市の環境

①自　然　環　境 ── ・地形、地質
・水　象
・土　壌
・動植物
・景　観など

②歴史的・文化的環境 ── ・文化財・遺跡
・社　寺
・景　観
・歴史的変遷
・伝統行事　など

③生　活　環　境 ── ・大　気
・水　質
・土　壌
・騒音、振動
・悪　臭　など

④社　会　環　境 ── ・人口、面積
・社会資本
・廃棄物処理
・産業、経済
・開発動向
・教　育　など

⑤地　球　環　境 ── ・地球温暖化
・オゾン層破壊
・酸性雨　など

⑥環境保全に向けた地域活動 ── ・各種市民活動
・ＮＧＯ活動
・行　事　など

図3
出典：『武生市環境基本計画』

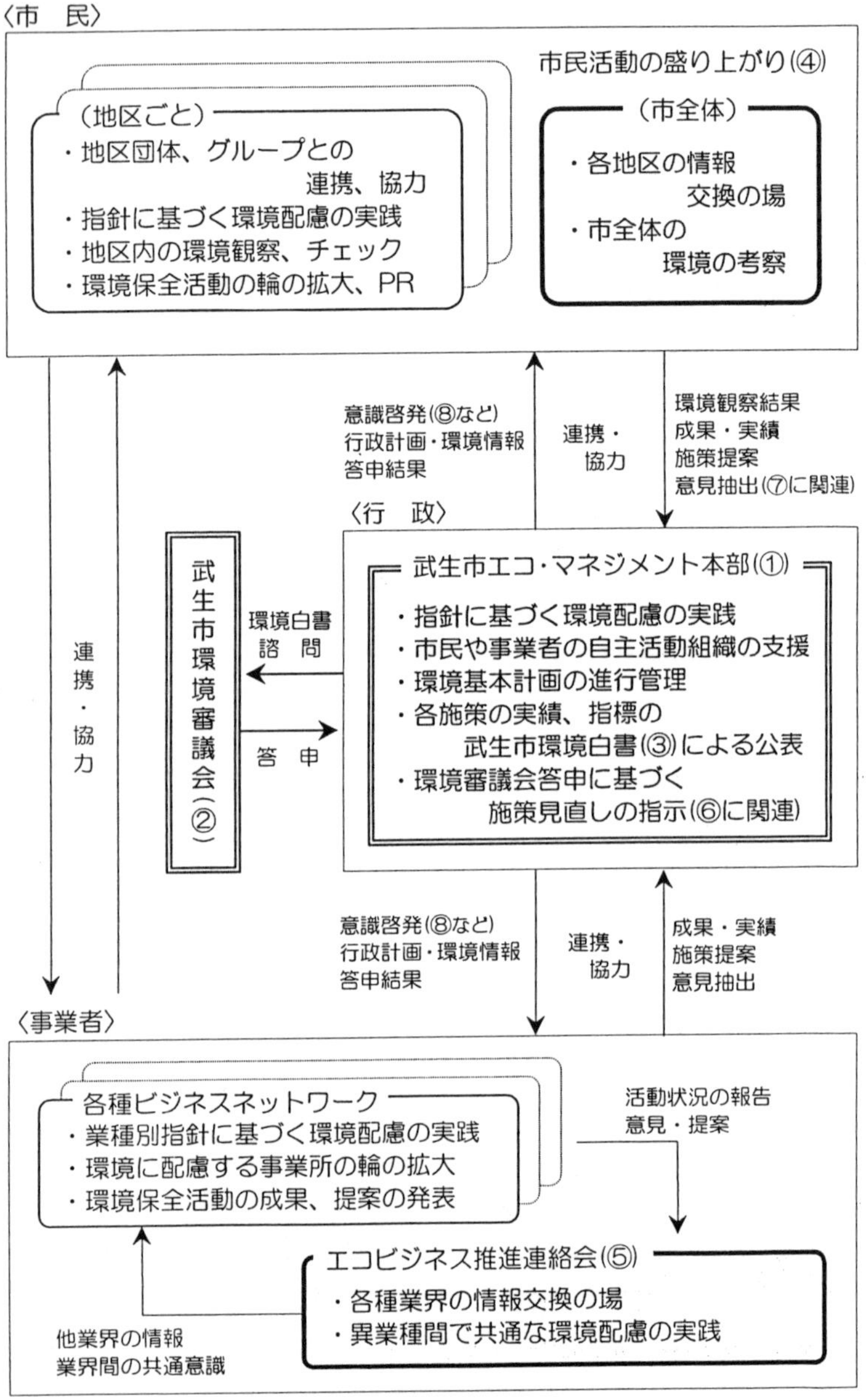
〈市　民〉
市民活動の盛り上がり(④)
（地区ごと）
・地区団体、グループとの連携、協力
・指針に基づく環境配慮の実践
・地区内の環境観察、チェック
・環境保全活動の輪の拡大、PR
（市全体）
・各地区の情報交換の場
・市全体の環境の考察
意識啓発(⑧など)
行政計画・環境情報
答申結果
連携・協力
環境観察結果
成果・実績
施策提案
意見抽出(⑦に関連)
連携・協力
〈行　政〉
武生市環境審議会(②)
環境白書
諮　問
答　申
武生市エコ・マネジメント本部(①)
・指針に基づく環境配慮の実践
・市民や事業者の自主活動組織の支援
・環境基本計画の進行管理
・各施策の実績、指標の武生市環境白書(③)による公表
・環境審議会答申に基づく施策見直しの指示(⑥に関連)
意識啓発(⑧など)
行政計画・環境情報
答申結果
連携・協力
成果・実績
施策提案
意見抽出
〈事業者〉
各種ビジネスネットワーク
・業種別指針に基づく環境配慮の実践
・環境に配慮する事業所の輪の拡大
・環境保全活動の成果、提案の発表
活動状況の報告
意見・提案
エコビジネス推進連絡会(⑤)
・各種業界の情報交換の場
・異業種間で共通な環境配慮の実践
他業界の情報
業界間の共通意識

図４　計画推進体制の全体概要

の

出典：『武生市環境基本計画』

のカテゴリーがおこなうような開拓を今更に必要とされない、不活性的で中立的な市のインフラとして見なされているのかもしれない。

　計画案の最後に掲げられたイラスト（図4［武生市　一九九九：一二六］）は市民、行政（エコマネジャー）、事業者のそれぞれの役割を示している。まずこれらの三者間には二通りの意思伝達と協力の方法があることがわかる。この図は市民の役割を際だたせている。しかしながらテキストでは、市民は市役所の計画を注意深く実践するための、行政の目・耳・手の機能を果たすと述べられている。またこの図は市民の価値ある意見、地域的な情報交換や意見をプールすることに対する要求を認識している。

　図5［武生市　一九九九：十六］の円は市民を市の施設（ハードウェア）や行政機構、一般的な文化的価値観（ソフトウェア）に結びつけるものである。これらの用語は、ソフトウェアに対してハードウェアが大量生産されたコンピュータ時代に生み出されたものである。ここから武生市環境基本計画に関わる人々は「ハートウェア」という単語をつくり出した。これは自分たちのまちへの愛（愛するこころ）とまちの改良に喜んで携わる人々の育成（活動を担うひとづくり）を意味する。

図5　ハートウエア

　これらの三つの図において市の行政は、マスタープランにおけるまちの人々の位置づけに関して、市民こそが環境全体を活性化させるものと認識している。市民グループは社会の配置図の中では励まされ、守られるべき（受け身的な）手段である。それに対して市の各地域に住む人々は団結して、シティプランナーや行政に携わる人々との情報・意見交換を積極的に申し出ることが要求される。しかしながら「どのようにして市民を巻き込むか」という問題点は残っている。さまざまな機会や方法が提供される場合、武生が位置する丹南盆地の広域に影響する問題に、かれらがどのように積極的な興味を示していくかということである。

これは本稿のおわりにおいて再び問われるべき問題である。しかしながら、この答えを考えるにあたっては、まず日本の市民社会の性格について考えねばならない。

市民社会とは日本の学者たちが一九六〇年代後半の学生運動が活発化した時代に輸入した用語である［Kersten 1996］。しかしながら一九九〇年代の中頃にその用語はニュースメディアや学界、政府刊行物などにおいて使われ始めた。一九九五年の阪神・淡路大震災以降、その用語はＮＧＯの間でも使用され始めた。本稿において市民社会とは、集団であれ個人であれ、市民による活動や言動といったことを意味する。それは広い影響を持つ公の問題に関係するものである。つまりアントニオ・グラムシ［Gramsci 1971］によると、政府の声明や行動（政治的社会）と市民のそれ（市民社会）とは対照的なものであるという。問題は共通の関心事に関して、公務員と市民の両方が互いに話しあえる市民社会という公の場にあらわれる。しかしながら、行政側のみが、守られるべき社会秩序という名目のもとに、ある現状を保証する規制的な力を使う権利があると表明しているに過ぎない［Karp 1992］。

政治哲学者たちは、民主制を活性化させるための、市民の意見の重要性について説いている。そして専門家たちは騒々しくみかけは無秩序な民主主義が最も健全であると語る。そのような指標のもとに、アメリカの国民は健全な政体を好み、一方日本では物事に活気がないことが好まれる［McNeil 1994］。もし日本にそれほど多くのグループや集会があるのならば、なにゆえ自分自身の身の周り、まちや社会の総体的な向上に貢献する動きの成果がこれほど少ないのか［Abe 1994; Herzog 1993］。次のセクションの最後で、地域的・全国的問題への市民参加を阻むいくつかの障害についてまとめてみた。これは武生ルネサンスの市民運動において得た経験をもとに考え出したものである［Witteveen 1997］。

日本とアメリカの市民社会の本質的な相違（Witteveen 1998）

博士論文執筆の途中、自身の観察や武生ルネサンスのメンバーによって寄せられたコメントから筆者は、日本の市民社会の特質について多くのことを考えた。プットナム（Robert Putnam, *Bowling Alone: America's Declining Social Capital*）の作品は、アメリカにおける任意団体の位置に関する調査関心を引き起こした。そこで筆者は民主主義の特性（Broadbent; Gōtōda; Hoffman; Ishida & Krauss; Kuroda; Moen; Pharr）やボランティア主義（Nakata; Sasaki; Van Buren）、さらには、「公益」や市民社会についても疑問を抱き始めた。日本では役人や学者、ジャーナリストによって公の問題は支配されているが、他方アメリカでは、一市民としての一体感がすなわち公の問題に関係することになる。筆者はそれぞれのレトリック的な公のしきたりと同様に、社会生活における宗教的・歴史的環境がこのような対照的な結果を生じさせるのではないかと考える。

つまりアメリカ社会における「共同体」の認識は移住民の影響、開拓時代初期からの地域共同体の優位性、強い信仰心と関連づけられる。少なくとも最近まで教会は熱心な信者たちが相互に、たいていは民族的・経済的相互扶助を求めて集まる場所であると同時に、社会的な会合場所であり続けている。新しくやってきた者と見知らぬ者で成り立つ国家でありながら、小さな農業社会（少なくとも第二次世界大戦まで）の共通した倫理概念と中産階級嗜好ゆえに、何が宗教的・居住的「共同体」にとって最も大切かという考え方が発展したのである［De Tocqueville 1988］。アメリカにおける有力な支配宗教のひとつであるキリスト教の人間性と犠牲という点において、信者は来るべき次の世に関連した明確なビジョンを持っている。つまり現在の環境を、自分の未来にとって、より有益なものへと発展させるよう設定するべきなのである。これは共同体の目盛りの上に成り立つ考えではなく、満足感は後の方が良いと思わせるからである。領土や民族、国籍、言語によって結ばれる宗教と比較すれば、キリスト教徒は何よりもこの世でのより良い状況に対する祈りや関心は若干稀薄である。かれらは将来において何がより良いことでありうるかということまで見渡すよう教えられているのである。主の祈りにも「願わくは……御国の来たらんことを、御旨の天におこなわるる如く、地にも来たらんことを」とある。

同様に公益や共益の観念は日々の消費者の経験において強化される。遍在的で全く均一な、無数のアメリカの商品と民衆文化は、共通の経験による認識や数値データ的・資料的な方法で共有される共同体の感覚を支えている。これら前述の共同体のビジョンに物理的な現実味を与える工業化を推進する力は、ベネディクト・アンダーソンが国民国家のつくり方について述べたその著書［一九八三］に記した「想像上の共同体（Imagined Communities）」の一部である。対照的に日本における市民社会の実現という点では、あいまいな課題として「われわれ日本人」という民族的な自己認識を執拗に問う「日本人論」の文献を除いて、個人が世間一般の公益や共益のために語ることは滅多にない。確かに、ある人の社会的義務（会社・住宅・家庭など）――その人の「ウチ」――が浸食された場合、そこにはおそらく組織的な悲鳴があがるであろう［Nakane 1970:125］。しかしながら概して、集団の利害に対して率直に意見を述べることができるのは権威のある人々、公務員、ジャーナリスト、学術的な専門家たちくらいである［Lee 1985］。これらの人々が公開討論の場を独占しているのである。人々が公に発言することをためらうもうひとつの理由は、体面や対人関係と密接に関係している。この心配がその問題に関係する人々に対する批評をほのめかすことなく、その問題について発言することを難しくしている。言い換えれば、物事を個人的にとらえることは容易であるがゆえに、困難なのである。

権威はその肩書きと見せかけの礼儀のもとに宿る。それゆえ必然的に状況は望ましいうわべの礼儀正しさをつくりだすよう調整される［馬田　一九九六］。時にはこのレトリックと現実との間にあるギャップが本音とたてまえのように全く大きくなってしまうことがある。T・R・リードがその著書［Reid 1995:12］で語るように、宗教もまたその一部を担っている。

儒教はキリスト教の「黄金律」を補うものである。「人にしてもらいたいと思うことを、人にもしなさい［ルカ六章三一節］」という教えよりも、「自分がして欲しくないことを他人にしてはならない」という教えの方がより説得力がある。それゆえ公を超えたところにある道徳的な美点のかわりに、公の礼儀をかき乱すことに対しての警告がなされる［McVeigh 1995, *seken no me*］。大義に対する個人的行動へのさらなる妨害は神道から生じている。神道の世界観は普遍主義というよりは特殊主義の考えに依存している。普遍主義の観念はいつでも、いかなる人でも、いかなる場所でも通用するというキリスト教をはじめとする、セム系の宗教に見られる法律のようなものである。神道に根付く相対主義的でケースバイケースの理屈は日本人の生活に浸透し、キリスト教社会にある絶対的で断定的な、法のように柔軟性の無い永続性と対照をなすものである。ケースバイケースの理屈はその人自身のケースを他人のケースとは何の一致も共通性もない「特別」に仕立て上げる。

肩書きのある個人（行政、メディア、学者）による公の問題の独占は、日本における近世社会の成立と照らし合わせて考えることができる。江戸時代に「パブリック（public）」とは「政府の特権」＝「オオヤケとかコウ」を意味した。その影響は今日にまでも残っている。体面を気にすることや個人の意見を主張したがらない傾向、ケースバイケースの手法、あるいは政府・メディア・学界による公の論議の独占などは日本の社会における市民社会の今日の姿をつくり続けている［Itami 1994; Miyamoto 1994; Miyoshi 1991; Van Wolferen 1989］。市民社会の横のつながりを形成する方法に関わる日本人の社会生活の特徴を簡単に以下で述べることにする。

公の問題に対する市民参加率の低さの説明

1　儒教と「黄金律」

人は諍いをしないことを強く求められる。儒教と比較してキリスト教の黄金律は個人的な主導権を強調している。「人にしてもらいたいと思うことを、人にもしなさい［ルカ　六章三一節］」

2　体面が最も重要である

権威ある肩書きは直接的な尊敬につながる。教科書と授業が意思伝達や自己表現の「適切な」方法を教えてくれる。問題は「きちんと」＝「適切に」、公認の方法で処理されるべきである。集団の批評＝「世間の目」を意識することは幼少期から人の行動に大きな影響を与える。先例、模範、指導者なくしては、普通の人々はとりわけはっきりと意見を述べることを躊躇する。結局、社会秩序という外観を保つことを重要視するがゆえに、組織が自然に持ち得るはずみが日本社会の中で変化することはさらに困難である。

3　権威者の知恵と伝統

権威は偶然に肩書きを得た人にではなく、その肩書きに宿るものである。同様にそこに称賛とか名声がある場合、個人を選び出すのは困難である。その代わりに仕事や責任が増大する。権威に対する態度や権威者を扱う戦略は家で始まり、学校、職場、社会の広範囲で強化される［Kiefer 1970; Le Tendre 1994; Rohlen 1983, 1989］。

4　言語習慣

日本語の表現におけるさまざまなきまり言葉や含み言葉のような遠回しな会話作法は、英語のような言語にみられる多方面にわたる議論の慣習や明白な理由づけとは好対照をなしている。帰国子女のような母国語以外の言語に親しむ日本人の増加にともない、公衆討論の性質とマナーは変化していくように思われる。日本語で話す場合の特質に従うと、その考えを批判することとその考えの発案者を批判することを区別するのは難しいといえる。それゆえ活発な討論というのはそこに参加する全ての人を不和にするリスクを負うのである。

外国の習慣や思想の翻訳というのは通常部分的である。“democracy”“public”“civil society”“volunteer”といった単語はその意味全体ではなく、ひとつの意味のみが日本語に訳出されている。

5　世界観の基盤

問題の見方とか解決策の見いだし方など、それぞれ違いはあるものの、現状主義者《プレゼンティスト》は神道や、日本のうつろいやすい地理的世界と結びついている。反対にセム族によって形成された社会における物事の判断の基準となる、法のような不変とか普遍といった概念は西南アジアの広域に根付いている。

6　個人のアイデンティティ

自己規定が一時的なもので、関係する集団《リファレンスグループ》によって変わる場合、その集団内での円滑な関係がその集団が関与する問題よりも重要となる。さらに個人的性格の違いは、関心をもつ人々がその集団内での活動に携わることやそこにおける討論に参加することを妨げる可能性がある。

7　公の修辞法

肩書きや専門的知識がないために、そうでなければ考えをはっきりと述べることのできる市民が、気にかかる問題について議論することにためらいを感じることがある。実際に公共の電波や新聞の紙面を支配しているのは政府やニュースメディア、学界の代表者たちである。さらに修辞法（たてまえ）と現実（本音）の間にあるギャップは時に相当なものである。それゆえ、たとえ何かを不適切であると感じたとしても、その人は国外の人よりもはるかに長くその問題に対し忍耐強くあらねばならない。

8　「公」という観念

普及しているイメージは集合体としての市民イメージではなく、「公権力に属するもの」である。

9　公共の場が制限されていること［三好　1989］

一般の人々が他人の意見を見聞したり自分の意見をさらして聞いてもらうために集まる機会や場所は非常に少ない。この事実は“forum（公開討論）”“arena（会場）”“plaza central（中央広場）”“commons（共同施設）”といった空間的遺産と対比してみるとよい。

市民の先導権を強める決定的な要因

10　高レベルの識字と教育、豊富な情報と技術

画一的に高レベルな教育内容とその方法は日本人に共通の知識基盤を与えている。家庭や職場での技術に対する精通と同様に、最新の情報に対する好奇心と欲求は任意団体を円滑に運営するのに役立つはずである。

11　組織的な知恵［Ben Ari 1997; Kiefer 1970; Rohlen 1983］

幼稚園・保育園などでの幼少期の経験から子供たちはどのようにして集団にとけ込むか、その集団にどのような名前をつけるか、どのように任務と称号を分担するか、どのように記録をつけるかといったことを学ぶ。互いによく似た集団や学校経営者とオープンな接触をもつことは非常に稀であるとしても、一時的なものであれ、長期的なものであれ、多くの機会にグループが形成される。

12　動機としての集団
行動を起こしたり、自己表現する必要性は、独りでいるときより定期的な行動を必要とする集団の中で、自発的な役割を担っているときの方が、強く感じられるものである。

13　創造するエネルギー
豊富な情報と教育環境は創造的思考を大いに助長する。勤勉に働くことへの評価や精密な職人技能に与えられる価値もまた、熱心な取り組みを後押しする。

14　自由選挙と高い投票率
投票者は積極的である。動機が何であれ、人々が投票するということは、少なくとも公共の問題に何らかの役割を演じることに慣れているという証明である。

15　有効な力点のために中央集権化された組織
制度は高度に中央集権化されているので、NGOは彼らの力を広範囲にわたって使用する必要はない。そのかわりに彼らは意志決定者を納得させることに焦点を絞ることができる。

市民社会の特徴から見たエコシティ計画

日本における市民社会の分析とそのアセスメントを武生に応用してきたわけであるが、ここで武生の環境基本計画をこれまでに述べた市民社会に影響を与えるポジティブ・ネガティブな要素と比較してみたいと考える。以上のチェックリストを参照した場合、日本の社会生活に関する多くの要素が集団間や集団を超える関係、また集団と権力との関係における対立を和らげているのは明らかである。それゆえ、もし共通の関心事に対する枠組みがあまりに広義に定義されさえしなければ（環境問題は当事者全員と関係しているが）、あるいは権威者がまちの人々と話すときに一時的にでも自分の肩書きを外すことができれば、どのような情報のヨコの伝達も、友好も、成果も、実現可能に思われる。武生市長は巧妙にこれら二つの戦略を使いこなしてきた。彼は環境の再生というタイムリーな課題をとらえ、多くの人々に影響を及ぼす多様な「まちづくり」に焦点を当てた。そして彼は市役所の体質を改善し（情報公開制度）、役所の職員たちに、まちの人々が彼らと接するときに受ける高圧的な印象を削減するよう定めた（倫理規定）。しかしながら可能な限り多くの集団や個人を包括する大きな関心の輪をつくり、公務員の姿勢を低くしたとしても、ヨコのつながりに対する障害物はまだ残っている。

少なくとも先のリストの最後に掲げた二つの障害（8・9）、〝集会する場所と機会をより多く供給すること、「公」の概念をつくり変えること〟は改革可能である。市民グループに廉価あるいは無料で集会のための場所を供給し、たとえば生涯学習とか余暇の活用という名目のもとに人々が集まることを促進するとすれば、人々が知り合いになったり、アイデアを分かち合う場がより増えることになるだろう。あらゆる機会に公務員による納税者に対するサービス内容を徹底させることで、おそらく市の行政は市民に（集団）所有の意識を浸透させることができるであろう。これによってまちの在り方や未来の方向性に関する討論や決定についてのアイデアを、その親交に貢献する全ての人に関するものとなるよう導くかもしれない。

最後に、社会におけるいくつかの肯定的要因は、市政への多くの市民参加を促すためにさらに拡大されうるものである。集団の圧力や楽しみは基本計画に取り込まれるべきであり、またすでにそうされてきた。パソコンの普及とインターネットを使う機会は地域社会という布地にもっと多くの糸を編み込むことを可能にする。このメディアは、意見の交換を比較的容易にし、人々は、市や学校や他地域の市民組織によってはじめられた対話に参加し、観察することができる［島田　一九九四］。

一連のできごとに影響を与えるような取り組みを意味する社会の中央集権化の姿は、小さな課題や指導者に有益に反映されうる。この線にそって武生市は、ワークショップの集会を通じてまちの人々の経験を蓄積し、かれらが陳情運動や宣伝活動の技術を身につけるよう導いた。最後に市はその広報媒体を市民の努力をたたえるために利用することができる。それを支持するイデオロギー的な基盤を敷設することが、他の人々が「公」の利益になるように創造的な「私」の活動をおこなうよう導く。しかしながら何にもまして、最後に付け加えたいことは、国際経済の広汎な潮流と衛星放送の普及が、日本ならびにアジア地域における市民社会をより活気づけるということである。なぜならば市民主導の討論や行動の増大は、参加する機会が増えることによってのみ生じるものではないからである。人々は行動する機会と動機を併せ持たなければならない。この意味では、かつての安定していた人生コースは、今や車文化の移動性《モビリティ》、仕事と収入の不安定性、実際に会って面と向かって話すかわりにファックスや電子メール、手紙などによる通信技術といった、姿の見えない遠距離通信などによって着実にむしばまれている。これらの発達は日本人を、親族関係や地縁にもとづく地域社会の中で、歯車のひとつに過ぎない人生を送ることよりも、慎重で活動的な方法をもって自らのアイデンティティを考えるよう導くであろう。言い換えれば、ある人の社会における初期の段階の基盤が浸食されて、そこに新しい結合形態をもとめる動機が生じてくるのである。この場合、人は共通した利害を持つ他者と結びつきたいと願うかもしれない。そしてこれらの任意団体とは、ヨコに張りめぐらしたネットワークによって市民社会が育つ肥沃な土地の一種にすぎないのである。

結論

最初に意図した、日本における市民社会の一般的な特徴と、武生の環境基本計画を比較して分析するという研究方法は、自治に市民参加を導入するための最も有効な手段を示す行動計画へと変化してしまった。人類学者の記述と分析は、たいていその影響や適応について追究することなく終わってしまう。しかしながら武生市の市民参加に対する評価と市民参加への道を本稿において取り上げたのは、日本人はもっと任意団体を形成するべきであるとか、そうした方が良いということを言うためではない。本稿は単に、共同体におけるより多くの市民参加は、その移りゆく社会の問題に対する、より幅広い思考や創造的なエネルギーを生み出すであろうことを示唆しているにすぎない。

武生市の革新的な市長は、まちの人々の環境を市民参加によって活性化させようとしている。彼の努力を検討することはさまざまな結果へと導く。第一に、市民社会を繁栄させるヨコのつながりを妨げるさまざまな要因があることは明らかである。しかしながら、これらの要因のいくつかは、公共の問題へのより多くの市民参加を後援するためにうまく操作されうる。加えて、日本における任意団体の増加に有効な肯定的要因は数多くある。第二に、ここでは公の討論と活動のためのスペースについてデータを示しているが、同様のことについて、日本あるいは外国で比較研究を試みようとする他者の関心を呼び起こすものである。第三に、この研究は日本の人類学［Kelly 1992］と日本以外の地域、あるいはこの学問分野以外に関わる、より広い領域に対して重要な意味をもっと考える。

人類学の視点からの日本の人々の暮らしに対する研究は、工業社会の組織にしばられた生活に見られる個人同士の結社縁に関する文献を増やすであろう。この問題は人類学の幅広い潮流に照らしても時空を超えたものである。人類学を公的な討論や政府が優先的に認める研究助成の主流に位置づけるとともに、大学外のカリキュラムや大学進学以前の教育に組み込まれるべき主要な科目に位置づけることは可能である。日本や海外における組織生活に焦点を当てることは、通常ジャーナリストや、対人関係あるいはマーケティングの調査者等の専門領域に人類学の視点を持ち込むということである。加えて、日本の組織生活と任意組織にとっての公的領域に関する比較・人類学的な知識はまた、国際社会における日本の政治体質、ならびにＮＧＯ（開発計画、救済活動、軍事行動、多国籍的課題）の役割などについて、読者と指導者がよりよく理解するためにも有効である。

われわれの多くは調査のために、遠くから多大な出費を払ってやってきて、所定の行動様式や日常的なこととさして変わらぬことの研究に献身する。遠方からやってくる観察者は焦点をしぼり、自己の課題にとりわけ集中する。おそらく視野を拡大し、増大させるのはこの小さい近視の目であり、その目がものごとを非常に重要なことのように思わせているのである。しかしながら日本人の人類学者の研究は、非日本人の人類学者の視野狭窄《きょうさく》を、その社会の分析について論議しうるまでに、矯正することを可能にする。今回の大会でなされた、日本語・英語両方での報告や討論はようやくにして我々の視点の共有を可能にしたのである。

注

（1） この街と地域の全体図は著者の博士論文（Witteveen 1997）の第二章に掲載されている。本稿にはインターネットでアクセス可能である（www.msu.edu/~wittevee/publications）。また郵送あるいはフロッピーディスクでの送付希望の方は（gpwitt@bigfoot.com）まで。

（2） （www.msu.edu/~wittevee/publications/sei_jpns.htm）において、これらの違いについての一部は日本語に翻訳されている。

参考文献

Abe, Hitoshi, Muneyuki Shindo, and Sadafumi Kawato, *The Government and Politics of Japan,* Tokyo : University of Tokyo Press, 1994.

Anderson, Benedict, *Imagined Communities,* London : Verso, 1983.

Ben-Ari, Eyal, *Japanese Childcare : An Interpretive Study of Culture and Organization,* London : Kegan Paul International, 1997.

Broadbent, Jeffrey, *Environmental Politics in Japan.* Cambridge, Massachusetts : Cambridge University Press, 1998.

De Tocqueville, Alexis, *Democracy in America,* New York : Harper Collins, 1988.

Gramsci, Antonio, *Selections from the Prison Notebooks of Antonio Gramsci,* Quinton Hoare and G. Nowell Smith, ed. and trans. New York : International Publishers, 1971.

Gotoda, Teruo, *The Local Politics of Kyoto,* Berkeley, California : Institute of East Asian Studies, 1985.

Hall, Ivan, *Cartels of the Mind : Japan's Intellectual Closed Shop,* New York : W.W. Norton, 1988.

Herzog, Peter J., *Japan's Pseudo-Democracy,* Sandgate, England : Japan Library, 1993.

Hoffman, Steven M., *The Influence of Citizen/Environmental Groups Upon Local Environmental Policy Process in Japan,* Ph. D. dissertation, The University of Wisconsin, 1996.

Ishida, Takeshi and Ellis S. Krauss（eds.）, *Democracy in Japan.* Pittsburgh : University of Pittsburgh Press, 1989.

Itami, Juzo, "Foreword" In Miyamoto, 1994, pp. 9-16.

金子郁代『ボランティア――もう一つの情報社会』岩波書店、一九九二年。

Karp, Ivan, "On Civil Society and Social Identity", In Ivan Karp, Christine Kreamer and Steven D. Lavine（eds.）, *Museums and Communities : The Politics of Public Culture,* 1992, pp. 19-33, Washington, D. C. : Smithsonian Institution Press.

Kelly, William, "Directions in the Anthropology of Contemporary Japan", *Annual Review of Anthropology* 20, 1992, pp.395-431.

Kersten, Rikki, *Democracy in Postwar Japan : Maruyama Masao and the Search for Autonomy,* New York : Routledge, 1996.

Kiefer, Christie, The Psychological Interdependence of Family, School, and Bureaucracy in Japan. *American Anthropologist* 72（1）, 1970, pp. 66-75.

Kuroda, Yasumasa, *Reed Town, Japan : A Study in Community Power Structure and Political Change,* Honolulu : University of Hawaii Press, 1974.

Lee, Jung Bock, *The Political Character of the Japanese Press,* Seoul : Seoul National University Press, 1985.

Le Tendre, "Gerald, Guiding Them on : Teaching, Hierarchy, and Social Organization in Japanese Middle Schools", *Journal of Japanese Studies* 20-1, 1994 pp. 37-59.

McNeil, Frank, *Democracy in Japan : The Emerging Concern,* New York : Crown, 1994.

McVeigh, Brian, "Rituals of Civility : The Role of Moral Education in Japan", Paper presented at The 40th International Conference of Eastern Studies, Tokyo, May, 1995.

三木勅男「佐伯裕三美術館構想に関する公開質問状」佐伯裕三美術館構想問題を考える市民の会、一九九五年。

Miyoshi, Masao, "Conversation and Conference : Forms of Discourse", In his *Off Center : Power and Culture Relations between Japan and the United States,* pp. 217-232, Cambridge, Massachusetts : Harvard University Press, 1991.

Miyoshi, Masao, "Thinking Aloud in Japan", *Raritan* 9(2), 1989, pp. 29-44.

Miyamoto Masao, *Straitjacket Society : An Insider's Irreverent View of Bureaucratic Japan.* Tokyo : Kodansha, 1994.

Moen, Darrell, *The Emergent Culture of the Japanese Organic Farming Movement and Its Implications for Political Economy.* Ph. D. dissertation, The University of Wisconsin-Madison, 1995.

Nakane, Chie, Japanese society. Berkeley : University of California Press, 1970.

Nakata, Toyokazu, Budding Volunteerism. *Japan Quarterly* 43(1), 1996, pp. 22-26.

Pharr, Susan, *Losing Face : Status Politics in Japan.* Berkeley : University of California Press, 1990.

Putnam, Robert D. *Bowling Alone : America's Declining Social Capital.* Journal of Democracy 6(1), 1995 pp. 65-78.

Putnam, Robert D. *Making Democracy Work : Civic Traditions in Modern Italy.* Princeton, N. J. : Princeton University Press, 1993.

Reid, T. R., "Confucius Says : Go East Young Man", *Manchester Guardian Weekly,* 31 December, 1995.

Rohlen, Thomas P., "Order in Japanese Society : Attachment, Authority, and Routine", *Journal of Japanese Studies* 15-1, 1989, pp. 5-40.

Rohlen, Thomas P., *Japan's High Schools.* Berkeley : University of California Press, 1983.

Sasaki, Takao, Books in Japanese（Review of Kaneko）. *The Japan Foundation Newsletter* 23(3), 1995, pp. 23-26.

島田美智子「高齢者とパソコン通信ネットワーク」『技術と経済』（八月）、一九九四年、三二-三八頁。

武生市『武生市環境基本計画』武生市、一九九九年。

上坂紀男「武生ルネサンス運動」『福井新聞』一〇月二五日号、一九九四年、一四頁。

馬田昌保『二人の佐伯裕三』竹田印刷株式会社、一九九六年。

Van Buren, Michael P., *Reaching Out : America's Volunteer Heritage,* Battle Creek, Michigan : The Kellogg Foundation,

1990.

Van Wolferen, Karel, *The Enigma of Japanese Power,* London : Macmillan, 1989.

Witteveen, G. Peter, "The Basis for Machizukuri : The Case of Fukui", In SEI, April, 1999. On-line at www.msu.edu/wittevee/publications/sei_engl.htm. In translation as Fukui de no machizukuri no kihon. On-line at www.msu.edu/wittevee/publications/sei_jpns.htm.

Witteveen, G. Peter, The Takefu Renaissance. Paper read at civil society panel discussion of the Japan-America Society of Washington, D.C., 16 November, 1998. On-line at www.us-japan.org/dc/cs.witteveen.paper.htm.

Witteveen, G. Peter, *Local History and the Politics of Renewing a Regional Japanese Town,* Ph. D. dissertation, The University of Wisconsin-Madison, 1997.

ウィットビーン、G・ピーター『武生ネス――アメリカ人社会学者の見た武生』府中美術印刷、一九九五年。

（青木七穂・岡美穂子訳）

第四章　ジェンダーとグローバリゼーション――日本人のディアスポラ

酒井順子

はじめに

近年、文化や物の世界規模での伝播はいっそう促進され、情報は瞬時にして世界中を駆け巡っている。そして、かつては海外に行く事が日常的なことではなかった人々が、今ではいわゆる「グローバル・ヴィレッジ」の中を頻繁に移動するようになっている。このような国境を越えた人間の活動はグローバリゼーションとして定義され、近代のネイション概念では捉えることのできない新しい動きとして理論化されようとしている。[1] もちろん、ヨーロッパの近代とともにグローバリゼーションは始まり、歴史的に見て何百年と続いてきた現象であり、近代以前にも地域間の交流は絶えずおこっていた。しかし、今日、人々の移動はかつてないほど大規模で頻繁であるという点において際立っている。現代世界は、国境を越えて移動する人々の数の多さ、伝達される情報の迅速さなど、かつてないほど大規模で日常的な文化の接触によって特徴づけられているといえる。そのような現象はグローバリゼーションに関する一層の議論を呼び起こすと同時に、国境の蓋然性への疑問、西洋世界の価値の優越性への疑問を生じさせ、異文化への出合いと複数の文化間の境界領域に生きる可能性への関心を高めてきた。[2]

本稿は、このようなグローバリゼーションを考察する上で、これまで見逃されてきた側面、すなわちジェンダー化されたグローバリゼーションの一局面を明らかにしようとするものである。ジェームズ・クリフォードもその論文

「ディアスポラ」においてグローバリゼーションにおけるジェンダーの局面は、国境を越えた人々の移動をみていくうえで重要な要素であると指摘しているが、[3]日本のグローバリゼーションを考える上でも、ジェンダーは見逃すことのできない要素であろう。近年の日本の経済と文化における急速なグローバリゼーションに、日本人の男性と女性がどのように関わってきているのだろうか。特に、国境を越えた移動が日常化していく中で、「他者」との出会いを経て、「日本人」であるという文化アイデンティティを形成するときに、男性と女性はどのような差異を見出したであろうか。

ここでは特に、グローバリゼーションの過程における「日本人アイデンティティ」の「語り」に焦点を当てて考察する。考察にあたっては、一九九〇年代前半に筆者がおこなった、ヨーロッパの金融の中心地であるシティ・オヴ・ロンドンの日本人コミュニティにおけるライフ・ストーリー・インタビューと、[4]一九九八年から一九九九年に東京でおこなった補足的ライフ・ストーリー・インタビューを事例として扱う。バブル崩壊後にロンドンでおこなわれたインタビューでは、日系金融機関のビジネスと経営に関する経験とともにそこで働く人々の文化への意識について尋ねてみた。ライフ・ストーリーを語ってくれたのは、日本人男性派遣社員は四十七人、[5]女性派遣社員七人、派遣社員の妻二人、現地採用女性社員十三人、そして現地採用男性社員一人であった。補足調査として一九九八年から一九九九年にかけて、海外に留学中の女性三人と国際結婚で海外に移住する女性一人にインタビューした。その中から特に、大手銀行管理職の青山さん（仮名）と、同じく大手銀行の現地採用事務員の幸子さん（仮名）を例に挙げて考察する。ライフ・ストーリー・インタビューに表れた国と国、文化と文化の間で生きることについての男女の語りを検討し、さらに、「国」とジェンダーとグローバリゼーションの関連性を考察したい。

グローバル化する日本

経済における国境の重要性は、今日ますます低くなっている。貿易の拡大、経済的障壁の消滅、多国籍企業の増大、通信および交通手段の急速な進歩等によって、経済活動はもはや一国内の問題としては考えられなくなっている。経済におけるグローバリゼーションは明白であり、日本経済も例外ではない。戦後経済の立て直しを終えて、円の固定相場制が廃止され、日本人の外貨持ち出し制限が廃止された一九七〇年代初期から、戦後日本の新たなグローバリゼーションが始まったといえる。企業の海外進出とそれに伴う日本人の海外への大量移動が始まったのである。また日本製品の海外での普及は、ものを通じての日本文化のグローバルな浸透をもたらした。ソニー、パナソニックなどの家電製品、トヨタ、ニッサンなどの自動車等々、日本は生産物で表象されうるかのようであった。

金融の世界においても、一九七〇年代以降グローバリゼーションが急速に進展していき、日系金融機関もグローバル・ファイナンスにおける重要なプレイヤーとなっていったのである。[6] 戦争直後の日本の金融機関は、国内の資本金不足のため世界銀行の資本援助をあおがねばならず、限られた資金を大蔵省の指導によって慎重に重点産業に配分し経済の立て直しを図っていたが、一九八〇年代には、合衆国の赤字国債を貿易黒字国である日本が買うという形で、日本は世界の資本輸出国となっていたのである。[7] 膨大な黒字を抱え、日系金融機関は海外への投資をせざるをえない状況になっていた。円の高騰は外見上、日本経済の強さを示すように見えたが、実際にはドル取り引きの債権は円の高騰によって、円に換算した時に大きな損失となった。また日系金融機関は、国内金融市場の規制を避けて海外市場での自由な取り引きをおこなうと同時に、予測される国内の金融緩和及び自由化に備えてグローバル・ファイナンスへと向かっていかざるを得なかった。このような経済政策上の必要、また高騰する円を使って海外に行く日本人が増えたこともあって、日本人海外コミュニティは、一九八〇年代に飛躍的に拡大したのである。

このような日本人のグローバルな拡散にもかかわらず、日本のグローバリゼーションは、生産物や貿易と関連して語られ、[8] 特に日本の文化および社会に根ざす「日本的経営」が生産性の高さと関連づけられるものとして議論されてきた。その結果、海外の日系企業は、日本的経営の研究材料となった。[9] さらに、日本的経営の研究は、「経営の日本化」が欧米において可能であるかどうかという議論にまで発展していった。[10]

日本製品や日本的経営システムは世界に拡散していったように見えたが、海外日本人コミュニティに住む人々に焦点をあてたとき、「文化ハイブリディティ」が構築されているようには見えず、むしろ日本人コミュニティと現地社会の間の分離が批判されてきた。[11] 日本のグローバリゼーションは、むしろグローバリゼーションの中のローカリゼーションとして位置づけられてきたと言えるだろう。

このようなローカリティを残存している日本人の海外への拡散は、「ディアスポラ」現象として把握することが可能であると思われる。「ディアスポラ」という用語は歴史的にはユダヤ人の拡散を示す概念として使われてきたものであり、その概念の中には、故郷を追われた犠牲者の集団という意味が込められている。日本人海外コミュニティにはそのような「犠牲者」の拡散という要素は直接的にはないので、「ディアスポラ」という用語で日本人の拡散を説明することには異議があるかもしれない。しかし、ロビン・コーエンが指摘したとおり、「ディアスポラ」という言葉の語源は、古代ギリシャの植民都市にあり、元来その言葉は、経済的な拡張という要素を持っていたのである。彼は、その著書『グローバル・ディアスポラ』のなかで、人々の国境を越えてコミュニティを形成しようとする現象を「グローバル・ディアスポラ」と定義して今日の人々のグローバルな移動を説明しようとし、日本人海外コミュニティを中国人の拡散と同様に「経済ディアスポラ」と定義している。[12]

その定義にあたっては、さらに、現在の日本人コミュニティの規模が、ディアスポラと呼ぶに値するものであるかどうかという疑問も残る。確かに統計上把握された海外に定住する日本人は一九九六年においては七六万四〇〇〇人であるが、一九九七年には、一六八〇万三〇〇〇人の出入国が記録されている。一九九七年の日本の総人口が、一億二六一六万六〇〇〇人であるから、のべ一割以上の日本人が一年間に出入国したことになる。登録された海外在住者だけでなく、旅行者や短期の留学生等を含めると、かなりの数の日本人が、現在海外に拡散しているのである。

「ディアスポラ」は、「故郷」との強いつながりおよび「ディアスポラ」コミュニティ内における排他的な結束の固さが特徴的であるとされている。[13] この意味においても、日本人海外コミュニティは「ディアスポラ」的である。日本人ビジネス・コミュニティは、日本からの指示に強く左右され、外部の人間を受け入れにくい文化を維持しているからである。心理的にも、世界の「中核」を見てみたいという気持ち、その一方で、自然の残るより人間的な社会を求めて低開発国を旅する日本人の気持ちは、日本人を海外に駆り立てている。そうした多くの日本人が、国籍及びエスニシティを超えて生きているというより、依然として日本人コミュニティとその周辺領域に住んでいることは、海外日本人コミュニティを「ディアスポラ」と呼べるひとつの根拠でもある。

この日本人のディアスポラという視点から世界を見直すとどう見えるのであろうか。ポール・ギルロイは、その著書『ブラック・アトランティック』において、近代を西洋の拡張ではなく、太平洋を挟んだヨーロッパと南北アメリカへの黒人文化の拡散とみるというパラダイムの転換をおこなったが[14]、日本人ディアスポラからは、世界をどう見直していけるのだろうかということが大きな課題である。一九七〇年代以降、高度経済成長の成果を踏まえて起こった日本人のグローバリゼーションは、「日本人論」、「日本的経営」等、日本人ビジネス・コミュニティのイメージで語られてきたが、その構成員は、多様である。個人的に移民して、日本人コミュニティに仕事の機会を見出した人達、学生、芸術家、旅行者達もそれぞれの立場で日本のグローバリゼーションの一翼を担っているのである。日本人コミュニティ及び日本のグローバリゼーションはそのイメージよりも実際は多様な要素を持っている。

ジェンダー化されたグローバリゼーション

日本人のグローバルな移動はジェンダー化された現象である。ジェンダー化されているとは、一見性差に関係がないものとして語られる現象が、実は男女という分析軸からみると、偏りがあることである。第一に、日本人のグローバリゼーションは、その海外コミュニティが依然として日本人男性派遣社員を中心に構成されていることに特徴がある。言いかえれば、中性的に語られる日本人コミュニティは男性管理職を中心に構成されたという意味において、ジェンダー化されているコミュニティなのである。ロンドンにおける日本人ビジネス・コミュニティを例に取ると、一九九三年の在英日本大使館による調査では、大使館に登録した約五万人の在住日本人の六割にあたる三万人あまりが企業派遣社員とその家族である。筆者の調査したロンドンの金融業の場合、女性派遣社員は極端に少なく、まして

英国在住日本人

	本人		家族		計
	男	女	男	女	
企業勤務	12,024	566	5,646	14,192	32,428
ジャーナリスト	151	23	88	215	477
自営	153	49	45	140	387
学生、研究者、教員	5,770	5,552	1,218	3,089	15,629
政府関係者	246	47	129	289	711
その他	481	485	152	304	1,422
小計	18,825	6,722	7,278	18,229	51,054
英国永住権保持者					男 700 女 2,661
合計					54,415

在英日本大使館『在英日本人の実態調査について』1993年。

その家族を伴って赴任している例はなかった。数の上からも、日本人コミュニティが企業派遣男性社員を中心に構成されていることがわかる（表）。

ロンドンの日本人コミュニティを構造的に見ると、男性派遣社員、外交官、ジャーナリストたちがそのコミュニティの中核に位置し、その周辺に女性が、妻として、少数の派遣女性社員として配置されている。日系多国籍企業内部では、現地従業員は別グループとして位置づけられ、派遣社員との接触は最小限に押さえられている。依然として英米系の金融機関が力を持つグローバル・ファイナンスの世界に進出した日本の金融機関の場合、イギリス人ホワイトカラーの労働者に大きな雇用の機会を与えたのである。特に野心的な金融スペシャリストたちの日本企業への期待は大きく、日本的雇用慣行を改善し、現地社員のグローバルな昇進を可能にして欲しいという要望が非常に強かった。そうした希望にもかかわらず、日系企業は、独自な「日本文化システム」、「日本的経営システム」を盾に、グローバルな昇進システムから現地社員を排除していた。こうした日系金融機関の日本人派遣社員と、イギリス人及びヨーロッパ人従業員の間で現地採用の日本人女性事務員が働いていた。彼女たちは、イギリス人あるいはヨーロッパ人と結婚して労働許可証を得た人たちと、「移民法」が厳しくなる以前にイギリスに入国し、労働許可を得て働き、四年間税金を払うことによって永住権を得た人たちであった。ロンドンの日本人ビジネス・コミュニティでは男性現地採用社員の数は極端に少なく、女性現地採用社員が、給料計算、派遣社員の世話等、日本人であるからこそできる仕事をしていた。このように、ロンドンにおける日本人ビジネス・コミュニティでは、ジェンダーおよびエスニシティによる労働の分離が非常にはっきりとしていた。国内における日本の企業文化を反映して日系企業は海外においても男性中心の企業文化を形成してきたのである。

さらに日系企業の周辺にビジネス・チャンスが生じており、派遣社員を顧客とするレストラン、食料品店、家庭教師など、個人で移り住んだ人々、あるいは語学留学の形をとってイギリスに住む人たちにも、パートタイムでの就業の機会が出てきている。こうした就業機会を求めて日本からロンドンへと移住を希望する女性たちが存在していた。

第二に、ロンドンの日本人コミュニティでは、海外滞在のパターンにおいてもジェンダーによる差異が見られた。終身雇用制で保護されている派遣社員の海外滞在は一度の派遣で三年から五年であり、派遣期間が終われば彼らは妻子を連れて一旦は帰国する。それに対して、女性の現地採用社員は長期間海外に滞在することを志向している。東京で補足的にインタビューした女性達も、海外で働くことを求めて準備をしていた人達であった。日本国内における仕事に限界を感じた女性達は、海外で語学能力などの新しい資格や知識を身につけて再就職を成功させようとしていた。彼女達は日本に仕事上のつながりがないだけに、イギリスで機会があれば仕事を見つけたいという気持ちもあった。資金が続く限り、あるいは仕事がある限り海外に滞在したいと考えていた。こうした人達にも海外における日本企業の発展が、就業の機会をもたらしたのである。[15]

最後に、海外コミュニティにおいて構築された「日本人」なるもののイメージは日本人男性やその主張に基づいているという点においても日本のグローバリゼーションはジェンダー化されている。彼らが「我々日本人」として語る時、彼らの意見があたかも本質的な「日本人」を語っているかのように流布されているのである。ジェンダーを超えた存在としての「日本人」を語るが、実際のところ、彼らはジェンダーによる差異が強く温存されている日本社会の男性の言葉を、中立的なバイヤスのない言葉であるかのように表現していくのである。良い例が終身雇用制の言説である。不況の到来直前まで、日本は終身雇用の社会であると語られたが、実際には十数パーセントの人が終身雇用で働くに過ぎなかった。[16] にもかかわらず、終身雇用の物語は一九九〇年代半ばには依然として根強く語られていた。

ジェンダー化された人のグローバルな移動は日本人にのみ特徴的だというわけではない。移民研究においては、国際的な移民の三分の二が女性によってしめられていると指摘されている。言いかえれば「移民の女性化（feminisation of migration）」が国際的に見られるのである。[17] 例えば、フィリピンの家事労働移民等が典型的な例であろう。日本の移民パターンも例外ではないようである。日本を出て海外で働こうという女性の存在は社会的現象として、ジャーナリズムにおいてはよく指摘されているが、その現象の意味が十分に検討されているとはいえない。家庭領域における女性の役割が強くイデオロギーとして残る日本において、女性の方が国境を越えて頻繁に移動していくのは検討の価値があると思われる。男性は依然として家庭と会社の「中核」として国内にとどまることが多く、社会の「辺境」領域に位置づけられた女性の方が、国境を自由に越えて、自由なエイジェントとして動いているのである。

海外コミュニティにおけるジェンダー化された日本人のライフ・ストーリー

筆者の聞き取ったライフ・ストーリー・インタビューは、男性と女性がどのように彼らの「想像の共同体」[18] に所属しているかを示していた。「日本人」あるいは「日本社会の特性」はこれまで客観的なものとして「語られ」てきたが、実際のところ、日本社会あるいは日本人というものは、不確かで曖昧である。「日本」に関する語りを声高にすることができるのは、日本の社会の中核的位置に属する人達、あるいは中核に属するという虚偽的なイメージを持った人達である。筆者のインタビューにおいては、国境に関して、国への所属意識において、男性と女性との間で違った「語り」が出てきた。女性達のライフ・ストーリーは、日本では自分を生かすチャンスがない、日本では人間的な生活がないというものであった。

ロンドンで会った幸子（仮名）はそうした女性の一人であった。彼女はある地方都市で一九五一年に生まれ、インタビュー時には四十歳をこえたばかりであった。三人姉妹の末娘の彼女は、学校時代は成績がよく、大学に行って学校の先生になりたいと思っていた。しかし、彼女の母は、口癖のように、女の子はお金ばかりかかって、両親には育てがいがないと語っていたという。そうした評価は彼女にはプレッシャーとなっていた。彼女は大学入試の直前に、姉の勤める大手銀行の採用試験を受けることを勧められ、合格してしまった。彼女は大学進学を即諦め、その銀行の支店で事務員として働くことになったのである。

そうした女性たちの「物語」に共通するのは、仮定の話が含まれることであった。もし大学入試を受けていたら、そして合格していたら、幸子は学校の先生となったであろうと言った。別の五十代の女性は、両親は彼女に大学に行くことは認めてくれなかったが、もし、大学進学のできる普通高校に行けていたら、彼女は勉強をして、弁護士になったであろうと語った。三十代後半のある女性は、彼女にぴったりの仕事はニュースキャスターであったと思うと言いきった。実現されなかったキャリアのストーリーが、繰り返し話されたのである。

幸子は大学を受ける機会もなく、銀行員として働き始めたが、学校時代は成績もよく、男子に負けると思ったことのなかった彼女が、そこで悔しい思いをしなければならなかった。

私が、十八か二十のころ、もし私が席につくとしたら、一番下手に座るように言われたんです。ある時、私が前に出ていたら、男の同僚が、女は後ろに下がれって言ったんです。私、今でもその時の言葉を覚えています。彼は、「女は目立っちゃいけない」って言ったんです。それだけじゃなく、その男の同僚は、外に行ってお客さんから預金を集めてこいって言われるんです。だけど女子行員は、支店の中に座っていなければいけなくて、能力を発揮する場所はなかったんです。だから、私は日本の社会が本当に嫌だったんです。それで、毎日、日本を出ることばかり考えていました。

二年後、彼女はその銀行の支店を止め、県庁所在地に移り住み、一人暮らしを始め、同時にビジネススクールの秘書養成コースに通い始めた。彼女は英会話の勉強も始めた。そして英語を勉強するならイギリスで勉強しようと思って、イギリスに渡った。銀行員として働いた時の貯金はちょうど一年分の学資と生活費に相当する額であったという。イギリスに着いたばかりのころの生活を彼女は以下のように記憶している。

あのころ、私はとても幸せでした、私はまだ若くて、それに野心があって。私には何も恐いものはなかった。私には夢があって未来があった。今は、私は家事で疲れきっていますけれど。あのころは自由だったんです。私はしたいことが何でもできたんです。私の父と母は日本だったし、私は一人っきりだったから。あの頃は恐いもの知らずでした。あの頃だって、レイプとか殺人とかあったに違いないんです。でも私は、そんなことは考えなかった。私は友達がいなかったし、映画に行って、真夜中に、一人で下宿まで歩いて帰ってたんです。

幸子は自分が幸せだったと語ったが、外国で友人もなく、彼女の生活は孤独な旅人の生活にも似ていた。にもかかわらず、彼女は自分が自由だと感じたのだった。彼女の貯金の額から見て、当初の計画ではイギリスに滞在するのは一年だけだった。しかし、彼女は日本には帰らなかった。

一年経って、私が日本から持ってきたお金はなくなったんです。それで、私は銀行で仕事を見つけたんです……私は最初から帰るつもりなんかなかったんです……私は若かったし、恐いものなんかなかった。私は世間を知らなかったんです……イギリスの生活は、日本より刺激的だったんです。道を歩いていても、いろんな人種の人達と出会えることが面白かったんです。いろんな人達がいて、いろんな考え方があって。日本にいた時には自分と同じ考え方の人に会えなかったんです。けれど、ここでは私よりももっと新しい考え方の人達、もっと進歩的な女性達と会えたんです。私はイギリスに来た時、彼女達がうらやましいと思ったんです。そんな考え方や世界こそが、私が求めていたものだったんです……その頃から、イギリスは人種のるつぼだったし。列車に乗ってもいろいろな人種の人に出会えることがすばらしいと思ったんです。この国では女性が強いことがすばらしいと思ったんです。

ここには、彼女の持つ、日本とイギリスの対極的なイメージがはっきりとでている。女性に抑圧的な国としての日本のイメージと、個人を大切にするイギリスのイメージである。日本の近代を支配してきた近代主義的な進歩史観の言説が、彼女の言葉の中ではこのように表現されていた。そして、彼女はイギリス人男性と結婚した。彼女はなぜ結婚したかについて以下のように語った。

私はその頃、禅に興味を持っていたイギリス人男性にあったんです。あの頃は、この国が初めて日本に目を向け始めた時でした。彼はオリエンタルな女性にも興味があったんです。それで、私たちは一緒に住み始めたんです。そして、婚約をしないまま結婚をしたんです。私の結婚がよかったかどうかはいえないです。私は早く結婚しすぎたんです。二十四歳でした。もっとやりたいことをやってから結婚するべきだったんです。だって、結婚するためにイギリスに来たんじゃないんですから。結婚したのは一人ぼっちだったからでもあるんです。私は恋に落ちて、ちょうどその頃、日本から帰って来るようにという電話がしょっちゅうかかってきていたんです。そんな電話にプレッシャーを感じて、それで結婚したんです。

日本の銀行で働くことを嫌ってイギリスに渡ったのに、彼女が海外の日系金融機関で働くことを選んだのは皮肉な結果であったともいえる。なぜなら、日系多国籍企業はその経営において、日本的経営法を残しておいているのみならず、時には、日本人派遣社員と現地雇用社員とのマネージメントの二重構造を正当化するために、現地従業員に対して、「日本的な働き方」を強調しているからである。実際には、彼女は、金融ブームの時期にはディーラーとして、活躍するチャンスが与えられたので、彼女にも昇進の機会はあった。しかし、第二子を出産した後、彼女は帰宅時間の遅いディーラーを辞し、五時には会社を出られる事務職に移動することを希望した。彼女たちの「ライフ・ストーリー」の第二の特徴は、女性としての家事育児責任を強調したことであった。女性が解放されていると渡英直後に感じたにもかかわらず、育児、家事等の家庭責任を彼女が自ら担ったのである。彼女は繰り返し、もう仕事で昇進するチャンスはないと残念そうに語った。日本に帰らなかったことを後悔していないと語り、イギリスにいたからこそ彼女がより進歩的な生活を体験できたのだと繰り返したにもかかわらず、自らの結婚に対しては歯切れの悪さがあった。

二番目の姉は本当に従順な性格の人で、典型的な日本女性なんです。高校を卒業して、結婚の準備のために洋裁をならって、それで結婚したんです。今から考えるとそんな女性の方が幸せかもしれないんです。働かなくてもいいし、子供の世話と家事だけをしてればいいのですから。それに、彼女達の方が、日本でいい生活水準を維持していられるのですから。

高度成長による日本の生活水準の向上を見る前にイギリスに渡った彼女にとって、今から振り返ってみると、彼女は日本の経済的な豊かさの恩恵を受けそこなったといえるだろう。にもかかわらず、幸子と同様他の女性達もインタビューの中で、彼女達は日本の外でこそ彼女達の自己実現ができたのだと強調した。特に四十代以上の女性達は、日本は住むには耐え難い国であり、ロンドンに住むことが彼女達に力を与えてくれたと強調した。その力とは「自由」であり、「仕事の機会」であった。家族や近所からのプレッシャーが少ないということも彼女達が国外に住もうと決意思した理由としてあげられた。どのような理由を第一に挙げても、「西洋」に住むということが彼女達に生きていくエネルギーと力を与えたと信じていたのである。その結果、彼女達は、彼女達が日本で忌み嫌っていた企業文化を強く残しているロンドンの日本企業で現地社員として、派遣社員とイギリス人社員の境界で生きてきたのであった。

これらの女性達の「ライフ・ストーリー」とは対照的に、派遣で来ている男性管理職達は日本人であることを強調していた。青山氏（仮名）は一九四六年生まれの四十代後半の管理職であった。彼の父は官僚であり、母方の家系は農地改革によって土地を失った戦前の大地主であったという。現地採用の女性達に比べ、青山氏は格段に幸福な子供時代を東京の都心で送り、「御三家」と言われる進学校のひとつからさらに東京大学に進学した。東京大学は、父や叔父、兄弟の出身校であり、そこへの進学は彼にとっては特別な決心を要さない自然の選択であった。法学部を卒業後、現在の銀行に就職した彼の仕事は主に官僚との折衝であった。その任務において、彼は高校や大学の先輩、同窓生と接触し、情報を交換していったのである。量的な証拠にはならないかもしれないが、日本における「オールド・ボーイ・ネットワーク」の存在を感じさせるような職歴、交友歴であった。インタビューの二年前、それまで本店で勤務してきた彼に、突然ロンドンへの辞令が出た。彼の任務はロンドンの市場を見てきて銀行の方針決定に役立てることであった。突然の赴任に彼は驚き、急いで英会話の研修を受けたが、英語では日本語ほどには彼のアイデアを自由に表現できないと考えていた。彼は働きばち的な日本人のイメージに批判的で、常に余裕を持って、あくせくしない人間でありたいと考えていた。たとえどんなに忙しくても、忙しそうに見せてはいけないのだと語った。忙しく働いて仕事ができるのは当たり前で、ゆとりと遊びがありながら仕事をこなせる人が本当に優秀なのだと語った。そのような自分を、典型的な日本の企業人間ではないが、それでもどうしても「日本人」だと語った。

私は自分を典型的な日本人と典型的なイギリス人の中間に置くことはできないですね。私はやはり日本人ですよ。だけど、もし虫眼鏡を持ってきて日本人グループを拡大してみれば、私はそのグループの中心にはいないですね。私に言えるのは、私は日本人の中では典型的な日本人ではなくて、ちょっと違うタイプの日本人だということです。でも、どちらにせよその違いは微々たるものですよ。

彼は自らを「日本人」として位置づけただけではなく、日本人というものの本質的なユニークさを主張する「本質主義的」見解を示した。

日本の銀行では行員は同質的な文化を持っているんですよ。極端な言い方をすれば、日本の会社員は上からの指示がなくても働くんですよ。我々の組織は目先の利害のために働く人々で構成されてはいないんですよ。人々は現在の利益ではなくて、長期的視野に基づいて働きますよ。例えば、将来の役に立つとか、何かを学ぶのはいいことだとか、そう考えて、今利益にならなくてもやるんですよ。もしこれを農業に比べれば、我々には収穫と種まきや耕作の両方が必要ということです。日本企業の強さは、その中でさまざまな活動を処理できるところにあります。この意味で、雇用の安定が効果的に作用しているんです。

ここにみられるように彼の「語り」は、自らを、働きばちの日本人とは違うとしながらも、「日本システム」と「日本文化」の独自性を繰り返すものであった。筆者のインタビューの後、彼は本店に帰り、さらに昇進していった。青山氏の語ったような「ライフ・ストーリー」は、世代によって多少の差があっても、また「国内派」と呼ばれる国内ビジネスを主として担当してきた人と、「国際派」と呼ばれる主として海外で働いてきた銀行マンの間での差はあっても、ロンドンの金融街で働く日本人派遣社員の典型ともいえるものであった。

これらの例が示すように、筆者の調査では、日本人男性と女性は異なる集団的自我を、彼や彼女達が属する国との関係において、また「西洋」との関係において語ったのである。言い換えるならば、経済のグローバル化、金融のグローバル化にこれらの男女は異なったポジションで関わり、彼ら、彼女達の異なる物語を語ったのである。すなわち、男性管理職は、日本的雇用慣行と護送船団方式と呼ばれる日本的な政府と銀行が一体となった金融行政を、日本固有の文化的特質にかなったものとして語り、彼らの日本人アイデンティティを語ったのである。彼らは「どうしようもなく日本人」あるいは「丸ドメ（丸々ドメスティックな日本人）」として彼らの文化アイデンティティを語り、「完全な自由経済システム」を批判し、日本的金融システムを擁護していた。

こうした男性派遣社員の支配的言説としての日本人アイデンティティに対して女性達は多様な反応を示した。日本から派遣された女性総合職社員、女性一般職社員、そして派遣社員の妻達は、「日本人」である事の優位性を語った。例えば、四十代女性総合職社員は、日本にフェミニズムが存在しなかったのは、日本の方が女性の地位が高かったからである、イギリスの女性がフェミニズムで戦わなければならなかったのはそれだけ女性の地位が低かったからだと思うと語った。また二十代一般職女性は、イギリスの女の人は強すぎて優しさがないと語り、彼女は女性の優しさを生かして仕事をしていきたいと語った。彼女たちは、「フェミニニティ」すなわち「女性性」をエスニック・アイデンティティとセットになったものとして語り、自らのジェンダー・アイデンティティを「日本人アイデンティティ」の範疇内で表現したのである。

しかし、個人でイギリスに移住し、永住権を得て日本企業コミュニティで働いている女性達は自らを日本人として規定することにためらいがあった。四十代後半で、イスラエルのキブツを経て、イギリスに定住したある女性は、自らを日本人でもない、イギリス人でもないと語った。そして、彼女の考え方はもう日本社会には合わないだろうと答えた。幸子のように、若い時期に日本には住めないと思った女性達は、依然として日本を「抑圧的な国」というネガティヴなイメージで捉えたままであった。彼女達が日本を離れて、二十年、三十年と経った後、その間に日本の国内では経済的、社会的変化が急速に進んだが、彼女達のイメージの中では、日本は彼女達が国を出た時のイメージから大きくは変っていなかったのである。さらに、彼女達は、イギリス社会において「他者」として見られることにより、イギリスにある「日本」のイメージの影響を受けていた。

彼らの「語り」には年齢、及び世代による差がみられ、さらにインフォーマントたちの社会的階層の違いによる差もあった。比較的豊かな家庭で育ち海外で暮らすことは祖父母の代から当たり前だった人たちと、日本の経済復興の後、自分の貯金をはたいてイギリスに行った人たちの間では、海外に住むことのイメージが大きく異なっていて当然であろう。自由に国の内外を行き来できる人にとっては、日本人という自覚を持つことは苦痛ではなかったが、日本で自己実現が果たせなかったと思った人たちにとって、自らを「日本人」と規定することは自己否定にもつながるものであった。

個人的に移民した女性達は取るに足らない少数派だったのだろうか。依然として海外に移住したいと思って準備をしている女性達の存在に出会うことは、彼女達の存在を少数派として無視できないことの証拠のように思われる。むしろ彼女達を日本のグローバリゼーションの重要な一部を構成する人々であると考えた方が無理がない。知子は大手電機会社で働く三十代前半のOLだったが、今は辞めて人材派遣会社の登録スタッフとして別の大手企業で働いていた。彼女にとって会社勤務は苦痛でしかなく、ヨーロッパ人の恋人と共に両親の反対を押し切ってドイツに行くのだと言っていた。かなは三十代前半の大学講師であったが、やはり結婚によって海外、最終的にはオーストラリアに移住するため、職を辞して結婚準備をしていた。一方、三十代後半の容子は離婚後日本に居辛くなって、イギリスに留学したのだと話した。会社経営の両親の援助で十年か十五年ぐらいイギリスに住むのだと決めていた。かなは父の仕事で小学生時代をイギリスで経験し、さらに二度の留学でオーストラリアに住んだ経験があった。光子は三十代女性で、ビジネスコンサルタントをしているが、さらに博士号を取り、最終的にはドイツに住みたいという。かなも光子も、日本では「人間的な暮らし」ができないと言い、オーストラリアやヨーロッパには人間的な生活と美しい自然があると話していた。

これらの海外脱出予備軍ともいうべき三十代の女性の海外移住、あるいは留学計画には、私がロンドンで出会った女性達が語ったような悲壮さ、あるいは二度と帰れない難民のような語りはなかった。若さゆえなのか、あるいは高学歴の彼女達には日本にも仕事の機会があるのか、また両親の援助が期待できるのか、悲壮な決意というものは感じられなかった。逆にロンドンで二十年以上の歳月を過ごした女性達はそういったサポートがなかったからこそそこにとどまっていたのかもしれない。その影には帰るところのあった女性達がその何倍もいたのであろう。

これらの三十代の女性達にとって、四十代以上の女性達と違い、異文化の間を移動することは彼女達の心に葛藤をもたらすものではなかった。むしろ楽しむことのできる選択のひとつであった。こうした海外に移住した日本女性、あるいはその準備をしている女性の文化アイデンティティには、彼女らの日本社会でのポジションが大きく影響しているということが言える。つまり、すべての女性、すべての男性が同じストーリーを語ったのではないのである。にもかかわらず、女性のほうが、「西洋」を新たな可能性の場だととらえる「物語」をより多く共有していたのである。

これに対して、比較的自己実現を果たしやすかった企業の中核に位置する管理職の男性は、「西洋」を彼らの外部にとらえ、日本が彼らの所属すべき場所として認識している。多くの派遣社員は、「日本的システム」は彼らにとって矛盾のないものであり、その主張を繰り返すことにためらいを感じていなかった。彼らにとって、グローバリゼーションはこの日本的独自性を強調して、世界に出て行くことなのである。

注目すべきは、そうした日本の終身雇用を捨てて、イギリスに住んだ現地採用の日本人男性であった。日本の大手企業を辞職し、何年間か日本語を全く話さない期間を経た後に、仕事を得るためにロンドンにある日本人コミュニティに戻ってきたという。彼が日本的終身雇用制の中で失ったものは、日本的雇用システムの中でもともと中核的な場所を持たない女性よりも大きかったといえる。その彼は、文化の理解を川におぼれることに喩えた。

日本人の文化の理解は川の上から川の中をのぞくようなものですよ。それでは異文化は理解できませんよ。異文化を理解するには、頭のてっぺんまで、川に沈んでみないとわからないんですよ。表面に浮いているだけでも駄目なんですよ。おぼれてみなければわからないんですよ。

典型的な日本の男性会社員のライフコースを捨ててイギリス社会に完全に入り込もうとした彼は、経済的な理由から日系企業に職を求めて戻ってきた時、もはや終身雇用の派遣社員のグループには属さない現地社員であった。彼が会社員を辞めないで日本企業の一員であり続ければ失わなかったものは、もともと日本企業の中でマージナルな存在に位置づけられて女性が国を出て失うものよりも大きかっただけに、その心の揺れは大きかったようだった。

ジェンダーと文化アイデンティティ

ライフ・ストーリー・インタビューは、日本のグローバリゼーションはジェンダーによる差異を持つ文化アイデンティティと関連していることを示唆した。ひとつの国において、文化アイデンティティはあたかも単一のものであるかのように語られるが、文化アイデンティティはひとつのコミュニティの中で多様に分かれている。スチュアート・ホールが指摘するように、イギリスにおいては、中産階級の白人男性のアイデンティティが支配的であり、何年か前まではブラックであることと、イギリス人であることは両立できないことであった。九〇年代になって、彼はようやくブラックであり、イギリス人であるというアイデンティティを矛盾なしに持つことができるようになったと語っている[19]。文化アイデンティティに関しては、その社会の支配的グループのアイデンティティが、あたかもその社会全体を表象するような均質で単一なアイデンティティであるかのように語られる。そこでは、そのグループに属さない人々のアイデンティティはともすれば抑圧される。日本人のビジネスマンたちは日本の国外において、彼らのアイデンティティをあたかも日本を代表するアイデンティティであるかのように語ったのである。しかし、ひとつのネイションの中で、アイデンティティはあたかも均質であるかのように社会の中核に位置する人々によって語られても、実態としては多様なアイデンティティの語りが存在するのである。もちろん女性であってもそういった男性の言説を受け入れ、あたかも自分自身の言説であるかのように語る女性も少なくないが、そういった支配的文化アイデンティティから自由になる方法は日本を出て日本社会の秩序を出ることだと考えている女性が存在しているのも事実である。

企業社会としての日本、会社社会としての日本のイメージは国の内外に強いが[20]、一方で、統計によれば、日本の女性の就業率は今もって、三十歳から三十四歳を底としてM型を描いているのである。言い換えるならば、強い家庭責任イデオロギーと職業との両立の難しさが、女性を三十代前半に仕事を一旦中断させ、家庭に入るか、あるいは転職を図らせるのである。仕事を中断した後、多くの女性が再就職を目指すが、特に高学歴の女性は再就職後の仕事として教育職、研究職を望んでいる。[21] 塾などの教師、大学の教員、リサーチセンターのコンサルタント等、比較的年齢制限を克服できると思われる仕事である。そういった仕事につくための文化資産を得るために留学したり、海外に住む女性も多い。多くの女性を実質的に排除した「日本的雇用システム」が、高学歴の野心的女性を海外におしだしているともいえる。海外に出ることによって、さらに新しいアイデンティティが語られ始めたのである。特にロンドンのような「西洋世界」、あるいは「英語文化圏」に行った女性達は、そこで、新たな「ユニヴァーサル」な価値と、住みにくかった日本のイメージが合体して、日本への否定の言説となったのである。

ジェンダーとエスニシティは相互に複雑に絡み合っている。クロス・カルチュラルな職場においては、異なるエスニックグループの男性同士が競い合い、女性は比べられて語られる。しかし、ひとつのエスニックグループに属するすべての女性が本質的に同じというわけではなく、女性達の間にも差異がある。にもかかわらず、男性と女性はそれぞれ共通項を持つ世界のイメージを描いていた。日本人も例外ではなく、男性派遣社員は、他の文化に接して、彼らの防衛的文化アイデンティティを主張した。しかし、女性現地採用社員は日本人として男性派遣社員と同じアイデンティティを語らなかった。移民した女性達は、「ユニヴァーサル」な価値を「日本的システム」を乗り越えるものとしてとらえ、彼女達のアイデンティティの根拠としていた。こうした多様な日本のアイデンティティを見逃して、男性派遣社員の視点をもとに日本人の「文化アイデンティティ」を検討すると、容易に文化ナショナリズムの議論に陥ってしまうであろう。[22]

こうした個人による国境を越える移動はアイデンティティの揺れ動きを伴う。ライフ・ストーリーを語った女性達が日本と西洋の間を移動する時、アイデンティティの揺れは日本の社会の秩序に守られた男性よりも大きい。日本を出る時、日本から海外に移った時、そして何年も後に、これらの女性達は繰り返しアイデンティティを再構築していった。日本を出た時、制約を逃れ、自由を手に入れ、自己の可能性を見た。ホスト・カントリーの社会の一員となるための障害を感じた時、これらの女性達は日本への所属意識を強めていった。しかし日本と離れることによって、日本とのつながりを失うにつれ、また日本への所属意識が薄くなった。自分の母国と移住先との両方で、揺れ動くアイデンティティは、彼女達を、ある時はホスト・カントリーの一員として、ある時は日本人として意識させ、時にはどちらにも所属しない人間として感じさせる。不確かな所属感を持ちながら、浮遊するアイデンティティを形成しているのである。

このような揺れ動くアイデンティティは、新しいアイデンティティを形成する可能性を孕んでいる。ジェンダー化された言説が力を持つ日本の社会が、「均質な会社社会」を描き出す時、これらの女性をはじき出した。しかし、それがゆえに彼女たちは新しいフレキシブルなアイデンティティを構築したのである。そのような新しいアイデンティティの存在が、支配的な言説が語る「日本という国」や「日本という社会」の虚構を崩すかもしれない。

海外在住の日本人が、彼らがいかに日本に所属するかを示すことによってその多様な文化アイデンティティを示したことは、ベネディクト・アンダーソンが指摘したように「ネイション」が想像の共同体であることを示すものである。日本の企業社会の中核的存在である男性派遣社員がいかに彼らがネイションを表現するか、いかに彼らが考えるところのコミュニティに所属するかを語り、その語りがあたかも日本全体を代表するかのように流布していった。しかし、彼らの周辺で働く女性達は、同じような「ネイション」の物語を共有しはしないし、また同じようにナショナル・コミュニティに属するわけではない。現在進行しているグローバリゼーションは、男性と女性に近代の国民意識とは異なる新しいネイションの「語り方」を表現するチャンスを与えた。言い換えるならば、グローバリゼーションは国と国の境界のイメージを弱めていったのである。

グローバリゼーションは経済的現象のみならず、文化のグローバル化を含むものであり、人々の文化アイデンティティの転換ももたらしている。大量にそしてより頻繁に人々が移動をする時代において、日本人の文化アイデンティティは必ずしもハナーツのいうところの「コスモポリタン」[23]になるとは限らず、国際競争の名のもとに、防衛的エスニックアイデンティティが強化されるのは考えられることである。しかし、日本を出ていこうとする女性達、あるいは長く海外に滞在している女性達が同じように「ローカル」なアイデンティティを共有しているわけではない。文化アイデンティティはジェンダーによって異なって語られた。近代家族の中の女性達のイメージは家庭領域にとどまっているが、実際には、女性達は家庭領域の外で、共同体を超え、国を越えて自己実現を図っているのである。男性社会としての日本のイメージにもかかわらず、女性達はもっと自由な自己イメージを求めて生きているのである。男性が一家の働き手であり、社会をリードしているというイメージは複数の文化にまたがってその境界領域に生きようとしている女性達の存在によって挑戦されているのである。

むすび

このようにジェンダー差が見られるライフ・ストーリーから見て日本のグローバリゼーションとは何を意味しているのだろうか。本稿では、日本のグローバリゼーションの過程で語られた文化アイデンティティがジェンダー差を持っていたことを示し、男性の文化アイデンティティは必ずしも女性の文化アイデンティティを代表するものではないことを明らかにした。日本社会の中で多様な役割を、妻として、母として、働くものとして、コミュニティの一員として担っている女性達にも共有できる新しい文化アイデンティティの構築が求められているのである。そのような新しい文化アイデンティティを創造した時、日本の内と外のコミュニケーションが促進されるのではないかと思われる。そして「日本」という国の想像の境界が曖昧になるであろう。日本のグローバリゼーションは経済のグローバル化や男性を表象する会社文化のみから語ることはできないのである。ジェンダー化された文化アイデンティティの多様さが日本人のグローバルな拡散を特徴づけている。

注

(1) R.ロバートソン(阿部美哉訳)『グローバリゼーション——地球文化の社会理論』東京大学出版会、一九九七年。

Featherstone, Mike (ed.), *Global Culture : Nationalism, Globalisation and Modernity,* London : Sage Publications, 1990 ; Featherstone, Mike, Scott Lash and Roland Robertson, *Global Modernitites,* London : Sage Publications, 1995.

(2) Bhabha, Homi K., *The Location of Culture,* London and New York : Routledge, 1994 ; Clifford, James, "Travelling Cultures", in Lawrence Grossberg, Cary Nelson and Pauls Treichler (eds.), *Cultural Studies,* London and New York : Routledge, 1992.

(3) Clifford, James, "Disporas", in *Cultural Anthropology,* Vol. 9, No. 3, 1994, pp. 302-338.

(4) Sakai, *Junko, Narrating Our Cultures in the Floating World : Working Lives in Japanese Banks in the City of London since the 1970s,* Ph.D Thesis, Essex, 1997.

(5) ここでいう「派遣社員」とは、日本にある本社から海外の支社や現地法人に派遣される正規雇用社員を指す。

(6) Düser, J. Thorsten, *International Strategies of Japanese Banks : The European Perspective,* Basingstoke : Macmillan, 1990 : Emmott, Bill, *Japan's Global Reach : The Influences, Strategies and Weaknesses of Japan's Multinational Companies,* Reading : Arrow, 1993.

(7) Sato, Ryuzo, Richard M. Levich and Rama V. Ramachandran, *Japan, Europe and International Financial Markets : Analytical and Empirical Perspectives,* Cambridge : Cambridge University Press, 1994.

(8) Aoki, Masahiko and Ronald Dore (eds.), *The Japanese Firm : The Sources of Competitive Strength,* Oxford : Oxford University Press, 1994.

(9) Campbell, Nigel and Fred Burton (eds.), *Japanese Multinationals : Strategies and Management in the Global Kaisha,* London : Routledge, 1994.

(10) Ackroyd, S., G. Burrell, M. Hughes and A. Whitaker, "The Japanization of British Industry?", *Industrial Relations Journal,* vol. 19, no. 1, 1988, pp. 11-23 ; Oliver, Nick and Barry Wilkinson, *The Japanization of British Industry : New Developments in the 1990s,* Oxford : Blackwell, 1992 ; Bratton, John, *Japanization at Work : Managerial Studies for the 1990s,* Basingstoke : Macmillan, 1994 ; Elger, Tony and Chris Smith (eds.), *Global Japanization? : The Transnational Transformation of the Labour Process,* London : Routledge, 1994.

(11) Befu, Harumi and Nancy Stalker, "Globalization of Japan : Cosmopolitan or Spread of the Japanese Village?" in Harumi Befu (ed.), *Japan Engaging the World : A Century of International Encounter,* The Center for Japan Studies, Teikyo Loretto Heights University, 1996, pp. 101-120.

(12) Cohen, Robin, *Global Diasporas : An Introduction,* London : UCL Press, 1997.

(13) Clifford, op. cit., p. 306.

(14) Gilroy, Paul, *The Black Atlantic : Modernity and Double Consciousness,* London : Verso, 1993.

(15) Sakai, Junko, "We Are Stronger, More Flexible, and More Able to Adjust Another Culture : Japanese Women Working Across Cultures", *The Essex Graduate Journal of Sociology,* No. 2, 1997, pp. 18-33.

(16) 吉田和男『日本型経営システムの功罪』東洋経済新報社、一九九三年、二九頁。

(17) Benmayor, Rina and Andor Skotnes, "Some Reflection on Migration and Identity", in Rina Benmayor & Andor Skotnes (eds.), *International Yearbook of Oral History and Life Stories,* Vol. 3, *Migration and Identity,* Oxford : Oxford University Press, 1994, pp. 1-18.

(18) Anderson, Benedict, *Imagined Communities : Reflections on the Origin and Spread of Nationalism,* London : Verso, 1991.

(19) Jacques, Martin and Stuart Hall, "Les Enfants de Marx et de Coca-Cola", *New Statesman,* 28 November, 1997, pp. 34-36.

(20) 労働省女性局編『女性労働白書——働く女性の実状、平成一〇年版』二十一世紀職業財団、一九九九年、三八—四一頁。

(21) 同右、五七—五八頁。

(22) ビジネスマンの視点をもとにした文化ナショナリズムの議論としては、Yoshino, Kosaku, *Cultural Nationalism in Contemporary Japan : A Sociological Enquiry.* London : Routledge, 1992を参照。

(23) Hannerz, Ulf, "Cosmopolitans and Locals in World Culture", in Mike Featherstone (ed.) *Global Culture : Nationalism, Globalization and Modernity.* London : Sage Publications, 1990, pp. 237-251.

第五章　シンガポールにおける日本の社縁文化——日本人会と九龍会との比較

呉偉明　合田美穂

はじめに

シンガポールは、シンガポールに居住する外国人のために設立された、多くの外国人クラブが存在する国際都市である。シンガポールにおけるこれらのクラブは、その性質、特徴、機能によって、大きく二種類のタイプに分類することができる。[1] 先進国の外国人クラブは、一般的には、階層が高く、排他的で、また形式的である場合が多い。たとえば、アメリカン・クラブ、ブリティッシュ・クラブ、オランダ・クラブ、スイス・クラブが、このカテゴリーに属しており、[2] 日本人会もこのカテゴリーに分類されている。一方、発展途上国の外国人クラブの多くは通常庶民的、開放的であり、またインフォーマルである場合が多い。香港人の九龍会は後者のカテゴリーに分類することができる。[3]

海外における日本人社会は、どのように形作られているのか。本論文では、国家および文化アイデンティティ、文化受容、文化交流、国際化といったポイントに焦点を当てて、日本人会と九龍会を比較、考察することにより、一九九〇年代のシンガポールにおける日本人社会の現状を理解し、内在する問題を解明することを目的としている。また、日本人会および九龍会の両組織とシンガポール政府、両組織と所属するコミュニティ、両組織とシンガポール人という、三つの異なった関係のあり方に着目することにより、それらを問題解明のための指針とした。

日本人会および九龍会の両組織を比較対象に選択した理由に、以下のものがあげられる。

第一に、上述のように、日本人会と九龍会は、シンガポールにおける二種類のタイプの外国人クラブを代表しているため、両者の組織、機能、運営方針、ネットワークの相違点を分析することにより、シンガポールにおける外国人コミュニティおよびエスニック・グループに対して、新しい見方を提供できると考えたからである。第二に、日本人と香港人は、シンガポールにおいて、それぞれ大きな外国人グループを構成していることである。[4]今日、二万人以上の日本人と、約一万七千人の香港人が、シンガポールで労働に従事、あるいは居住している。[5]シンガポールで労働に従事する日本人のほとんどは、数年間の労働ビザを取得しているが、香港人のほとんどは、シンガポールの永住権を持つ移民であるというように、それら二つのグループは、それぞれ異なるタイプの国家を代表していると考えられるためである。第三に、日本と香港は、シンガポールとは経済的および文化的関係が非常に密接であるという特徴をもっている。シンガポールの主な貿易相手国として、日本と香港は、近年ではいつも上位三、四位に位置していること、また、日本と香港の若者文化や消費文化は、現在のシンガポールにおいて非常にポピュラーなものとなっているためである。第四に、個人的な理由であるが、第一執筆者は、シンガポールにおいて日本研究学科で教鞭を執る香港人である。本調査は、第一執筆者にとって特別な意味をもつこれらの三つの場所を網羅していることになる。第二執筆者は、シンガポールに長期滞在し、日本人組織および香港人組織の活動に参与している日本人である。[6]

両組織とシンガポール政府

原則的に、日本人会および九龍会は、非政府、個人、非営利、そして政治的中立の立場にある。両組織の主な目的は、メンバーの社会的、文化的・レクリエーション的生活を向上させることであるが、現実には、両組織とそれらの所属する国家およびシンガポール政府との関係は非常に密接であるといえる。日本人会はシンガポールの「第二の日本大使館」、そして九龍会はシンガポール政府の「人力省の支部（division of the Ministory of Manpower）」と呼ぶことができよう。

日本人会は権力、経済力、設備を兼ね備えている。そして、自発的に、シンガポールの日本大使館や他の日本政府機関と、協調関係を作りあげている。一方、九龍会は小規模であり、権力も弱く、その生存のため、シンガポール政府の管理と財政援助に依存している。事実、九龍会は、シンガポール政府と協調すること以外には、選択肢がないのである。

それではなぜ日本人会は日本政府と協調する方針を採るようになったのか。第一に、日本の政治権力を構成する「鉄の三角関係」と呼ばれるビジネスマン、官僚および政治家の存在があげられる。彼らは、日本国内にいるときと同様に、海外においても、自らの利益を守るため、互いに非常に密接な協調関係を築き上げているのである。日本人会は、シンガポールに居住する日本人全てに対するサービスをおこなうことを主張としているが、その中でもとりわけ、大企業の利益が優先されている。ビジネスマンがその役割を独占し、メンバーの大半を構成している。この点から、日本人会と、日本大使館および他の日本政府機関との協調関係は、「鉄の三角関係」の海外での延長線上にあることが容易に理解できよう。当然これは、国家への無私無欲の犠牲的行為あるいは公益事業という前提のもとでおこなわれているが、実際にビジネスマンは、さまざまな方法によって、その中から見返りを得ているのである。

第二に、日本人会は世界の主な都市に、同様の組織を広げているという点が指摘できる。日本の外務省は、世界各地に日本人組織を設立することを奨励しており、それらは、日本クラブ、日本人クラブ、日本人会というように、異なった名称を使用している。アジアおよび欧米諸国における、大半の日本人クラブの場合と同様に、シンガポールの日本人クラブは、日本大使館の提唱によって設立されたものである。一九五七年にシンガポール政府から日本人墓地が返還された際に、その管理のために設立された日本人クラブは、一九六五年に日本人会と名を改めた。日本人会は、次第に強力な組織と化し、シンガポールに居住する日本人のための社会、教育、医療、レクリエーションの各設備を充実させていった。近年までは、シンガポールの日本人コミュニティに対して、日本政府が組織運営、物資物流的、そして時には財政的な援助を提供してきたが、今日では、日本人会が日本大使館よりも多方面から、多くのものを提供できる大組織に発展しているのである。海外における日本システムとしての日本人会は、さらに制度化され、国際化するようになった。近年、シンガポール、マレーシア、フィリピン、タイ、インドネシアにおける日本人会の代表者は、相互の協調を促進し、共通権益についての会議をおこなうために、年に一度会合を開くようになっている。

シンガポールの日本人会は、世界でも最も強い組織力と経済力を有するクラブのひとつであるといわれている。日本人会は、多くの日本政府機関、とりわけ、日本大使館の広報文化センターと密接な関係を築いている。また、日本人会は大使館の政治的働きに対して、情報を提示し、助言をおこなっている。また、日本大使館はオブザーバーとして、日本人会理事会のメンバーとなっているのである。一九九八年に改築された日本人会のクラブハウスは、大使館の建物よりも立派で大きなものであり、シンガポールに居住する日本人に対して充実した施設を提供している。[7] 日本人会はまた、大使館がシンガポールにおいて文化交流活動を実行する際にも、設備の提供をおこなっている。日本大使館が一九九八年の日本映画祭会場として、日本人会の大会議場を使用しているように、それぞれ三百人と二百人の人員を収容することができる広大なホールと大会議場は、日本大使館と政府機関が活動をおこなう際の格好の場所となっている。

日本人会はまた、日本の文部省とも非常に密接な関係を築いている。日本人会は二つの日本人学校小学部およびひとつの日本人学校中学部を、文部省の指導と援助の下で運営しており、[8] そこでは、三千人以上の児童および生徒が在学している。[9] 日本政府は最近建設された日本人学校小学部の建設費(四十億ドルのうちの十七億ドル)を快く提供し、全児童に対して無料で教科書を配布した。日本人学校は文部省からの検定教科書を採用するだけではなく、文部省の指導要領に従っているのである。

日本人会のクラブハウスは、シンガポールの日本人が所有する建物の中では、最も美しく、設備も整っているといえるであろう。また、日本人学校も、現在、海外における日本人の教育機関の中では、最大規模を誇っている。また、日本人会およびその付属の日本人学校の年間行事には、皇室関係者、首相、日本からの要人の訪問が含まれている。

一方、組織化され国際化されている日本人会とは異なり、九龍会は世界でただひとつのユニークな組織であるといえる。多くの香港人の移民先であるカナダ、アメリカ、オーストラリア、ニュージーランドやその他の国家では、九龍会のような組織は設立されていない。九龍会は中国系の移民が海外において組織する、宗親会や同郷会、宗教組織や職業集団のようなサブ・エスニック組織とは異質のものなのである。

九龍会は、香港からの移民がシンガポールへ定着することを援助するために、シンガポール政府が一九九〇年に力を入れて設立した組織である。設立当時の九龍会は、半官半民的な色彩が非常に濃厚な組織であった。九龍会はシンガポール政府によって、直接的あるいは間接的に、経済的援助と指導がおこなわれ、移民のシンガポール定着を促進する人力省の支部である社会統合経営サービス（Social Integration Management Services, SIMS, 最近「コンタクト・シンガポール」に名称が変更されている）によって組織されていた。九龍会はまとまった数の新移民の必要性から、シンガポール政府が設立した組織なのである。

九龍会は財政面および組織面ともに弱く、その存続のためにはシンガポール政府の援助に頼るという方法しか残されていない。シンガポール政府は九龍会のために、小さな事務所（千平方フィート）を形だけの料金で提供している。九龍会は多くの政府機関や半官半民組織の事務所が入っている、人民協会のビル内に事務所をもつ。シンガポール政府は九龍会の季刊誌である『カオルーンリンク』（Kowloon Link, 一回三万四千部発行）および『月間ニュースレター』の主要購入元であり、それらは、何千人という移民の可能性のある香港人と、シンガポールへ来たばかりの香港からの移民に対して、無料で配布されている。これは、九龍会の予算確保のため、主要な収入源を構成することとなっている。(10)

九龍会はシンガポール政府のためにサービスを提供し、政府の政策を支持している。たとえば、シンガポール政府の指導と支援の下で、九龍会は毎年二、三回、移民の可能性のある香港人に対してセミナーを開催している。これは、九龍会恒例の、最も重要な活動のひとつとなっている。九龍会は政府の計画する「スピーク・マンダリン・キャンペーン（標準中国語を話そうという運動）」の推進に対しても、非常に力を入れており、メンバーを対象にした、レベル別による三～五クラスの標準中国語講座を開催している。また九龍会は政府の社会開発局（Social Development Board）と提携して、独身の香港移民とシンガポール人に、出会いの場を提供する活動もおこなっている。

総じていえば、日本人会と九龍会は双方ともに、政治的には中立の立場をとってはいるものの、両組織は実際に、政治的色彩を帯びた組織であるといえよう。前者は、ハイレベルでの自治と独立を楽しみながら、日本の政治家や官僚と同等の地位を獲得している。一方、後者は、もはやシンガポール政府の仮の支部であること以外の何者でもなく、香港移民だけではなく、シンガポール政府のためにも大きく貢献しているのである。

両組織と所属するコミュニティ

日本人会と九龍会は、そのメンバーに社会的、文化的およびレクリエーション的活動を提供することにより、シンガポールにおいてメンバーがより良い生活を送ることを支援するという同様の目的を有している。しかしながら、組織とそのメンバーとの関係における重要な側面において、これら両組織のメンバーには基本的な相違点が見られるのである。第一に、彼らはシンガポールに対して、異なったアイデンティティと目的を有していることである。日本人会のメンバーは、数年の海外赴任のためにシンガポールに滞在しているが、九龍会のメンバーは、永住を目的とした移民としての滞在なのである。第二に、彼らは異なった社会、教育および経済的背景を有していることである。日本人会のメンバーの大部分が日本企業における役員やエリート・ビジネスマンであり、彼らは総じて専門的、高学歴、高収入である。その一方で、九龍会のメンバーは香港のエリートではなく、そのほとんどが大学の学位を持たない工場作業員、教師、事務員、販売員、技師といった、非エリート労働者なのである。彼らの月給は平均千五百〜三千ドルであり、その額は日本人駐在員の半分以下である。(11) 第三に、文化的な面においても、日本人は排他的で、集団的であるが、香港人はそれと比較すると、開放的であり、個人的な傾向が強いことが挙げられる。

ここでは、まず最初に、なぜ多くの日本人は日本人会に加入するのか、どのような人物が日本人会の主戦力となっているのか、日本人会がどのような組織なのかといった、日本人会とそのメンバーとの関係についての問題を検討していきたい。

日本人会には、法人会員および個人会員の、二種類のメンバー形態があり、それぞれの入会目的には相違点がみられる。前者の場合、そのほとんどが権威のため、あるいはビジネスの関係からの入会であり、後者の場合は、教育あるいは社会的な面における必要性からの入会である。

日本人会における法人会員は個人会員よりも重要な存在とされている。それらの比率は一対四にすぎないが、法人会員は基本的に日本人会の管理を独占しており、財政面においてもその大部分を提供している。現在、千組織以上が法人会員として日本人会に入会しているが（二〇〇〇年三月の時点では一〇二三組織）、基本的には、シンガポールに事務所や工場をもつ、全ての大企業および中堅企業は、日本人会の法人会員となっているのである。[12] 法人会員は五つのグレードに分類されている。そして、法人会員が位置するグレードと寄付金額をもとにして、法人会員の入会金と月会費義務、そしてその代表者数が、日本人会によって決定されるのである。三千〜一万ドルの法人会員の入会金と月会費は、日本人会のメンバーとしての特権をもつ、法人会員の代表者数によって異なる。つまり、トップ企業（グレードAの法人会員）は、一万ドルの入会金、ニュースレター購読料および寄付金の合計額約二二三〇ドルの月会費を支払う必要がある。そして、企業内から五十人を、日本人会のメンバーとしての特権を持つ法人会員代表者として選出するのである。こういった代表者は通常、支店長、地域統括者、役員からなっている。数千人の日本人ビジネスマンは、彼らの所属する企業を通して、日本人会メンバーとなっているために、日本人会は日本のビジネスマンのために作られた組織であるというイメージを一層強化しているのである。

シンガポールにおける日本企業の非公式のランキングは、日本人会におけるそれらの力関係によって決定されている。その結果、大企業が、支出する金額、日本人会のメンバーの代表者数を、競い合うことになるのである。第一階級（グレードA一、A二、A三、A四）に位置付けられている企業は、二十〜五十人の代表者が選出されており、月会費として一二四〇〜二二三〇ドルを支出している。また、第二階級（グレードB）に位置付けられている企業は、十〜十九人の代表者が選出され、月会費八六〇〜一〇四〇ドルを支出している。さらに、第三階級（グレードC、D、E）に位置付けられている企業は、一〜九人の代表者が選出され、月会費一三〇〜六六〇ドルを支出している。これらの日本企業の中では、日本人会に加入していない企業は体制が脆弱である、あるいは信用できないという印象をもたれ、一段低く見られている。[13] 日本人会の法人会員であるということは、企業のステイタス・シンボルになるというだけではなく、ビジネスの機会を増やすことにもつながるのである。ビジネスマンは、他のビジネスマンや官僚と、日本人会の機能を通して接触の機会をもつのである。

グレードAに位置する法人会員は、日本人会の管理をほぼ一〇〇パーセント、コントロールしている。日本人会における、あらゆる決定権をもつ理事会のポストは、日本人会内での大企業の力関係によって分配される。現在、十五から十七人の理事が存在しているが、理事長は自動的に日本人会会長を務めることになっている。理事会のポストは、これまでずっと大企業の支店長によって押さえられてきており、日本人会設立以来、とりわけ三井物産、東京銀行(現・東京三菱銀行)、三菱商事の「御三家」がその会長職を占めてきた。

財政面では、日本人会はもっぱら法人会員に依存する形となっており、入会金および毎月のニュースレターの購読料に付け加え、大企業は様々な形で日本人会に寄付金を提供している。たとえば、クラブハウスおよび日本人学校建設時に、大企業は大口の寄付金を提供している。日本人会は財政的に潤ってはいるが、一九九八年からのアジア経済危機により、一部の日本企業はシンガポールから撤退を余儀なくされ、また現存する多くの企業は不況に苦しむこととなった。したがって、法人会員数や寄付金額は緩やかではあるが、減少傾向にある。

一方、個人会員は、自費で日本人会に入会しているシンガポール在住の日本人である。彼らは入会に際して、第一に入会金(千ドル)と月会費(家族で四十五ドル、独身で四十ドル)を払わなければならないことと、第二に日本人会のメンバー二人からの推薦状を提出しなければならないという、二つの基本的な条件を満たす必要がある。現在、約四千人(一九九九年三月の時点では、四三一四人)が個人会員となっているが、それはつまり、シンガポール在住の日本人の五分の一〜六分の一が個人会員であるということを意味する。個人会員のほとんどが既婚の男性であり、日本企業の中では中堅クラスの地位に就いているビジネスマンである。彼らは、企業内では上級層に所属していないため、会社が法人会員でありながらも、日本人会のメンバーとしての特権をもつ代表者として、選出されることがないのである。

シンガポール在住の日本人は、日本人会に対して複雑な感情を有している。筆者は聞き取りを通じて、多くの個人会員と非会員が、日本人会に対して批判的な見方をしていることに驚いた。筆者は、数十人の個人会員を対象におこなった聞き取りから、その多くの日本人会入会の基本的な理由が、彼らの子女を日本人学校へ入学させるためであることを知った。日本人会のメンバーであることが、日本人学校へ子女を入学させるための前提条件なのである。[14] もし、この前提が存在しなければ、おそらくはその半数が日本人会へ加入することはないであろう。一部の個人会員は筆者に対し、この前提条件は憲法にうたわれている義務教育の精神に反すると感じているが、どうすることもできないと語っている。また、ごく一部の日本人家庭では、子女をインターナショナル・スクールあるいは現地校へ通わせている。[15]

一九九八年十一月十六日に、筆者は上述の問題点に対して、日本人会に説明を求めた。日本人会のスポークスマンは、誰もが子女を日本人学校へ通わせることができるように、個人会員に対して会費を低くおさえることを決定したと話しているが、これは事実であるといえるだろう。実際、シンガポールの欧米系クラブと比較すると、日本人会の会費は支払い可能な金額であることがわかる。それら欧米系クラブの入会金は、日本人会に比べると約十倍であり、月会費は少なくとも四、五倍となっている。[16]

それにもかかわらず、日本人会の会費は相当な額であるといえる。たとえば、男性の日本人駐在員は通常、シンガポールに約三年間居住しているが、日本人会にかかる費用は、妻帯者で二六二〇ドル、独身者で二四四〇ドルである。この金額からも、独身あるいは夫婦のみの駐在員の多くが日本人会に加入しない理由を理解することができる。

では、どのような人物が主に日本人会のクラブハウスを利用しているのだろうか。日本人会のクラブハウスは、毎日午前九時から深夜零時まで利用することができ、昼間は主婦やその子供が利用者の大半を占め、夜間は日本人ビジネスマンが食事、飲酒、カラオケを目的として、家族あるいは同僚と利用している。一般には、女性が平日によくクラブハウスを利用し、男性が週末に利用している。女性は男性に比べると、図書館、教室、ダンスルーム、診療室、語学学習室をよく利用しているが、男性は麻雀部屋、スロットマシーン・ルーム、ラウンジ、カラオケ・ルームを比較的よく利用している。

メンバーの家族会員として、主婦はクラブハウスの設備を頻繁に利用し、日本人会の諸活動（英語講座、中国語講座、料理教室、社交ダンス）に最も多く参加している。[17] それらの講習費は非常に高く、各コースにつき約二五〇ドルの費用が必要になり、一クラスにはそれぞれ二十〜三十人の受講者が在籍している。

全てのメンバーには、クラブハウスとその設備を使用する特権が与えられるだけではなく、日本人会の活動やシンガポールでの生活情報を知る上で非常に便利な、月刊ニュースレターおよび季刊紙『南十字星』が郵送される。

シンガポールは非常に便利で、現代的な都市である。シンガポールに居住する日本人にとって、日本人会の会員資格はもはや必要なものではなくなった。一九五〇年代および一九六〇年代は、ほとんどの日本人駐在員が日本人クラブに加入していた。なぜなら、クラブが小さな日本人コミュニティの中心的役割を果たしていたからである。そこには日本料理店といった特別の設備が備えられていたが、今日では、日本人学校を除くほとんどの設備は日本人会以外でも利用することが可能になっている。そのような状況の変化から、シンガポール在住の日本人の、日本人会への加入率は減少傾向にある。

現在、シンガポールに居住する日本人の約半数が日本人会には加入していない。彼らの大半が独身であり、シンガポール人に嫁いだ日本人女性、中国語を学ぶ学生、日本からの交換留学生、短期滞在の日本人ビジネスマン、日本の小企業の社員、そして日本語教師、医師、エンジニアといったビジネスとは縁のない専門職従事者等も存在する。彼らは、必要性のなさと、会費が高いという理由により、日本人会に加入しておらず、そのほとんどが日本人会を訪問したり、活動に参加したことさえもないという。実際には、自分の所属する会社が法人会員になっておらず、また自分自身もメンバーではない日本人がクラブハウスを訪れると、ビジター料金を払わなければならないのである。日本人会のスポークスマンは、日本人会が社会的およびレクリエーション的な高級クラブとしての地位を保持するために、シンガポール在住の日本人全てに対して、宣伝活動をおこなうつもりはないと話している。

カントリー・クラブのような日本人会と比較して、九龍会はコミュニティ・センター（シンガポール各地区にあるカルチャー・センターのような機関）のようなものであるといえるだろう。九龍会は現実的な性格を有しているにもかかわらず、日本人会と比較すると、会員獲得が成功しているとはいえない状況にある。実際には、シンガポール在住の香港人移民の三分の一以下のみが九龍会に加入しているだけである。[18]

日本人会とは異なり、九龍会は企業やビジネスマンよりもむしろ、一般の人々をターゲットとしている。香港移民のほとんどは、一般の労働者である。シンガポールは、香港からの移民受け入れ条件を、他国からの移民よりも低い基準で設定している。一九八九年以降、シンガポール政府は、世帯の主な所得者が中学卒業以上であること、月給が最低一五〇〇ドル以上であること、五年の就労経験あるいは貿易業に関する資格を有していることという条件を満たす、二万五千人の香港人労働者とその家族に対して永住権を発給してきた。そして、約五分の一に相当する四千～五千世帯が、実際にシンガポールに移住した。[19] そういった新移民の内、半数以下の約二千世帯（一九九八年では二二〇〇世帯）が九龍会に加入しているのである。一九九七年以降、シンガポールへ移住する香港人が減少し始めたことや、移民が既に目標数に達したために、シンガポール政府は、香港移民勧誘のキャンペーンに対して、これまでのように力を入れなくなった。

会の資源に制限があること、先行きが不透明であること、そして香港移民に現地への定着が見られないことから、九龍会の任務は厳しい状況の中にあるといわざるを得ない。多くの移民は、シンガポールを第一希望の移民先としてはみておらず、彼らは「とりあえず様子を見る」という態度をとり、積極的にシンガポール社会に適応する努力をおこなわないのである。[20] 移民の申請に成功した香港人のほとんどが、シンガポールに全く居住することさえもせず、また、来ても多くが定住せずに、数年後に去っていくのである。彼らのシンガポールへの帰属意識は、決して強いものであるとはいえないのである。この点から、香港移民の心理傾向は、シンガポールを仮の居住地としてみている日本人居住者のものと、さほど変わりはないといえよう。当然ながら、最終的には、半数以上の香港移民はシンガポールにとどまることになり、ほとんどの日本人は去っていくことになるのである。

運営面、財政面及び設備面においては、日本人会と比較すると、九龍会はスケールが非常に小さいといえるだろう。九龍会は真の意味での社会的およびレクリエーション的なクラブではなく、小さな事務所を所有しているだけなのである。一時間の昼休みを除く、午前九時三十分~午後六時三十分まで利用することができるが、これはメンバーが仕事を終えて会へ向かうことを考えると、非常に不合理なものであるといえる。会は少ない予算で運営しているために、三人の正職員しか雇用することができず、メンバーのために魅力的な活動を提供することや、様々な活動を企画する力を持ち合わせていないのである。事務所は多くのメンバーが居住するアパートよりも狭く、一つの小教室や書棚を除くと、メンバーのために提供できる基本的な設備はない。九龍会はそのほとんどの活動のために、学校やホテルの部屋を借りているため、講座や活動を主催するにあたって、制限が生じるのである。多くの活動は正式なものではなく、比較的少数の参加者によっておこなわれている。たとえば、中国語講座は十~二十人の参加者を確保しており、九龍会の活動の基準からいえば比較的大きいものであるといえる。各講座の受講料は約四十~百ドルであり、日本人会で企画されている講座と比較すると、数分の一の安さとなっている。

日本人会とは異なり、九龍会の主な収入源は、個人会員とシンガポール政府からのものである。九龍会は不動産を所有しておらず、また投資もおこなっていない。その全資本は、少なくとも一人の裕福なメンバーの財産よりも少ないといえるだろう。九龍会には香港人なら誰でも入会でき、会費は安く、推薦書の必要もない。普通会員は、二十ドルの入会金と二十五ドルの年会費を払うだけでよいのである。このような状況から、日本人会の運営が黒字であるのに対して、九龍会の予算はぎりぎりの線上にあり、今後、組織をさらに発展、拡大させる資金はもちあわせていない。(21)

九龍会は、メンバーが他の香港人と知り合い、アパート、学校、あるいは仕事を見つけるために情報を交換したり、意見を求めたりする場所を提供している。そこでは、勉強会や有意義なグループ活動に加えて、中央積立基金(Central Provident Fund)、シンガポールの教育や住宅に関するセミナー、慈善活動、ボランティア等の諸活動がおこなわれている。また、季刊誌とニュースレターは、住宅、教育、税金、ビジネス、そして著名な香港移民の成功物語というような有益な情報を、メンバーに提供している。

メンバーもまた、飲茶パーティー、ハイキング、スポーツといったインフォーマルな活動を独自で企画している。[22]過去において、九龍会は無職の者には仕事を、独身者には異性を紹介していたが、これらの活動は現在、さして受け入れられてはおらず、細々とおこなわれているだけである。

最近、九龍会はメンバーに対して、できるだけ多くの福利厚生を供給するように心がけている。たとえば、九龍会は一部の店やレストランと提携し、メンバーに対して会員割引制度を提供したり、小学六年次と中学四年次の成績が優秀なメンバーの子女に対して、奨学金を設けている。[23]また、状況次第で、経済的な困難に直面しているメンバーのために寄付金を集めることもある。[24]

日本人会と異なり、九龍会はビジネスマンとは深い関係を有していない。[25]会には、地元銀行二行とHong Kong Bankの、三つの法人会員が所属しているだけであり、それぞれが五千ドルの入会金および五百ドルの年会費を支払っている。法人会員は、会のニュースレターに無料で年六回広告を掲載する権利が得られ、それ以上になると割引で掲載することができる。それら法人会員は、日本人会の法人会員とは異なり、会ではポジションをもつこともできず、総会での投票権もなく、役員会のメンバーは全て個人会員からなっているのである。九龍会の性格は、香港からの一般の人々による、コミュニティ・センターのような存在であることは明白であるといえよう。

会員、非会員を含む、シンガポールの香港移民へのインタビューを通して、筆者は、彼らの多くが九龍会に対して前向きな見方をしていることを知った。彼らは、接触しやすくフレンドリーな存在として、九龍会を賞賛しており、新移民が落ち着くまでの最初の数週間、あるいは数カ月の間、九龍会はその手助けをする役割を担っていると話す。しかしながら、その一方で、九龍会は彼らの社会的、文化的生活をおくる上で、あまり重要な存在ではないと指摘する者も存在する。その多くは、九龍会の活動には滅多に参加しない、あるいは以下に述べるいくつかの理由で参加しないのである。

第一に、会は新移民に対して、ローンの提供、アパートや仕事の紹介といった、具体的な援助をおこなっていないことである。第二に、彼らは、シンガポールを永住の地とみなしていないために、定住や社会統合を進めるような会の諸活動に対して、さして興味を示さないことである。彼らの大半は、シンガポールの国籍を取得することができる数年後には、シンガポールを離れるのである。[26] 第三に、彼らは会が興味深い活動や有用な機能をもちあわせていないと感じており、むしろ教会、宗親会、同郷会やコミュニティ・センター等を選択する傾向にあることである。

日本人会と九龍会は対照的であるといえよう。前者は閉鎖的であるが、多くの日本人居住者を惹きつける資源と設備をもちあわせている。それとは対照的に、後者は開放的であるが、香港移民の中ではあまり受け入れられていないのである。

両組織とシンガポール人

日本人会および九龍会はともに、それぞれの国民とシンガポール人が友好関係を築くことを強く希望しているが、それよりもメンバーの安泰を第一に考えているために、シンガポール人は対象外の存在なのである。両組織は、シンガポール人が参加できる活動を企画する努力をおこなっているにもかかわらず、ほとんどのシンガポール人は、そういった活動の存在さえ知らないというのが事実である。両組織とシンガポール社会との関係は強固なものではないのである。日本人会は非常に排他的であり、その活動のほとんどを会員のみに提供することを厳守している。日本人会はシンガポールにおいて、そういったイメージを助長する、大規模で高レベルの活動を企画する資源を十分に備えているのである。それとは対照的に、九龍会は開放的であり、そのほとんどの活動には、シンガポール人や非会員でさえもが参加できる一方、資源が乏しいために、わずかなシンガポール人が活動に興味を示す程度である。

会則に記されている「日本とシンガポールの相互理解と利益に寄与すること」が、日本人会の主要目的ではあるが、日本人会は、シンガポール人と共生することに関して、二面的な感情を有しているのである。[27] つまりそれは、裕福な日本人のための排他的な会としての、また日本人とシンガポール人との文化交流の場としての二面的なアイデンティティの間に、葛藤が生じていることである。数年間を通して、日本人会の総会では、シンガポール人とのコミュニケーションを促進し、一部の活動をシンガポール人に開放する方法について議論がなされてきた。しかし現実には、日本人会の扉はシンガポール人に対しては、多くの場合、閉ざされたままなのである。日本人会は文化的、社会的、レクリエーション的な会であるが、そのメンバーのための排他的な存在であることには変わりない。日本人のみが日本人会の法人会員あるいは個人会員になることができ、インターネット上のホームページも日本語のみで記されているのである。

日本と緊密な関係を持つビジネスや活動に従事する、ごく少数のシンガポール人に対しては、日本人会の扉は若干開かれている。政治家、社会および文化面での功労者といった著名なシンガポール人（二〇〇〇年三月現在九人）が、日本人会の名誉会員として名を連ねている。現在、名誉会員となっている人物のほとんどが政治家（リー・シェンロン副首相等）や外交官（前および現・駐日シンガポール大使等）である。また、約三百〜四百人（二〇〇〇年三月現在三五一人）の会友と呼ばれるメンバーが存在し、そのほとんどが日本企業に勤務、あるいは日本人とビジネス関係を持つシンガポール人である。(28) 名誉会員は入会金や年会費を払う必要はないが、会友は年に六百ドルを支払わなければならない。その一方で、日本人会は、一九九八年にクラブハウスがオープンし、新規の年会費が設定される以前は、会友の募集を一時的に凍結していたこともある。

日本人会の不文律は、可能な限りにおいて、クラブハウス以外の場所で日本文化や文化交流を展開するということである。なぜなら、クラブハウスはメンバーのための、ハイクラスの場所としてみなされているからである。クラブハウスにおける多くの活動はメンバーのためだけのものであり、非会員の日本人に対して排他的であるのはもちろんのこと、一般のシンガポール人に至っては全くの対象外であると考えられている。クラブハウスでおこなわれる公共の活動やイベントへの出席以外では、原則的に、シンガポール人は特別な許可なしでは、クラブハウスへの訪問は許されていない。

日本人会の主な機能と活動の中で、正式にシンガポール人がクラブハウスに出入りすることを許可されている活動は、日本語を話す会と日本語講座である。一九九二年以降、毎月第一および第三土曜に、クラブハウス内の教室で、約百人のシンガポール人が数人の日本人ボランティア（ほとんどが専業主婦である）から日本語を学んでおり、その入会金は無料となっている。また一九九七年以降、日本人会は会友や法人会員の企業に勤務するシンガポール人を対象にして、その中の百六十人（十一クラス）のために日本語講座を企画している。受講料は四カ月コースで百五十～二百四十ドルとなっており、四、五人の主婦がボランティアで日本語を教えている。

その他では、一九九八年に、日本大使館主催の日本映画祭への参加により、日本人会のクラブハウスが開放されたことがあった。しかし、それは日本人会にとっては、たった一回きりのしぶしぶながらの開放であった。過去において、日本大使館はホテルにて映画の上映をおこなっていた。日本人会のクラブハウスの講堂は二百人の観衆を収容することができ、一九九八年九月に、九日間連続使用できるということから、大使館より場所の提供を依頼されたのである。しかしながら、映画上映時には、シンガポール人は日本人とは一線を引かれ、日本人と一緒に映画鑑賞をすることができなかったのである。また、シンガポール人は、クラブハウスの地下二階の大駐車場に自家用車を駐車することは許されず、路上駐車を余儀なくされたのである[29]。このことは、排他的な会であるべきか、文化交流のためのメルティング・ポットであるべきかという、日本人会のジレンマを反映している一件であるといえよう。

その他の、シンガポール人が参加できる通常の活動や年間行事のほとんどは、クラブハウス以外の場所で開催されている。それらの行事の中には、毎年一月にシンガポール国立大学にて、茶道や寿司の作り方を披露する日本祭、八月に国立競技場にて、盆踊りを学ぶシンガポール人を招待する夏祭りが含まれている。近年では、毎回、約三万～四万人がそれらの行事に出席している。日本人会はまた、毎年恒例の日本語スピーチコンテスト、日本語エッセイ創作コンテスト、日本文化祭などに参加し、日本大使館とシンガポール日本文化協会に対し、支持の態度を見せている。その内の数年間においては、日本語エッセイ創作コンテストは、日本人会主催によって実施されている。

日本人会は、シンガポール日本文化協会、シンガポール留日学生協会、シンガポール国立大学日本研究学科といった、ごく少数の親日グループや日本と関係の深いグループを除き、シンガポール人の組織とは緊密な関係を築いていない。

婦人会は、慈善活動やボランティアを通して、シンガポール人と定期的に交流をもっている、日本人会の中では唯一のグループであるといえる。婦人会は一年間に、託児所、障害者施設、養護学校、病院、ホスピス、救世軍等の、百以上のシンガポール人の組織を訪問した。婦人たちはそういった組織を支持するために、バザーやチャリティーくじを企画して基金を積み立て、毎年十万ドル以上の寄付金を得ている(一九九八年では、十五万二千ドルであった)。また、婦人たちは文化フェア、パーティー、その他の場面で歌唱、舞踊、料理の特技を発揮している。婦人会は日本人会の管理にさほど影響を与えることもなく、活動は目立ったものではないが、日本人とシンガポール人との友好を築くために、多くの有意義な活動をおこなっているのである。[30]

一般的には、日本人会は財政豊かであるにもかかわらず、シンガポール社会に対しては、ごくわずかしかそれらを還元していないといえよう。ここ数年間、シンガポールの建国記念日に、日本人会は親善を示すため、花火を寄贈している。しかし、日本商工会議所と異なり、日本人会はシンガポールの学生に対して奨学金を提供していない。日本人会は高級クラブとして、接触するシンガポール人を政治家、有力企業家、親日的な学術組織、社会功労者といった著名人や組織に限定しているのである。

九龍会は日本人会とは異なり、財政に限度があるために、それを主に香港からの新移民を対象として使用している。九龍会の目標のひとつに、「メンバーとシンガポール人の友好と相互理解の推進」が掲げられているが、実際には地域組織とのつながりは少なく、その活動には少数のシンガポール人の参加が見られるだけである。[31]九龍会の主要な人気講座や活動には、メンバーであるなしにかかわらず、誰もが参加することができる。シンガポール人は、メンバーよりも若干高い参加費を払うことにより、非会員として、九龍会の諸機能を利用することができるのである。しかしながら、現実に、九龍会の活動に多くのシンガポール人の参加が見られないのは、書道、中国語、コンピューター、広東劇、風水、スポーツ、工場見学や観光といった、一般的な活動や講座しか企画されていないためである。一部のシンガポール人は、彼らの両親が広東出身、あるいは香港からの旧移民であるということから、広東語を上達させるために、あるいは香港人の友人を作るために参加しているのである。九龍会は、共同募金の一環として、肺病基金やその他の慈善活動をおこなっているが、募金の金額は十分とはいえない。

シンガポールにおいて、日本文化を推進しようとしている日本人会とは異なり、九龍会はシンガポール人に香港を紹介する活動をおこなってはいないが、新移民がシンガポールを第二の故郷と思えるように、手助けをおこなっているのである。

過去においては、一部のとりわけ若い世代のシンガポール人が、「九龍会友の会」に加入していた。実際には、これは、九龍会が独身の香港の移民に対して、シンガポール人の異性と知り合うための場を提供するものとなっていた。しかし、この活動は既に中止され、現在は、社会開発局によってとりおこなわれるようになっている。一方で、九龍会に所属する商工会は、香港とシンガポールのビジネスマンがコミュニケーションをとるために、インフォーマルなフォーラムを開いているが、出席者のほとんどは、シンガポールでビジネスをする香港の移民である。

以上のことから、日本人会と九龍会は、シンガポール人との接触の扉を閉じているわけではないといえる。それぞれが、シンガポールの中で、小日本、小香港を築いて、主流社会から一定の距離を保っているのである。個人のレベルでは、人種や文化が非常に近いために、香港人はシンガポール人とは同化しやすい傾向があるにもかかわらず、そういった社会的なサークルに所属する人々の半数以上が、他の香港の移民や広東語を話す人々のみとなっている。[32]また、言語と文化の壁があるために、日本人は基本的に自国の人間のみと社交生活をおこなっているのである。このような文化の分離は、シンガポールの中で、日本人と香港人が独特なエスニック・グループを形作っていることを意味している。一方、彼らがそれぞれの国家および文化アイデンティティを保持し続けている限り、彼らはより一層、シンガポール人と文化交流や活動への参与をおこなうべきであり、文化融合あるいは文化変容は促進されていくべきなのである。そうすることにより、多文化および多民族社会としてのシンガポールの地位は、今後さらに確立されていくことになるであろう。

シンガポールにおける日本人コミュニティの性格の変化

一般的に、日本人コミュニティは強大で財政豊かであり、影響力と結束力を有している。日本人の集団性は非常に有名であり、日本人には日本人会のような自発的組織へ加入するという非常に強い伝統習慣がある。[33] 日本人の日本人会への加入率は、その他の外国人クラブに比べると高く、彼らは日本人会において、共通の言語と興味を持つ友人を見いだすように、快適さ、安全、共通認識を見出しているのである。日本人駐在員の大半からすれば、シンガポールは、彼らが次の場所に移動する、あるいは帰国するまでの、数年間労働する外国にすぎないのである。彼らの多くは、現地の文化や社会に対して一定の距離を置き、シンガポールでも日本の生活スタイルを維持しようとしているのである。日本人会、日系デパートおよび商店、日本料理店、日本企業、日本のテレビおよびラジオ番組は、彼らの文化の孤立化を助長させている。これは、企業の国際化や異文化交流を推進することからみれば、決して好まれる態度であるとはいえないだろう。

日本企業と日本政府は、シンガポールにおける日本人コミュニティに対して、非常に強い影響力を有している。シンガポールでは、非常に多くの日本人が労働に従事しており、彼らは、日本人のために多くのものを提供する資源でもあるといえる。彼らは、日本人会のような自発的組織、あるいは非政府組織へと入り込んでいく。上層部のビジネスマンは、日本大使館と密着している日本人会をコントロールしているが、もちろん、ビジネスマンと政府は、全てのものを自らの傘下に置き、コントロールすることはできてはいない。一部の日本の宗教団体および婦人団体は、ビジネスマンや政府からさほど影響を受けていないのである。たとえば、シンガポールの創価学会、女性の権利の会、アジア女性ネットワークは、非常に活発に活動を展開している。しかしながら、それらの組織はシンガポールにおける日本人コミュニティの主流からは阻害されているのである。[34]

日本人コミュニティの成長と多様化にともない、シンガポールに居住する日本人にとって、日常生活をおくる上での日本人会の必要性は、減少傾向にある。日本人コミュニティは急成長しており、その大きさは、一九八五年の八千人から、一九九六年には約三倍の二万五千人にまで膨れ上がった。[35] 日本人会のメンバー数の増加率は、一九八五年の七千人から、一九九六年の一万人というように、前者と比較すると緩やかである。[36] 両時期における日本人の日本人会への加入率は、実際には八七・五パーセントから四〇パーセントへと減少している。

さらに注目に値するべきことは、日本人コミュニティが年々多様化の傾向を見せていることである。一九七〇年代後半までは、シンガポールに居住する日本人のほとんどが、日本の本社の命令により、数年間という期限で現地の支店や事務所に派遣された男性駐在員によって占められていた。[37] その後一九八〇年代後半から、日本人駐在員の数は急増するようになる。日本人駐在員の年齢層も次第に低くなり、その大半は三〇代後半～四〇代の既婚者、高学歴者となっている。彼らの中には国際的感覚をもつ者、海外生活経験者、英語を話すことができる者も存在する。彼らが家族と共に赴任するようになってから、女性と子供の比率も増加した。一九八四年に日本人中学校が設立されて以来、駐在員とその家族のシンガポール長期滞在が可能となったのである。

近年、日本人コミュニティには、さらに大きな変化がみられるようになっている。一九八〇年代および一九九〇年代は、日本企業の駐在員とは異なる、新世代の日本人居住者が出現するようになった。彼らはシンガポール人と国際結婚している日本人女性、日本語教師、中国語を学ぶ学生、研究者、科学者、技師、芸術家、医師、エンジニア、建築士、会計士、販売員、現地あるいは外資系企業でのスタッフというような、様々な人々から構成されている。彼らの多くは若い世代（ほとんどが二〇代～三〇代）の独身者であり、冒険心の強さが特徴的である。彼らの多くはシンガポールに自費で来て、就職活動をおこない、仕事を見つけているのである。その中の一部はシンガポール人と結婚して、定住することを望んでおり、また、その他は数カ月間の海外生活を楽しむだけのために、短期間中国語を学んだり、労働に従事したりしているのである。こういった新世代の日本人居住者の価値観、生活様式、態度は、典型的な日本人駐在員のものと比較すると、大きくかけ離れたものとなっている。彼らは完全に独立しており、そのほとんどが日本人会へ加入することはない。

近年、日本人は国際化についてよく語るようになったが、国際化における日本人のスタイルは、程度の差こそあれ、一方通行であると言わざるを得ない。日本人会および日本大使館は、シンガポール人と相互理解することよりも、シンガポールにおいて日本文化あるいは日本人論を提唱することに対して、非常に熱心なのである。これは、見せかけの国際化に潜むジャパニズムであって、本当の意味での国際化とは異なるのである。

それに対して、新世代の日本人居住者は、国際化への先駆者であるといえるであろう。彼らはシンガポール文化に対して興味をもち、シンガポール人の友人をつくり、フード・コートで現地の料理を食べ、中国語や英語を勉強している。現在、彼らは国家アイデンティティおよび文化アイデンティティを保っているが、それらはかなり現地化されているといえるであろう。彼らはシンガポールに対して、非常に深い感情をもっているのである。シンガポール人は、日本のビジネスマンに対しては、裕福だが非常に傲慢であるという印象をもっているが、その一方で、新世代の日本人居住者に対しては、非常に親しみやすく共生しやすいと感じているのである。シンガポールにおける日本人コミュニティは、現代日本における、社会価値および文化パターンの変化の縮図であるといえるだろう。

筆者は、本研究をおこなうに際して、国立民族学博物館の中牧弘允氏、シンガポール国立大学社会学科のチャン・コックブン氏、同大学日本研究学科のティモシー・ツー氏に有益なコメントをいただいた。ここに記して感謝したい。

注

（1）こういった自発的組織は、地縁、血縁、職業、出身校、趣味、宗教等の様々な基準によって組織されている。ギルス・プロノヴォスト（Gilles Pronovost）は古典的な分類法により、これらの組織に対して、組織の性質、設立と変容の歴史、干渉の領域という三基準による分類をおこなっている。Pronovost, Gilles, Voluntary Organizations. in *Current Sociology*, Vol. 46, No. 3. Edmonton, July 1998, pp. 65-66.

（2）多くの欧米諸国のクラブは、一会員につき一万ドル（本論文では、シンガポール・ドルを採用する）以上の会費が要求され、会員は二千人以下である場合が多い。シンガポール日本人会編「外国人クラブを訪ねて」『南十字星』、No.

二、一九九六年、一〜一〇頁：Lee Ju Song (ed.), *Expatriate Living Costs in Singapore. 1998/99 Edition*, Singapore: Singapore International Chamber of Commerce, 1998, pp. 22-24.

（3）欧米諸国のクラブや日本人会に比べると、九龍会は非形式的なものではあるが、正職員が常勤する組織として登録されている。シンガポールには、外国人労働者や居住者を対象とした、多くの非形式的組織が存在しているが、そのほとんどはオフィスを持たず、登録さえもおこなっていない。

（4）本論文では、筆者は、広義の意味でのナショナリティおよびエスニシティの概念を採用した。厳密にいえば、華人がマジョリティであるシンガポールにおいて、香港人は国家グループとしてよりもむしろ、サブ・エスニックあるいはサブ・カルチャー・グループを代表している。

（5）筆者は、一九九八年十一月十六日および十七日に、それぞれ九龍会および日本人会の代表者に対して聞き取りをおこない、これらの数字を入手したが、これらの数字は低く見積られたものである。一九九七年の日本人会の資料によると、二万四千九十三人の日本人（男性一万三千八百人、女性一万二九三人）がシンガポールに居住している。シンガポール日本人会編『南十字星』三〇周年記念号、一九九七年、五八頁。

（6）シンガポールにおける外国人コミュニティについての研究は、ほとんどおこなわれていない。本論文では、資料の分析よりも、フィールド・ワークに重点をおいた。筆者は、両組織の代表者およびシンガポールに居住する、クラブの会員と非会員である多くの日本人および香港人への聞き取りをおこなった。また、両組織の図書館も利用した。

（7）日本大使館には六八人の常勤職員が、日本人会には五六人の常勤職員がそれぞれ在籍している。

（8）日本人会はまた、外務省の支援を受けている日本語補習学校の運営にも参与している。

（9）シンガポール日本人学校の歴史、構造、経営および教学についての詳細は、河野裕編『シンガポール日本人学校二十年の歩み』、シンガポール日本人学校、一九八六年を参照。

（10）近年の経済危機により、シンガポール政府の経済的援助が縮小されるようだ。たとえば、『カオルーンリンク』（*Kowloon Link*）は、移民の可能性のある香港人に対してのみ配布されることとなり、政府の購入量が減少することとなった。

（11）九龍会の一〇二人のメンバーに対する、一九九三年の調査によると、彼らのうちの六〇パーセント以上が、公共住宅（HDB住宅）に居住しており（四三頁）、四〇パーセント以上が大卒者で（四四頁）、約半数が専門職に従事しており（四五頁）、八〇パーセントが既婚者で（四三頁）、既婚女性の半数以上が正社員として働いている（四三頁）という結果が出ている。詳細は、Wee Puay Hwa, *A Study of Hong Kong Immingrants in Singapore.* BA honors thesis : National University of Singapore, 1993, pp. 39-61.を参照。

(12) 驚くべきことは、シンガポール日本商工会議所（JCCI）よりも、日本人会へ加入している企業数の方が多いことである。一種の日本クラブのような日本商工会議所は、日本の商工会議所のシステムが国際化されたような組織であるといえるだろう。シンガポール日本商工会議所は、日本のビジネスの利益の促進のために一九六九年に設立され、八百以上のメンバーが加入している（二〇〇〇年三月の時点では、八七〇である）。

(13) F夫妻は、法人会員の日本人会メンバーとしての特権を持つ代表者で、F氏は小企業の社長である。F夫人は筆者に対して、シンガポールにおける日本人のビジネス・ネットワークの中では、日本人会のメンバーであることが、社会的および経済的なステイタス・シンボルとなり、認められるようになると述べた。F氏は、日本人会に法人会員として加入している企業しか信用していないという（聞き取りは、一九九八年十一月二十九日に実施した）。

(14) 『会則』、シンガポール日本人会、第五章、第二項、B、三頁。

(15) 日本人会の個人会員H氏は、メンバーになる前に、二つの件で日本人会と口論をしたことがあるため、日本人会に対しては反感を抱いている。第一は、彼が最初にクラブハウスを訪問した際に、メンバーでないということで、非常に冷たく対応されたことであり、第二は、二人の娘を連れて、日本人会の盆踊り大会に参加した際に、入場料を請求されたことである。その後H氏は、二人の娘の日本人学校入学のために、日本人会のメンバーにならざるを得なくなった（聞き取りは、一九九八年十月十五日に実施した）。

日本人会の非会員であるM氏は、日本人会は、高額の会費を払うことができない貧乏な者を差別し、日本国憲法で保証されている「子供の教育を受ける権利」を奪っているとして、日本人会を批判している。M氏は、教育手当を使用して、二人の息子をインターナショナル・スクールへ通わせている（聞き取りは、一九九八年十一月二十二日に実施した）。

一九九八年の調査によると、二七パーセントの日本人家庭が、子女をインターナショナル・スクールあるいは現地校へ通わせている。この数字には、幼稚園や保育所も含まれているため、実際の数字よりも高いと考えられる。多くの日本人の父母は、小さな子供を日本人の経営ではない幼稚園や保育所へ通わせることを気にかけはしないが、日本人小学校および中学校へ入学させることは強く希望しているのである。Lua Kah Lay, *Creating a Mini Japan : Japanese Women in Singapore*, BA honors thesis : National University of Singapore, 1988, pp. 26-27.

(16) *Expatriate Living Cost in Singapore*, 1998 / 99 Edition. pp. 22-24.

(17) シンガポールに居住する日本人主婦の家庭および社会生活についての詳細は、Tan Ching Mei, *The Social Roles and Status of Expatriate Japanese Women*. BA thesis : National University of Singapore, 1994. および *Creating a Mini-Japan : Japanese Women in Singapore*. を参照。

(18) 九龍会のスポークスマンの提示する数字によると、シンガポール在住の香港人一万七千人の中で約二千世帯が九龍会のメンバーとなっている。その二千世帯は約六千人に換算することができる（各世帯に平均一人の子供がいると考えられるため）。一万七千人という人数は少なく見積もられていると考えられるため、実際の会員数は在シンガポール香港人の三分の一以下であるといえる。

(19) Chan Kok Bun, The Ethnicity Paradox : Hong Kong Immigrants in Singapore. in Ronald Skeldon (eds.), *Reluctant Exiles? Migration from Hong Kong and the New Overseas Chinese*, New York : M. E. Sharpe, 1994, pp. 308-309.

(20) Ng Lai Fun, *Hong Kong Immigrants in Singapore*. BA honors thesis, National University of Singapore, 1991, pp. 21-30.

(21) 日本人会の運営は黒字である。驚くべきことであるが、たとえば、日本人会の一九九七年度の収益は一四〇万ドルであり、それは大企業のそれよりも大きい金額である。シンガポール日本人会編『日本人会ニュースレター』一九九八年、七頁。

(22) 筆者は、一九九七年の初めから、あるインフォーマルなサブ・グループの活動に参加してきた。それらのグループには名称、企画、規則や公式なリーダーは存在していない。また、参加者の大半が九龍会のメンバーであるにもかかわらず、グループは九龍会に正式に所属しているわけではない。参加者のほとんどが独身の若者で、その男女比は四対一となっており、多くが高学歴者で専門職に従事している。筆者は活動を通して、このサブ・グループの約五十人と会ったが、その中の約二十人が非常に活動的であった。このサブ・グループは、ほぼ毎週末、飲茶パーティー、麻雀、カラオケ、家庭訪問、映画、ショッピング、スポーツといった活動を企画している。

(23) *Kowloon Club, Newsletter*, December 1998, p. 1, and April 1999, p. 1.

(24) 例えば、一九九八年、メンバーである劉氏は脳卒中に倒れ、一家を支えることができなくなったために、九龍会は、三万ドル以上の寄付を募った。*Kowloon Link*, No. 13, March 1998, p. 37.

(25) シンガポールの香港企業の多くは、香港・シンガポールビジネス協会に加入し、シンガポールの香港経済貿易事務所と深い関係を築いている。彼らにとって、九龍会ではビジネスの価値は存在しないのである。

(26) 非公式な数字であるが、低く見積もっても三分の一あるいは四分の一がシンガポールを去っている。シンガポール政府は、一九八九年から、二万五千以上の香港人世帯に永住権を与えてきたが、現在では一万七千人の香港人がシンガポールに居住しているだけである。もちろん、多くはシンガポールに来てもおらず、一部は来ても数年後には戻っているのである。筆者が参加していたサブ・グループではほぼ毎月、メンバーのための送別会が開かれていたことからも、彼らの多くが定住を考えていないことが容易に理解できる。

(27) 『会則』、シンガポール日本人会、九八年改訂、一頁。

(28) シンガポール日本人会編『日本人会ニュースレター』、一九九九年三月、二頁。

(29) シンガポール日本人会編『日本人会ニュースレター』、一九九八年九月、四〇頁。

(30) 日本の主婦は、日本にいる時と比べて、シンガポールでのボランティア活動に積極的な参加を見せている。*Creating a Mini Japan : Japanese Women in Singapore.* pp. 35-37.

(31) *Constitution of Kowloon Club,* Article3, Clause B1. p.1.

(32) Chan Kwok Bun, The Ethnicity Paradox : Hong Kong Immigrants in Singapore. p. 313. 受け入れ国における香港移民のアイデンティティと、受け入れ国の文化および社会への態度についての詳細は、Chan Kwok Bun, A Family Affair : Migration, Dispersal, and the Emergent Identity of the Chinese Cosmopolitan. *Diaspora* Vol. 6, No. 2, 1997, pp. 203-309.を参照。

(33) 多くの日本人は、日本国内で後援会、町内会、子供会、婦人会等に参加している。日本国内での自発的組織への参加率は、欧米の各地での参加率と比較すると、非常に高い割合を示している。欧米の自発的組織についての詳細は、Pronovost Gilles, *Voluntary Organizations.* p. 66. を参照。

（34）アジア女性ネットワークは、日本人コミュニティ内で、女性の権利を主張し、セクハラおよび差別撤廃運動をおこなっている組織である。メンバーの主要人物は日本人会からは異端視されている。

（35）一九八五年では約八千人であったシンガポールの日本人は、一九八八年には約一万人、一九九一年には約一万五千人、一九九三年には約二万人、一九九六年には約二万五千人になっている。シンガポール日本人会編『南十字星』三十周年記念号、一九九七年、一九頁、五八一頁。

（36）前項一九頁。

（37）一九七〇年代の日本人コミュニティおよび、日本人クラブとシンガポール人との関係についての詳細は、Kwok Pek Har, *The Japanese Community in Singapore : A Study in Social Geography.* Honors thesis, 1979, Naional University of Singapore, pp. 1-83. を参照。Kwokによると、当時、ほとんどの日本人は三、四年間、シンガポールに滞在するだけの日本企業から派遣された駐在員であった（四五～四六頁）。彼らの住居は、私営のコンドミニアムに集中していた（六一～六三頁）。彼らの大半は英語を話すことができ、その中でもごく一部が非常に流暢な英語を話す（六六～六七頁）。日本人の妻は労働に従事せず、駐在員とその家族は、基本的に現地の人とは交流を持たなかった（六七～七一頁）。彼らのほとんどは日本人クラブに加入し、そのうちの約四〇パーセントが一週間に少なくとも一回、クラブを訪れていた（七二頁）。この点から見ると、一九八〇年代および一九九〇年代の日本人会と比較すると、一九七〇年代の日本人クラブは、日本人の社会生活に対して、より一層重要な役割を果たしていたということができる。

参考文献

Chan Kwok Bun, "The Ethnicity Paradox : Hong Kong Immigrants in Singapore," in Ronald Skeldon (ed.), *Reluctant Exiles? Migration from Hong Kong and the New Overseas Chinese,* New York : M. E. Sharpe, 1994.

Chan Kwok Bun, "A Family Affair : Migration, Dispersal, and the Emergent Identity of the Chinese Cosmopolitan," *Diaspora,* Vol. 6, No. 2, 1997.

河野裕編『シンガポール日本人学校二十年の歩み』シンガポール日本人学校、一九八六年。
Kwok Pek Har, *The Japanese Community in Singapore, A Study in Social Geography,* Honors thesis, Naional University of Singapore, 1979.
Kowloon Club（ed.）, *Kowloon Club, Newsletter,* 1989-1999.
Kowloon Club（ed.）, *Kowloon Link,* 1995-1999.
Lee Ju Song（ed.）, *Expatriate Living Costs in Singapore, 1998 / 99 Edition,* Singapore : Singapore International Chamber of Commerce, 1998.
Lua Kah Lay, *Creating a Mini Japan : Japanese Women in Singapore,* BA honors thesis : National University of Singapore, 1988.
Ng Lai Fun. *Hong Kong Immigrants in Singapore,* BA honors thesis, National University of Singapore, 1991.
Pronovost Gilles, "Voluntary Organizations," in *Current Sociology,* Vol. 46, No. 3, Edmonton, July 1998.
シンガポール日本人会編『日本人会ニュースレター』一九九〇～二〇〇〇年。
シンガポール日本人会編『南十字星』第二号、一九九六年。
シンガポール日本人会編『南十字星』三〇周年記念号、一九九七年。Tan Ching Mei, *The Social Roles and Status of Expatraite Japanese Women,* BA thesis : National University of Singapore, 1994.
Wee Puay Hwa, *A Study of Hong Kong Immingrants in Singapore,* BA honors thesis : National University of Singapore, 1993.

第六章　墓誌に見られるシンガポール日本人社会
——死者のアイデンティティと〝埋葬の義理〟を中心に

祖運輝

本論の目的は墓誌を通して二つの問題を分析することにある。その問題の一つは、死者のアイデンティティで、墓碑に記されている個人データの内容とその特徴を検討したい。もう一つの問題は〝埋葬の義理〟である。つまり、死者を埋葬する義務が、どのような社会関係に基づき、誰によって担われているかという点である。なかでも、この埋葬義務の基礎となっている埋葬者と被埋葬者との関係に焦点を絞りたい。結論を先にいうなら、九百基にわたる墓碑のデータに目を通していきながら見えてきたことは、死者のアイデンティティは主に血縁と地縁によって構成されているのに対し、埋葬義務の土台には血縁と地縁に加えて〝社縁〟が大きく作用しているという事実である。

現代社会では一人の人間が死亡すると、その遺族だけではなく、友人、同僚ないしは故人と面識もない人間や組織が動員される。日本の場合、遺族は喪に服し、親類、親友らは葬式の手配に動き出す。同僚や知人は葬式の運営そのものには携わらなくとも、式には香典を持って参列する。他にも多数の人間がこの死亡・葬送の過程に様々な形で関わってくる。臨終が近づくと医者が呼ばれ、時には警察へも通報がいく。そして救急車で病院に運ばれ、そこで死亡が正式に宣告される。一方で、葬儀屋、宗教家そして墓地管理者にも連絡がいき、それぞれの対応が要請される。また、役所への死亡届けの提出も義務づけられている。(1) 要するに人間の死は多数の個人、団体、行政部門を関係させ、さまざまな社会的プロセスを連動させている。このように見るとき、われわれは死を通じて、ある社会における人間関係や社会組織のあり方を探ることができる。ここで取り上げる墓誌は複雑な社会的プロセスの一側面を記録したものである。シンガポール日本人墓地に残る墓はその銘文を通して百年に及ぶシンガポール日本人社会に関する貴重な第一次史料を遺しているといえよう。(2)

シンガポール日本人墓地は東南アジアではもっとも規模が大きく、保存状態のよい日本人墓地である。(3) 今日ここに九百基を超える墓が存在し、すべての墓碑には長さの差こそあれ何らかの銘文が刻まれている。これらの墓誌は一般の日本史から漏れがちな庶民の経験、とくに海外に渡った日本人の極めて個人的かつ具体的な情報を含んでおり、当時の日本人社会の歴史を再現するには恰好たる素材を提供している。とはいえ、墓誌の大半は簡潔を極めかつ型にはまった文章が多いため、情報に量的・質的な限界があることは否めない。(4) けれども小論が示すように、これらの銘文は少ないながらも明治後期から昭和前期にかけて〝南洋〟に渡航した日本人の生活体験とその時代の社会背景を示唆する内容を持っている。墓石に刻まれている一つ一つの些細な事実を拾い集めていくと、いくつかの大きな傾向をつかむことができる。

墓誌の内容を分類すると、おおまかに二つに分けられる。まず一つは、死者のアイデンティティを特定する一連の事実である。そのなかでもっとも肝心なのは名前であろう。無縁仏の墓を除けば、墓碑には必ず死者の名前――戒名と俗名両方か、あるいはそのどちらか一つ――が記されている。戒名の付け方と俗名の記載様式は様々で、それぞれに死者の宗派、地位、性別などが反映される。また、名前のほか死者のアイデンティティを構成する要素として、享年、死亡年月日、出身地、血筋のもっとも近い者、職業、軍籍、身分、生前の功績などが挙げられる。これらの情報の充実度が、死者のアイデンティティの鮮明さを色付ける鍵となる。データが豊富にしてかつ明確であれば、死者のプロフィールもはっきりしてくるし、反対に、欠如している項目が多く内容も漠然としたものであれば、その輪郭も曖昧になる。この点については第二節で詳しく取り上げたい。

墓誌を構成するもう一種類の情報は、死者を埋葬して墓を建設する個人や団体に関する記載である。言い換えれば、誰が誰のために墓を建てたのかという記録である。この情報は当時のシンガポール日本人社会における人と人の絆の特性を示す資料として価値がある。(5) 死をどう処理するかは、どの移民社会においても大きな課題である。日本人が自国で死亡すると、一般に遺族が葬送の義務を負う。それが海外となると、特に家族で入植する目的地ではなかったシンガポールでは、一時滞在のつもりで渡来した独身者が多数を占めていたため、葬送の責任は遺族以外の者によって担われることになる。墓誌によれば友人、同僚あるいは会社が墓を造ったり、また同郷の者が建墓に加担する例が見られる。また、極貧にして孤立無援であった死者が、他人の救済によって初めて安眠の場を得られたという例も少なくない。実は十九世紀の終わりごろ、在シンガポール日本人の間では〝共済会〟という葬送組合のような組織が結成され、メンバーたちの葬送を営むほか、身寄りのない不運な同胞を埋葬するという慈善活動もしている。確かに共済会は多くのからゆきさん（日本人売春婦）と出稼ぎ労働者のために墓を造ったが、日本人墓地に貿易商や医師といった現地日本人社会の名望家・有力者も何人か埋葬されている。このような裕福な日本人が死亡した際に動き出したのは共済会ではなく、日本人会という社交クラブのような組織であった。たとえば、一九三四年、石原産業のシンガポール支配人西村吉夫の葬式は、日本人会による盛大な会葬だった［安川　一九九三：一二二］。同じ〝大物〟であった長野実義や中野光三などは墓とは別に立派な記念碑が知人・有志らによって建立されている。要するに死者の貴賤を問わず、墓誌は当時日本人社会における埋葬義理の社会的基礎を示唆する資料を提供している。詳細は第三節で取り上げる。

墓誌は社会史の資料として内在的な限界をはらんでいる点はすでに触れた。死者に関しても当時の社会に関しても、断片的な事実しか伝えていないこの欠点を補足するには、当時の書物や現代の研究と照らし合わせて吟味する必要があろう[6]。しかしシンガポールでは、戦前・戦中の日本人に関する文書が少なく、また日本人街が戦争破壊と戦後の都市発展によって跡形も残っていない現状を考えれば、この墓地に眠ったまま風化しつつある墳墓は珍重な歴史的遺物群なのである[7]。墓碑に刻まれた些細な情報をひも解くことによって、政治家、軍人、評論家や企業を中心とする〝南進〟の歴史に、庶民の息吹を吹き込むことができたなら幸いに思う[8]。

シンガポール日本人社会と墓地

一九四五年までの日本人のシンガポール進出はおおむね以下の三つの形態を呈している［矢野 一九七五：七九－一一六］。第一期は明治二十年ごろに始まり、当初シンガポールにやって来た日本人の大半は行商人や労働者のほか〝からゆきさん〟と呼ばれる売春婦と彼女たちに寄生する男たちであった［清水 一九九七：九四－一一六］。この時期、日本人はまだ極めて少数であった上、職種からも彼らは当地の西洋人やアジア人から差別的待遇を受けていた［南洋一九三七：五二三］。第二期は明治三十五年から大正十年ごろまでで、この十余年間、日本人社会の性格は著しく変化する。当局の弾圧により日本人売春業は衰退し、これに代って貿易商、銀行、郵船会社、ゴム園経営者らの活動が目立つようになる。行商人と労働者の渡来は跡を絶たない状況ではあったが、次第に日本人社会全般は経済的に向上し、現地社会における地位も大きく改善された。第三期は昭和の初めから太平洋戦争終焉までの約二十年間である。この時期、特に目立った発展は日本産業資本の進出である。ゴム、パームオイル、鉱山などの第一次産業への投資は、金融、貿易、運輸面にも刺激を与え、更なる発展を促した。石原産業がその代表例として挙げられる［矢野 一九七五：一〇七－一一五］。この鐵鉱会社は台湾銀行のような半官資本を基に、シンガポールに事務所を置き、国策に随従してマレー半島で鉱山を経営していた。第三期の終結である太平洋戦争の背景には、まさにこのような日本の産業資本の進出とそれに対抗する西洋植民宗主国の経済利益が潜んでいた。

日本人墓地の起源は、一八九一年に二木多賀次郎、渋谷銀治と中川菊蔵の三人がシンガポール政庁から許可を得て、当時郊外にあった八エーカーの土地を日本人専用の埋葬地に当てたことに始まる［安川 一九九三：八－一一］。設立当初、雑木林とゴム園に囲まれていたこの墓地は、現在一戸建ての多い低密度住宅地域にあるチュアンホーアベニューに面している。だが、一八九一年以前にも日本人がこの場所を埋葬地として使用した記録が残っている。『南洋の五十年』（五一〇頁）には、一八八八年二木と渋谷が二十七人の日本人の遺骨を別の場所からここに移転したとあるし、この墓地を調査した樋口直木も、一八八九年に建てられた墓が三基も存在することを指摘している［安川 一九九三：

八」。ともかく墓地が正式に設立されて以来、その管理と運営は二木をはじめ、共済会に任せられていた。二十世紀に入り、日本人社会の性格の変遷と平行して、墓地の管理も次第に共済会から一九一四年に結成した日本人会の管轄下に徐々に移行していった。この状態が一九四二年二月まで維持され、つづく三年間の軍政期には、墓地の世話は新たに組織された昭南奉公会に任せられていた。ちなみに、終戦までは台湾人と朝鮮人も日本帝国臣民としてこの墓地を使用することが許されていた。

敗戦の結果、在シンガポール日本人は一九四七年をめどに全員送還され、墓地もこの総引き上げによって十年ほど放置されていた。一九五三年には当局から日本大使館に移管されたものの、一九五七年の日本人クラブの発足まではとんど手つかずのままであった。墓地の修繕が結成の目的であったクラブのメンバーたちは、倒壊した墓標を修復したり、敷地内に侵入して住居を構えていた人々に退去してもらったりした。その後、度重なる嘆願の末、シンガポール政府は一九六九年ついに墓地の所有権を日本人会に返還することに首肯した。ところがそれから四年後、都市計画の要請に応じて、日本人墓地は、市内にあるそのほかの多くの墓地と同様、新規埋葬が認められなくなる。開設以来ほぼ八十余年の歳月を経て、この墓地はついに埋葬地としての機能を失うわけだが、その後は日本人のシンガポールないし東南アジア進出の経緯を物語る象徴として今日まで存続している。一九八七年の日本人会発足三十周年を契機に、会員の寄付と外務省の援助を得て墓地は整備され、名前も新たに〝日本人墓地公園〟として現在に至っている。

一九八二年の墓地調査では九一〇基の墓が確認されている。この数字は一九四七年の記録と比べて三六〇基の減少が認められる。墳墓が消失する理由はいくつか考えられるが、戦後の放置されていた時期に、不法侵入によって墓が破壊されたり墓石が移転されたりしたケースもあれば、時間の経過によって古い墓標、とくに木碑が風化したことも考えられる。さて、この九一〇基を建立の時期で分類すると、以下の結果になる。明治期のものが三〇九基、大正期が一二二基、そして昭和期が八八基である［安川　一九九三：九］。これに、分類できないものが三九一基もある。これらの年代不明の墳墓のほとんどは規模が小さく墓標も粗末なもので、中には死者の名前すら書いていないものもある。その中で女性の名前が刻まれているものはおそらく明治期にシンガポールで最期を迎えた貧しいからゆきさんの墓であろう。

この墓地にはもともと西有寺という寺が存在していた。これは一八九一年に渡来した兵庫県出身の釈楳仙という曹洞宗の僧侶が建立したものである［安川　一九九三：一〇-一一、二一九、南洋　一九三七：五一一-五一二］。楳仙は渡来以来亡くなるまで二十年近くここに庵を結び暮らしていた。そして、この世を去る一九一二年の前年、ついに念願の寺を建立している。同年、彼はゴムの木千本を植え、墓地の発起人である二木と渋谷を記念するとともに、その収益を寺の財政の一部とする。一九一六年前後、西有寺は市内ショートストリートに共済会と事務所を共有して密接な関係を保っていた［佃　一九一六：二四二-二四三］。また、時期ははっきりしないが、西有寺の本尊である観音を中心に年配の日本人婦人の間で観音講が組織されている［南洋　一九三七：五一一］。楳仙の没後、一九二六年までの十四年間に西有寺は四人の住職を迎えているが、一九二六年から一九四五年までのことは不明である。また、戦後日本人が引き上げてからもこの寺は無住のままで、一九六〇年には建物が白蟻にひどく侵食されたため、解体される運びとなった。その後、日本人会と大使館によって新しい寺が建てられ、そこへ市内にあった日蓮宗と浄土真宗の本尊が合祀されることになった。一九八六年、この建物は鉄筋コンクリートに建て替えられ、〝寺〟という呼称も〝御堂〟と改められて無宗派の礼拝所となっている。ちなみに墓地には、西有寺のほか稲荷神社と火葬場がかつて存在したが、いずれも現存しない。

死者のアイデンティティ

墓碑銘が提供する情報は主として死者の身元に関するものである。その中でも死者の名前は中心的な構成要素であり、原則として墓碑の正面に刻まれている。俗名だけのものは少数で、俗名と戒名両方記載されているケースが大半である。俗名だけの場合、それは墓碑の真ん中に位置するが、両方の場合には戒名が中央にきて、俗名はその脇に置くのが通例である。それから戒名の大半は〝位号〟だけあって、〝院号〟も含んでいる例は多くない。名前のほか出身地、死亡年月日、享年、出生順、血筋のもっとも近い者、階位、身分、職業に関する事実も記入されている。ここでは男子、女子、嬰児・幼児、天理教信者および植民地の人々の順で説明する。なお、特定の墓・記念碑に言及する際はすべて安川［一九九三］の番号に従う。

男子

まず、A11から見てみよう。この墓碑の正面には〝実相院日真居士〟という戒名がある。左側面には死亡年月日（大正九年九月十六日）、出身地（兵庫県）、俗名（稲田真之助）、と享年（七十六歳）が読み取れる。そして裏面にはこの墓を建てた〝施主〟の名前（山浦サノ）と出身地（福岡県）が記されている。戒名は俗名と同様に千差万別であって、枚挙できないが、位号の変化は限られているのでここでちょっと触れておこう。もっとも一般に見られるのは〝信士〟（D61ほか）で、〝居士〟（A2ほか）がそれに続く。〝士〟一字のみの位号は一例しかない（E137）。次に、戒名のない墓碑も少なくない。例えば、明治二十二年に死亡した阿部万次郎の墓には戒名がなく俗名があるだけである（E335）。だが、阿部は幸運な方で、彼には墓を建ててくれた知人がいたし、墓石には名前のほか出身地も記載されている。貧困にして知人もなかった人々には、煉瓦大の石に俗名だけが粗末に刻まれたものが銘文のすべてである。この人たちは出身地も定かではない影の薄い死後の存在だといえよう（E265〜269）。さらに極端な例は、〝精霊菩提〟の四文字以外なにも記されていない小さな墓石で、このような墓に埋葬されている人々は姓名も喪失し、男女の区別さえつかない無縁仏である（E146）。いわば彼らは死後のアイデンティティをいっさい持っていないことになる。だが、戒名がないというだけの理由で死者を不運の最期を迎えたと憶測するのは早計である。大和商会の創立者でシンガポール日本人社会の中堅的人物でもあった長野実義には戒名はないが、墓は立派で、そのそばに海軍中将・野間口兼雄による銘文が刻まれている記念碑も立っている（B2）。

名前についで出身地、死亡年月日、享年も死者のアイデンティティを構成する要素として銘文によく現れる。前に挙げたA11の墓碑によると、そこに眠っている人は兵庫県出身で、大正九年に七十六歳をもって死亡したことがわかる。この三つの項目はほとんどの墓碑に見られる。このほか銘文に現れるのは出生順と死者と血筋のもっとも近い者の名前である。例えば、明治二十四年に亡くなった支那太郎の墓碑には彼が長崎出身の雑貨商・山中源太郎の長男であることが記されている（E14）。このように、男性の墓誌には、出生順と父親の身元が記されるのが一般的である。死後においても〝父親の息子〟としてあるわけで、いわば彼のアイデンティティは親のアイデンティティに根差しており部分的に重複しているといえよう。[9] 父について見られるのは兄の名前である。明治三十七年に死亡した福田文吉の墓碑には彼のことを〝太一　弟〟と記している（D116）。すなわち文吉のアイデンティティの一部分は太一の弟であることから構成されている。稀に父と兄といった核家族の成員以外の者も墓誌に登場することがある。一例しかないが、明治四十四年に死亡した山崎久雄の墓碑には、〝士族　郁郎　甥〟と記されている（C123）。郁郎の名が甥の墓碑に登場しているのは、おそらく彼の士族という身分に拠るものであろう。

この墓地には太平洋戦争期の軍人の墓も数多くある。軍人の墓誌は一般人のそれとかなり相違する。基本的に軍人の墓碑には俗名、階位、所属部隊が記載されており（C18、E3、F8、F55ほか）、戒名は稀である（F7）。大佐、少尉、軍曹などの階位のほか、勲位も記入の対象となっている。そして全く登場しないのが肉親の名前である。例えば、竹林地達登の墓碑には彼が広島出身で、陸軍少佐であり、従六位勲五等の勲位であったこと以外情報はない（E329）。正規の軍人でない人員でも、墓碑には民間人の身分は記されず、軍属とか臨時嘱託といった専ら軍隊との関係が優先される（F101、F24）。すなわち死後に至っても軍の階位と所属が軍人のアイデンティティの核心部をなしているのである。そういう意味では船員も軍人と類似している。島田某（名が記されていない）の墓碑には〝有明丸乗組火夫〟（E72）、ある〝鮮人〟（姓名が記されていない）は〝熱田丸船員〟（C103）、沖佐平は〝相洋丸乗組員舵夫〟といった具合である（E277）。宗教者の場合も生前の職分が死後のアイデンティティに繋がっている。長崎県出身の松籐霊仙和尚には〝竜泉寺前住職〟と墓碑に記されている（E239）。前出の釈楳仙の墓碑には〝大和尚〟という称号がある（A13）。このほかに職業が記載されているのは以下の三例だけである。一つは明治三十五年に死亡した〝電気技師〟渡辺清吉（C13）、次に明治四十年に死亡した〝外務書記生〟長谷川喜夫（B9）、そして明治二十四年に死亡した〝商人〟福山庄次郎の三名である（D127）。

　最後に、少数ながら身分が記載されている事例を見てみよう。前出の長谷川喜夫はヨーロッパからの帰国途中シンガポールで病死した外交官であって、墓碑には正八位勲八等の士族であったことを記している。ここに眠っているほかの士族は長谷川のようなエリートのキャリアと勲位の持ち主ではなかった。前出の渡辺清吉は士族の身分を持つ電気技師であったし、〝志《ママ》族松治郎　弟〟である原口碌郎という者は生前の職業さえ定かではない（B8）。士族という身分を名誉として記すのは当然納得いくのだが、平民という身分をわざわざ名前に連ねて記載するケースもある。明治二十九年に死亡した小林丈吉（B62）、明治二十七年に死亡した中村留吉（E43）、明治二十八年に死亡した田中吉造の三基には平民の文字が刻まれている（E8）。当墓地に埋葬されている大半の人はおそらく平民であったと思われるが、その中でなぜこの三人だけがわざわざ平民と記したかその理由は定かではない。

女子

　女子の墓誌の体裁は男子のそれに類似しており、両者の内容もおおむね一致している。その典型として明治四十二年に死亡した熊本県出身の有田ネイの墓を取り上げると、正面に戒名〝妙懐信女〟があり、左右の側面には出身地、俗名、死亡年月日と享年があり、裏面には〝共済会建之〟とある（C75）。この体裁に一致しない例も稀に見る。三瀬はつの場合は、墓碑の中央に俗名があり、その両脇に戒名と墓を建てた夫の名前がある（B24）。女性の位号も男性のそれと同じように基本的に二種類ある。男性の〝信士〟に対応するのが〝信女〟で（E121～125ほか）、〝大姉〟が男性の居士号のように時々見られる（B10・11ほか）。稀にしか見ないのは〝尼〟である（B22）。

　多くの女性には戒名があるが、一九四〇年に死亡した伊藤千代のような戒名が欠如しているケースもある（F61）。そして伊藤千代の場合、死亡年月日はわかるが、〝吉永アサノ〟のように俗名のほか何も記載されていないケースも少なくない（D50）。また、戒名があっても俗名の方は姓がなく名しかない墓もある。明治三十二年に死亡した熊本県出身のツヤ並びに明治二十九年に死亡した福岡県出身の玉の二人は、戒名を持っていても苗字を失った女性である

（E53、E238）。もっとも簡略な例は〝故ヱイの墓〟の五文字だけの銘文であろう（E149）。これは非常に影の薄い死後の存在といえよう。似たような運命に晒されているのはヱイ一人ではなく、ほか何人かの女性にも見られ、その名の二文字のみが死後のすべてである（C37、C50、E256）。これらの女性の死後のアイデンティティの曖昧さ・不明確さは究極に近いといえる。これに勝るのが、個人の情報はもとより男女の区別さえつかない〝精霊菩提〟である。

　男子の墓に父親の名前がしばしば登場する慣わしと平行して、女子にも〝誰それの娘〟という記載が見られる。明治三十年に死亡したハツは、長崎県人〝金貝伊三郎　娘〟と記されている（E51）。また、男子の銘文に見られる出生順が記されることもよくあることで、例えば、明治三十六年に死亡した江平ヱイは熊本県人〝喜十　長女〟と記されている（E147）。明治三十九年に死亡した岩本キヌのように、長崎県人〝真太郎　養女〟との記載も見られる（E205）。一部の女性にとって、父親の存在が圧倒的となり自分の名前は省略され、ただ〝誰それの娘〟とのみ記されているものもある。例えば、明治二十九年に死亡した熊本県出身のある女性の墓碑には戒名はあるものの俗名がどこにもなく、その代わりに〝松浦勝次郎　女《ママ》〟と記されている（E61）。姓が分かっても名が分からないので、この女性の死後のアイデンティティは独立したものではなく、娘として完全に父親に従属しているといえる。一方、男子の墓には見られない、次のような記載もある。明治三十四年に二十三歳で死亡した六岡ハルは、長崎県出身の〝シカ　三女〟であると記されている（E116、E123にも参照）。この女性のアイデンティティは、父親ではなく母親に従属している。

　父母をはじめ兄、弟、姉、夫も墓銘に登場する核家族の成員である。明治三十六年に死亡した春□トラの墓には、福岡県人〝邦三郎　姉〟と記されている（E157）。また、明治三十六年に死亡した宮崎トミの墓碑には、徳島県人〝清太郎　妹〟と記されている（E150）。男子兄弟のほか、稀ではあるが姉も登場するケースがある。明治三十五年に死亡した中川キクは、長崎県人〝トメ　妹〟と記されている（E124）。だが、全体として男性兄弟の名前が記載されるのが一般である。そして既婚女性の墓碑には夫の名前が記載されていることが多い。明治二十六年に死亡したマツは、大阪市の雑貨屋・酒井宮吉の妻であったことが記されている（D124）。明治三十五年に死亡したある女性は戒名とともに三重県人笹野栄三郎の妻として記録されており、生前の名前は省略されている（D105）。既婚女性の死後のアイデンティティが時に夫のそれに吸収されている例である。

日本の軍隊は女性とは無縁だったので、女性の墓に軍の階級はいっさい見られない。また、職業に関する記載も二例外を除いて全くない。これは当時の日本人女性が一般に職業を持たなかったことを部分的に反映しているが、在シンガポール日本人女性の多くは売春に関わっていた歴史背景も理由のひとつと考えられる。例外として、昭和十八年に〝戦病死〟した石田成があり、彼女は〝岡第六〇九一部隊〟の〝従軍看護婦〟であった（D43）。この石田成は看護婦という職を持ち軍にも属していたことから、墓誌にも〝男性的〟な体裁と内容が窺える。もう一例はシンガポール天理教の〝大講義〟であった板倉タカである。

最後に、女性の墓碑に身分が記される例の一つは、母・小島ツルと長女・小島テルの共同墓である（C145）。墓碑には〝東京府士族〟とあり、二人の名前の上には〝共同船〟という表現が読み取れる。〝船〟は棺桶を指すこともあるので、この親子は墓を共有しているだけではなく遺骨が同じ骨壺に収められている可能性も考えられる。別の例は、死者が平民であることを示す銘文である。明治四十年に死亡した滝千代女は〝大阪府平民　三浦兼吉之女〟と記載されている（E348）。

嬰児・幼児

嬰児と幼児にも戒名と俗名両方が墓碑に記されることがある。例えば、昭和六年に死産児として生まれた中塚保次郎は〝天真孩児〟という戒名を持っている（C174）。墓誌の体裁は成人のそれと同様、戒名は墓碑の中心に位置し、俗名その他の情報は戒名の左右、両側面、裏に記載されるのが通例である。もちろん例外もあり、大正十二年に二歳で死亡した南部蝶子の場合、俗名は正面中央で、戒名が左脇の面に刻まれている（D52）。位号のような称号に関しては嬰児・幼児のほうが大人に比べて多様性に富んでいる。男児には〝孩児〟のほか、〝童子〟（D107）、〝童男〟（F85）、〝信児〟（E126）、〝信童〟（E64）、〝嬰児〟（B56）、〝孩子〟（F132）、〝嬰子〟（D64）と色々である。女児の場合、〝孩女〟（B59）、〝童女〟（D52）、〝信女〟（E68）、〝幼女〟（F60）と〝嬰女〟（B58）が見られる。これらの称号に対して、死亡した胎児を〝水児〟（E353）、〝産児〟（E65）、〝死産児〟（C174）あるいは〝孕子〟（F85）と呼んでいる。胎児の場合、称号には男女の区別がはっきりしない。それから〝ヨシチャン〟（昭和十六年）のように愛称のみ記されている墓もある（D13）。愛称が記されるケースもあれば、大人に準じて位号だけでなく院号も記される墓もある。F85に眠っている四人の子供はみんな院号（敬生院、理生院、楽生院、良生院）を持っている。

幼い子供の場合、戒名か俗名のどちらかひとつだけ載っているケースが多い。例えば、D64には〝正等嬰子位〟という戒名だけがある。親のことも一切なければ、俗名や死亡年月日も記されていない。また、〝平野早世之墓〟のように、平野という苗字だけで、名を省略するものは、やはり曖昧な死後のアイデンティティの類に属している（F76）。以上の例に比べてB44の銘文には、死亡年月日（明治二十九年五月十九日）、戒名（玉笙嬰女）、〝通称〟（ドラ）とが記されており、かなり具体的な死者のプロフィールを示している。

嬰児・幼児の墓碑には親の名前が多く登場する。まず、母親の名前が目に止まる。例えば、〝太郎〟は〝小川ツナ之二男〟と記されている（B57、B54、B59にも参照）。また、死者の名前を示さず母親の名前だけのものである。明治二十七年に死亡したある子供は〝山田ヤスノ児〟とのみ知ることができる（E37）。同様に、F60に眠っている女児は、〝平原幼女〟であり、嬰児の場合には、F56のように〝南氏之死産子〟と記されるケースもある。要するに、これらの名前を持たない子供や嬰児は、幼く死亡したためか、母親のアイデンティティに完全に包括されている。母親に代って、父親の名前が用いられることもある。明治三十五年に死亡した釈了念の墓には〝多久島権七郎生児〟との記載がある（E126）。そして両親双方の名前が墓碑に記載される例はひとつも見られなく、どうやらこれは日本人の習慣ではないように思われる。だが、一九二八年に三歳で死亡した朝鮮人金元均の墓には、〝父東勲　母命順〟と両親の名前がきちんと刻まれており、日本人のものと異なる（C171）。

最後、出生順の有無であるが、早世にもかかわらず、一部の嬰児・幼児の墓に出生順が記されている。明治三十二年に二歳で死亡した〝愛子〟は、〝加藤鉦太郎次女〟と墓に記されている（D90）。明治二十八年に死亡した〝チャリー〟は〝松野サト　長男〟と銘文が示している（D110）。一年しかこの世にいなかった〝福田信一〟は、〝太一　長男〟となっている（D116）。また、〃千葉県人平野艶蔵長女春枝生後百日〃というものもあるように、親の我が子に対する追慕の思いは、百日という刹那を生きた乳児にも変わらない（D65）。

天理教信者および植民地の人たち

これまで使っていた男子、女子、嬰児・幼児といった図式は日本社会の均一性を誇張し、その内部に潜む多様性を見逃しがちである。ここで天理教信者と植民地の人々の墓を取り上げて、その特徴を指摘したい。まず、日本人の墓には通例戒名が記載されているのに対し、新宗教である天理教信者の墓にはいっさい戒名が見られない（C170、F139、F150）。これは死者の宗教アイデンティティが戒名の不使用に関係している例である。また日本帝国の植民地であった台湾と朝鮮の人々の墓にも戒名を用いないことが多い（台湾：C17、C176、F153、朝鮮：F34、F38、F66、F68、C171、C172）。朝鮮人・鄭源国の妻鄭春子はその唯一の例外である（C19）。彼女は〃釈妙節信女〃という法号を持っている。

年号の使用に関しても、いわゆる内地人（〃日本人〃）と〃外地人〃（植民地の人々）の間にははっきりした相違が認められる。戦前・戦中の日本人の墓はすべて日本の年号を使用しているのに対し、戦前の台湾人と朝鮮人の墓には太陽暦ないし太陰暦の使用が目立つ[10]。例えば、台湾人・郭栄樵は〃一九二七年〃に死亡したと（F153）、朝鮮人・金元均は〃一九二八年〃に死亡したと（C171）、朝鮮人・金燦伯は〃陰戊午〃に死亡したと（F38）それぞれの墓碑に記されている。とはいっても、日本の年号に従っている例外がないわけではない。台湾人・林水練の墓には、彼が〃明治十六年〃に出生したと記されている（C17）、前出の朝鮮人・鄭春子は〃昭和十二年〃が死亡した年となっている。ところが、太平洋戦争に突入するや、植民地の人たちの墓にも、すべて日本の年号が採用されている。この時期、台湾人の墓は見つからないが[11]、戦中あるいは戦争直後の朝鮮人の墓碑を見る限り、例外なく昭和という年号に準じている（F122、F142、F143）。戦後になると日本人の建てた墓や記念碑にも太陽暦が採用される例が見られる（A23、D2）。

埋葬の義理

これまで見てきたように、墓誌の中心を成しているのは死者本人に関する情報ではあるが、墓の建設者である人や組織及びそれらと死者との関係も銘文に示されることがある。この節では、埋葬者と被埋葬者との関係をまとめて分析することによって、シンガポール日本人社会の人間関係の特徴を明らかにする。特に、血縁と地縁による埋葬の義理（義務）に加えて社縁による埋葬の義理（義務）の重要性に注目したい。

遺族

配偶者、両親、子供や兄弟姉妹が死者のために造った墓の数は少ないながら存在する。三瀬豊三郎が明治三十三年に〝南逝〟した妻・三瀬はつに墓を建てたように、夫が妻を埋葬することがある（B24）。当然、妻が夫を埋葬する例もある。明治四十二年に死亡した長崎県人森田常吉を埋葬したのは〝仝人妻　たか〟であった（B10）。また、昭和五年に死亡した南洋日々社社長・古藤秀三は、〝妻　文子〟に墓を建ててもらっている（D4）。次は親子関係に拠る墓の建立である。例えば、母・酒井キヌは大正三年に十三歳で死亡した息子・捨次郎に墓を用意した（D63）。この場合、キヌは共済会とともに墓の建立者と記されていることから、彼女は貧しいからゆきさんだった可能性が高い。父親も子供のために墓を造っている。ゴム園経営者であった加藤鉦太郎は、明治三十二年に二歳で死亡した〝次女愛子〟に墓を建てた（D90）。子供も親に墓を用意する。例えば、大正五年に死亡した愛知県人・村上浅次郎の墓は、〝嗣子　高次郎〟が建てたものである（D47）。同様に、一九二七年に死亡した〝FORMOSA〟出身の郭栄樵の墓は、〝継男□南〟によって造られた（F154）。子供が家族墓を建立する例もある。一九六六年に長野一誠は、〝長野家先祖代々之墓〟を建て、両親と思われる平吉とマツノの遺骨をその中に納めている（A23）。最後に、兄弟が墓を建てる例だが、明治三十一年に死亡した熊本県人川口ナツは、〝同人姉　川口サダ〟に墓を造ってもらった（E79）。

会社

会社が死亡した社員・従業員のため墓を造る例はいくつかある。例えば、明治二十四年に早くもシンガポールに進出した三井物産は、肥前国人・田島の墓を造った（F72）。この墓の建立年月は不明だが、墓碑銘によると田島は〝三井物産会社船〟である有明丸の〝乗組火夫〟だった。[12] また当時、ゴム園の衛生環境は劣悪にして、労働条件も過酷であったため、従業員に死者が多数出ているので、ゴム会社は死亡した従業員に墓を建てることがある。例えば、千歳護謨園は明治四十四年に死亡した兵庫県人・笹谷常三郎に墓を造った（C125）。同じ護謨会社である古河合名会社は、大正十五年に自社の柔佛出張所とバタムで病死した十四人の従業員の遺骨をシンガポールに移転して、共同墓所を造っている（C14）。この移葬の理由は明言されていない。昭和三年に大阪の藤田組は、二十人を含む〝南興護謨栽培所従業員病死者之墓〟を建設した（D5）。この墓誌によると、柔佛王国コタティンギ州にあった新南興護謨栽培所が昭和三年に英人会社の手に渡ったため、過去十七年間に病死した日本人従業員の〝諸霊〟がジョホールからシンガポールに移転される運びとなったとある。

前出の石原産業は墓と記念碑をそれぞれ一基ずつ建てている。まず昭和十二年、〝株式会社石原産業公司〟は熊本県人・森内直幸に墓を造った（C18）。墓誌は明言していないが、死者は石原産業の雇員だったと考えても問題ないだろう。次に記念碑であるが、これは一九八〇年、同社長・石原健三が〝東南アジアの興隆を冀い、拓南に生きた人々〟のために樹立したものである（D2）。それから八年後、今度は代表取締役会長になった同氏は、〝先人達の雄図をしのび、仆れし諸霊をここに祀る〟という銘文を新たに同碑に付け加えている。銘文には〝拓南に生きた人々〟や〝仆れし諸霊〟のような表現が出ていることから、その追悼の対象を特に自社の者のみに限定していなく、南洋で死亡した日本人一般を供養していると考えられないことはない。また、南洋日々社は、大正四年稲垣正一、同年曾本重高、そして大正六年佐藤忠次郎の三人に墓を建立した（E318、E355、E354）。南洋漁業で一旗揚げた大昌公司の永福虎は、大正七年に松尾鼎に墓を建てた（D48）。直接に雇用関係がなくても、長野登米子のように、夫・長野實義が社長だった大和商会の名のもとに埋葬された事例もある（B3）。最後の事例は特別で、昭和十七年に軍属としてシンガポールで戦死した池田盛邦の埋葬者は戦友ではなく、〝野村東印度殖産株式会社昭南支店〟がその埋葬の責任を負っている[13]（D28）。

船員仲間・戦友

会社に代って死者の同僚や仕事仲間が墓の建設者になっている例がある。この習慣は、特に船員の間に普及しているようだ。例えば、鎌倉丸乗組員一同は、明治三十一年に三十八歳でシンガポールで死亡した酒井小三郎の墓を造った（E80）。その五年後、二十五歳でインド洋上で死亡した丹波丸の機関士・武田禎造は、〝丹波丸乗組員一同〟によって埋葬されている（B38）。また、相洋丸の舵夫・沖佐平の墓を造ったのは同船の乗組員一同であった（E277）。なお、熊本県人・富田松喜は、大正二年にシンガポールで病死した際、日本郵船会社の孟買丸の三等運転士であった。彼の墓は〝孟買丸船員〟のほか、〝有志者〟と〝本社〟の協力のもとで建てられている（D53）。

軍人にも船員と同様に死亡した戦友を埋葬する義理があったようである。例えば、昭和十七年に病死した陸軍主計中尉・今村肇は、〝隼九八七部隊経理室一同〟、大塚桃乃ならびにサン□商会の名のもとに埋葬された（B20）。墓誌は建設者と死者との関係を明言していないが、死者が生前、隼九八七部隊に属していたことは間違いないだろう。大塚桃乃は多分死者と生前親しくしていた友人（愛人？）であろうし、サン□商会は死者が軍に入る前に勤務していた会社であろうか。死亡した戦友を埋葬する義理は戦争が終わっても軍人の間で続いている。昭和二十一年に死亡した海軍上等兵曹・大島健男は〝小貫中隊一同〟によって埋葬されている（F5）。戦争直後、連合軍は日本軍捕虜をいくつかの〝作業隊〟に再編成し、シンガポール各地での労務に配置した。すると、昭和二十二年に死亡した陸軍衛生伍長・辻喜久三が、彼が属していたケッペル作業隊が墓を造ったように、作業隊が所属隊員の埋葬の責任を担うことになった（F8）。これに似たような事例は、他にも見られる。実は、戦友に対する埋葬の義理は、戦後何十年も続くのである。新しい例では昭和五十七年に、終戦の年に没した陸軍大佐・佐々木五三の墓はかつての部下・〝歩兵第十一連隊有志〟らが建てたものである（F7）。このほか、戦友の義理に基づいて建立された共同墓所や慰霊碑が何基かある。その一例は、〃近歩五残留作業隊将兵一同〃が昭和二十二年に〃近歩五戦死者〃三九六名を合祀する共同墓所を建設している（A14）。また、〃南方軍作業隊将兵一同〃が昭和二十二年に建てた〃陸海軍人軍属留魂之碑〃のように、全作業隊が連名してシンガポールや南洋各地で戦病死した軍人および軍属を合祀する記念碑も見られる（A17）。軍人であることは、死後のアイデンティティの核心的部分でもあれば、埋葬の責任を決める条件でもある。

同郷の者

死者と同一の出身地を有する者に建てられた墓は二基ある。その一基は明治四十年に三十二歳で死亡した和歌山県人・垣下亀太郎に属するもので（C28）、これを建てたのは〃在フローム　三輪崎連中〃となっている。もう一基は明治四十三年に死亡した同じ和歌山県人福島岩市のものである（C108）。この場合の建立者は〃在西婆洲フルーム太地蓮中《ママ》〃となっている。いずれの場合も、埋葬者は死者と同県出身であるだけでなく、三輪崎や太地といった同村・町出身者であった。さらに、被埋葬者と埋葬者とは地縁でつながっていた上、どうやら彼らは仕事仲間でもあったようだ。というのは、明治三十年前後からオーストラリアの真珠採集会社がシンガポールの代理人を通じて、和歌山県出身の真珠ダイバーを募集していたことがある［清水・平川　一九九八：一二二］。そして、当時この真珠採集が盛んにおこなわれていた町は北西オーストラリアにあるブルーム（Broome）という町であった。この歴史的背景に基づけば、墓誌に見られる〃三輪崎連中〃と〃太地連中〃とは各々同郷の真珠潜水夫のグループである可能性が非常に高い。つまり、被埋葬者と埋葬者の間柄は同郷人であり、かつ仕事仲間でもあったと推測できる。ちなみに、福島の墓の銘文に出てくる〃西婆洲〃は、おそらくボルネオのことを指すのではなく、〃西濠洲〃の間違いだろう。

教会

新宗教の信者が死亡した場合、教会がその遺体の埋葬に力を貸すことがある。この墓地にある五基の天理教信者の墓のうち四基が教会によって建てられたものである。長崎市出身の長谷ツルキの墓碑には、〃天理教　新架坡教会建之〃との銘文がある（F139）。同じ長崎県人・近藤萬六翁、近藤彌八と三重県人・松葉菊松の墓にも同じ内容の文字が刻まれている[14]（F146、F150）。シンガポールで天理教会を創立した板倉タカは、当然のことながら、天理教シンガポール教会に墓を建ててもらっている（C170）。残る唯一の例外は、山梨県人の原田胤義の墓で、彼は天理教信者であるのに、墓は教会ではなく友人と思われる三人によって建てられている（F58）。

友人、施主、有志、志主

友人と慈善家も死者の埋葬に力を貸していた。友人によって建てられた墓には、必ずしもその友人の名前が明記されているとは限らない。明治四十二年死亡した高橋千代の墓石の裏面には〃友人建之〃となっている（B4）。同様に、昭和十九年軍属としてシンガポールで戦病死した荒木寅雄は〃在昭南友人〃の手によって埋葬されている（F101）。いずれの場合も、一人の〃友人〃なのか、複数の人なのかははっきりしない。これに対し、墓を施した友人の名前がきちんと記される例もある。妙證信女と中村松枝の共同墓は、〃友人　ユキ〃と陸景植によって建てられている（D96）。後者の朝鮮人男性と思われる者は、なぜか自ら〃友人〃と名乗っていない。もう一例は、大正十一年に死亡した清水豊五郎の墓で、これは五十七名に及ぶ寄付者の名が連記されている（F154）。寄付者のなかの八名は〃発起人〃となり、残る四十九名は〃友人〃とはわざわざ名乗ってはいないが、そのなかに死者の生前の知人がいるであろうことは想像できる。ちなみに、この四十九名のなかには、個人がその大半を占めているものの、エビス軒、原口商店、芸者組一同といった、店や興業団体も含まれている。

友人に比べ施主はその意味の範囲が広く、遺族から死者と交友関係のなかった者までを含む。死者の親が墓の施主になる場合がある。大正三年に十三歳で死亡した酒井捨次郎の墓の施主は、共済会と酒井キヌとなっている（D63）。名前からこの女性は死者の母親であろう。大正十一年に一歳で死亡した笠カネオは、施主・笠直三郎によって埋葬された（C4）。笠直三郎はカネオの父親と考えても問題ないだろう。親のほか友人や仕事仲間と思われる者が施主になることもある。その典型は、大正二年に二十六歳で死亡した愛媛県人・岡本タマの墓で、その施主は吉田スエと共済会となっている（C149）。明確な証拠がないので断言できないが、名前から施主は死者と血縁関係はなく、死者の年齢と共済会が建墓者となっている点から推測すると、両者の関係はからゆきさん同士だったのではないかと思われる。このような一人の女性が共済会と連名で若い女性死者に墓を施すといった事例は他にも多数みられる。

施主のほか有志と志主という表現も墓誌に見られる。友人と違って、有志は死者と面識があるとは限らない。明治四十一年に死亡した磯谷外作と武内傳十といった二人は、日本海軍の練習艦隊乗組員で、艦隊がシンガポール訪問中に病死して、〝新嘉坡有志者〟によって埋葬された。この場合の〝有志者〟は、死者と面識がなかったであろう。祖国の軍人が異国で急死したので、現地の日本人が同胞としての責任を感じ埋葬の義務を果したということだったのであろう。これは同胞愛に基づく慈善行為と理解してもよいだろう。それから志主という言葉が墓碑に登場したのは一回しかない[15]。二木多賀次郎を始め六人の者が志主としてある男女の共同墓を建てている（B39）。それらの名前から志主のなかに死者と血縁関係があったと思われる者もいたようだが、同姓である点以外証拠がないため推測の域を超えない。

共済会およびその他の組織

共済会の名前は建墓者として多数の墓碑に見られ、この組織が大正初期まで在シンガポール日本人社会においていかに重要な役割を演じていたかを示唆している。当会は日本人墓地とほぼ同時に組織され、当初は〝慈善会〟という名称で知られていた［安川　一九九三：二二六‐二二七］。その運営は在シンガポール日本人から会員を募り毎月二十五銭を徴収して共済の基金となす。会員が死亡すれば、遺族へ弔慰を送り埋葬を見届け、また日本人の無料入院を認める陳篤生病院に毎年多少の寄付をする。共済会の名が刻まれている墓誌を分類すると、当会が二つの形で死者の埋葬に携わっていたことがわかる。ひとつは単独な出資者として孤立無援の者を埋葬するケースで、もうひとつは死者の縁故の協力者として連名で建墓に加担するケースである。単独な建墓者としての共済会は、多くの無縁仏とからゆきさんと思われる女性たちの埋葬に関わっている。墓地に点在する〝精霊菩提〟のみが正面に刻まれている墓石の裏面にはほとんど共済会の名がある（E331・342ほか）。共済会が独力で埋葬する者は正体不明の死者のみにとどまらず、明治四十二年に二十四歳で死亡した有田ネイや同年に二十三歳で死亡した玉村トシといった、ほぼ間違いなくからゆきさんであっだろう若い女性にも共済会は墓を独自で施している（C75、C81）。次に埋葬協力者としての共済会も、主にからゆきさんと推定できる女性の埋葬に関わっている。明治四十一年に二十四歳で死亡した長崎県人・馬越ふくの場合、施主は共済会のほか小山よ志の名が記されている（C48）。このような事例——共済会ともう一人の誰かが連名で若い女性のために墓を建てることは多数ある。だが大半はその個人施主と死者との関係を明言していないため、施主が墓を布施した動機については明確になしえない。当時の社会背景から推測すれば、女性施主のなかにはからゆきさん仲間がいたであろうし、男性施主はおそらく死者と親しくしていた男性がいることも十分想像できる。また、情夫として名を馳せた二木多賀次郎の名が共済会と並んでしばしば墓誌に登場しているのは、自分が売春させた女性が死亡した際、墓を施したこともあったと考えられる（E107）。

大正時代に入ってから、共済会の名は次第に墓碑から姿を消し、代っていくつかの組織の名が見られるようになった。これらの組織の性質は、共済会が埋葬を趣旨としていたものとは異なり、従って墓誌に現れる頻度も共済会の比ではなく非常に低い。まず、日本人会だが、この組織は戦前・戦中を含めて一個人のために建てた墓は一基だけで、一九一四年に楠木留吉の墓碑をブキティマロード外人墓地から日本人墓地に移葬した（D80）。紀伊国出身の楠木は日本海軍の筑波丸の一等水兵補で、明治十二年にシンガポールで死亡した時には、日本人墓地はまだ存在していなかった。この移葬を契機に、〝葵南会〟という楠木の同郷人グループは新しい墓のそばに、その経緯を説明する記念碑を樹立している（D81）。日本人会も葵南会も墓誌に登場したのはこの一回だけである。時代が下って戦時下には、〝南洋会〟という組織がシンガポール攻略中に戦死した会員六名と重傷を負い死亡した将士二十一名に墓を建立している（D1、A5）。さて、戦後になって一九七〇年、〝赤道会〟と名乗る組織が、一九四五年十月から一九四六年五月までジュロンにおいて抑留中に死亡した四十一名の日本人民間人を供養する目的で、〝ひのもと地蔵〟を同墓地の入り口に立てた（A9）。そして再び日本人会は一九八〇年、七十八名の無縁仏に共同墓所を建立している（D20）。

この七十八名はいずれも軍人だったようで、木碑が腐ったため身元の判明ができなくなり、無名の死霊として新たに一カ所に合祀されることになった［安川　一九九三：二二二］。戦後、日本人会の名が墓碑・記念碑に見られるのはこの一例のみである。

結論

ここまで見てきた墓誌の諸様相を概観すれば、以下の三点に気付く。

まず第一に、墓誌が示す死者のアイデンティティの骨子は、生前のそれと基本的に一致している。生者の身元を決めるのに必要不可欠な情報――姓名、性別、出身地、生年月日、父親の名前、出生順などは、ほとんどそのまま墓碑の記載項目と当てはまる。もっと具体的にいえば、墓誌の内容は戸籍に登録されている事項におおむね共通している。両者の内容に少々の違いがあっても――例えば、姓名の代りに戒名、生年月日の代りに死亡年月日――その情報は同質のものである。内容においても体裁においても墓誌は戸籍に類似しているため、前者も後者に因んで男性中心的、父権的な特徴を呈している。それゆえに、大人の死者であれば男女を問わず父方に血筋が求められる。嬰児・幼児に限って、母親の名前が記されることがある。その理由は明確になしえないが、おそらく私生児の場合であろう。当時のからゆきさんの人口から、多くの私生児が生まれたことは十分考えられる。[16] 父親がいないとなると母親に血筋を求めるほか選択がないわけである。父親に次いで、もっとも血筋の近い男性として墓碑に登場するのは夫と兄で、既婚女性は〝誰それの妻〟、未婚女性は〝誰それ（兄）の妹〟と書かれるのが一般的であったようだ。兄に代って姉が登場する例もないわけではないが非常に稀である。一方で既婚男性が〝誰それの夫〟と書かれることはまずない。要するに、日本人墓地に見られる死者のアイデンティティは――中でも戦前・戦中のものは――明治憲法によって明文化された父権的イエ制度に根差しつつ、墓誌を媒介としてイエのイデオロギーを再生産していたといえよう。

第二に、死後のアイデンティティの内容には血縁と地縁の比重が大きく〝社縁〟の比重が小さいのに対し、埋葬義務においては社縁が血縁と地縁と同等の重要性を持っている。墓誌が描く死者像は〝血〟によって繋がれていながら、〝地〟によって繋がっているイエの成員であるが、海外で埋葬を執り行うのは遺族ではなく、死者が生前属していた社会集団であるケースが多い。これらの集団は多種多様ではあるが、その中でも戦闘集団の重要性が目立つ。強力な組織を背景に常に死を直面している軍隊においては、戦死したメンバーを埋葬する義理が重んじられている。終戦の際に結成された作業隊もこの延長線に立って、仲間の隊員を埋葬する責任を負っていた。軍隊に次いで、埋葬に加担していたのは経済集団である。会社は社員・従業員のために、船員や潜水夫のグループは仲間のために墓を建立した。数は少ないが、天理教のような教団もメンバーを埋葬する義理を実践していたといえる。これらの既成集団の枠に属していなかった人が、お互いの埋葬を目的として結成したものが共済会である。この組織は単なる葬送の互助組織と理解してもよいが、その会員を日本人にのみ限定していることから、その根底には民族意識が流れていることがわかる。日本人会が日本人無縁墓を日本人墓地に移転したのも、赤道会が抑留中に病死した日本人のために共同墓所を建立したのも、この同胞意識に基づいた埋葬の義理の表現である。つまり、血縁・地縁に準じて埋葬の責任を決める〝社縁〟というものを細分するなら、戦闘集団、経済集団、宗教集団、そして民族集団への帰属に要約することができる。

最後に、墓誌の一部である戒名と年号は、日本社会ないしは日本帝国の内部に潜む宗教と民族の多様性をも暗示している。戒名の有無から死者の宗教や民族アイデンティティを窺うことができる。同じ日本人でも新宗教である天理教の信者は戒名を用いない。また、日本帝国の植民地であった台湾と朝鮮の人々はほどんど戒名を用いていない。戒名を付ける習慣は単に宗教民俗に由来しており、植民地と宗主国との対立を暗示しているとは限らない。しかし、年号は本来政治的な指標であり、その使用――特に不使用――は政治的な含意を持っている。戦前・戦中の日本人の墓が日本の年号を使用しているのに対し、同時期の台湾人・朝鮮人の墓はほどんど太陽暦か太陰暦を採用している事実は、これら植民地の人々の日本統治に対する抵抗と見ることができよう。このささやかな抵抗でもいざ太平洋戦争が始まると完全に消失してしまった。植民地の人たちの墓にはすべて昭和という年号が採用されている。すなわち、戦争体制下における国民総動員と思想統制の余波は、葬送の慣習に至るまで大きな影響力を持っていたといえる。
このように墓誌の内容とその体裁から、在シンガポール日本人社会だけではなく日本帝国内の社会・政治情勢の特徴と変遷がうかがえるわけである。本論では専ら墓を〝テキスト〟として見てきたが、墓を〝モニュメント〟としての視点からその設計と芸術性について考えることを将来の課題にしたい。

謝辞　この論文の作成にあたって、三木まり氏・大北葉子博士、山室信一教授および中牧弘允教授から多くの助言をいただき、改めて感謝を申し上げます。

註

（1）主婦と生活社が編集した『葬儀と供養の百科』（一九八三）によると、家に死人がでると遺族は十二種のこと（お知らせ、打ち合わせ、手続きなど）を済ませなければならない。その説明に三十三頁が当てられている。なお、この十二種の中には告別式と埋葬の手配は含まれていない。それについて別に一一七頁の説明がついている。
（2）墓地の様子から社会の変容を窺う試みの一例として、鈴木（一九九七）参照。
（3）シンガポールに近いジョホーバルとクアラルンプールにも現地の日本人会が管理している日本人墓地がある（安川一九九三、市川ほか　一九九一参照）。
（4）五人だけはその生前の功績が墓碑や記念碑に詳しく記されている（B50、B1、D9、A6、C170）。
（5）日本人移民に関しては中牧（一九八六）、在日韓国人に関しては李（一九九九）、江戸時代の長崎中国人に関してはTsu（一九九六）をそれぞれ参照。
（6）南洋日々社（一九三七）、原（一九八六）、清水・平川（一九九八）、矢野（一九七五）。
（7）これは昭南軍政時代（一九四二〜一九四五）の遺物の保存状態についてもいえる。日本人がシンガポールに君臨した時に樹立した巨大記念物・昭南神社と忠霊塔は軍政の終焉に先立って日本軍によって解体された。その後、経済発展は急速な建設をもたらし、国じゅうの風景を大きく変化させ、各地にあった軍政期の建造物が一掃された。おそらくその唯一の例外は日本人墓地であろう。そこに戦中に建てられた記念碑や墓は少数ながら残っている（A5、D1ほか）。

（8）原（一九八六）の日本人農業者のマレー半島入植に対する研究は、南進論者ではなく実際に原生林を開けた個人入植者に焦点を当てた優れた成果である。彼の指摘によれば、南進論者の宣伝と個人入植者の経験との間に大きな開きがあって、前者がいつも楽天的であるのに対し、後者はほとんど例外なく苦闘のすえに失敗に終わってしまったという。

（9）明治三十八年に死亡した松崎虎八は唯一の例外で、〝徳太郎　父〟と記入されている（E190）。

（10）何人かの日本人の墓誌は英語で書かれている。その場合、日付は太陽暦によることが多い（B35、D45、D87ほか）。だが、英語の銘文でも、日本の年号を用いる（B38）、あるいは両方を兼用する例もある（C12）。

（11）日本式の名前に変えたため、名前から台湾人や朝鮮人と認定できない墓もあることも考えられる。

（12）この区域の墓は全部明治三十年代前後のものであることから考えれば、田島の墓もこの時期のものであるだろう。

（13）本人が死亡したのは昭和十七年十二月であるが、その墓は二年遅れて昭和二十年三月に建てられた。

（14）近藤萬六翁と近藤彌八はひとつの墓に埋葬されている。

（15）この言葉は〝国語大辞典〟にはない。

（16）また、幼児（特に嬰児）が父親よりも母親に親密であるという一般的な印象からも、母親の名前が墓碑に載ることが許されるとの解釈も考えられる。

参考文献

原不二夫『英領マラヤの日本人』アジア経済研究所、一九八六年。

市川義範『クアラルンプール日本人墓地』クアラルンプール日本人会、一九九一年。

今井古静「ひのもと地蔵建立記」『南十字星復刻十周年記念』、シンガポール日本人会、一九七八年、一九二～一九三頁。

李仁子「移住する生、帰郷する死――ある在日済州島出身者の帰郷葬送の事例」新谷尚紀編『死後の環境――他界への準備と墓』昭和堂、一九九九年、一五〇～一七〇頁。

中牧弘允『新世界の日本宗教』平凡社、一九八六年。

中牧弘允『宗教に何か起きているか』平凡社、一九九〇年。

南洋及日本人社『シンガポール』南洋及日本人社、一九二九年。

南洋及日本人社『南洋の五十年――シンガポールを中心に同胞活躍』南洋及日本人社、一九三七年。

清水肇『アジア海人の思想と行動』ＮＴＴ出版、一九九七年。

清水洋・平川均『からゆきさんと経済進出』コスモス、一九九八年。

主婦と生活社『葬儀と供養マンナ』主婦と生活社、一九八三年。

鈴木岩弓「墓が語る現代――仙台市営葛岡墓園の場合」『東北文化研究室紀要』38：41-79, 一九九七年。

Tsu, Timothy Y., All Souls Aboard! The Ritual Launch of Model Junks by the Chinese of Nagasaki in Tokugawa Japan, *Journal of Ritual Studies* 10：37-62, 1996.

佃光治『南洋より』光文館、一九一六年。

矢野暢『南進の系譜』中央公論社、一九七五年。

安川一夫『シンガポール日本人墓地――写真と記録（改定版）』シンガポール日本人会、一九九三年。

第七章　ジェンダーでみる日本型雇用慣行――大卒の場合

レグランド塚口淑子

はじめに

日本は奥村宏などが指摘するように「法人資本」社会、「会社本位主義」または「会社絶対主義」社会などであると言われている。これは社会全体が企業中心で会社組織の規範により動いていることを示すもので、その例の一つに「就職」があげられる。

通常、一つの職業を得る事を「就職」と呼ぶが、日本の場合は「就社」である。前者の場合、一般に一つの職業を得る事を意味するに対し、後者はある特定企業の選択であり、この場合、その企業の持つイメージ・威信などが就社判断の決め手で、そこでの当面の職種は二義的と考えられる。というのも就社先が大規模・安定経営の理想的企業であればある程、終身雇用が前提とされ、定年までいくつかの職種の企業内ローテーションによる経験が想定されるからである。

就職に関する第二の日本的特徴であるが、正規採用の場合、卒業直後の就社で、他企業での就業経験ゼロが理想とされる。(1) つまり職歴はない方がよいのである。通常、四月一日に全国一斉入社式が行われ、何百人の同期入社社員たちは、用意どんで同時に就社人生を始める。

第三の特徴は、学校名の持つ価値である。大学などの教育機関は企業同様、「価値」順にランキングされ、一流大学卒業者は一流企業に、三流大学からは三流会社に就社していく。奥村も指摘しているが、特定大学優先の指定校制度は公式に廃止されているにもかかわらず、実情としては依然機能しているようだ。

第四の特徴は、新規採用に関しての人事部の持つ大きな権限である。人事部による集中一括採用後の教育・訓練、その後の配置転換に関しても同様で、人事部の主導・責任により実施される。

五番目の特徴は、採用時における、学問的背景より人柄・性癖の重視であり、また、六番目の特徴として日本型雇用慣行の持つ構造的ジェンダー・バイヤスを指摘したい。つまり社縁文化はジェンダー化されているのだ。大沢真理（一九九三）も論ずるように、企業社会についてのジェンダーの視点による議論が現在まで十分になされていない故、本稿では特にこの視点を中心として議論を展開させている。

なおジェンダーの定義であるが、「セックス」が「生物学的性別」を指すのに対し、「ジェンダー」は「社会的文化的性別」を指す用語とする。つまり性差を男女の身体的な特徴から見るのではなく、社会的、文化的、歴史的に作られたものとするものである。それから一歩踏み込むと、性差そのものは、男もしくは女という「ふたつのジェンダー」ではなく、「ひとつのジェンダー」、つまり人間の集団を男／女に分割するその分割線、差異化そのものを指している。[2]

なお本稿に使用のデータは、筆者が一九九七年におこなった、企業における男女平等に関する人事政策の聞き取り調査結果をベースとしている。同調査は、「男女雇用機会均等法」施行十年後の企業における法の影響と実態を主目的とするものである。[3]

以下、雇用制度についての調査結果をまず大卒者の雇用慣行、次に雇用後の職務配置・配分を各々三つのタイプにまとめてみた。

日本型雇用慣行の一般的特徴

1　説明会方式（The Open Recruitment Procedure）

会社組織の新社員募集方法の一つに説明会方式（オープン方式）があげられる。これは次に述べるリクルーター（クローズド）方式に比べ、普及度が漸次増加しているようだ。この方式は社員募集を特定校に限らず、各種情報網を通じ、幅広く公募するシステムである。それにより、ある特定の企業に関心を持った学生は、その企業に「資料請求」をおこなう。企業はそれを受け、資料を送付すると同時に、その学生を「説明会」に招待する。追って説明会会場では、来場の入社希望学生を対象に簡単な常識テストやインタビューがおこなわれる。

以下はNソフト・ドリンク社を例とする説明会方式によるリクルート方法である。同社は清涼飲料水製造企業で、一九九七年度の調査時点で二千五百人の従業員を擁していた。

この企業では一九九八年度四月の採用枠は四十名と決定され、公募により三万五千名の学生が資料請求をしてきた。この数字は同社人事部長によると、学生一人当たりの資料請求量が平均二百から三百社であるゆえ、きわめて常識的な数字である。(4) しかし、同社で実際に資料を発送するのは、そのうちの六千人に過ぎない。その際、学校名が選択基準となる。出来るだけ幅広く、との努力はするが、世間でいうブランド大学にどうしても片寄りがちになるそうだ。

次のステップは説明会に出席の千二百名のうちから、常識ならびにIQテスト、インタビューなどを経て二百三十名が選択される。さらに第二インタビューがおこなわれた段階では、採用候補者数は百名に絞られ、そのうちの四十名が採用となった。最終決定時のキーポイントは、人事部によると「人柄」ないし「人格」であり、当事者が「明るい人」であるかどうかが決め手となる。企業の性格が「客商売」であるので、大学院卒であっても「暗い人」ははねられる。

なお「ブランド校」志向は社内でも反省があり、他校の学生にもチャンスを与えるため、同社では「PRカード」制度を導入している。カードには、写真付きで就職希望者が自己紹介文を書くのであるが、その際、所属学校名は無記入とする。それがきっかけで面接に呼ばれ、採用される学生もあるようだ。通常、採用は試験の結果や履歴書等の総合判断になるが、不思議な事に、この「PRカード」が契機となった入社者は少数で、ちなみに一九九八年度採用予定分では二名程度であった。反面、いわゆるブランド校からの応募者には、例年、企業が求める人材が多く見い出されている。これはNソフト・ドリンク社に限らず、他のインタビュー先でも同意見が多数あったが、大学のランキングと学生の質とは正比例しているという話である。厳しい受験戦争を経てきている学生は、十分に信用がおけるという話だが、「明るい人」に代表される、好感を持てる有名校学生は他社でも人気があるようで、学生によっては数社から内定の通知があるのも珍しくないそうだ。ブランド校出身者にはある種の後光がさしているようで興味深い。ブランド校そのものが、学生に人生の波を乗り越えるに十分な自負心やアイデンティティをもたらすのであろうか。それとも逆にすでに自信・実力のある若者がブランド校に入学して来るのであろうか。いずれにしてもブランド校と一流企業の連係は強いようだ。

2　リクルーター方式（The Closed Recruitment Procedure）

オープン・システムと対象をなすのが、次にあげるリクルーター方式である。これは既に就職している卒業生が、母校の水泳部などの後輩を、マン・ツー・マン方式でリクルートする方法で、これを漁業に例えると釣漁業、ある特定の魚種を対象の「一本釣り」漁法に例えられる。ちなみに、前例の説明会方式は一定海域を捕獲区域とし、捕獲対象を網目の荒さで調節する網漁業、「トロール船」方式といえる。

先輩―後輩ラインでおこなわれるこの方式は、所属大学の就職部などの情報により、希望企業に就職の先輩を直接訪ねるという方法もとられる。いずれにしても別名、裏活動とも呼ばれているように、この方式では面談はすべて非公式に喫茶店などでおこなわれる。先輩上司などを含む数度にわたる面談の結果、初めて正式な求職者として認められる仕組である。大手企業にこの方式を採用しているところが多く、例えば二十万人の従業員を擁する元公社、Bテレコム社の場合は、この方法で約九五パーセントの大卒人事が決まる。同社人事部によると、この方式の利点は求職者にとっては企業についての十分な情報が個人的に得られ、また、企業側にとっても求職学生を個別に観察・吟味する機会が十分与えられる事である。また、こうして確立された先輩・後輩の関係は後輩の入社後、自然にマン・ツー・マンのメントル関係に移行し、後輩の企業定着をスムーズにする。

特定校を優先する習慣はここでも見られ、Bテレコム社の場合も、東大を頂点とする「トップ・テン」大学からのリクルートが目立つ。しかし、この学閥志向のマン・ツー・マン方式のみによる採用についての反省の声があがっているのも事実で、同社においても価値観などを同じとする「似たもの同士」症候群が意識されている。意思の流通などはスムーズにおこなわれるとしても、創造力については劣るのではないかという反省があるようだ。また、似たもの同士であるゆえに不正に鈍感であったり、一緒に「赤信号」をどんどん渡ってしまう危険性も指摘される。現にD都市銀行においては、一九九七年度より従来のリクルート方式から一転し、全面的にオープンの説明会方式に切り替えている。調査時点、スキャンダルの真っ只中にあった同行の「体質改善」人事政策の一環と見られよう。

また、ジェンダーの視点から見る場合、「似たもの同士」は即同性志向となり、男性先輩は同性を選ぶのが常識のようだ[5]。これではいくら「優秀校」の学生であっても、女性であると自然に対象外に置かれてしまう事となる。

3　推薦方式（The Recommendation Procedure）

第三の方式は理工科系に多く見られるリクルート方式で、前出の第一、第二の方式とは大幅に性格を異にしているが、学生総数からみると、ごく少数がこの対象となる。H薬品社の例を見ると、通常、事務・販売などに携わる一般スタッフはオープンでインターネットや大学経由などによる「説明会方式」が採られているが、研究部門の要員は、企業の特殊研究分野のコンサルティング等により、普段から接触のある大学教授の推薦による採用法がとられる。

同社人事部によると、この方式の利点は既知の教授の推薦なので「間違った」人材は来ないことであるが、反面、同思考・同発想の人間が集まるのと、学閥形成の可能性も否めないとのことである。研究所の上部は研究成果と、教授とのスムーズな関係を重視する為、推薦方式を好むが、人事部としては脱同思考・同発想の方向へも向かいたく、両者の間で絶えず議論があるという。

この方式は漁業に例えると、魚屋の店頭やスシ屋に見られる「水槽」漁法である。水槽からの漁業とは少しおかしいかもしれないが、意味するところはいったん水槽にさえ入ってしまえば、一匹いっぴきすくい上げられ、全部売れるということだ。この場合、女性も専門技術員として男性と同等な扱いを受けるので、ジェンダーの視点からみた場合、前記三つのリクルート方式の中で、最もジェンダー・ニュートラルであるといえる。

雇用体系

前節においては大卒正社員採用に関する慣行を論じたが、この節においては新入社員の雇用身分ならびに職務の配置・配分を検討したい。

通常、大卒社員の職場を大きく「総合職」と「一般職」の二本立てで見る事が多いが、本稿ではそれをジェンダーを切り口として分類してみた。私見によると日本式雇用制度は性差を要《かなめ》として成立しているので、ジェンダーを切り口にすると「総合職」「一般職」分類の根源が見えるからだ。以下、先に紹介済みの聞き取り調査結果を、三つのタイプにまとめて見た。

一般に「総合職」で題名される職種は、転勤や職務のローテーションなどを伴う長期雇用を前提とするジェネラリスト養成の上級管理職コースで、従来男性社員に適用されていた。それに対し、女性が多く就く「一般職」はノン・キャリア普通職の代名詞のようなもので、職場や職種間の移動は少ないが、管理職に抜擢されることもない。この二つの職の共通点は両職とも男性、女性のどちらか一方の性だけを想定して設定されていることである。これを「オーソドックス・モノセクシュアル」トラックと名付けた。(6) このトラックはさらに男女別にキャリアとノン・キャリア・コースに分けられる。

二つ目のタイプは「ジェンダー・スペシャリスト」トラックと名付けているが、前出タイプとの違いは、同学歴の社員を性別で職種を振り分けるのではなく、女性あるいは男性が持つとされる特性に基づき、特定の職種を特定の性のみを対象としていることである。例えば人のケアー、保育や介護職は女性に適職とされていることがあげられる。第三のタイプは「ユニセクシュアル・スペシャリスト」トラックと名付けた。このタイプだけが唯一、性別を前提と

表1　Bテレコム社における職務別従業員数

カテゴリー	総合職	技術系専門職	一般事務その他*	合計
男性（%）	1,476（16.4）	2,068（23.0）	5,448（60.6）	8,992（100.0）
女性（%）	62　（5.1）	22　（1.8）	1,122（93.0）	1,206（100.0）
合計	1,538（15.1）	2,090（20.5）	6,570（64.4）	10,198（100.0）
女性比	4%	1%	17.1%	11.8%

＊このカテゴリーの男性は大部分が高卒で電線などの架設・保全などの現場作業に従事
出典：企業提供資料より作成

しない職種であり、女性も原則として男性と同じ資格で同じ職務に就くことができる。以下、三タイプを個別に検討する。

1　「オーソドックス・モノセクシュアル」トラック（Orthodox Monosexual Track）

●キャリア・コースとノン・キャリア・コース

いわゆる総合職は長期雇用を前提とし、企業内において種々の職場や職種を経験しながら、順次管理職としての知識・経験を重ね、昇給・昇進していく職種である。これには出産・育児などにより、職場よりの「長期欠場」の心配のない男性が、元来自明の適役者とされて来た。「オーソドックス・モノセクシュアル」トラックのキャリア・コースである。

しかし、男女雇用機会均等法の施行により一九八六年以降、女性にも門戸が開かれるようになり、彼女達はメール・ウーマンやハンサム・ウーマンなどと呼ばれながらも、転勤も良しとする男性分野へと進出していった。以来、十数年を経過しているが、総合職への女性の進出度ははかばしくないようだ。かえって女性にとっての総合職の実態が分かってきた均等法施行五年目あたりからは、総合職への希望者がグンと減ったという[7]。しかも、総合職として就職しても、次々に辞めていくのも特徴である。アリス・ラムは職業と家族生活を両立させるのが困難だからと指摘しているが、今回の聞き取りの調査でも、総合職女性の少なさが印象に残った。表1にあるBテレコム社を例にとると、同社は均等法施行に即呼応、同年に総合職女性を採用している。しかし、その時の女性十名のうち、調査時点の一九九七年に在職中の者はわずか二名であった。つまり八〇パーセントに当たる女性達は就職後十年以内に退職しているので

表2　H薬品社における職務別従業員数

カテゴリー*	A職群	B職群	C職群	合計
男性（%）	71（3.6）	834（42.1）	1,074（54.3）	1,979（100.0）
女性（%）	982（87.7）	40（3.6）	98（8.8）	1,120（100.0）
合計（%）	1,053（34.0）	874（28.2）	1,172（37.8）	3,099（100.0）
女性比	93.3%	4.6%	8.4%	36.1%

A職群＝特定の技能・技術と一定分野での経験に基づき、標準化されている実務レベルでの改善・改革を図り職務を正確かつスピーディーに遂行

B職群＝Aの職務規程のより高度な遂行および実務的な側面で問題抽出、分析、解決等を担い将来の発展に向けた課題を解決する

C職群＝高度な専門知識と幅広い経験と技術に基づき自ら新しいスキルの確立をおこないながら将来の発展に向け会社業績に貢献

出典：企業提供資料より作成

ある。[8] 人事部の談によると、同時期採用総合職男性のほとんどが残っているという。同社はそれでも、毎年女性を総合職に採り続けていて、一九九七年の時点で六十二名にまでなっている。しかし同職にある男性数はトータルで一千四百七十六名、男女比は九六対四であり、仮に現在のペースで女性比率が増加すると仮定すると、総合職における男女比率が等分になるには単純計算でさらに百二十五年を要する。

「オーソドックス・モノセクシュアル」トラックのノン・キャリア・コース、一般普通職は女性用で、よく知られているようにこの事務職の若い女性達はOLとも呼ばれる。標準化された職務を主とし、総合職や管理職の補助役などで、転勤などが前提とされていないのも、このコースの特徴であろう。女性達の組織「東京OL学会」によると、これら女性達は結婚退職を目標としていて、キャリアを積む野心もなく、同年代の男性達が昇進していくのもクールに受け止められるのだそうだ。

一般普通職に女性が圧倒的に多いのは、前出のBテレコム社の例でも見られる。総合職で働く女性は、表1でみるように四パーセントであるし、技術系ではさらに少なくわずか一パーセントに過ぎず、また、女性間の比率では総数千二百名強中、圧倒的多数の九三パーセントが一般職に従事しており、わずか八十数名、約七パーセントのみが総合職ならびに専門職に従事しているのがわかる。

続いて表2はH薬品社の例である。同社の職務は概ね三つのカテゴ

表3　1997年度4大卒採用状況

	男性（%）	女性（%）	合計（%）
Bテレコム	432（90.0）	48（10.0）	480（100.0）
Cバーガー	224（80.3）	55（19.7）	279（100.0）
D銀行	270（90.0）	30（10.0）	300（100.0）
E食品	12（28.0）	31（72.1）	43（100.0）
H薬品	66（66.0）	34（34.0）	100（100.0）
M化粧品	40（66.7）	20（33.3）	60（100.0）
Nソフト・ドリンク	35（64.8）	19（35.2）*	54（100.0）
Pガス	66（85.7）	11（14.3）	77（100.0）

*短大卒含む
出典：企業提供資料より作成

リーに分けられている。カテゴリーAは表にあるように、標準化された職務の速やかな遂行で、高度な技術や創造性は期待されていない。カテゴリーBはAより高度な職務の遂行力と、実務的な側面での問題の発見と解決力が期待されている。カテゴリーCは高度な専門知識と、幅広い経験と技術や創造性が要求される職群で、典型職種は調査研究、企画、開発などである。ここでの身分・給与的にカテゴリーAは普通級、Cは上級でBは中間クラスといえよう。

ここでも男女の就業形態については、同じ傾向がみられる。最上級のC職群所属の女性社員は女性全体の九パーセント弱で、大多数の女性社員、八八パーセント近くがA職群、いわゆる一般職カテゴリーに所属しているのがわかる。それに対し男性社員は総数の半数以上がC職群に属し、中間級であるB職群にも四二パーセントで、大多数の女性社員が属するA職群にはわずか四パーセント弱となっている。

●「自由意志」と構造的振り分け

女性が一般職に多く就く理由の一つに最近流行の「自由意志」により、が言われている。周知のように現在は「自由意志」尊重の時代で、多くの未婚女性が一般職に、既婚女性がパート職に就くのもこの自由意志によるのものとされる場合が多い。その場合、女性の意志決定に提供されている選択可能範囲や環境を論外に置く一方的な説は、いわばきれいな側面しか見ない「美し鏡」的で議論の余地があるが、本稿ではとりあえず、女性は一般職を自由意志で選ぶとしよう。

表4　Nソフト・ドリンク社における
年齢・学歴別初任給額1995年度

年齢	月額（円）	最終学歴
18	122,450	高等学校卒業
20	130,530	短大卒業
22	138,610	四大卒業
24	147,860	大学院修了

出典：企業提供資料より作成

しかし次にあげる例は、キャリアとノン・キャリア職への振り分けがジェンダーにより構造的になされるケースである。

表3は男女別大卒採用率状況であるが、表を見る限り、Bテレコム社、D銀行などの女性採用率がそれぞれ一〇パーセントであるのに対し、E食品は七二パーセントと群を抜いて高い。数字を見る限り、同社は大卒女性を大量に採用する進歩的な企業と映るかもしれない。しかし、同社では社員の職務ならびに給料とリンクの等級設定を学歴と性別でおこなっていて、四大卒新入女性社員も例外でなく、自動的に給与・身分において男性より劣等な位置におかれる仕組となっている。具体的には大卒女性社員は乙二等級と定められているが、同学歴の男性は甲三等級で初任給も後者の方が一千円程高い。おまけに甲三等級からは九等級まで昇進の可能性があるが、女性社員の乙二等級から甲三等級への昇進は不可能なのである。

2　ジェンダード・スペシャリスト・トラック（Gendered Specialist Track）

このトラックは性差を自明とするもので、男女は性別に各々適職があるとの前提にたっている。典型的な「女性職」には看護婦や保母、幼稚園教員、それに保健婦などがあり、また、「男性職」には守衛や警備関係があげられるが、本稿では二つ目のタイプとしては多少入り組んだ形で隠蔽されている形態を指摘したい。

表3にあるNソフト・ドリンク社の場合であるが、九七年度新規採用の女性は四大と短大卒合わせ十九名で、男性三十五名はすべて四大卒である。同社においては大卒者を「総合職」「一般職」に区別はおろか、人種などによる差別はせずという方針で、男女別なく学歴に相当の初任給が支払われている。それを裏付ける表4には、年齢・学歴と初任給水準は整然と正比例しているのがわかる。

大卒新入社員は男女の別なく、一律にまず営業部門に配属され、商品配達・顧客訪問などによる現場教育・訓練を受けるが、ある一定の経験を積むと女性は同じ販売部内の屋内職務である電話による受注係に回され、男性社員はそのまま現場に残り、顧客との親密度を高めたり、新市場開発にチャレンジできる仕組になっている。つまり、女性は変化に乏しい定型業務へ配属されていくのに反し、男性は趣意・思考をより生かせるヴァラエティーに富む職務が与えられるのである。仕事のやりがい、ならびに昇進・昇格の可能性の違いは容易に想像できよう。一見、同学歴の男女が同資格で同部門に配属の公平人事のように見えるが、性別により職務が異なるのは外部から見えにくい。短大卒女性と同じ職務に従じる四大卒女性は給料こそ高けれど、身分的には前者と同等な扱いである。同社ではこの男女別人事は「差別」によるものではなく、単なる「区別」に過ぎないと解釈している。なお、この「区別」と「差別」についての解釈は何もNソフト・ドリンク社特有ではなく、調査先ではだいたい同じように解釈されていたことを付け加えておきたい。

3　ユニセクシュアル・スペシャリスト・トラック（Unisexual Specialist Track）

このトラックの特徴は前記二つのそれと異なり、職務の振り分けをジェンダーでなく、男女一律に彼らの持つ専門知識や特殊技能、あるいは資格などにより、なされる事である。この場合の専門知識は、大学などで習得される高度な専門知識をさし、概して上級専門職とはいえ、ジェンダード・スペシャリスト・トラックの中級専門職と識別される。本稿では前節であげた雇用方式の第三番目にあたる推薦方式による入社スタッフがこれに該当し、H薬品社のケースでは同社研究所の研究スタッフである。この職にあるスタッフは、同社内の他部門と比べても、男女共、一律に有給休暇の消化度が高い。きちんと従業員の特典を利用出来る職場環境では、女性スタッフの育児休暇利用度も高くなっている。このトラックの特徴である専門知識ベースによる採用は、性別の意義を希薄なものにしており、他の人との代替度の高い補助・補佐職に比べ女性スタッフの「産む」という生理も守られやすいと言うことができよう。職場における男女平等ならびに、有家族女性が一職場での継続した就労が可能となる理想はこのトラックに見られる。ただ問題は資格保有者が就労者全体から見ると、ごく少数であるということだ。ちなみにH薬品社では上級職群Cにある女性は女性総数の九パーセントに満たず、また、従業員全体では、その三パーセントに過ぎない。

おわりに

本稿ではいわゆる日本型雇用慣行の特徴を、大卒者の採用ならびにその後の職務配置・配分を通して考察した。結論として見られるのは日本型雇用慣行は性別隔離（gender segregation）の上に成り立っており、採用時より男女別にそれぞれ別個に用意されたコース・職務に振り分けられていることである。概して女性は、ノン・キャリア職の代表としての一般普通職に就く傾向で、女性が「男性並み」のキャリア職に就くことは少ない。

そもそも大企業の基幹労働力の採用方式自体が、企業の終身成員として年に一度の新卒者一括採用が中心であり、出産や育児などによる労働市場よりの退出・再参入を余儀なくされている女性にとっては、採用以前のジェンダー・バイヤスとなり、多くの大卒女性をキャリア・コースより「自主的」に一般職選択に駆り立てる大きな要因であろう。(9) これは一般的傾向として、総合職に就く女性が一貫して少ない理由の一つに考えられる。また、第二の要因として、女子学生が採用にまで行き着く段階で、徐々に濾過されていくフィルター・メカニズムも考えられる。リクルーター方式ではすでに検討したように、マン・ツー・マン方式により女性が排除されるメカニズムが見られるし、また、企業での聞き取り時にはいっさい出なかったが、説明会方式においても資料送付・説明会案内の段階で学校名と共に、女性名も意識して排除される場合があろう。「なーんだ、これは女性名だったのですか」と面接時、係員に言われる中性的な名前を持つ女性の話をよく耳にする。

また、筆者の収集データにある別のメカニズムで、ある銀行でのケースであるが、女性が男性並みの総合職、営業部に応募の場合、面接時に顧客訪問の外回りの仕事は厳しいことを本人によく伝えるという話があった。持つ鞄の重いこと、日に焼けて肌が黒くなることなども話し、最後に「女の幸せ」を逃がしてもよいのかと念を押すのだそうだ。するとー般職へ希望変えする女性が少なくないという。これらは求職者・使用者ともに、社会一般に浸透している男女が別個に持つとされている特質・特性と性役割への信仰の厚さによるものであろうし、それゆえ「男らしさ」「女らしさ」の持つ社会的価値は内面化された規範となり、人々はそれぞれ「らしさ」に合った職種に収斂されていく傾向も軽視できないだろう。「重い鞄を抱え、真っ黒に日焼けたいかず後家」などの非理想的女性像の裏返しは「たおやかで色白、妻にして守ってあげたい専業主婦」となるのであろうか。[10]

その他、総合職は元来男性の職域であり、自他共に女性は新参者としての理解で、新役柄に適応・定着は容易でないことについては多数の報告がある。[11]総合職の女性たちは自分たちを白人社会に混じる少数の黒人などと見ているし、[12]また、「男性クラブ」の客員メンバーにもたとえられると思う。つまり正会員ではないが、一時、客員としての身分で参加している。しかし、遅かれ早かれ、いずれは去っていく一時的存在である。それは総合職女性だけではなく、一般普通職についても言えることで、どの統計を見ても女性の勤続年数は男性のより、はるかに短い。事実、今回の企業訪問時でも、三十歳以上に見える女性が客室にお茶を持ってくると、彼女が（いまだ）退職せず、働き続ける「言い訳」をマネージャーがする場面に何度か出くわした。女性が働き続けるには「正当な」理由がいるのだ。

それにしても、男女は性別で各々特定職に自動的・構造的に振り分けされる程、異なった適性を持つものであろうか。男女の身体的な「相違」が、即社会的・構造的な「差別」につながるのは、オートナーなどが言うごとく人為的な産物なのである。オートナーは女性がおしなべて男性より劣性とされるのは、男女の生理的差異が直接の原因ではなく、それについて特定社会の持つ価値観（value system）により、その社会特有の意義が創造される故とする。[13]

本稿で検討した企業における雇用慣行は現在日本における男女に関する価値観を具象化させた一例である。いずれにしても、通念の男女間の差異に関する価値観を、自明として無批判に受け入れてしまうのは、なにやら親の代からの宗教をそのまま信仰するのに似てはいないだろうか。そして、それの上にたつ雇用慣行はいま見直しの時期に来ているのではなかろうか。もし、男女雇用機会均等法を本気で機能させたい場合はである。

注

（1）日本型雇用慣用の特徴分類の一から四までは奥村（一九九二）による。

（2）詳しくは上野千鶴子・江原由美子（一九九六）を参照。

（3）対象企業二十社は、次の内のいずれかの部門を代表するいわゆる一流企業である。（一）大規模で伝統的な体質を持つ、（二）ハイテク産業、（三）女性従業員多数採用企業、（四）女性対象商品製造、（五）多国籍企業。詳しくは Toshiko Tsukaguchi-le Grand 参照。

（4）中沢孝夫（一九九四、五四頁〜五五頁）によると著名旅行業者ＪＴＢの場合、例年九万人が資料請求し、説明会には男女合わせて一万五千人を超える学生が参加するという。

（5）これは別に日本特有の現象ではなく、筆者の住むスウェーデンにおいても見られる傾向で、Jämställdhetsombudsmannen（平等オンブスマン事務所）がおこなったボルボやエリクソンなどの大企業の聞き取り調査でも男性上司は自分の若い頃を彷彿させる若者を優遇しがちと告白している。

（6）この論文の初稿は英語で書かれている関係上、タイポロジーも英文のものをそのまま使用した。

（7）ワーキング・ウーマン研究所総合職研究会（一九九三）。

（8）これはＢテレコム社に限った現象ではない。ワーキング・ウーマン研究所総合職研究会（一九九三）のおこなった調査では、四八パーセントの総合職女性が十二カ月以内に辞めている。

（9）女性の職業と出産、育児をどうリンクさせるかは社会のあり方により大きく異なる。例えば、ＩＬＯの統計をみると、女性の出産・育児と労働市場よりの退出・再参入のリンクを表す、いわゆるＭ型労働力率は日本と韓国において顕著であるが、アメリカ、スウェーデン、タイなどではそれが希薄である（総理府一九九四）。

（10）このイメージは現実にそぐわない。統計では既婚女性の六六パーセント以上が就労している。

（11）例えば秋葉ふきこ（一九九三）、日本生産性本部（一九九三）、東京ＯＬ学会（一九九三）。

（12）例えば竹信三恵子（一九九四）。

（13）オートナーの議論に関しては Henrietta Moore［1989：13-15］を参照。

参考文献

秋葉ふきこ『彼女が総合職を辞めた理由』ＷＡＶＥ出版、一九九三年。

江原由美子「ジェンダーと社会理論」井上俊他編『ジェンダーの社会学』（岩波講座現代社会学第十一巻）岩波書店、一九九六年。

Jämställdhetsombudsmannen（Ombudsman's Office of Equality）*JämO : s rapportserie nr 2, Män väljer män : En kartläggning av några av Sveriges största företag ur ett jämställdhetsperspektiv*（*JämO Report No. 2. Men Choose Men : Survey of Some Large-Scale Companies on the Perspectives on the Gender Equality*）, Stockholm : Jämställdhetsombudsmannen, 1992. 日本語版

Lam, Alice, "Equal Employment Opportunity for Japanase Women : Changing Company Practice", in *Japanese Women Working*, edited by J. Hunter, London : Routledge, 1993.

Moore, Henrietta L., *Feminism and Anthropology*, Cambridge : Policy Press, 1989.

中沢孝夫「競争と定着のアンビバランス」内橋克人・奥村宏・佐高信編『就職・就社の構造』岩波書店、一九九四年。

大沢真理「日本における労働問題研究と女性」社会政策学会編『社会政策学会年報第三七集――現代の女性労働と社会政策』御茶の水書房、一九九三年。

奥村宏『会社本位主義は崩れるか』岩波書店、一九九二年。

総理府編『女性の現状を施策――世界の中の日本の女性』大蔵省印刷局、一九九四年。

竹信三恵子『日本株式会社の女たち』朝日新聞社、一九九四年。

東京ＯＬ学会『ＯＬ幕の内』時事通信社、一九九三年。

Tsukaguchi-le Grand, Toshiko, "The Japanese Employment System-Revisited : Gender, Work and Social Order", *Stockholm East Asian Monographs* No.10, Stockholm University.

上野千鶴子「差異の政治学」井上俊他編『ジェンダーの社会学』（岩波講座現代社会学第十一巻）、岩波書店、一九九六年。

ワーキング・ウーマン研究所総合職研究会『こんなはずじゃなかった――女性総合職三〇〇人の体験手記』日本生産性本部、一九九三年。

第八章　社縁文化としての社葬

中牧弘允

日本の会社儀礼

社葬とよばれるような会社の儀式は、韓国の若干の例をのぞき、あまり外国にはみられないようである。日本では、社葬とは一般に、物故した会社のトップ経営者に対し、会社の名において、資金面でも人材面でも、会社が全面的に主催するところの葬儀である。これは大企業や都市部にかぎらず、小企業や地方にも広く普及している。社葬に代表されるように、日本の会社はさまざまな儀礼や行事を会社の主催でおこなっている。たとえば、入社式や退社式、起工式や落成式、会社神社の祭典や物故社員の慰霊祭などがあげられる。それらを会社儀礼と総称することにしよう。

会社儀礼は会社文化の一側面である。社縁――この場合は会社縁――の価値が儀礼の過程で表明され確認される。それは単なる虚礼・虚飾ではなく、会社の神聖なる次元をあらわすものである。しかも会社の威信や再生と象徴的につながっている。このような視点から、以下の分析をおこなっていきたい。その分析視角と記述方法は基本的に既刊の論文［中牧 一九九九a、一九九九b］によるものであり、その後の知見をくわえて構成することにしたい。

しかし、その前に、日本の会社において宗教施設や儀礼がいかに重要な役割を果たしているかを簡単にみておくことにしよう。

まず、日本の会社には神仏をまつる空間が存在する。たとえば社長室や事務室の一角には神棚があるし、ビルの屋上や工場の片隅には鳥居や祠が建っている。すべての会社というわけではないが、そこには稲荷をはじめ多くの神々が勧請されている。地元の有力な神、業種に関連の深い神、創業者の信奉した神など、神々はきわめて多様性に富む［宇野 一九八六］。それは主に商売の繁盛や操業の安全を祈願するためにまつられている［Lewis 1986, 1993 : 19-58, Reader 1991 : 73-76, Nakamaki 1992 : 60-61, 65-79, Reader & Tanabe 1998 : 202-204］。また、日本の会社は墓も所有している。これはとくに関西に目立つ習俗であり、日本の代表的な宗教センターである高野山や比叡山の会社墓地では、在職中の物故従業員や創業者以下役員の霊供養がなされている［中牧 一九九二、一九九三、一九九五］。物故従業員の供養塔は「企業戦士の墓」、創業者の場合は「会社の先祖」といった性格が付与され、日本の伝統的観念の存続がみられる。

会社に宗教的な空間があれば、当然、宗教的な時間が会社にはながれている。毎日、神棚に向かって礼拝する経営者もいれば、毎月、会社の神社で月次祭をおこなう大企業もある。朝晩お経を唱える会社もあれば、物故者慰霊法要の時には全国一斉に黙祷をささげる会社もある。とはいえ、これらの儀礼行動はふつう社外の人の目にふれるわけではない。

ところが社葬は対内的・対外的なセレモニーとして挙行される。それは会社の取引先、株主、業界関係者、政治家など、会社の社縁的つきあい関係を最大限に巻き込む儀式である。故人との面識がなくても、社縁の義理で参加する者もすくなくない。新聞には死亡告知と社葬の社告がのり、関係者には会葬の案内状が送られる。社葬の当日は、多くの幹部社員が動員され、社葬の準備には、総務や秘書の関係部局を中心に、相当の時間と労力がついやされる。最近の新聞記事の分析によると、社葬は東京では平均して死後二十五日頃におこなわれている［村上 一九九九：二七二］。

このように会社の神社や社葬を一瞥しただけでも、日本の会社が宗教的な行事や慣行をいかに大切にしているかがわかる。会社儀礼は創業者の個人的信仰や創業家の宗旨、あるいは地元ゆかりの宗教に影響を受けることがあるとしても、それ以上に、会社に内蔵された宗教的次元として理解するほうがふさわしい。ロバート・ベラーがアメリカに市民宗教が存在することを指摘したように［Bellah 1970 : 168-186］、日本には各会社に会社宗教とよべるものが機能している。そこでは地縁や血縁から相対的に独立した関係としての社縁が意味をもっている。それゆえ会社に固有の文化、すなわち会社文化ないし社縁文化として会社儀礼を理解する必要がある。ただし、ここでとりあげる社縁は、米山俊直の定義する広義の結社縁ではなく、狭義の会社縁にしぼられる［米山　一九八一：一一二－一三七］。

社縁と宗旨

アメリカの市民宗教が神 God を特定しないように、日本の会社儀礼でも一般に宗旨を問題にすることはない。ふつう伝統宗教であれば神道や仏教のみならず、キリスト教でも不都合は生じない。実際、会社神社にはさまざまな神が奉斎されているが、同じ会社でも本社と工場で異なる神をまつる場合もめずらしくない。会社の供養塔には宗派を問わず物故社員の霊がまつられている。もちろん、宗教上の理由で、遺族のなかには会社による供養を断る場合も存在しないわけではない。しかし、会社儀礼を拒否するのはまれなケースである。

社葬の場合には、仏式・神式・キリスト教式を問わず、会社はいずれの宗教にも対応して社葬を企画・実施する。そこでは故人の信仰や家の宗旨が尊重され、会社が特定の宗教や宗派をおしつけるようなことはない。

最近は、むしろ宗旨を問わない社葬が多くなっている。それは特定の宗教色をださない、いわゆる「無宗教式」である。そこでは黙祷とか献花の形式が採用され、焼香や玉串奉奠などの宗教的・宗派的しきたりが避けられている。無宗教式の利点は、会葬者が宗教的な選択を迫られることがない点にある。焼香を拒否するキリスト教徒でも、玉串をきらう仏教徒でも、黙祷や献花には抵抗がない。ホテルにおける「お別れ会」と名づけられた社葬にはこの無宗教式がおおい。社縁にとってもっとも無難なのは、運営の面でも、経費の点でも、ホテルにおける無宗教式であるのかもしれない。なぜなら、ホテルはサービスがいきとどいているうえ、駐車場の問題がすくないからである。また、無宗教式の場合には聖職者への謝礼が不用となる。それにくわえ、ホテル側も積極的に社葬や法事に対応するようになってきた。

日本の西洋式ホテルは結婚式や披露宴の望ましい会場として利用されてきた。縁結びの神として人気のある出雲大社の分霊をまつるだけでなく、キリスト教のチャペルを設けているホテルもめずらしくない。そのため、ホテル側は結婚披露宴と同じ空間を抹香くさい葬式や法事の場とすることを極力忌避してきた。しかし、高齢化社会の進展と、少子化にともなう結婚式の減少に対応するため、最近では死の儀礼にも関心を寄せるようになっている。抹香くさくない無宗教式の社葬は、ホテル側にとっても歓迎すべきことなのである。

ホテル以外の社葬会場の選択にあたっては宗旨が問題となる。というのも、そこではさまざまな「格」が考慮されるからである。つまり会社の格、故人の格、式場の格、僧侶の格など、すべて慎重に吟味されなければならない。各都市には格の高い葬儀式場がしかるべく存在し、使用料もそれなりに高額になっている。東京を例にとれば、築地本願寺（浄土真宗本願寺派）、増上寺（浄土宗）、東京本願寺（真宗東京本願寺派）、護国寺（真言宗豊山派）、高野山東京別院（高野山真言宗）などである。大阪では北御堂（浄土真宗本願寺派）、南御堂（真宗大谷派）などがあげられる。

このように社葬と宗旨の関係は、表面的には故人の信仰や喪家の宗旨に条件づけられているが、深層においては故人の社会的地位や社会的影響力、あるいは会社の社会的「格」などの諸条件が微妙な影を落としているのである。

顕彰と告別

社葬において、参列者は故人の冥福を祈り、遺族と悲しみを分かちあうが、社葬は宗教固有の領域——たとえば霊魂の行き先——には介入しない。現世の社縁関係を逸脱しないことが基本である。

宗教は死後の世界について、天国・地獄・極楽・浄土・黄泉の国などの他界イメージをつくりあげ、肉体的な死のかなたに霊魂の不滅を想像してきた。死と再生のモチーフはその典型であり、ロベール・エルツやミルチャ・エリアーデをはじめとする人類学者や宗教学者は、世界の諸民族や諸宗教の豊富な事例をとりあげてきた［Metcalf & Huntington 1979］。

わが国でも死者に旅装束をほどこす習慣はひろくみられる。手甲・脚絆をつけ、白足袋とわらじばきで、右手に杖をつきながら、あの世に旅立つ姿は、伝統の名のもとに継承されている。そうした慣習がいかに現代ばなれしていてもである。ガーナでは自動車や飛行機の形をした棺がつくられているが、日本ではまだ三途の川で渡し守にあたえる六文銭が頭陀袋に入れられている。

しかし、近親者による密葬の済んだあとの社葬では、遺骨は祭壇に安置されるだけで、旅立ちのイメージはまったく不在である。遺影にしても背広姿が主流で、旅姿とは無縁である。最近では執務姿の遺影もつかわれるようになっている。インドネシアのバリでは火葬された王の後を追って女性たちが燃えさかる火に身を投じ、それぞれ魂の象徴である鳩を放ったが、社葬ではあの世での再生を象徴するものは何も見当たらない。また、導師にも法話の機会はあたえられず、したがって来世についての言及も巧妙に回避されている。もっとも、会社の行く末を見守ってくれるよう死者に語りかけるひとはいる。

このように社葬に旅立ちや死と再生のモチーフが無いか、きわめて希薄だとしたら、それにかわる何が主要テーマになっているのだろうか。それは顕彰と告別であるようにおもわれる。くわえて、会社の継続と再生を内外に示すことも不可欠である。

会社が社葬をいとなむ最大の理由は、会社の名において会社に多大な貢献をしたトップ経営者を顕彰することにある。葬儀委員長の弔辞では、故人の業績や貢献についての言及があり、故人に対する感謝の意が述べられる。来賓の弔辞においても会社や業界の発展のために故人がいかに尽力したかが強調される。そこでは会社人としての功績が最大級の賛辞をともなって表現される。祭壇に並べられる表彰状や勲章はこの時に一段と輝きを増し、故人の生涯がプラスの面から総括される。

故人の個性的なこのみや個人的な親交が社葬に華を添える。茶道の家元による献茶、オーケストラの生演奏など趣向を凝らした音楽葬、人気アナウンサーによる司会、外国の要人による弔辞などが、その例としてあげられる［中牧二〇〇二］。

社葬の弔辞は葬儀委員長をはじめとするＶＩＰが読み上げる。具体的には現職社長、業界団体の長、会社グループの長、取引銀行の長、監督官庁の長、あるいは財界の長や有力政治家などがその大役をつとめる。選ばれる基準は、まず会社・業界・財界・政界における社会的地位が優先される。他方、友人代表や社員代表が弔辞を述べる場合には、故人との公私にわたる親交の度合いがおおきな意味をもつ。

弔辞についで重要なのは来賓の指名焼香――仏式の場合――である。弔辞と指名焼香を誰に依頼し、どう対応するかが、会社としても一番神経をつかうところである。なぜならそこに会社の社縁的世界観が如実に反映されるからである。

顕彰とセットで重視されるのは告別である。社葬においてはこれまで論じてきたように故人の旅立ちはあまり問題ではなく、むしろ会社としての別れの演出が大切である。弔辞にも告別は不可欠の要素だが、焼香、玉串奉奠、黙祷や献花も別れの儀礼的表現としての意味がおおきい。そして焼香や献花を終えた会葬者は、立礼する遺族や会社役員に対し、哀悼の意を言葉や態度であらわす。こうして社葬がおわると、故人をとりまく社縁関係は希薄化していくのである。

最近の社葬では、都市ホテルでの「お別れ会」などの形式が増える傾向にある。これは社縁的別離のひとつの到達点でもある。黙祷と献花による無宗教式の「お別れ会」こそ、告別を主体としたセレモニーの最たるものだからである。そこでは読経や焼香はおこなわれない。そして宗教儀式の代わりに、故人の生涯をふりかえる映像や、故人の愛唱した歌などがささげられ、在りし日の姿をしのぶ趣向となっている。また平服での参列をうながす会社もあらわれている。

このことは別の面からみると、社縁に宗教が十分くいこんでいないことを意味している。地縁の祭には神道が、血縁の死者祭祀には仏教が今でもおおきな役割を果たしているのとは対照的に、社縁のつながりに宗教は積極的な関心を示していないようである。

密葬と社葬

なぜ日本の会社は全面的に経費を負担し、多大な時間と貴重な労力を投入してまで社葬をおこなわなければならないのか。しかも多くの場合、密葬とは別に、十分な準備期間をとって盛大な社葬を挙行しなくてはならないのか。戦前の商家の場合、派手な葬儀は避けられ、家や同族団を中心とする限定された範囲にとどめられたのに対し、新興の会社はなぜ今日みるような社葬を実施するようになったのか。

新聞の社葬広告の分析によると、密葬と社葬、あるいは仮葬と本葬という組み合わせは一九六〇年代後半から目立つようになった［村上・山田　一九九九：八五］。そのことによって、遺族は事実上二度の葬式を余儀なくされることになった。とくに大都会の有力企業にあっては二度目の社葬が社縁の一般的な習慣となっている。最初の密葬が遺族を中心とする「イエの宗教」の葬儀だとすれば、二度目の社葬は「会社宗教」のセレモニーである。映画の００７をもじれば「社長は二度死ぬ」ということになる。最初はイエのため、二度目はカイシャのためである。

そのことを端的に象徴する儀式がある。社葬会場において、喪主から葬儀委員長に遺骨が手渡される儀式である。そこでは、葬儀委員長がみずから遺骨を祭壇に安置することもあれば、葬儀社員にまかせる場合もある。この儀式はかならずしもすべての社葬でおこなわれているわけではない。しかし、社葬が会社の主催で、葬儀委員長が喪主よりも主役であることを印象づける効果は抜群である。

このほかにも二度の葬式にはいろいろ相違がある。一例をあげれば、密葬では香典や供花を受け取るのに対し、社葬ではそれを謝絶し香典がえしもなされない。社葬に税金のかかる収入は不要なのである。また、密葬では祭壇に宗教色が出るけれども、社葬の祭壇飾りには会社のロゴや社章があしらわれたりする。経費面でも、中小企業レベルの平均的なもので、自宅密葬分が四二〇万円なのに対し、社葬葬儀分は一一七〇万円と見積もられている［加藤　一九九七：二一一-二一三］。しかし、社葬経費の振幅はおおきく、大規模な社葬になると現在では数億円の出費が必要となる。その高額な社葬費用をサポートするための生命保険プランもすでに商品化されている。

二度の葬儀を構成する密葬と社葬は緊密につながってもいる。実際のところ、会社のＶＩＰの死に際しては、密葬の段階から会社も深いかかわりをもち、多くの社員を動員して弔問客の応対にあたらせたり、香典整理の手伝いをしたりしている。会社のＶＩＰが亡くなれば、会社は密葬の時から一連の葬儀に重要な役割を果たさざるをえない。それは経営学の用語を使えば、一種のリスク・マネジメントがためされる機会でもある。

社葬あつかいにならない幹部社員の死去に際しても、「準社葬」とよばれるカテゴリーが適用される。これは経費の応分負担はもとより、通夜・密葬における社員の大量動員に顕著にあらわれる。それればかりか、一般社員の葬式の場合でも、ことに都会においては、隣組や自治会よりも会社の存在感がはるかに目立つようになっている。つまり、規模こそちがえ、会社員の葬儀は「社葬化」しつつあるといっても過言ではない。社縁のもつ重要性が地縁を凌駕しているのである。

ところで、日本で二度の葬式をくぐるのは会社のＶＩＰにかぎられるわけではない。吉田茂首相の国葬や佐藤栄作首相の国民葬をはじめ、政党の党葬、各種団体の団体葬、また学校の校葬・学園葬など、イエとは別の社会単位によって盛大な葬儀がいとなまれている。戦前には靖国神社に戦死者の霊がまつられたが、会社の供養塔には先述のように在職中に物故した〝企業戦士〟の霊が合祀されている。広い意味ではこれも二度目の死の演出であり、ＶＩＰとならんで特殊な位置を占めている。

二度の葬式についていえば、人類学には複葬という概念がある。それは二種類以上の葬法を組み合わせた複雑な葬儀をさす用語である。エルツによれば、それは肉体の死から、中間の時期をへて、最終の儀式にいたる三段階の過程から構成されている。たとえば洗骨習俗のあるボルネオ（カリマンタン）島の民族カジュ・ダヤクにおいては、遺体は骨になるまで不浄なものとしてあつかわれる。その間、死者の霊魂はこの世にとどまり、生者にとって脅威の存在でありつづける。そのため、近親の生者は喪に服して死者との擬似的な共同体をつくってすごし、洗骨をおこない、それを納骨堂に安置して、ふたたび日常の生活にもどるのである。一次埋葬、二次埋葬という言い方をすることもあるが、要するに死体処理にかかる時間をはさんで二種類の葬法がおこなわれるのが特徴である。この習俗は東南アジアやマダガスカルなどマライ・ポリネシア系の文化に顕著にみられるが、奄美や沖縄にも洗骨の慣習は広がっている。

また複葬は社会的な高位者に対してなされるのが一般的である。社葬は、VIPに対して二度の葬儀をおこなうという意味で、複葬と共通する一面がある。もちろん、複葬と社葬のおおきな相違は、前者があくまでも死者を再生させるための過程としておこなわれるのに対し、後者は、霊魂の問題を故人の個人的信仰や「イエの宗教」にまかせていることである。しかし、葬儀の機能的側面に焦点を当てれば、複葬と社葬は死者の社会的な地位や威信に深くかかわるという点でとくに注目に値する。

社縁的つきあい

社葬が会社どうしのつきあいのなかで実施されていることは自明のことである。しかし、社縁のつながりを証拠立てるためには社葬のタブーなどネガティブな側面から逆照射してみる必要がある。タブーとして第一にあげるべきは、社葬では土日・祭日・友引・年末年始を避けることである。友引や年末年始は一般の葬儀でも忌避する慣習があるけれども、土日・祭日に社葬をしないということは、会社の勤務時間内にそれを実施するということを意味している。つまり、会社時間の範囲内でおこなわれ、社縁のつきあいを休日にもちこさない配慮がなされているのである。

第二に指摘できることは、社葬マニュアルやハウツー本のなかで、マナーに反すると会社が笑われるとし、会社の代表としての自覚をうながすくだりがかならず挿入される点である。二つの例をあげてみよう。


マナーに反する行為をすれば、会社が笑われることになるばかりか、今後の取引にも影響しかねません。(某書)

社葬は社をあげて取り組む重要な行事であり、社員の態度、行動様式などが参列者の方々に厳しく評価され、当社のイメージが作られる大切なセレモニーです。(某社)

社員のマナーとして気をつける事項としては、誠意をもってあたること、身内同士でたむろしないこと、走らないこと、腕組みや後ろ手を組まないこと、私語・雑談を避けること、特定の人だけに丁重な態度をとることを避けること、いつでも参列者に応対できるよう規律ある行動をとることなどである。さらにアクセサリーなど光るものは避けること、参列者の前を交差しないこと、禁煙を守ることなど、細かい心得をあらかじめ文書で配布したうえ、実際の場面では口づたえで手を横にするようにと注意を与え、徹底させる会社もある。

大手企業のなかには社葬のマニュアル化をすすめているところが散見される。社縁のルールづくりである。しかし、葬儀社が独自の社葬マニュアルにもとづき、会社のそれぞれの要求に対応していることのほうが、より一般的である。葬儀社が地縁・血縁をこえて葬祭文化をリードするという構図は都市化とともにますます顕著になりつつあるが、社葬においても葬祭業者が基本的なモデルを提供してきた。会社はそれに独自の色づけをほどこしてきたのである。

社葬をリードするのが葬儀社か会社かという議論はともかく、肝心なことは社縁の演出をどうおこなうかである。社葬は対外的に会社の威信をかけイメージアップをはかる儀礼であるだけでなく、参列する者も会社の名誉にかけ、マナーを心得てのぞむことが期待されている。そのような意味で、主催者も会葬者もそれぞれの「カイシャ」を背負っている。言い換えれば、社葬のときにこそＶＩＰや社員はそれぞれの「カイシャ」の一員であることを強く意識するのである。祭のときにムラやマチを感じてきたように。

不平等の演出

イエを継ぎ発展させる任務が家長の拘束となっていたように、会社を背負う重い責務はとりわけＶＩＰたちの双肩にかかっている。葬儀委員長はもとより、弔辞拝読者や指名焼香者は会社や業界を代表してその役割を遂行しなければならない。たとえライバル会社の代表という役職にあっても、それは公人として課せられたつとめだからである。

十九世紀のバリを研究した人類学者のクリフォード・ギアツは、バリの国家を社会的不平等と地位の誇りを演劇化した「劇場国家」と捉えたうえで、劇場国家の華麗な葬儀は領土よりも忠誠、領地よりも威信を得ることに力点がおかれていたことを指摘した［Geertz 1980：24-25］。社葬という盛大な葬儀も、対内的には社員の忠誠を要求し、対外的には社縁のつきあいを求め、結果として会社の威信が保たれる機会である。その意味で社葬の場は一種の「劇場」であり、VIPたちは「スター」として、それに見あう待遇をうけ、大役をこなしている。

社葬におけるVIP対応は基本的に社員によってなされる。葬儀社の係員がすべて代行してくれるわけではない。そのためVIPにはそれぞれ担当者を割り当ててアテンドし、控室を用意したりする。そのVIPにも差をつけ、超VIP、準VIP、VIPなどのランクづけをおこない、控室の大小、茶の接待の有無、時差をもうけた案内など、きめの細かい対応がはかられる。

たとえば多忙なVIPを待たせないために、車寄せの場所には、VIPをよく知り、VIPへの対応に慣れた一流都市ホテルのドアマン、あるいはハイヤーの運転手などを臨時に雇うこともある。かれらは遠くからでもVIPの車を識別できるし、乗降のマナーも心得ているからである。また実際の待ち時間の差はわずかであっても、会社の姿勢が問われるとかんがえているからである。現代の社葬は、時間との戦いという様相を呈しており、スムースな時間管理をめぐって分刻みの綿密な計画がたてられる。

しかし一流ホテルのドアマンが最善のサービスかといえば、かならずしもそうではない。あえてプロのドアマンをやとわないサービス業の会社も存在する。その理由は、客あしらいになれていること、指揮系統を確固たるものにするためには社員の方がいいという事情が存在する。さらに、ドアマンの目と会社の目は異なる、ということがある。社縁の機微はドアマンの力量を超える。

二～三百人しか収容できない会場の場合には、案内状を送付するVIPの人選に神経をすりへらす。葬儀にはVIP、告別式にはその他の会葬者という区別は、厳然とした不平等の演出につながるからである。そこで各部署からのリストをもとに、最近ではコンピューターなどを駆使して、VIPを収容範囲内に抑えることが担当者の経営的手腕の見せどころとなっている。

それでも苦労するのは駐車場である。ふつうVIPしか車には乗ってこないし、駐車整理券も配布されない。超VIP、準VIP、VIPのランクに応じて整理券の色を変えるところすらある。到着時はまだ時間差があるためさばきやすいが、帰りは一斉に集中するので車の呼び出しに混乱がおこりかねない。そのために現在では携帯電話を駆使したり、離れた駐車場には仮設電話を引いて対処したりする。駐車場のスペースがすくない葬儀所や寺院よりも、駐車可能台数のおおいホテルやドームが好まれるのは、このためでもある。

しかし、これほどまでに気を配っても落ち度はあるものである。そのためＶＩＰに対しては社葬の翌日、もしくは数日以内に御礼にまわることが、社縁のつきあいとして常識になっている。もちろん相手方のＶＩＰは多忙をきわめ、社に不在のことも多い。その場合には、御礼に来た証拠としてかならず名刺をのこす。名刺は社縁に欠かせない小道具である。そして、何らかの非礼をわびるのも、この機会である。

ＶＩＰでなくとも社葬に足を運んでくれた会葬者に対しては、会葬御礼の新聞広告をはじめ、それぞれの部門やレベルでそれなりの感謝と陳謝が儀礼的になされる。義理を欠くことは社縁の世界でも避けなくてはならない。それは同時に、新しい経営体制や会社のゴーイング・コンサーンを表明する絶好の機会ともなっている。

これで社葬自体の儀礼的つきあいはいったん終了する。しかし、社葬のつきあいはおたがいにつづいていく。その理由は、互酬的贈与関係がメラネシアのマナのように不思議な強制力をもって慣行を継続させていくごとく、会社間の互酬的儀礼交換も社葬をとおして維持されることが潜在的に期待されているからにほかならない。

以上、ＶＩＰ対応を観察しただけでも、組織のヒエラルキーと不平等性が社葬の基調をなす一大原理であり、会社という経営体、業界という団体、そして財界・政界という世界の根幹にかかわるポイントであることが了解できる。ＶＩＰはピラミッドの頂点に立ったため象徴的に目立つことになるが、原理自体はその裾野にまで貫徹している。たとえば、葬儀と告別式の区別による会葬者の差異化はもとより、参列すら必要とされない多くの一般社員の存在が、そのことを如実に物語っている。換言すれば、会社による不平等性の巧妙な演出が経営的にいかに大切であるかを社葬は証明しているのである。

四月の入社式のとき、平等に一斉にスタートする会社人生は、限られたトップ経営者の社葬という儀式によっておわりをつげる。人生儀礼の視点でみれば、平等を原理とするイニシエーション儀礼は不平等このうえない葬送儀礼によって幕を閉じるのである。

もっとも、ここでいう不平等は、社会的差別に基づくものではない。組織のヒエラルキーを構成する上での不平等であり、不平等の演出は平等原理を導入することにより、ある程度緩和される。その一例として、大阪ドームの社葬をとりあげてみよう［中牧　一九九九：二二七-二三七］。

一九九八年一月二十八日、大阪ドーム初の社葬がとりおこなわれた。社員二百五十人ほどの小企業の創業者の社葬であったが、千人ほどの参列者が集まった。喪主であり後継社長でもある二代社長は、二百名程度しか収容できない寺院を避け、会葬者をできるだけ差別しない会場を求め、最終的にドームが選ばれた。そこではＶＩＰと一般の会葬者を区別する、葬儀と告別式の二部構成を廃したことが画期的であった。弔辞を読む一部のＶＩＰをのぞき、到着順に着席することのできるドームという広い会場がそれを可能にしたのである。ちなみに、第一部の社葬の後、第二部では演歌と民謡の好きだった故人をしのび、ライブの演奏がおこなわれたことも、もうひとつの特筆すべき事柄であった。ドームという多目的で無宗教的な会場がそのような演出を可能ならしめたことは言うまでもない。

不滅と再生の演出

社葬がおわると、会社は日常の業務にふたたび戻る。社葬の前と後で何かが変わるのだろうか。故人に焦点を当てれば、社葬はその魂の再生には関与しない。しかし、社縁に注目すれば、事情は異なってくる。なぜなら、会社という組織は何らかの形で再編されるからである。とくに現役の社長や会長の急死による社葬の場合には、後継者をめぐって社内に動揺がおこることも少なくない。東映映画『社葬』（一九八九）はそれを会長派と社長派の対立として風刺的に描いているが、そうした葛藤を調整し、会社組織の継続と再編を内外に示すのが社葬のひとつの課題でもある。

現役社長の社葬の場合、葬儀委員長はふつう新社長ないし後継社長がつとめるが、長老格の役員など、そうでないこともある。いずれにしろ葬儀委員長は新体制の要となり、その最初の大役が社葬ということになる。社葬は会社の対内的な地位・権力継承の通過儀礼として重要な意味をもたされる。とりわけカリスマ的創業者の死は社葬自体がドラマチックになりかねない。

ただし、現役社長の社葬は意外にすくない。最近の新聞死亡広告の調査によると、東京の場合、故人の在職中の役職として、社長は二二パーセント程度にすぎないし、現職となるとさらに低下する［村上一九九九：二六八］。むしろ多いのは、大企業の相談役と中小企業の創業者である。前者は社長や会長の職をすでに後輩などにゆずった経営者である。後者は主に戦後復興期に起業した経営者で占められる。そして、同じ統計調査によると、葬儀委員長は大企業では社長、中小企業では後継社長と目される重役の場合がおおい。

いずれにしろ、経営トップの地位にあった故人の顕彰と告別をおこなった後、会社はいろいろな面でたしかに変わるようだ。すくなくとも、会社に対する故人の影響力は極端に減少する。会社としても故人に対する重大な責務を果たしたことになり、亡くなったＶＩＰからの拘束も自然に弱められる。新体制で仕事にかかるという心のけじめが、社葬を境に一段と現実味を増す。怨霊（御霊）のタタリをしずめるという意味はないとしても、一種の鎮魂がすんだことの安堵感は無視しえないだろう。

以上述べてきたように、社葬は故人を顕彰し告別する厳粛で形式ばった儀式であるが、ＶＩＰの死にもかかわらず会社が継続し、またＶＩＰの死をとおして社縁が更新すると主張する行事でもある。そこでは故人の顕彰と告別に焦点があてられるが、会社自体も威信を獲得し、象徴的な「死と再生」をとげる。社葬はＶＩＰの死に「かたち」をあたえることによって、会社と社縁をよみがえらせる文化的演出にほかならない。それが日本で異常に発達したことは、血縁・地縁の束縛が相対的に弱まったこと、ならびに戦後復興期から高度成長期にかけて「会社主義」といわれるほどに社縁を中心に日本社会が展開してきたことと無縁ではない［中牧一九九二：七－一三］。

参考文献

Bellah, Robert, *Beyond Belief : Essays on Religion in a Post-Traditional World*, New York : Harper & Row, 1970.〔ロバー

ト・ベラー（河合秀和訳）『社会変革と宗教倫理』未来社、一九七三年。〕

Geertz, Clifford, *Negara : The Theatre State in Nineteenth-Century Bali*, Princeton : Princeton University Press, 1980.〔クリフォード・ギアツ（小泉潤二訳）『ヌガラ――一九世紀バリの劇場国家』みすず書房、一九九〇年。〕

加藤英太郎「企業の社葬　施行と課題」『葬儀白書』鎌倉新書、一九九七年。

Lewis, David, "Religious Rites in a Japanese Factory." *Japanese Journal of Religious Studies* 13(4), Nagoya : Nanzan Institute of Religion and Culture, 1986, pp. 261-275.〔ディヴィッド・C・ルイス「祭場としての近代工場」（木村登次・奥山倫明訳）ポール・スワンソン・林淳編『異文化から見た日本宗教の世界』法蔵館、二〇〇〇年、一五～三三頁。

―― *The Unseen Face of Japan*, Turnbridge Wells: Monarch Publications, 1993.

Metcalf, Peter & Huntington, Richard, *Celebrations of Death : The Anthropology of Mortuary Ritual*, *Cambridge* : Cambridge University Press, 1979.〔ピーター・メトカーフ、リチャード・ハンティントン（池上良正・池上冨美子訳）『死の儀礼――葬送習俗の人類学的研究』未来社、一九九六年〈一九八五年（第一版）〉〕

村上興匡「資料　社葬など団体葬の現状と傾向〈東京編〉」中牧弘允編『社葬の経営人類学』東方出版、一九九九年、二六五～二七三頁。

村上興匡・山田慎也「社葬はどう展開したか」中牧弘允編『社葬の経営人類学』東方出版、一九九九年、七九～一〇〇頁。

Nakamaki, Hirochika（中牧弘允）『むかし大名、いま会社――企業と宗教』淡交社、一九九二年。

――「高野山と比叡山の会社墓」『国立歴史民俗博物館研究報告』第四九集、国立歴史民俗博物館、一九九三年。

―― "Memorial Monuments and Memorial Services of Japanese Companies : Focusing on Mount Kōya." van Bremen, Jan and D. P. Martinez (eds.) *Ceremony and Ritual in Japan : Religious Practices in an Industrialized Society*, London : Routledge, 1995, pp. 146-157.

――「社葬の経営人類学――顕彰・告別と会社再生の演出」中牧弘允編『社葬の経営人類学』東方出版、一九九九年a。

――「ドーム社葬の出現――祭祀空間としてのドーム」中牧弘允編『社葬の経営人類学』東方出版、一九九九年b。

――「創業者の社葬――会社史上最大の告別をめぐる演出と創出」江川温・中村生雄編『死の習俗の文化誌』昭和堂、二〇〇二年、一九一～二〇六頁。

中牧弘允・日置弘一郎編『経営人類学ことはじめ――会社とサラリーマン』東方出版、一九九七年。
Reader, Ian, *Religion in Contemporary Japan*, London : MacMillan Press, 1991.
Reader, Ian & Tanabe, George, *Practically Religious : Worldly Benefits and the Common Religion of Japan* ,Hawai'i : University of Hawai'i Press, 1998.
宇野正人『企業の神社』神社新報社、一九八六年。
米山俊直『同時代の人類学』日本放送出版協会、一九八一年。

第九章　グローバル化した日系新宗教の社縁文化

ウェンディ・スミス

はじめに

第二次世界大戦以降、特にこの三十年間で、日系の宗教は日本企業と同様に海外に向け急速に発展した。世界中のあらゆる地域に数百万の信者をもつそれらの日系宗教は、巨大な他国籍企業と同様に、運営スタッフ、世界規模のコミュニケーション、様々な地域状況への適応、そして地域メンバーの募集など、組織運営上の課題に直面している。さらにまた企業と同様に、メディアが社会を支配する状況で、日系の宗教自らの「製品」を「市場」に出す上での、イメージづくりなどいくつかの課題にも直面している。たとえばそうした状況において、仮にメディアからの攻撃に直面しても、日系宗教は、信者をひきつけ、維持しなくてはならない。さらに、思考や発言、行動、そして通常の生活形態に関して、教団信者の行為を組織が規定した形へ統制しなくてはならない。時にはそうした統制は、メディアが広めている近代的な行為の潮流に反する場合もある。[1] またそれら日系宗教は、「市場」競争や、教団規模の発展にともなって直面する、教義からの逸脱や分派、建築や教義への地域の反対運動のようなことなどにも対処しなくてはならない。

こうした課題に対処するために、日系宗教は、宗教的な教義に基礎をおいた特異な文化を組織的に作りあげている。ただこの日系宗教の文化は、明確な考え方や行動の形式を打ち立てることで、社員を集め、行動を実践させる会社組織内の社縁文化とは違う。しかし、この日系宗教に見られる宗教的社縁文化の他の要素、例えば環境や教育や健康に関する行動は、慈悲のイメージを高めることで教団に良い印象を与えている。

宗教的組織の文脈の中では、設立者の物語や日々の儀礼、標語、季節行事、巡礼などの社縁文化の古典的な要素を確立することが比較的容易である。なぜならそれらはもともと、日常的な論理の文脈では疑うことができない宗教的世界観に関連しているからである。ただし、これら宗教的社縁文化と企業的なものとの違いは、それが経済的な利益を動機としているのではなく、宗教的な領域に近づくことによって人間の幸せを最高のものにしようと求めていることにある。

さてこの論文は、崇教真光の宗教的組織形態や組織文化を、教祖の概念化や年中行事、聖域、国際組織構造、日々の儀礼、そしてそのメンバーの言動や思考の形態分析から議論するものである。なおこれらの議論は、日本、オーストラリア、マレーシア、シンガポールそしてフィリピンの教団施設への調査に基づいている。さらにその分析は、著者がおこなったマレーシアにおける日系多国籍企業に対しての文化的組織的形式についての研究［Smith 1994, 1996］や、関連の日系新宗教である天理教や大本教そして世界救世教との比較調査を背景としたものとなっている。

真光の簡単な紹介

通常日本の「新新宗教」に分類される真光は、第二次世界大戦後[2]一九五九年に神からの啓示を受けたとされる岡田光玉[3]（一九〇一―一九七四）によって日本で設立された。その啓示は彼に「天の時いたれるなり。起て、光玉と名のれ。手をかざせ。厳しき世となるべし」［岡田光玉　一九八二：二四］と指し示したとされている。

一九七四年の彼の死後、真光教団は継承という課題に直面し、結果として二つの教団に分派した。私が調査をおこなった高山に本部を持つ崇教真光は、岡田光玉の養女であり、「教え主様」の敬称を持つ岡田恵珠によって継承されている。「救い主様」（岡田光玉）の側近であった関口栄（一九九五年死去）は、元々の教団の名称を保持し、伊豆に本部を持つもうひとつの教団である、世界真光文明教団（ＳＭＢＫ）を継承した。この教団も学術研究の対象となっている［宮永 1984］。

さて、二つの教団のうち、崇教真光の方が海外により広く展開しているとされている。私が研究したオーストラリア、シンガポール、マレーシアそしてフィリピンの道場は崇教真光のものであった。またこの研究をおこなった時点では、これらの地域には世界真光文明教団の施設は無く、こちらは米国を中心に展開している。ところで、教団の幹部は信者数を明らかにすることを好まない。そこで、新宗教関連の人物や団体を掲載した『新宗教事典』（井上順孝他編　一九九六）によると、崇教真光は四九万七七二三名の信者と五二二名の教師を持つものとされている（一四〇頁）。一方の世界真光文明教団は九万九九五四名の信者と六一一名の教師とされている（一六三頁）。この二つの教団のうち、崇教真光の方が、日本国内と国外の両方においてより高い率での成長を果たした。Melton と Jones［1994 : 48］によると米国においては、「真光は非日系人区域への接近において、最も成功した集団のひとつである」。また他の文献［Humphreys and Ward 1995 : 375］では、世界百万人の崇教真光信者のうち、三十万人が日本国内のものであるとされている。

日本語では、真光は「本当の光」を意味しており、これは宗教的な浄めのエネルギーとされている。この真光はある面では「気」(4)［McVeigh 1992a : 55-58］の用語によって説明できるが、神の要素を持つ点がこの「気」とは違うものである。それは創造主である「主神」（スシン）の光とされている。三日間の初級研修会を受け、人間が主神からの光を受ける媒介となることを可能とする「御み霊」（オミタマ：神のペンダント）を受けることで、真光の信者つまり「神組み手」（神との握手の意）になれる。「御み霊」は神組み手の身体につけられ、大変な敬意を持って扱われる。それは濡らすことや地面に直接置くことは許されない。そのため、「御み霊」の扱いが十分にできないと思われる十歳頃までの子供は、神組み手になることはできない。こうした条件から、一連の入信手続きは、一種の通過儀礼とも関連して来ている(5)［Hurbon 1991 : 58-260］。

信者は、御神体（主神を象徴した聖なる巻物）や仲間への礼儀としてのお辞儀など、創造神たる主神への祈りの行為

［Davis 1980 : 18-22］によって、真光を送る能力を獲得している。そして御神体を背後にして、「天津祈言」（アマツノリゴト）というお浄めのお祈りが暗唱され、真光が相手の額に掲げた手のひらを通して送られる。時には、光は後頭部や身体の他の部分に送られる場合もあり、このお祈りは約十五分で完了する。[6] この主神からの光をより大きくするために、真光を与えるための訓練や教団の行事への参加をおこなうことが、真光教信者の基本的な活動である。

ところで、道場へ通い光を授けることや光を受けること等、日々の真光の行為を通して、ひとたび信者となったなら、信者は祭壇を家庭の中に迎えることを奨励される。そして、夫方の姓に基づくという日本文化の原則に沿って、夫の先祖に毎日食べ物を供える行為が求められる。さらに信仰を続けた信者は、御神体、これは神の名をしるした掛け軸を神棚に置いたものだが、これを家に迎えることを奨励される。そうすることで信者は、家を小型の道場として用い、より有効に光を送ることが可能となる。

真光はすべての宗教や立場の人々に開かれたものとされている。そして、この教団は既存の信仰から人々を無理に回心させようとはしない。むしろこの開放性が、すべての宗教にも共通すると信者のいう真光教の教義への理解をより強いものとしている。例えば、何人かの信者が私に、カトリックの神父は真光を実践することによって、よりよいカトリックの神父になることができる、との説明をしてくれた[7]［Cornille 1991 : 99］。その非強制的組織の性格は、初級研修会を受けながらも脱会した信者の割合が顕著であるという事実によっても示されている。このことを、古参信者が簡単に話してくれた。また、真光教の信者はこの開放性が、仏教、儒教、道教、イスラム教、キリスト教の「五の主要宗教」の要素を混ぜ合わせたことによっていると考えている。[8] こうした他の宗教から持ちこまれたシンボルを、主座や世界総本山の建築の中にも見ることができる。また、神道神の地上での象徴である日本の皇室をあらわす、輪、十字、六つの角を持つ星、十六のひだを持つ真光教の神の紋章も、その混合の教義を表している。[9]

真光の教義と儀礼実践

この真光は、手のひらから「真光」を放射することを特徴としている。これは、三日間の初級研修を受け、「御み霊」（お守り）を受けた教団の信者である「神組み手」なら誰でもおこなうことができる。真光を授けることの意味は、受け手の心を浄めることであり、そして受け手に苦しみを引き起こしているであろう憑依霊を浄めることでもある。信者は自らの深奥の有り様である「想念」を変えることを奨励され、間違った行為に深く後悔し、主神への感謝を述べる。つまり真光の受け渡しは、想念のお浄めの過程を補助するものである。それゆえ、信者の主たる活動は、人々を救うために、できるだけ多くの人に毎日光を施すことである。人々は道場にこの施光や受光のためにやってくる。しかし、それは家庭や他のどんな場所においても（特に緊急の状況においては）、「御み霊」を身につけている限りはおこなうことができる。また信者は、光のパワーがより大きい行事に、できるだけ多く参加するように勧められている。光を受けた結果として、多くの病気が治癒され、人間関係や仕事の不幸な状況が解決する。しかし、こうした「癒し」は光の主たる目的ではなく、それはお浄めにある。癒しはこの一連の過程の副産物にすぎない。ただ、教団には健康についての広範な教えもある。不運な肉体の状況は、身体内に溜まった毒素によって引き起こされ、広くは慢性的に長年摂取されてきた薬などによって引き起こされると、真光は説く。光を受けそして何年も前に摂取した薬の臭いのする体から残存物質を洗い流すという、お浄めの目をみはるような説明がある。

真光の世界観には、浄化とお浄めという重要なテーマが存在している。道場は非常に清潔に保たれ、その環境は簡素である。靴は脱がれ、個人の持ち物は脇の棚の上に置かれる。道場の中心は御神体であり、その掛け軸の上には「真光大御神」の名が書かれている。道場を訪れたときの主な行為は以下のようなものである。まず靴を脱いだあと手を洗い、受付で名前と到着時間を記し、道場への入場を告げる。御神体の前で拍手とお辞儀のお祈りをささげ、部屋全体に日本的な挨拶（皆さんおはようございます等）をし、手かざしをおこなう（この手かざしは一人あたり五十分以上続く）。そして立ち去るときのお祈りをささげ、感謝と挨拶の言葉を部屋の後ろから道場全体に述べ、退出の時刻を記し立ち去る。

真光は自身を、宗教を超えた超宗教（崇教）であるとしている。教説によると、いわゆる宗教的な領域には本当の「宗教」は存在していない。宗教、そして宗教が起こした文化を基礎とする社会的領域は、人間存在が作り出したものであり、主神によるものではない。その主神は、超越的な存在であり、あらゆる宗教的特別な存在を超越し、それらを同時に具象化するものである。それゆえ真光は、「日本の」宗教であると定義付けられることもまた望まない。それはその信仰の体系が、宇宙の原理に基づくとされているからである。しかし、真光の信仰の中心であるお浄めや祖先と霊の重要視といった要素は、日本古来の宗教である神道や日本で実践される仏教から得られたものである。しかしこのことは、真光の信仰が日本的なものであることを示しているのではなく、それが日本人の世界観と毎日の実践に対する批判的見地であることを示したものである。

清掃・お浄め

物質的次元においても、道場は非常に清潔に保たれていた。清掃は、信者がおこなうことのできる神へのお仕えのひとつである。日本国内と同様に、オーストラリアにおいても、道場内では靴は履かない。日本式の室内において、靴を脱ぐことは、外の世界の不潔さに対する、家庭内や神社などの作法上の清潔さを示している。それゆえ日本の家では、また道場でも同様に、トイレのみで履く特別のスリッパが用意されている。日本、オーストラリアどちらの大きな道場にも、目につくように洗い場が玄関付近に存在していた。そこには石の床に向けて水の出る蛇口があり、信者は自らの靴をさわったあと、手を洗うことができる。すべての道場が、簡素ではあるがこの目的のための洗い場を持っていた。この聖なる場に向かう玄関での水によるお浄めは、神道の神社に入る前の口と手のお浄めを思い起こさせるものである。

道場内の掃除道具は色分けされていた。赤は上側を掃除するものであり、青は下側を掃除するものである。キャンベラの道場では、御神体の清掃が道場長自身によってなされているところを見ることができた。その間道場長は、特別の道具を持ち白い布で頭を覆いマスクをして全身を覆う上着を身につけていた。家庭や道場の洗面所には、「御み霊」を扱う前に使う、特別の石鹸とタオルのセットが別に置いてある。「御み霊」自体も、儀礼的な清潔さの基準に沿って扱わなくてはならない。例えば「御み霊」はナイロンや布に包まれ、上着の特別なポケットの中に入れられる。またそれは濡らすことや地面に置くことは決して許されない物である。もしそれらが守られなければ、「御み霊」の清潔さやパワーが無になってしまうからである。(10)

宗教的なレベルにおいて、真光の額への送りこみは、受け手の魂を浄め、その人を霊的に向上させるものとされている。また信者は、御神体にお金を備える場合も事前にもそれを浄める。(11) さらに、各道場で毎日おこなわれる朝の儀式や、夜の儀式には、道場とその周辺を浄めるために、信者は手を掲げ、お浄めのお祈りである「天津祈言」を暗唱しながら時計回りにゆっくり回ることをおこなう。

先祖

日本の仏教的伝統において、先祖とは、家の仏壇に安置された戒名が記された位牌を通して思い出されるものである。最近亡くなった先祖の写真は、額縁に入れ仏壇の上部に掲げられる。食べ物や、蝋燭、線香そして水のお供えが毎日なされ、家族への贈り物は一、二日間仏壇の前に供えられることがよくある。同じ苗字のものだけがその仏壇にまつられ、同様に家族の遺骨を収める共同の墓が存在している。

真光の信者は、こうした伝統的な仏壇とは別に、祭壇を家に迎えることを奨励される。そして神からの教えに基づいて、この祭壇をどのように扱うべきかが明確に決まっている。この祭壇は仏壇よりはかなり小さいが、しかし同じ名前の位牌があり、張り出した棚の上に家族の食事を小さな食器に盛り、毎日供える。幼くして死んだ家族のためには、小型の哺乳びんが牛乳で満たされる。また、タバコも同様に供えられることがある。(12) 仏壇のお供えと違って、食べ物は食べられる状態であることが重要である。例えば、皮のむかれていない果物は、先祖の霊が食べることができないのでお供えの意味がないとされる。

中級もしくはそれ以上の研修を受けたほとんどのオーストラリアの真光信者は、道場長による特別の儀式によって、祭壇を家に迎えている。彼らは、真光の世界観の中で、毎日の生活の調和を守る方法として、先祖にお供えすることの重要性を理解してきている。また、こうした中国人や日本人にとってあたりまえの先祖のとらえかたは、これまで先祖との関係について文化的信念も個人的関心もなかった他のあらゆる民族の信者にとってもあたりまえなものとなっている。

霊

真光の世界観の中で霊に対する信仰は不可欠なものである。しかし、私がインタビューをした信者の多くが、あまり霊にこだわるべきではないと強調した。霊はいつも真実を語るわけではなく、それはまさに操作できる存在でもある。それゆえ、部長、道場長、および導士のみが、お浄めの最中に現れてきた霊に質問する「霊査」をおこなうことを許されている。霊は私たちに、先祖の要求を無視しているのではないか、また過去の苦しみによって先祖が怒っているのではないかといった警告（「戒告」）を示してくれる。

右に述べたように、手かざしを含めた真光の中心的儀礼や信仰からは、さまざまな典型的な日本文化的テーマの具体的表象が見える［Kitagawa 1987：261］。その表象とは、お浄めに対する深い関心、存在の清らかさと穢れの区別、儀礼を通して見られる先祖への尊敬、そして現世への霊界の影響などである［Plutschow 1983］。

教団構造

崇教真光は岐阜県の高山市に本部をおいている。主座《すざ》もしくは世界総本山と呼ばれる建物の下方の近代的高層ビル内に、教団本部は位置している。道を渡ったところに世界総本山があるのだが、ビル最上階にも道場が存在していることが、この本部の宗教的特徴として際立っている。朝と夜の儀式は、このビルの道場で執りおこなわれ、信者職員は一日中光を送りあい、重要な協議が道場で祈る人によって進められる。つまりこの道場の存在は、この教団において何が宗教的に重要なのかを示すものである。同様に、崇教真光によって高山市に設立された陽光建院病院の建物にも、最上階に道場がある。

教団本部には国際部があり、英語や他の外国語を話すことのできる「神組み手」の幹部級日本人職員が勤務している。教団内の多くの幹部は三年間の修行を経た導士である。導士は修行の一環として世界中のあらゆる地域に配置される。一方、高山近くの久々野教場で導士になるための一年間の修行後、日本人以外の導士修行課程修了者は、普通日本国内の道場に配置される。また通常、数名の外国人導士が高山の国際部に配置されている。

さて、教団は地域本部である「指導部」に分割することができる。十五の指導部があり、そのうち九が日本（一六八の単位道場）にあり、そして六の指導部が海外にある。それらはヨーロッパ（十二の道場）、アフリカ（二つの道場）、北米（四つの道場）、ラテンアメリカ（九つの道場）、オーストラリア・オセアニア（三つの道場）そしてアジア（一つの道場）各方面であり、海外に合計三十一の道場がある。そのほかにもより小さい単位である「お浄め所」や「連絡所」そして御神体のある信者の家庭での集まりなどがあるが、この道場の数から除外されていることは留意しておかなくてはならない。

これら教団の構成単位は、主座でおこなわれる秋と春の大祭の中で、目に見えるかたちで現れてくる。各大祭の最初と最後の公式行進において、指導部長が、ホールに向けて彼らの地域の旗を先頭に、その地域の道場長や代表を従えて行進してくる。すべての参加者が正装で白い手袋をはめている。またすべての指導部長が一人の例外をのぞいて日本人である。その一人の例外はオーストラリア・オセアニア方面の指導部長である、テベシス博士（Dr. Tebecis）であり、彼には以前導士であった日本人の妻がいる。またすべての指導部長は男性であるが、道場長には多くの女性もいる。

教団の活動が大きくなるに従って、信者数の増加、地理的な距離、教祖との個人的つながりの喪失等にいかに取り組んでいくかという組織構築上の課題に、宗教教団は直面する。すでに真光は、その継承という課題を経験している

［井上他編　一九九六：一六四、Cornille 1991：268］。また崇教真光は、日本で作り上げた明確な権威構造を用いて、海外道場の組織をも構造化し、国際教団に変化した。ここでは、下位から上位に向けた報告の高度な情報伝達システムによって、教団構造全体が結び付けられている。例えば、五十人以上のメンバーを持つグループ長は、毎月道場の幹部に対して、それぞれのメンバーについてのレポートを作成し提出することを求められている。これらのレポートの重要な部分は、幹部によって指導部に報告され、また指導部によって中央本部に報告される。さらに、幹部やグループ長に対しての教団運営上の要求を実効的なものとするために、これらの信者の生活や経済的貢献の状況など、すべての個人についての詳細が、記録され報告されている。

崇教真光の教団組織は、海外において通常「センター」と呼ばれる「道場」施設に第一の焦点をおいている。訓練場を「道場」と同じ言葉で呼ぶ真光教の教義と日本の格闘技のどちらにおいても、「道場」は言葉にできない宗教的な意味を持つ場所である。

崇教真光の道場はその大きさと重要性によって順序がつけられている。それは大道場、中道場、小道場、および準道場であり、以下にお浄め所、連絡所と続く。この序列は単に道場の信者数を基準としているのではない。それは信者の取り組みのレベルによっている。つまり、中道場や大道場に位置付けられるためには、地方でおこなわれる中級研修会や、主座でのみおこなわれる上級研修会の受講信者が相当程度いなくてはならない。

さらに、これらの高度な研修を受けるためには、ある一定の数の新たな信者を崇教真光に導いたという実績を持っていなくてはならない。具体的には、中級研修を受けるには五名、上級研修では二十名とされている。この道場の序列システム、そしてそれらの地位の評価基準は、日本においても海外においても共通のものである。しかし、海外にはほとんど大道場がない。世界総本山と崇教真光本部のある高山から離れた最大の道場は、京都大道場である。この道場には三百四十畳の広間があり、一九九六年の新年の行事では、千人以上の人を収容している。オーストラリアで一番大きいキャンベラの施設は中道場であり、メルボルンの施設はお浄め所である。

これらすべての道場の特徴は、家族室を備えていることであろう。そこでは、親が小さな子供と共に真光を受け、備え付けの音響・映像システムを通して講演を聞くことができる。また御神体を迎えた幹部信者の家は、希望によって、信者が集まりお浄めをおこなう「オキヨメホーム」として提供される。特に彼らが道場から遠くに住んでいる場合、その家は、一週間のうち何晩か人々が集まり真光を受けるために開放される。一九九六年の段階で、キャンベラには四つの、メルボルンには六つの「オキヨメホーム」が存在していた。

これらの道場は指導部（地域本部）が監督している。この指導部は、日本国内の各県にはひとつずつあり、ヨーロッパ・アフリカ、北米、ラテンアメリカ、アジア、そしてオーストラリア・オセアニアにも各ひとつある。オーストラリア・オセアニア指導部は、南アフリカ、パプアニューギニア、ニューギニア、ニュージーランド、ニューカレドニア、フィジーを担当している。このオーストラリア・オセアニア指導部を率いる部長が、[13]テベシス博士である。彼は教え主様の代理であり、その役割は宗教的な側面と教団運営上の側面の両方を含んでいる。そして彼は担当するすべての国の道場を定期的に訪問し、初級研修会を指導し、新入信者に「御み霊」を授ける。また彼は、地域の職員の地位の変動や昇格を統括し推薦する組織運営者でもあり、月例祭において教え主様の宗教的な代理人として指導部を導く存在でもある。教団の組織構造上は、この指導部の上に、世界総本山の向かいの建物にある、崇教真光本部が位置している。その本部の役割は、教え主様からの宗教的な指導を地域本部へ伝えるというものである。

教団内での役割は、近代的組織原理[14]と類似した形で決められており、日本でも海外でも同様のものである。教え主様自身の下には、崇教真光の本部に数名の古参幹部信者がおり、例えば管長が主座に勤務している。一般的に中心をなす地位は導士と道場長である。部長に続く道場長は、宗教的に道場を管理しており通常は地元の出身者である。しかし、まれに他所から転入された者がその任につく場合がある。一方で三年間の修行を受けた導士[15]は、教え主様の直弟子とされている。導士にはいろいろな国籍のものがおり、多くの場合約三年の間隔で国境や指導部の境界をこえて配置転換させられる。例えば、現在のメルボルン道場の導士は南アフリカ国籍が二人続いており、キャンベラの地域本部には二人の日本人導士が勤務、そしてオーストラリア人の導士が高山の国際部門に配置されている。

道場の中には、親のグループ、教育者のグループ、青年グループ、小学生グループ、幼稚園グループなどを担当する、さまざまな種類のグループ長や世話役や職員が存在している。また、青年隊や陽光農業そして医療に関してもさまざまな指導的な役割が存在している。これらのシステムの中では、宗教的な要素と近代的な官僚主義の原則が混合されている。例えば、これらのあるグループにおける指導的地位への人事は、個人の宗教的資質に基づいて教え主様によってなされるものである。さらに、集団の大きさ、その階級構造、コミュニケーションや記録の方法などは、近代社会に見られる巨大組織の様相をも反映している。

一方で教団外の一部の人達には、こうした教団の構造が、軍隊組織の印象を与えている。西ヨーロッパの真光研究者は、「真光青年隊」に見られる制服の着用や行進の実践そして規律の強調が、軍事的であると指摘している［Cornille 1991 : 281］。この真光青年隊は、真光の若い信者にとって強制的なものではなく、この部隊に所属するものの割合は少ない。しかし、年中行事としての大きな祭典が組織される際、彼ら青年隊は人的エネルギーとして貢献する。例えば、キャンベラの地域本部における月例祭で真光青年隊は、場所を準備し、信者に挨拶をし、訪問者が到着したときにはその人たちを迎え、席につく世話をする。彼らの行為は、日本のデパートの玄関で客に挨拶をする女性店員に似ている。彼らは、緑の上着とクリーム色のスカートかズボンをきちっと着込み、その国の言葉ではあるが日本式の明るく丁寧な挨拶をおこなう。主座での主要年間行事では、真光青年隊は階段に列をなして、世界中から到着する神組み手に挨拶する。また、大ホールへ向かう人の列を整理し、参加者が到着また退出するときにはお土産や贈り物を手渡す。さらに、名古屋の大型催し物会場でおこなわれる「お払い祭」では、教え主様が大きな黒いリムジンで到着するときに、道に並び敬礼をおこなう。シンガポールの地域本部の月例祭で青年隊は、カーペットの床に並んで座っている人たちに移動してもらうように頼み、道場の中で多くの人の席順を決める責任を果たしていた。また真光青年隊は、主座でおこなわれる大祭で式典中、地域本部や道場それぞれの旗を持つという重要な役割を持っている。この大祭に先立って、彼らは制服や民族衣装やフットボールのチアリーダーのような服装で、崇教真光の青年信者行進のなかで高山の街中を行進する。真光青年隊は訓練されており、まるで軍隊の行進を思わせる。そしてその制服は、多様な国からの若い信者をひとつにまとめ、それゆえ真光の世界的アイデンティティの主要な特徴となっている。

崇教真光の教団形態には、極端なあたかも軍隊的な統制の印象を与える別の一面も存在している。例えば、日本の大きな道場にはビデオ監視システムが設置され、道場長の部屋にはホールで何がおこなわれているかを見ることのできるモニターがある。これらの機器は、訪問者を見のがなさいためのものであると説明された。また道場への訪問者が、到着と退出の時間を氏名と共に記録しなくてはならないことも、厳格な組織という印象を与えている。[16] この記録は日本では受付係によって通覧され、道場訪問の最初の儀式といえる。オーストラリアでは、記録簿が道場の入り口付近に置かれてはいるが、その雰囲気はゆるやかである。[17] 一方マレーシアでは、訪問記録は非常に厳格であった。受付係は訪問者に名前とIDもしくはパスポート番号そして所属教団について書式にそって記述せよと、強く要求していた。なぜならこれは、マレーシア政府が、人口の六〇パーセントをイスラム教が占める国内での非イスラム教布教活動を禁止しているためである。また、到着と退出を記録する教団の慣例は真光のみに特異なものではなく、日本文化の本流にある典型的な行為でもある。例えば日本の研究機関では、その研究者は受付に到着と退出の時間を記録することを求められ、また、その建物はビデオ監視の対象であった。しかし、こうした入退出の記録やビデオ監視などの真光道場に見られる特徴は、オーストラリアや他の海外の真光信者にとっては、宗教的な環境の中では似つかわしくないと思われているようである。

社縁文化

信者の獲得

真光は、その組織が比較的新しいため、常に組織的な形態を進化させつつあり、教団形態はかなり流動的なものである。一九七〇年代、海外への初期の教団拡大期には、あらゆる有効な方法が試された。当初その教えは、友人や仲間に光を与える個々の組み手の存在を通して広まり、また個人的なつながりによってできあがる核となる集団を通して広まっていった。多くの真光道場を南アメリカに設立した幹部信者は、一人の青年がこの地域に真光を広めたいという理想と共にどのようにしてブラジル行きの船に乗ったか、という話を教えてくれた。この船上で、彼は多くの問題を抱える人々に出会い、その人達に手かざしを申し出た。光を受けた人達が劇的な改善を経験し、彼がサンパウロへ上陸、そして乗客が友人や親戚にこの光について話したことで、信奉者が増加していった。このようにして南アメリカの道場はできあがっていった。

真光の第二の特徴は、人々が御神体を家に持つことのできる可能性にある。そしてこうした御神体をもつ幹部信者が広く社会に存在することが、非公式な教団拡張運動の原動力を増加させている。人々が真光を経験し、それに伴う個人的な奇跡を経験すると、地域の研修コース設立の要望がたちあがる。このような地域での研修コースを保持するのに適切な信者数が十分となるまでは（通常最低でも二十人以上）、組み手になろうとするものは研修を受けるために遠方まで、時には海外まで行かなくてはならない。一度地域の要求が沸き起こると、幹部信者、通常は指導部長が、研修を授けるために特別にその地域へ出張する。これがその地域での新しいお浄め所や道場のはじまりである。しかし、こうした施設の設立にはメンバーが、御神体への十分な祭祀をおこない、御神体の世話が適切にできるかなど、十分な資格が必要となる。

崇教真光がアジアで成功したのは、時のアジア地域部長であるアンドリス・テベシス博士の存在によるものであると、著者は説明された。第二次世界大戦時の日本による占領以後、東南アジアでは日本に対してかなりの反感がある。そのため、彼が研修を授けるためにやって来たオーストラリア人（彼はラトビア系ではあるが）であるという事実は、外面上日本の宗教と見られるものの受け入れという側面においては、非常に肯定的な要素であった。こうした事情を、一人の組み手が著者に説明してくれた。また、テベシス博士は『Mahikari, Thank God for the Answers at Last』という英文の非常に影響力のある本を著している。図書館、友人の家、書店などでそれを見つけた多くの人々がこの本を読んでいる。この本は、真光の基本教義の概要を教えてくれ、そして真光を受けた人々の奇跡体験を多く掲載している。

教団本部国際部の主任は、地域「指導部」からなる組織の形態は、崇教真光の海外における急激な拡張のひとつの要因であると、著者に説明してくれた。地域部長は、幹部職に職員を配置し、また宗教的な指導者である導士をさまざまな地域の道場へ配置転換させられる自治権が与えられている。さらに、部長は地域の道場間の定期的な訪問によって、その地域の状況を把握し、必要に応じた適切な職員を配置することができる。後に、キャンベラに基盤をおくアジア・オセアニア方面部長になったテベシス博士は、オーストラリアの主要都市や、ニュージーランド、ニューカレドニア、ニューギニア、そして南アフリカにある彼の担当施設を定期的に訪問し、研修を開催している。南アフリカ出身の導士三人がオーストラリアの道場に所属し、また上記すべての国からキャンベラの指導部に幹部候補生が住み込みにきていた。このように、職員の世界的な配置転換は、教団の構造の中に埋め込まれたものとなっている。特に導士は世界中のあらゆる道場への配置が当然とされているが、通常はまず出身の地域内もしくは日本へ配置される場合が多い。彼ら導士のこうした移動が、教団を国際的なものとする重要な機能を果している。

道場長である幹部や他の準幹部は、一般的に仕事と家族をその居住地に持ち、それゆえ通常配置転換はない。一方で、導士は単身者なら道場に居住している。彼らは給与を受け取っているが、個人の財産はほとんどなく、生活は非常に質素なものである。彼ら導士は通常三十歳台後半までは結婚せず、また結婚する場合も相手はしばしば他の導士であることが多い。女性導士は結婚によってその職を辞めなくてはならず、そして準幹部になる。結婚し仕事をもっている他の幹部と違い、導士は家族を持っている場合でも、定期的に遠方の新しい道場に配置転換させられる。そのため、一人の導士が通常三年以上一つの道場に配置されることはない。この定期的な職員の移動が、教団に強い国際的な感覚を与えている。しかしこうした状況の中でも、海外における日本人導士の専念の度合いは非常に高く、日本企業における海外勤務の日本人管理職の専念度や、組織的な管理機構として用いられる方法とも類比することができる［Sim 1977］。

教団運営幹部の募集

教団が急速に拡大し、道場がすべての西欧主要都市やほとんどの開発途上国の首都に設置されるのにともなって、熟練した職員を新たな教団運営部門に配置しなくてはならないという当然の課題に、教団は直面した。道場の運営は数々の問題を同時に扱えるような有能な人物を必要とする。例えば、霊障を引き起こす憑衣霊についての霊査など宗教上の問題。また、職員間の関係など人事の問題。さらに、道場は通常賃貸であり、また賑やかなショッピングセンター内や交通の便のよい場所に位置しているために、高額の家賃を払わなくてはならないといった経済的な問題、などである。また幹部は、家族問題や他の社会的問題を持つ信者への相談に、神からの救いとして助言するための十分な宗教的能力を持っていなくてはならない。仮にこうした問題が幹部にとって難しすぎる場合、彼らは上位の部長もしくは最終的には教え主様にこうした問題を報告することが奨励されている。しかし、もちろん上位の教団幹部は、数千の地域を担当しており、そうした報告を選別する必要がでてくる。

男性と女性の差別のない真光は、女性信者の持つ多大な教団運営能力や宗教的能力に対して、教団自体を開放している。これによって教団は、人的資源を有効に活用している。例えば、重要な役職についている女性もいる。まず、京都大道場長は女性である。また、オーストラリア最大の道場長は女性であり、高山の陽光健院の所長は女性の医師である。火と水（男性と女性に相当する）の調和を強調する真光の教説によると、女性は彼女たちの女性としての利点を、指導的役割の中においても保っている。ただ、こうした女性たちは、重要な役職の権威を引き受けるために、個人的能力における火（男性的）の一面を活発化させているのかもしれない。どちらにしても、こうした女性の特質を尊重する点において、真光は性別間の違いの原理を称賛し、それを積極的な方向に利用しているといえる。

しかし、有能な宗教的運営者を早急に育成する必要はなお教団内に存在しているし、所属道場の幹部が初級信者の指導に十分な経験を持っていないという不満を持つ信者もいた。

動機

真光は、初級研修会の後の定期的勉強会を開催し、またその集団運営の制度によって、信者に真光の業を実践しつづけさせている。そこでは新入信者に地理的に近い幹部の信者が指導者としての役割を果たしている。グループの担当者は通常家に御神体を持っており、彼らのグループメンバーを招き、月例の御神体祭をおこなう。これは通常短いお祈りをともなった行事で、前後に参加者による手かざしがある。そしてお茶とケーキが出される。道場と同様に参加者はお金をお供えし、これらはグループ担当者によって道場に渡される。

また、真光への勧誘を促す材料となる月刊誌が、アジア・オセアニア地区と北米地区においては英語で、日本においては日本語で発行されている。[18] これらの本は魅力的な装丁で、安価で購読しやすく、奇跡を体験し真光の業を通して人生を根本的に変化させた信者の興味深い体験談が掲載されている。その体験談は写真とともに平易に書かれており、その人の姿と人生を理解し、自らの姿と比較することが容易である。

祭典もまた、信者をひきつける要素を含んでいる。どの主要祭典においても、個人の真光についての体験談を発表する部分が印象的である。この発表者は幹部ではない信者の代表である。それらの体験談は事前に用意され、原稿は教団による審査を受けている。この文章は型どおりに読まれるのだが、その告白には、人の悲しみについての感動的な話や、真光を受けることを通して逆境に打ち勝った人の話等が含まれている。こうした体験は、その話をする人にとっても、また涙を流す聴衆にとっても共通のものである。この状況は、絆を作ると同時にカタルシスの機能を持っており、聴衆の前でのこの種の体験告白は、多くの新宗教で見られる。また、日常的レベルにおいても、朝の行事の終わりや道場を閉める前など、道場長がそこにいる信者に、彼らの最近の奇跡や経験について語り合おうと勧めることがある。これらの話は、試験に合格した、道場に来るためのよい駐車スペースを得た、健康回復の奇跡、など多岐にわたっている。

価値の保存——国際化の中で

真光は、注目すべき単一の「社縁文化」を、その世界的教団組織内に作り上げている。それは、共通の儀式の実践、地方における共通の教団構造、世界から一カ所に信者を集める巡礼、そして最も重要な、人々の生活の中を通して目に見える奇跡の効果を持つ「真光の業」の共通の実践などに基盤を置いている。さらに信者は道場の清掃に単一の基準を持っており、また儀式の実践における厳格な基準や、真光の教義理解の度合いにも、単一のものを持っている。著者は、オーストラリア、マレーシア、フィリピン、シンガポール、そして日本において基本的に共通の質問をおこなった。そこでは、教義についての質問への答えが非常に類似していた。個人個人はそうした問題について違った見解を持っていたが、この調査では、国別の文化的特徴に基づく違いはなかった。

新宗教教団が海外へ拡張する上での議論の焦点は、その教義と地元文化の混合にある。それは、海外信者の違った文化背景を受け入れるために、どの程度まで教義を変化させるのかというものである。キリスト教やイスラム教や仏教のような古い宗教の場合、信者を引き付け、保つために数世紀の間に宗教が変化しさまざまな地域差が存在している。一方で日本の新宗教の場合、グローバル化の過程は比較的最近の出来事であり、ほとんど地域的な変化は見られない。

海外においても崇教真光の式典や教義等の中心部分には変化はない。また教団の目に見える部分でも、世界的な統一性は保たれている。シンガポールやマレーシアそして多くのオーストラリアの道場を訪問したところ、著者はその設計、配置そして雰囲気が清潔で静かなことなどが似通っていることに驚いた。特に、公共の空間が雑然としているマレーシアやフィリピンのような場所でも、真光道場の清潔さは感動的である。

さらに、ひざまずき、お辞儀をし、拍手を打つお祈りの形もすべての地域で同じものである。信者は、大きな祭典の前には、導士にこのお祈りの形を指導される。海外では状況によって、祈りは椅子に座るか立っておこなわれることもある。しかしこうした祈りの方法は、日本人が日本においておこなうことも可能である。例えば主座では、祈りは椅子に座っておこなわれる。また、高山市の郊外にある、救い主様を祀った山の神社である「光神殿」を詣でた場合、信者は集団で立ってお祈りをする。さらに、オーストラリアの道場での勉強会や月例祭においては、参拝者は椅子に座り、そのままお祈りをする。しかしどの国においても、道場での日常の活動では、お祈りは床の上でおこなわれる。日本人以外の神組み手も同様に式典の間は、横を向いて三歩進み、上半身を三十度曲げた、御神体に近づくための作法を受け入れている。この作法自体は特別のものではあるのだが、一般的なお辞儀すらもオーストラリア人にとっては非日常的な行為であることに留意したい。

すべての信者は道場で靴を脱ぎ、道場を動き回るときに御神体の前を通りすぎる場合、短いお辞儀をするということをこころ得ている。彼らはお祈りや光を受ける時はひざまずいて正座をする。ただし、身体的問題がある場合は椅子か小さな台に座りひざまずくのを補助する。正座が大変であるとわかっているにもかかわらず、多くの人が彼らの献身をあらわす作法上の形式として正座の努力をする。

宗教的な知識や実践が進んでいる信者は、祭壇を家に迎え、男性方の先祖に対して食物を毎日供えることを奨励される。これはオーストラリアの世界観にとっては、異邦的なものであるけれども、ほとんどの既存信者はこの祭壇を迎え、定期的なお供えをしていた。最も段階の高い信者は、家に御神体を迎える。この御神体を迎える場合は、高度な奉仕と清掃を必要とし、清掃を怠り長期間放置することなどはできない。こうした宗教行動は、オーストラリア文化の中には先例がないものである。

崇教真光の本部から見ると、地域の文化信仰にあわせて教義を適応させる必要は存在しえない。しかし、コミュニケーション形態へのいくつかの小さな譲歩を、ここであげることはできる。例えば教義によると、すべての宗教や言語は日本に由来すると説かれている。この教えをすぐに受容することが難しい日本人以外の人は、最初にすべてを受容しなくてもよいといわれる。まずは、お浄めを定期的に受け、それによってこうした教えの真実がわかるようになってくるといわれている。多くの人は、示された教義の相当部分を受け入れることのできないまま、初級研修会を受ける。しかし、こうした信仰への許容性が最初に説明され、それが受容可能であることが、彼らを真光の信仰にとどめている。そして彼らの信仰は、自らや周りの人の日常生活内での実際の奇跡の出現によって強化される。また、祭典の中に奇跡出現の体験談発表が組み込まれているということが、自らの経験の重要性を強化するものである。

近年、使用言語においては、わずかな地域への適応があった。主たるお祈りである「天津祈言」はいつも日本語で暗唱される。そしてそれは、真光の教義の世界化を示す大きな特徴であった。日本語をしゃべらず、日本に来たこともないオーストラリア人や他の国籍の人が、ためらいもなく、混雑した道場の中、大声でこのお祈りを暗唱するのを見ることは、文化人類学者を駆りたてる経験である。また信者は、さらに長いお祈りも日本語で記憶している。

しかし、シドニー道場の何人かの信者は、これらの作法の日本的一面、特に膝を曲げお辞儀をし、道場全体に挨拶をすることに不快感を持っていた。同様に「天津祈言」は、日本語よりむしろ英語で「divine prayer（神の祈り）」と表現されるようになっていた。そして他の重要な用語も英語に翻訳されている。一九九七年、著者は高山の本部で、現在まで使われていた日本語の用語に代わって、英語圏の道場で使う用語の翻訳についての助言を求められた。そして、この用語リストが議論される部長会合が、高山での大祭のときにおこなわれた。また次に、道場長や部長や「チーフ」などの役職名で教団内の役職者を呼ぶ日本式の呼び方は、現在、個人の名を呼ぶシステムに代わりつつある。これらは、地域信者の社会関係の形式やコミュニケーションへの比較的小さな譲歩である。しかし、お辞儀や拍手、「天津祈言」の日本語での暗唱、御神体への畏敬の念などの儀礼作法は、決して変えられることはない。

対照的に、この数十年間堅実な海外布教活動をおこない、十六の言語をカバーする翻訳・出版部門を擁する天理教では、中心となる儀礼的お祈りを地域の言語に翻訳しなくてはならないという課題に直面している。このお祈りは、優雅な手の動きと共に特別の調子で唄われるため、地域言語をこの既存リズムへ当てはめることは大きな課題である。それでも布教部門の天理教幹部は、これが海外へ天理教を広める手助けになるだろうと感じている。天理教は二十世紀初めから海外布教活動に関与している。事実天理教は、国立民族学博物館に先行する日本初の民族学博物館を設立し、布教のための広範な外国語学部を持つ大学を設立している。しかし皮肉なことに、崇教真光の今日の海外展開は、日本的儀礼形式や文化実践の保守という主張にかかわらず、天理教以上の急激なものであるということができるであろう。

信者としての転換点

研修を受け、「御み霊」を受けることで、その人は真光との間に多大な関係をもつことになる。なぜならそのことは、「御み霊」を世話し、光を他人に与え、また道場を定期的に訪問し、そして経済的貢献をおこなうという、一人の生活形態の転換を意味しているからである。またこの段階で信者は、祭壇を家に迎えることを考えるだろう。それは、きまった形式の祭壇と先祖の位牌を購入し、小さな食器で食物を毎日お供えすること意味している。このように生活の形態を変えるほどの情熱は、個人的な奇跡と浄化の経験、また手かざしによって他の人を助けることを許されること、そして多分その人たちの生活に起こる奇跡を間近にすることなどによって生み出されるものである。しかし、健康問題や経済的問題そして人間関係上の問題などに対する浄化のみに興味がむくと、真光自体への魅力はなくなってゆく。そこでは、これら浄化作用が歓迎されても、真光自体を受け入れるのが難しくなる。信者は手かざしのみに自己満足し、その場にとどまる。さらには脱会が生じる。こうしたほとんど道場に来ないが必ずしも完全に真光に失望したわけでもない信者を、幹部は「休眠」信者と呼んでいる。グループ担当者はこれら休眠メンバーを寛大に扱うが、しかし強引に引き戻そうとすることはない。

一方で、何人かの信者、特に教団内で高い地位を持っていた数人が、教団を去った後、教団に敵対するようになったという事例もある。彼らは、戦時中の日本の残虐行為や他の感情的な話題のリンクと共に、インターネット上に彼らの経験や考えの文章を掲載している。教団にとって、インターネットの内容を読みそれに賛同した信者を失うことは重大な一撃であった。この出来事はインターネットが日常生活の一部となっている国においてはより衝撃的であった。それゆえ、ほとんどの信者が家庭にコンピュータを持っていないフィリピンより、シンガポールのほうが影響を受けた。このインターネット騒動では、教え主様はインターネット上に崇教真光の公式ホームページをおくことで、しっかりとした返答を拒絶した。しかしそのため、「真光」の用語で検索する場合、真光批判の文章がより多く検索されてくる。ハイパーテキストのリンク機能は、直接の感情的インパクトを持つことで、この反真光運動の背後にいる者にとって、圧倒的な武器となっている。しかし、リンクに掲載された情報の正当性は不確かな部分がある。例えば反真光運動のリンクには、教祖の日本軍士官としての過去と、南京事件での日本軍の活動のリンクがあり、この両者をリンクで関連付けたことで、教祖が南京事件に参加したことを暗示している。しかし、このことは実際ホームページの文面上には現れてこない。

こうした反真光運動が出現したということは、崇教真光が教団として、人員的かつ経済的強さにおいて、成熟したことの現れでもある。この崇教真光と同等規模の他の教団においても、脱会信者や、分派を模索する信者は出現し、多くの日本の新宗教に関する文献が、類似した現象を記述している。財務に関する非難や教団幹部信者の異性問題などが、こうした攻撃の典型である。しかし、崇教真光のこの事例に見られるように、インターネットというメディアの利用は、こうした攻撃をより効果的なものとしている。一方、他の新宗教では彼らの信仰をより深めるために、効果的にインターネットを利用している。しかし崇教真光は、宗教的なインターネット利用は保留している。この教団では、こうしたインターネットの宗教的利用は模索の段階であるため、何が得られるかははっきりしていない。

金銭的なものについて

主神への金銭のお供えは、道場でおこなわれる儀礼の中で、非常に重要な役割を持っている。強制的なものではないのだが、ほとんどの信者は道場に入ると、すぐにお供えのための封筒のあるカウンターに行き、紙に名前を書く。そして、金額とお供えの目的、例えば、お浄めを受けることへの寄付、もしくは神との関係を作る「おたまぐし」などと書く。次に手を掲げ「天津祈言」を唱える真光の業によってこの封筒は浄められる。そして、封筒はお祈り、お辞儀と拍手をともなって、うやうやしく御神体前の箱に置かれる。封筒は表が前を向き、文字が上下逆にならないように箱に入れるなど、厳格な扱いが求められる。日本の道場において著者は、封筒内のお札でさえも表を向いているように教えられた。また、著者は組み手ではないため、お供えを箱に入れる前に、信者によるお浄めを受けるようといわれた。

どんな小さな額でも歓迎され、道場にはお供えを供えるための紙の封筒と、コイン用の小さなビニール袋が記載のための専用台の上に置かれている。どんな場合にも、誰がいくら寄付したかの合計は幹部によって記録されている。そして、分相応より多い寄付をした人は幹部になるチャンスが大きいと、ある人物が指摘していた。そうしたことから、お金は、手かざしの頻度と同様、教団や主神との関わりを示す主要な指標のひとつである。ところでこの教団は、海外信者からの巨額なお金を、主座や光神殿のような豪華な礼拝所を建てるのに使ったと糾弾を受けたことがある。しかし、お金を寄付したほとんどの人が、この建築目的に使われたことに大きな幸せを感じており、できる限りこれらが建てられている場所を訪れている。また信者は、経済的に可能であるならば、大祭に少なくとも年に一度は参加している。

グローバル化——それを促進する要因

真光の業

真光の教説の中心的要素は、真光を受けることに続く奇跡の経験である。人々は身体の病気の奇跡的改善を口にする。また、彼らの人間関係の問題もしばしば改善し、経済的また職業上の環境も改善している。健康や人間関係の問題は、どのような社会においても苦しみの主たる部分である。そして、フィリピンなどに比べて、人々が物質的に豊かなオーストラリアや日本のような裕福な社会においてさえも、この状況は変わらない。近代科学において奇跡としかいえない個人の経験が、真光に入信するほとんどの人々の中心的な理由であった。そしてこの奇跡の経験こそが、真光の儀礼や教団の持つ文化的異質性に対して入信者が抱く躊躇に打ち勝つ、強力な要因であった。

不幸の原因

真光の教説は、不幸の原因についての分かりやすい説明を提供している。そしてまた、その教えは不幸を乗りこえる実際的な方法をも示している。苦しみの経験やそれを理解し乗りこえようとする願いは、文化を超越した人間の生命の一面である。新しく入信した信者はまず、輪廻の教えを理解する必要がある。そうすることで、次の真光の中心的教義を理解することができる。すなわち、われわれの苦しみの八〇パーセントは、過去世で私たちがおこなったことのために、もしくは先祖がなしたことのために、私たちを苦しめている憑衣霊の存在によるものであるというものである。インタビューに答えてくれたほとんどの人が、真光に出合うまでは不幸についての説明が得られなかったと述べた。そして、この信仰が、彼らを満足させていた。さらにこうした不幸についての説明だけでなく、真光は、手かざしによって苦しみを乗りこえる具体的な方法を提供し、またその真光が実際に作用した多くの実例を、彼ら自身や周りの人が経験していた。

家族の強調

すべての道場には子供のための場所がある。この施設は、通常では宗教的雰囲気を邪魔してしまう小さな子を持つ母親にとって非常に重要なものである。小さな子の母親は、子守りから手を離せないため、家庭であってさえも通常はどんな形の宗教行為にも参加することができない。崇教真光は、この親達に歓迎される場所を作った。そこでは、子供がいても、手かざしのときに他の信者の手助けを得ることができる。この目的のため、何が中央の部屋で起こっているか写すテレビモニターを備えた家族室が、すべての道場にはある。小さな子供の親は、その部屋に留まり、気安い雰囲気の中で手かざしをおこなう。毎年十二月に名古屋でおこなわれる大きな祭典であるお払い祭でも、幼い家族を持つ組み手のために用意された特別の部屋があり、そこはいつも満員である。

日本人以外の組み手を歓迎するということ

国際部は、教団の外国人組み手が歓迎されるように多くの努力をしている。世界総本山、主座に訪れることは、すべての組み手にとって最高の経験である。そして外国人組み手は、この主座への旅行のために、懸命に貯蓄に励む。通常彼らは、年中行事のひとつである秋もしくは春の大祭、または名古屋での十二月初旬のお払い祭のときに、道場の組織したパック旅行に参加する。この名古屋の催し物会場でたくさんの人が参加しておこなわれるお払い祭では、外国人組み手のために、椅子席で各国語同時翻訳機器(19)の付いた特別席の配慮がある。一方、日本人の参加者は靴を入れた袋を持って、ホールにひかれた畳の上に座っている。

また主座自体が、崇教真光のグローバル感覚を反映している。海外の道場でのすべての活動は畳やカーペットの床の上で執りおこなわれるが、主座では、すべてが劇場式の快適な椅子席である。祭典は非常に国際的であり、パイプオルガンが式典の入場の音楽として演奏され、世界中からきた組み手がおこなう文化的出し物が式次第の中に組み込まれている。

主座を訪れるとき、外国人組み手は特別の感情を抱く。彼らは会場の一番前、来賓席のすぐ後ろに座り、そして、一人一人への教え主様からの特別の贈りものを祭典の終わりにもらう。著者は、秋の大祭の後、デパートの包装紙に包まれた素晴らしいケーキをもらった。

さらに、主座の建築はこの教団のグローバル性を反映したものである。そこには、モスクの塔を思わせるイスラム調の塔が存在している。また、崇教真光の聖なる紋章は、ダビデの星を組みあわせたものであるし、マヤ調の泉がある。そして主座の内部は、世界中のあらゆる分野の組み手や組み手以外の芸術家からの寄付によって装飾されている。こうしたことは、崇教真光の教義が目に見える形であらわれたものである。つまりこの教義では、崇教真光が超宗教でありすべての宗教を包含するものであると説いており、また崇教真光の信者は、キリスト教、イスラム教、仏教、ユダヤ教などの真光に入信する以前の信仰を保持することを拒まれるようなことはない。

結論

この論文の中で私は、次のことを議論してきた。まず、崇教真光の特徴的な教団組織の形態が、その海外への急速な拡張を促進したこと。そして、その宗教的文化の中心要素である「真光の業」による光を放つ儀礼の実践が、深奥の状況である「想念」を浄めるとされ、異質文化の信者の価値体系や行動の中に単一性を築く強力な要因であることである。さらに、真光に関連した奇跡の出現は、世界への教団拡張の最大の要因であった。それゆえ、一義的には宗教的な枠組みに宗教団体は位置しているのだが、グローバル化した企業実践や企業形態の視点から、これら宗教団体を改めて分析することは有益である。企業文化を儀礼理論から分析するように、宗教がグローバル化し巨大近代組織の特質を持つことで、宗教的儀礼を社縁文化として分析することも可能となる。

注

(1) 大量殺人など、カルト教団信者による世界での不幸な事件の結果として、メディアは宗教教団の犯罪とされたものの取材内容を、センセーショナルなニュース項目としてきた。

(2) 新宗教は「十九世紀中葉以降の日本において、従来の既成宗教の伝統とは別個に、民衆自身によって創始されたあらゆる宗教運動」[Tsushima et al. 1979 : 140n] と定義されている。専門家にとってさえも、新たに出現しつつある宗教運動すべてをカバーする定義を作りあげることは、非常に難しい。井上は [1991 : 5-6]、完全に新しい宗教運動と既存宗教の再生形態として出現したものを区別するための議論が必要であるとしている。彼はこれを以下のように結論づけている。つまり、「仮に新しい指導者によって始められ、新しい名前で呼ばれた場合、ほとんどの研究者は『新しい』宗教と考えてしまう」。同様に、シャーマン的指導者の周りに焦点をおいた民族宗教の場合、それまでのものと区別は難しい。ここで井上は「その集団の示す理念や目的の新しさの程度」に焦点を置くことを提案している。

島薗によると [Shimazono 1993, Reader 1993 : 235] 第二次世界大戦後に出現し、一九七〇〜八〇年代に劇的な成長を遂げた「新・新宗教」は、実践と信仰における即座の利益に焦点を置いた点と、運動のカリスマ的リーダーの能力に焦点を置いた点によって、それまでのものと区別される [Koepping 1977 : 117-120]。つまり新・新宗教は、仏教の持つ彼岸の世界観に対して、現世での明確な利益と救済を提供するものである。さらに重要なことは、真光のような新宗教において、神の光による浄めの力への信仰は、現世における道徳的な体系に結び付けられていることである。新宗教は、人間の運命は単に神や他の超越的な存在によってのみ決定されるのではないと説く。一方でその新宗教は、態度や毎日の行いを変えるような自身の努力によって、救済や幸福はこの人生で達成できるとも説く

［Shimazono 1993 : 293］。真光の場合、内的な変化の能力は、創造神からの真光を受けることによって、大きく高めることができると考えられている。「今ここで」の宗教的テーマについての教説を提供するので、それゆえ新宗教は、典型的近代資本主義社会における競争価値の世界で活動する個人にとってより受け入れやすいものである［Reader 1993 : 236］。また島薗は、日本の既成宗教や民間信仰が家族や社会を重要視するのに対して、新宗教は個人の霊的な状況を重要視するとも指摘している。真光においてもこの点が、個人の守護霊と霊的向上への信仰として現れている。

（3）宗教的な系譜によると岡田光玉は、一九三四年に設立された世界救世教の信者であった。この教団は、真光と同様の除霊の実践や身体を浄めるための宗教的な光の転移の実践法を持っている。そして、世界救世教の設立者である岡田茂吉は、一九二〇年代から一九三一年まで大本教の信者であった。どちらの岡田も、教団を設立する前に健康を害し、破産を経験した事業家であった。

（4）「気」はMcVeigh［1992a : 55］によって、「生命力や存在を支える本質」と定義されている。この宗教的なエネルギーは、漢方や格闘技や書道のような他の芸術や技術の体系の中でも、素晴らしい結果を作りあげるためには、時には物理的論理を否定して、高めるべきものとされる。

（5）真光の道場において、出席者が神組み手であるかそれとも未組み手（非信者）であるかの識別は、非信者を見落とさないためにも非常に重要であると、説明された。この信者であるかどうかという項目とその出身道場は、玄関の用紙に記録される。またこの記録には、到着と退出の時間とその人物がお浄めを受けたかどうかが記されている。この信者であるかどうか等の強調は、言葉と身体による象徴に加えて、崇教真光の社縁文化の顕著な要素である（日本のいくつかの道場では、非信者はそうであることを示すバッチをつけることを求められる。これは赤と白の輪がある大きなバッチで、一方には黄色いウールの飾りがついている。これはオーストラリアの道場では必要ではない）。道場において、新人は組み手もしくは未組み手として紹介される。非信者である未組み手は非常に歓迎され、真光に入信するいかなる義務もなく、彼らが希望するごとに真光が与えられる。言うまでもなく、非信者は光を送ることは出来ない。しかし、新入者にはこのことは分からない。たとえば、私は朝の会に非信者として道場に参加し歓迎された。しかし、周辺の浄化で、信者が集団で立ちあがり手を掲げて真光を送りながら三六〇度ぐるっと回るとき、私は彼らの動きをまねようと試みたが、手は脇にそのままにしておくようにと丁重に言われたことがある。

(6) この行為はお浄め、手かざし、真光の業としても知られている。真光を送ることは、真光の宗教としての中心的な特徴である。光を送るものと受けるもののどちらにとっても、この行為は有益なものである。もし両方が神組み手であったら、お互いに真光を当てあう。真光の経験はいかなる教説の知識的な理解よりも重要であると、信者は強調する。本当の理解は真光の経験のみによって現れてくる。実際、信者は完全に教えのすべてを理解し受け入れるようになるまでに、何度も初級研修を受ける。そして、真光の継続的な経験によって、信者は教えの重要性を理解するようになる。

(7) この割合は、三〇〜七〇パーセントまでいろいろな説がある［Cornille 1991 : 270］。権力的な宗教でも高い脱会率の場合があるが、真光の場合、脱落した信者に復帰を促すようなプレッシャーはない。彼らは非活動もしくは休眠信者と呼ばれる。

(8) 徳教（Dejiao）における同様の特徴も興味深い。この徳教は、一九三九年に中国南方の広東地方で起こった新宗教であり、タイやマレーシア、シンガポール、香港で強力な基盤を形成している。信者は、「世界の五大宗教」（儒教、仏教、道教、キリスト教そしてイスラム教）の中心的な特徴は、徳教の教えに含まれると、主張する。「儒教の同情的理解、仏教の哀れみの思考、道教の徳、キリスト教の世界愛、イスラム教の寛大さ、これらの美徳は根本的に同一のものである。それゆえに世界五大宗教と呼ばれるこれらすべては、徳教のただの支流でしかない」［Yoshihara 1988 : 203-204］。こうした包括の教義は、信者勧誘のための戦略を象徴しているといえる。しかし教義の見地から見ると、崇教真光の場合、そうした包括の教義は、通常は個々の宗教に分担される宗教的な原理を具現化し乗り超える超宗教信仰の体系が真光教であるという自身の主張を反映したものである。

(9) 真光における象徴利用のより広範な議論は、Knecht［1995］を参照のこと。

(10) 日本におけるこれらの実践についての議論は McVeigh［1992b］を参照のこと。オーストラリアや他の海外の真光信者は、誠実にこうした清潔さの儀礼的基準を保っていた。

(11) 金銭の寄付には、一緒に小さな紙が含まれている。そこには寄付者の名前や金額や寄付の目的が記されている。寄付の目的としては、神に感謝の関係を結ぼうとする「お玉ぐし」や「お浄め」などがある。組み手ではない著者は、お金を箱の中に入れる前にいつも信者によるお浄めを受けなくてはならなかった。

（12）一般的にはたばこに火はつけられない。しかし、信者の何人かは、時々火のついたたばこを供え、まるで煙がたばこ好きの先祖の位牌に向けて吸われているようであると教えてくれた。

（13）すべての地域のリーダーは教え主様によって直接に任命される。彼らはそれを宗教的な任命と考えている。教団内に正式の役割を持つ人すべてが、その地位はある意味で教え主様と宗教的な絆を持つということであると話してくれた。また、オーストラリア・オセアニアの部長は、運営自体は地域で自律的におこなっていると、著者に対して述べた。

（14）Giddens［1989 : 745］は、組織を「個人の大きな集団であり、明確な一式の権威の関係を含んだもの」と定義している。さらには、近代的組織の一つである官僚組織は、「明確な権威の序列によって特徴づけられる組織の一形態。手続を記した成文法が存在し、有給の職員が勤務している」［735］としている。世界的な大きさに育つ教団を組織化するために、崇教真光は、序列間の有効な情報交換と共に、官僚組織に似た近代的な組織構造を発展させた。別の論点となるのだが、崇教真光の序列関係と儀礼の相互作用は、McVeigh の論文 “The Authorization of Ritual and Ritualization of Authority : The Practice of Values in a Japanese New Religion” の主要なテーマである。

（15）導士の集中修行は、すべての国籍の人に開かれており、高山の特別導士修行機関で日本語によっておこなわれる。今までのところ三十期の卒業生がおり、導士はたとえば「一九八七年期」の出身と定義する。また、日本企業の社員が、自身を就職年で先輩・後輩と定義するように、導士は仲間の導士の卒業年を認知している。しかし、宗教的な優越や劣等概念は導士の中にはない。導士は修行を受ける前に両親の許可を受けなくてはならない。真光は、家族の調和と先祖への崇敬を強調する。それゆえ仮に両親が、子供が導士になりたいと希望することに強く反対したとき、それは教えの意に反したものとなる。数百の部門から三十〜五十人の候補者が毎年選抜される。試験は面接と、また真光の信者である両親へのインタビューも含んでいる。外国人の候補者は地域本部長の推薦が必要である。男性の候補者は三十五歳以下でなくてはならず（女性はより若い）、そして導士の候補者は独身であることが望ましい。なぜなら、彼らは修行機関の「独身」寮に住まわなくてはならず、そして二年間世界中のあらゆる道場に実地修行のために配置されるためである。修行機関での生活はスパルタ的であり、生活費は教え主様から支給され、それ以降の個人収入は最小限度である。各期の導士候補者の一〇パーセントは外国人である。女性は導士の候補者としては多少男性より数で勝っているが、彼女達は結婚後役職を辞退することが求められる。彼女達にとって、導士と女性としての家庭での両方の仕事をこなすことは、不可能であると考えられている。結婚し母となった後、多くは真光の活動的な信者となり、準幹部の仕事を引き受ける。男性の導士は、しばしば三十歳代後半から四十歳代まで結婚しないままでいる。そして、道場の中でスパルタ的な生活を送る。そこでは二十四時間神に仕え、信者に光を授け、道場長を手助けし、道場を維持する。また、御神体は決して付き添いなしには置かれないので、とねり（宿直）に来た当番の信者と共に御神体の世話をする。

(16) Spier［1986 : 55］は、日本の新宗教である阿含宗の本部を訪問したときの同様の行為を記している。

(17) これはオーストラリア化の一例と見ることができる。

(18) Mahikari Australia and Asia Journal Sukyou Mahikari 崇教真光（日本語版）。

(19) オーストラリアの道場でさえも、月例の指導部祭や他の大祭において、テベシス博士の日本人妻による日本語の同時通訳がなされている。オーストラリアの他の日系新宗教と違い、海外の真光の信者は日本人移民社会や他の特定民族の移民社会に基盤を置いていない。例えばメルボルンでは、数人の日本人信者と、中国系、ギリシャ系、ドイツ系、アングロサクソン系、インドネシア系などさまざまな民族に属する信者がいる。そして、他のオーストラリア、フィリピン、シンガポール、マレーシアの真光の道場においても日本人信者はごく少数である。

参考文献

Anderson, Richard, *Taiken : Personal Narrative and Japanese New Religion*, Ph.D. dissertation, Indiana University, 1988.（邦訳『体験——ニッポン新宗教の体験談フォークロア』土岐隆一郎・藤堂憶斗訳、現代書館、一九九四年）。

Cornille, Catherine, "The Phoenix Files West : The Dynamics of Inculturation of Mahikari in Western Europe", *Japanese Journal of Religious Studies* 18（2-3）, 1991, pp. 265-286.

Davis, Winston, *Dojo: Magic and Exorcism in Modern Japan*, Stanford : Stanford University Press, 1980.

Giddens, A., *Sociology*, Cambridge : Polity Press, 1989.（邦訳『社会学』松尾精文訳、而立書房、一九九二年）。

Humphreys, R. and Ward, R., *Religious Bodies in Australia : A Comprehensive Guide,* （Third edition） Melbourne : New Melbourne Press, 1955.

Hurbon, Laënnec, "Mahikori in the Caribbean" *Japanese Journal of Religious Studies* 18（2-3）, 1991, pp. 243-264.

Inoue, Nobutaka （ed.）, *New Religions,* Tokyo : Kokugakuin University, 1991.

井上順孝・孝本貢・対馬路人・中牧弘允・西山茂編『新宗教教団・人物事典』弘文堂、一九九六年。

Kitagawa, Joseph M., *On Understanding Japanese Religion,* Princeton : Princeton University Press, 1987.

Knecht, Peter, "The Crux of the Cross : Mahikari's Core Symbol", *Japanese Journal of Religious Studies* 22 （3-4）, 1995, pp. 321-342.

Koepping, Klaus-Peter, "Ideologies and New Religious Movements : The Case of Shinreikyo and Its Doctrines in Comparative Perspective." *Japanese Journal of Religious Studies* 4 （2-3）, 1977, pp. 103-149.

McVeigh, Brian, "The Vitalistic Conception of Salvation as Expressed in Sukyo Mahikari," *Japanese Journal of Religious Studies* 19 （1）, 1992a, pp. 41-68.

——— "The Master Metaphor of Purity : The Symbolism of Authority and Power in Sukyo Mahikari," *Japanese Religions* 17 （2）, 1992b, pp. 98-125.

——— "The Authorization of Ritual and The Ritualization of Authority : The Practice of Values in Japanese New Religion," *Journal of Ritual Studies* 6 （2）, 1992c, pp. 39-58.

Melton, Gordon and Jones, Costance, "Japanese New Religions in the United States," in Clarke, Peter and Jeffrey Somers （eds.）, *Japanese New Religions in the West,* Kent : Japan Library / Curzon Press, 1994.

Miyanaga, Kuniko, *Social Reproduction and Transcendence : An Analysis of the Sekai Mahikari Bunmei Kyodan, a Heterodox Religious Contemporary Japan,* Ph.D. dissertation, University of British Columbia, 1983、志光舎、一九八四年。

岡田光玉『御聖言集』宗教真光、一九八二年。

Plutschow, Herbert, "The Fear of Evil Spirits in Japanese Culture," *Transactions of the Asiatic of Japan* 3rd. Series, 1983, pp. 133-151

Reader, Ian, "Recent Japanese Publications on the New Religions" in the Work of Shimazono Susumu, *Japanese Journal of Religious Studies* 20（2-3）, 1993, pp. 229-248.

Shimazono Susumu, "The Expansion of Japan's New Religions into Foreign Cultures", in Mullins et al, *Religion and Society in Modern Japan, Berkeley* : Asian Humanities Press, 1993, pp. 273-300.

Sim, A.B., "Decentralized Management of Subsidiaries and their Performance : A Comparative Study of American, British and Japanese Subsidiaries in Malaysia," *Management International Review*, Vol.2, 1977.

Smith, W., "A Japanese Factory in Malaysia : Ethnicity as a Management Ideology," in Jomo K. S., *Japan and Malaysian Development,* London : Routledge, 1994, pp. 154-181.

——— "The Impact of Globalization on Malaysian Industrial Workers in Japanese Enterprises," *Hiroshima Journal of International Studies,* Vol.2, 1996, pp. 39-56.

Spier, Fredrik, "Introducing Agon-shu", *Japanese Religions* 14（2）, 1986, pp. 46-70.

Tebecis, Andris K., *Mahikari : Thank God for the Answers at Last,* Tokyo : L.H. Yōkō Shuppan, 1982.

Tsushima Michihito et al., "The Vitalistic Conception of Salvation in Japanese New Religions : An Aspect of Modern Religious Consciousness," *Japanese Journal of Religious Studies* 6（1-2）, 1979, pp. 139-161.

Yoshihara Kazuo, "Dejiao : A Chinese Religion in Southeast Asia," *Japanese Journal of Religious Studies* 15（2-3）, 1988, pp. 199-221.

（深水顕真訳）

第二部　日本の（フォーマルな）組織におけるインフォーマル活動

序論　日本の（フォーマルな）組織におけるインフォーマル活動

ミッチェル・セジウィック

日本の組織に関する研究の変遷

第二部に収められている論文に対するコメントにあたり、まず驚かされることは「日本の組織の人類学」によって与えられた課題の範囲の広さである。日本人が市民として活動の権利を選択するボランティア組織、また海外滞在時につくるコミュニティーから、日本人が働く会社まで、そして学習する場である学校から宗教活動をする場や行政をつかさどる政府機関までもが含まれる。本書の論文は、日本人が自らを編成する組織の文脈において、以上のような広い範囲にわたって議論を展開している。これらの組織を民族誌的に記述することで、市民活動、ジェンダー、排他的コミュニティー、職場でのヒエラルキー的民族間摩擦、死にまつわる儀式、宗教の成立、ビジネス目的の社会的ネットワーク、教師の世代間におけるイデオロギー的挑戦、国会議員の行動、そして情報技術を統合し大学に根付かせる問題などさまざまな動態をわれわれは発見しようと試みる。以上のことはまさに、この一冊の書物が包含している広い範囲なのである。単なる組織の文脈では取り扱うことのできない日本人の社会性という、ほとんど場の存在していないものを本書は題材にしている。実際、人類学者が「日本の組織」網から度外視したがる社会関係の側面は家族だけかもしれない（そして、このことは家族の領域を認識させる組織の理論の無能さよりも、神聖な、特別な状況の個人や家族というものを、もっと分析に使用すべきではないのか、とわれわれに語りかける）。それはともかく、日本の組織の研究を、眼前にある社会関係からはじめようとする際には、すべてを言い尽くそうとせずに、われわれは思いきって組織については何も言及しないほうが得策なのかもしれない。

日本を専門とする人類学者のなかで、組織は伝統的に「構造」や装置――事実上は現象――をサポートするものとして理解されてきた。そして二次的には、たとえば日本の職場、学校、宗教など、いっそう「本質的な」属性を支えるものとしてとらえられてきた。本書は、日本を専門とする人類学者が日本の組織の質に注目し研究するものであり、そして彼らの観察結果を詳細に分析するものである。現段階においては、伝統的手法のように、われわれは各々の研究を民族誌的に（つまり、方法論的に）特定な場（会社、学校、宗教教団など）に結びつけている。しかしながら、組織はそれ自体、単に構造のサポートとして理解されているだけでなく、たとえば労働、学習、信仰などが執りおこなわれる手段や実践としても理解されている。このような従来の組織研究との差異は非常に重要である。なぜならば、それは知的目的の全く違ったものをもたらすからだ。仮に、組織の実践を、職場、学校、教団のような「主題」の交差する場（議論の場における組織的な違いを含む）と定義づけるならば、われわれは日本社会でおこなわれている――あるいはおこなわれていない――労働、学習、信仰という手段を通して新たな質の高い視点を得られるかもしれない。

つまり、われわれは日本の組織の研究を通して、日本人が、自らをいかに編成するかという問題に対する新しい視点を探求しているのである。われわれは、組織の編成形態を発見できるかもしれないが、いつの場合にも、日本人が、日本的方法で働き、学び、そして信仰しながら、相互行為や共同作業をおこなうことは疑う余地はない。日本の組織自体は、受動的な構造ではなく、日本社会を構成するコミュニケーションの活動媒体なのである。

人類学一般に対する日本組織の研究の価値

あらゆる社会において、組織は形式的には個の結合する集団状態として観察されるが、「現代」社会において――おそらく、その複雑さ、規模の大きさという理由から――フォーマルな組織は社会的相互作用が浸透している場なのである。それゆえ、人類学が非西洋地域の研究を伝統的におこなう学問であり続けたため、「伝統的」または「未開」社会は、「人間性」という概念について、比較の視点を最大限導入するために存在してきた。現代日本の研究が、組織を対象とした人類学的研究を生みだし、重要な広がりをみせていることは驚くに値しない。つまり、日本は人類学の知識体系の中に入ったはじめての非西洋「現代」社会だったのであり、それはフォーマルな組織の広大な広がりを提示している。これは、社会科学一般において日本研究が影響を及ぼした非常に重要な事例である。その主旨は以下のように表現できる。すなわち、日本社会は唯一の非西洋社会として、経済的、政治的発展レベルにおいて比較の対象となり、（a）彼ら自身の——西洋——社会の観察者によって、伝統的に考え出された産業社会、そして近代性の社会理論一般に対して重要な転換をせまる比較の視点を提供してきた。そして、民族誌的研究の比較的「平易な」手法を用いて、また現代社会が西洋人の知識体系に入り込むといった手段によって、（b）人類学の一般理論に対しても、日本社会は重要な視点の転換を迫ってきたのである。現代の人類学の民族誌的研究にあって、産業化された北米そしてヨーロッパの出現が全く最近であるという認識は、ここで想起されるべきだろう。

しかしながら、有効な知的探求の機会とそれらが調査実行された回数とは、通常一致するものではない。質の高い民族誌が数多く存在するにもかかわらず、日本を専門とする人類学者は、人類学一般の議論過程において、伝統的または「未開」なものを近代に対比する形では特に強調してこなかった。それよりも、かれらは伝統／近代の問題を、日本社会自体の議論に限定し、再検討することで満足していた。少なくとも、現代日本の近代的文脈において、いかに「伝統的」なものが、どのように除外され、または内包されるかを分析することが、一般理論に関する議論に参加しえる重要なこととなる。しかしながら、日本の「特徴」を議論するわれわれの動きは、疑う余地もなく、大がかりな理論化を目指す日本語を解さない学者たちの注意をそらしている。その一方で、人類学一般は、明らかに「伝統的な」場に根ざした民族誌に理論化の基盤をおくことで満足してきた。もしくは、人類学の大勢の理論家がおこなってきたように、比較的隔離された小規模社会に、はからずもその対象を限定し方向づけてしまった。

いまでは、グローバル化に直面し「隔離された」コミュニティーというものが、現実的にも理論的にも正常な認識ではなくなり、「日本の場合」という一般的な使われ方が、人類学においてはその機会を失ってしまった。まったく近代的で明らかにポストモダンでもあるさまざまな問題は、いまや人類学のさまざまな領域にかかわっている。すなわち、メディアの役割からIT社会の問題まで。都市のエスニック関係の問題から多様なグローバリズムや「開発」の過程とその政策に関する人類学的な興味まで。

このような新しい課題は、人類学者によって、いまだ十分には扱われていないと私には思える。社会に内在する再生の動きに理論的に焦点をあてるような人類学の伝統的な保守的傾向は、地域の脈絡における質の高い説明を伴っているが、ある地域の脈絡における――われわれの得意とするところだが――人々の行動がより大きな外部環境によって影響を受けつつ、同時に影響を与えているかを議論する上で、人類学者がいかに訓練されてこなかったかを意味している。いまわれわれが発見しているものは、たとえば、国家や多国籍企業、もしくは本質的な加害者などと誤認されているものの「犠牲者」に、「われわれの」民族誌的共同体内部で創り上げられるような一連の動きなのである。人類学者が複雑な今日的世界の説明を探求するローカルなレベルでの介在や相互行為を理解するためには、複雑な社会の相互連結のなかに民族誌学的視点を導入することが必要である。

戦後期の日本に関する民族誌的知識は、このような問題に対する重要な資源となる。この資源は、人類学一般においてもっと使われていくことがのぞましい。事実、組織は人類学的関心をよんでいる。複雑な組織状況のもとで民族誌学的方法論は、経営研究、エイズの調査研究や第三世界の開発プロジェクトなどの分野で応用されつつあり、ローレン［1974］による日本組織の研究は、この分野における古典的なものと考えられている。今日の日本研究《ジャパン・アン》の人類学者《ソロポロジスト》は、積極的に日本の組織にかかわり、流布した理論や方法論と対話する機会を得ようとするか、もしくは知的「島国根性」の範囲に留まるかのどちらかである。

日本の民族誌の記述と翻訳

われわれは、どのようにこのプロジェクトを前進させればよいのだろうか。ここで、日本の民族誌の書き方について短いコメントを提示しておきたい。重要な分析力が民族誌の巧妙な概念から発生するという考え方は、一般的に受け入れられている。これは確かに事実なのだが、読者とコミュニケーションをとる際に問題が浮上してくる。誰を読者と想定すべきなのか。「ネイティブ」という用語は、もっと親しみやすく、使い勝手の良い学術用語にならなければ、ネイティブでない話し手にとって、知的活動の入り口のところで大きな障害となる。日本語の流暢な使い手として、日本を専門とする同僚たちとの議論において、こころ、気、または甘えによって何が表現されているかに関して私も知っているつもりだ。しかしながら、このような語彙のまわりを日本の社会的文脈の課題などが旋回するとき、日本語を話さない人々は何をすべきだろうか。サモア人は「思春期」の人間として、タイの社会は「ルースな構造」として、そしてビルマは「流動的均衡社会」として言及される。これらは複雑な語彙であるが、――民族誌のなかで多くの解釈を得ている――最小限の識別できる用語を活用したにすぎない。一方、日本は社会的つながりのひとつの形態として、甘えに代表される心の文化になっている。私が大いに強調したい点は、事実そのような日本の社会についての本質的な翻訳や説明は、もはや流行ではないということだ。日本について記述する際、われわれは怠慢であり、不注意であるということが私の意見である。仮にわれわれが、日本語を話さない聴衆という意味で「他の場所」からの読者のために、当該分野へのアクセスを可能にさせようと試みていたとしても。

日本研究の人類学者《ジャパン・アンソロポロジスト》が多くの数にのぼり、そして時には日本国民や日本人であったりする点で、われわれは優位に立っている。日本をフィールドにしている私の「同僚たち」は、日本社会についての言説を通常日本語で扱える人たちである。日本研究の人類学者《ジャパン・アンソロポロジスト》にとって、特にアメリカの人類学界においては、「ネイティブ」の声という議論はとるに足らないようにみえる。グローバルな学界の中心にアクセスするコミュニケーションの方法に困難や問題が存在しないと言っているのではない。これらは外部に存在する問題よりも言語の困難さに直接的に根付いているようだ。

さらに言えば、多くの研究センターは日本にある。幸運にも、幾人かの日本人の社会科学者や政治学者から言われる逆差別には以下のようなものがある。すなわち、私の知る限りでは、日本のフィールドでの言説を定義すべき日本人自身が、小規模で隔離されている国内の民俗学者集団のなかにある日本研究の人類学者《ジャパン・アンソロポロジスト》コミュニティーと接触しているだけであるという見方である。これと反対に、日本とその他の場所を明確に比較する研究が徐々に増えているなか、国家間の、実際は文化間の言説は日本の人類学者コミュニティーにおいて活気に満ちている。これは勇気づけられることであり、われわれの分析の仕事にさらに活かされるべきものだ。

日本研究の人類学者《ジャパン・アンソロポロジスト》内の日本語による言説の可能性という状況下、日本語の用語が分析概念として、さらに一般社会科学の学術用語になることは憶測の議論のようである。認めるべきことではあるが、この研究分野はリンガフランカとして英語を使用している。なぜ、わざわざそうするのか。分析的作業は、それが一般の調査活動に開かれ、そして共通認識という「目隠し」に覆われなくなったとき、はじめて創られるからだ。たとえば、ドイツ政治の専門家によって、現代日本の警察体制における認識を一新させられたことを私は思い出した。大切なことは、彼が日本研究家の聴衆に対し、日本の地方公共団体の公的権威に関するわれわれの考えを再認識させてくれたことである。

第一段階として、以下のことを考えたい。特に、日本社会に関して英語で書かれ、適宜日本語のキーワードが使われる場合、仮に十分な形で英語に文脈化が可能であっても日本語が優先的に使われるべきである。そうしないと概念が文脈の外におかれ、理解されにくくなってしまう。本質的な意味において理論的に考えようとすれば、このような議論をあとまわしにすることは弊害となろう。確かに「外国」の語彙を使って説明する試みは——そして文脈化し理解する試みは——われわれのオリジナル概念を唯一明らかにできる精密な思考方法といえるのである。

このように言及したことで、私は日本語読者のために、もともと日本語で書かれた文献の翻訳という問題をここで確認したいと思う。われわれは、日本人研究者の文献の日本語キーワードを全く翻訳しないよりはローマ字を用いて表記するのがこのましいと考えている。最良の説明を用い、翻訳、注釈に厳密に対応してはじめて、われわれは日本語の言説を正確にとらえることができる。そういった知識は、日本語で仕事をする日本の学者によって創り出され、読者への活路が開かれていき、そしてわれわれ専門家もその文脈化に特別の義務を痛感している。日本人でない読者に対し、日本の専門家によって展開されるわれわれの意味体系の理解を明確にする必要がある。

組織におけるフォーマルとインフォーマル

私が座長をつとめた「日本の（フォーマルな）組織におけるインフォーマル活動」というパネル討論会での課題は、日本の組織について議論を組み立て、日本を専門とする以外の人たちにとっても有意義なものにすることである。実際、インフォーマル、そしてフォーマルという言葉の展開が、日本の組織の難題に対し、さまざまなかたちで解答を与える動きに、私は何の不満もない。せめて、このようなことが新鮮な議論の価値ある出発点になればと望んでいるだけだ。何はともあれ、私のフォーマル組織という語彙の使用は、第一に方法論的なものであった。「フォーマルなもの」が効果的に表現されればされるほど、われわれはインフォーマル活動の含意をいっそう認識し、それらを分析していくことが可能となるように私には思えた。

しかし、何が組織をフォーマルなものにするのだろうか。組織の構成員であることが、フォーマルな境界線を意味している。それは、構成員にとっては周知の事実であり、そして非構成員にとっては明確なことである。日本において、人々はもちろん組織化された集団関係の広い範囲のなかで行動している。しかしながら、私はここでの議論を、給与体系内に構成員が拘束される組織に限定したいと思う。この判断基準のみが、フォーマルな組織の構成員が、組織的権威の構造的拮抗を経験するという事実を唯一裏づけするかたちになっていた。つまり、組織はフォーマルな「支配力」を構成員に対し保持していたのである。あきらかに、この「支配力」の類は、その他多くの日本の組織において顕在化しており、ただ単に給与体系のみで人々に認識されるものでもない。しかしながら、報酬の支給以外に、構成員を組織から締め出す有効な方法はないという現実が、構成員に対するフォーマルな組織的権力を理解するための明確な基礎となっていた。実際、このシンプルな判断基準は、以下の論文において有効性を獲得していた。すなわち、大学や学校職員に関するものを含む、国会議員および二つの企業人事を扱う研究論文である。

これらの論文は、組織の構成員の活動について議論を展開しているが、組織そのものを越えた出来事や契約に関連づけるには至っていない。社会から隔離された真空地帯に存在する組織などあり得ない――たとえ明確な境界線が存在する理想的共同体であっても、外部社会との関係はわれわれの知るところである。事実、われわれの多くは、日々の生活において複数の組織体の間を行き来しているのである。このように組織自体の構成員に対する内部の活動を調査する文脈として、組織を理解することは重要であるが、同時に外部とのネットワークの創造や維持という文脈においても理解することが重要である。

われわれの研究が、方法論的に特定組織の構成員による活動の観察として確立されたのであれば、組織のフォーマルそしてインフォーマルの定義という中心問題をここで考えざるを得ない。組織について社会科学者の多くは、人類学者に限らず、フォーマルを、明確な規範、規則、図式、手順、方法、儀式などと定義づけることで満足しているかのように私には思える。それらは組織構成員の知識のために、認識され、可視化され、また有効利用されているのである。しかしながら、政治学者による組織研究もしくはビジネス研究――一般的にいってフォーマルな組織規範や活動そして構造などの記述に終始する――とは対照的に、インフォーマルという領域は人類学がもっとも貢献できる土俵なのである。それはフォーマルな領域よりも遙かに複雑ではあるが、日本の組織活動の実践と構造の両方の基礎的部分でもある。私は組織における「インフォーマル活動」を――個人的／私的な興味や欲求などと形式、基準、組織規範、規則、手段などとの間で――組織行動の交渉事が日々おこなわれる場として理解している。この定義づけは、個人とフォーマルな組織の構造の両方を指し示し、これら二つの相互作用としてインフォーマル活動を理解させるのである。個人のレベルにおいて、個人が組織を編成し、また組織によって編成されるという両方の意味をもつ「組織人間」という語彙で、このことはとらえられているかもしれない。このようなすべての語彙をとりあげ、ひとつの概念のまとまりに、ここで一括させてもらえば以下のようになるだろう。すなわち、内部的そして外部的におこなわれる組織活動は、インフォーマルとフォーマルの意味の結合を通した振る舞いであり、この捉え方において、作業手順や人事構成図のようなフォーマルな組織構造はここでは手段として理解されるべきものである。

われわれは民族誌的事例をとりあげ、これら組織的相互作用を解明することになるだろう。この場合、実質的には、ひとつの組織の内部的側面に注目することになる。県教育委員会において毎週おこなわれる会議を例にとらせてもらおう。委員長が形式的に開会、閉会宣言をおこなうが、すべての委員たちは組織的ヒエラルキーのなかにあって、お互いのフォーマルな「位置」関係をよく理解している。インフォーマルには、会議の間、これら明瞭な組織構造は、ある委員により、またはサブ集団により無視されるかもしれない。すなわち、それらの行為は、他の委員に対する挑戦という意識的もしくは無意識の戦略として、また先輩委員の注意をひきつけるものとして、あるいは組織構成図に実際従わない、権威、情報、知識の回路を暗示するものとしておこなわれている。

以上述べてきたように、インフォーマルな戦略は、組織において一般的なものである。フォーマルな構造が揺るぎないところでさえも、その構造は枠組みだけのもので、組織行動を描写するものではない。政治学やビジネス研究でのフォーマルな記述は、このように通常、表層的なものになってしまう。これよりはむしろ、日常のレベルでは少なくともフォーマルな構造は、インフォーマルな組織的活動を通して、引きあいに出され、便利に使われ、そして時には変容させられてしまうのである。このように、奥にひそむインフォーマル活動を探求することで、日本人が組織に影響を与え、また組織から影響を受けるプロセスに対する考えを展開できると私は信じている。そして日本の組織が——それは個人の活動の生産物である——どのように変化するのか、また創造的維持（creative maintenance）を通して、存続していくかについての考えも展開させることができるだろう。

五つの論文のうち三つの論文について——中根千枝との「二次会」

「日本の（フォーマルな）組織におけるインフォーマル活動」というサブパネルのメンバーによる論文は、民族誌学的論証や分析的思考にもとづくインフォーマルなものの有効性を問うている。これらの論文の民族誌的資料と視点を概観してみよう。

ブライアン・モーランが以前おこなっていた陶芸集団に関する文献は、大手広告代理店におけるフィールド・ワークを基礎とした研究に最近取ってかわられている。経理体制やフォーマルな組織構造の議論に沿ったかたちで、彼の論文はさまざまな広告キャンペーンの成功のためおこなわれるインフォーマル活動や個人ネットワークの発展、維持、そしてそれらの重要性を追っている。日本の組織を専門とするアナリストが、企業における個人的つながりを維持する大切さを認識する一方で、モーランは、企業を越えた個人的な関係性を明確にしている。仮に、コンタクトしているクライアント企業が、現時点では広告宣伝に興味を示していなくとも、関係は長期にわたって維持される。このようにマネージャー個人の成功、そしてその結果としての広告代理店の成功は、ビジネス（利益）を定期的に発生させ、それを継続的に維持するという観念の上に築きあげられている。モーランの調査によれば、組織の目的の紐帯、そしてフォーマルなクライアントとの業務の過程は、希望的、友好的——明らかにインフォーマルな——活動を通した一連の社会関係との入りくんだつながりを表現している。彼らの社会関係の明確な「インフォーマル」は、「フォーマル」と示唆しても良いのではと私は思う。なぜなら「インフォーマル」は関係の観念的形態として理解され、そしてある目標として熱望されるからだ。混乱をきたす危険を冒しても、まずこの鍵となるモーランの議論から始めたい。

モーランの民族誌的記述は、人類学者が日本の社会組織を分析するために使う「特殊な語彙」に対し、理論的に疑問を投げかける。すなわち「タテ社会、（小）集団と個人、属性と枠組、個人的関係、ネットワーク、そして派閥」などであり、これらはウチ／ソト、ホンネ／タテマエなどの慣れ親しんだ対立概念を含んでいる。彼は、とくに中根千枝の「場」もしくは「枠組み」、そして「タテ社会」の論理に横たわっている鍵概念のいくつかに挑んでいる。モーランは「市場、ヒエラルキー、そしてネットワーク」に焦点をあてた現代社会に関する理論の代替案を喚起している。そして彼はこれに、中根の小集団の「枠組み」よりもはるかに柔軟な「枠組み」の定義を加える。モーランは日本組織についての現代的研究を比較し、また、中根やその他の研究者により、われわれが信じ込まされているほど、日本社会の活動は——彼は東南アジアと中国とで短い比較をしている——明確に識別できるわけではないという。この論文は分析学的にブルデューの「構造」と「エージェンシー」という弁証法の重要性をわれわれに認識させるものである。それには日本社会の理論化と、日本研究の人類学者が仕事をする学界のポリティクスの両方が関係している。モーランは、日本組織においてフォーマルとインフォーマルの相互作用が浸透していることを――民族誌的に展開し――議論しているのである。

デビッド・スレイター論文は、東京の高校に勤務する人たちの社会関係に焦点をあてた詳細な民族誌に基づいている。この調査報告は、組織における対人的相互作用が「個人主義」と「民主主義」をめぐって政治化されていく状況を明快に描きだしている。スレイターは、これらの言説が一般的に日本の教育機関へと浸透していくなかで、凝縮され、そして日本の教育システムにおいて、特別な実効をあげていくさまを表現している。事実、彼が調査した学校において、比較的若く急進的な職員のあいだでは、それらを保守的な、ヒエラルキー的権力者や文部省を後ろ盾にする役人などに対抗する言説とする動きがある。「民主主義と個人の権利」そして「ヒエラルキーと統制」というイデオロギーの間の不一致が、一般的に日本の学校における現時点での状況なのかもしれない。しかしスレイターは、日本の教育システムにおいて、そういった特殊な不協和音をもつ職員や彼らの組織は低いステータスを占めていると指摘する。

スレイターの詳細な調査は、高等学校を組織する二つのタイプの「構造」によって分析されている。ひとつは道徳的に適切な、相互の責務を序列化したヒエラルキーを基礎とする中根の「場」、「インフォーマル、協調モデル」である。もうひとつの「構造」は、フォーマルで非人格的なものである。これらを通し、官僚的秩序や統制は、安定した構造的関係や彼らのなかに予測可能な日常を創りだすために、機能を果たすとスレイターは主張する。インフォーマルな構造またはフォーマルな構造、もしくはその両者は、日本の他の組織において安定した組織活動を提供するかもしれないが、彼が調査した学校においては、それらの構造はお互いに矛盾し、対立し合っているとスレイターは議論する。組織はこのように「政治の浸食に対して抗する」ことを不可能にし、職員をいくつかに分断し、そして組織の機能を徐々に衰えさせるのである。

「インフォーマルな構造」を単純に社会的ネットワークとして概念化することは、狭すぎるとスレイターは論じる。なぜなら「インフォーマルな構造」は、それが仮に、他の考慮すべき事柄、たとえば、学校での彼の視点に示唆を与える階層、官僚システム、そして主義や行動などに広がりをもつ場合などは、さらに有益となるからだ。このように、彼は中根の「インフォーマルな構造」概念を展開するが、それを組織にあるさまざまな歴史的、政治的、官僚的、そして社会的圧力の表象を説明する複雑系の観念型もしくは唯一の文化モデルとみなしている。

ジェーン・バクニック論文は、大学における情報技術（ＩＴ）の移植に関して、フォーマルとインフォーマルの組織的効果に焦点をあてている。研究と管理的機能の両方にとってのＩＴサービスの特質に注目するため、彼女の研究はアメリカの大学――そこではＩＴの必要性が認識され、ＩＴ業務も適宜形づくられている――と日本の大学――そこでは個人の利点として、ＩＴは配置されている――を比較する。それゆえ、フォーマルな組織構造のなかでＩＴが広く認知されていない日本の大学の状況下では、ＩＴサービスの不均等が実際的な関心となっている。

また一方で、バクニックの議論は――合衆国と日本の大学のＩＴ技術に携わる職員の経歴分析を基礎とする――中根の「場」と「資格」という概念を認めるものである。合衆国では、職員の「資格」はＩＴ技術として理解され、優位なものとして認識される。日本では、中根の理論が説くように、「場」における構成員や参加者の範囲、また集団などが、特殊な技術や「資格」よりも好まれる。日本の組織行動における「フォーマル」そして「インフォーマル」な側面は、中根の「資格」と「場」の概念に反するものである、とバクニックは的確に指摘している（事実、それらには互換性はない。「フォーマル」と「インフォーマル」は、パネル討論会のため、中心概念として配されるひとつの理由にすぎず、「資格」と「場」の概念に混同されがちである）。

バクニックは、インフォーマルな小さい職員集団、部署全体、もしくは大学組織――フォーマルには組織に縛られている――を表現するために中根の「場」の概念を理解していった。それは大きな教育システム自体と共に社会関係の連鎖に「枠をはめられ」または「埋め込まれている」ものだろうと彼女は論じている。このように、特別な分析の場において、中根の「場」の概念は、大学職員が彼自身を表現するものとして理解されているようにみえる。人間は日々の生活でさまざまな場を通して活動する存在であると規定する意味以外には、私はそのような「場」の定義を分析価値のあまりない全く無定型なものとして考えたい。おそらく「場」の概念にもっと新鮮さを加えるためには、中根は理論的に発展させていないが、「(ブルデューの)『ハビトゥス』のような感覚」を「場」の概念に付与すべきであるとバクニックは確信している。確かに中根の研究は強い印象を与えるものである。しかしながら、日本で彼女が仕事を進めていた状況における当時の理論的な動きを考え合わせれば、彼女がブルデューを予見するビジョンをもっていたとは思われない。むしろ、以下のような複雑で、興味深い、刺激的な概念を展開することは——日本を考えると——最終的にはわれわれに残されたようである。つまり、ここでブルデューを引用すると——「体現化された歴史、社会的沈殿物、そして……世界とのプラクティカルな関係のなかにある『本来の活動』……」。

そのような広がりのある挑戦的な理論パラメーターをもって、バクニックは——特定のフォーマル組織におけるインフォーマル活動の理解という——パネル討論の裏にある観念を批判している。なぜならば、その観念が暗にインフォーマルをフォーマルな現象として限定してしまうと、彼女は信じるからである。私はまず、バクニックが言うように、日本等における「フォーマルな組織部分」に還元することなく、インフォーマル活動の範囲をフォーマルな組織に限定しないで議論をはじめたい。複雑なインフォーマルそしてフォーマルな結合を通して、個人的ネットワークと組織は、時間と空間をこえて無数のコンテキストにおいて関係している。事実、「フォーマル」と「インフォーマル」は、われわれがどのような社会的相互作用、いかなる現象においても理論的に認識できる十分に開かれた概念である。しかしながら、現実問題をともなった歴史的な場で、方法論的に、当該概念を探求する場合は、分析行為が先行してしまう。これはブルデューが継続的に彼の研究活動のなかでおこなっている点である。バクニックが大学をみごとに比較しているように、本書の諸論文では、場はフォーマルな組織である。パネル討論の目的は、組織についての経験主義的基盤に立った民族誌的研究から、フォーマルとインフォーマルの概念を、日本の組織活動に関する分析方法を開発するために活用することである。バクニックの議論が再認識させてくれることは、インフォーマルなものとフォーマルなものとは組織的な現象に限定されないという的確な指摘であり、まったくその通りである。事実、限定された組織に焦点をあてることは――しかし、私は説得的な方法だと思うが――日本がみずからをどう組織しているかを理解するひとつの方法にすぎない。

日本の組織を分析する際の中根千枝、またその他の理論の影響に対するコメント

残った二つの論文に移る前に、広範囲の議論を秩序立てたい。バクニックとの対話で浮上してきた疑問は、興味深くそして価値あるものであり、われわれを、日本について記した私のコメントと人類学一般に関するディスクールに引き戻す。ここで直面することは、基準、あるいは分析レベルの問題、そしてそれらの根拠が二つの相互関係のあり方で説明可能ではないかという問題である。第一に、ジャパノロジストは現代日本を研究する際に、組織における歴史的側面を強調することから自由でありたいと願っているようである（私は次の段落で簡単にこの歴史について概観する）。第二に、これは日本研究の人類学者《ジャパン・アンソロポロジスト》も含め、社会科学者の自然な興味をともなって、きわめて抽象的で経験主義的な研究からまったく離れ、いかなる場合でも、組織的文脈に明確には現れない、高いレベルの社会科学理論に向かう傾向である。しかしながら、実際戦後期の影響の大きい一般理論のいくつかは――たとえば、ブルデューやフーコーを含め――経験主義的研究に強く基礎づけられている（そして経験主義的に基礎づけられていないものは――特に言語的哲学や精神療法は――今日社会科学者がしばしば主張する問題にたいして、究極的には重要性が低いと言わざるを得ない）。ブルデューは北アフリカと「故郷」フランスにおいて、徹底的な民族誌的研究をおこなってきた。フーコーの場合は、彼の組織発展の分析における人類学的記述を、とくに彼は歴史学者なので、注目しないわけにはいかない。彼らの著書は長く、奥深く、そして難解である。そして多くの読者は、もっとも抽象的な部分、むつかしい部分、理論的な部分をただ読む――経験主義的文脈から復唱する――だけとなってしまう。私自身も、そのような「読書」をしてきた。

その一方、「日本の組織」に関するわれわれの研究は、比較的量産されるなか、複雑な知的道程を辿ってきた。日

本人の人類学者や日本を研究基盤としている同僚の人類学者とともに、私は中根の仕事を日本の組織行動の理論を考えるうえで、歴史的参考資料として採用してきた。私はそれを、組織にも適用しうる、対人行動についての擬似フロイト的心理学的説明をおこなう土居健郎理論と同じカテゴリーに位置づけてきた。このように中根の仕事が、たとえそれが批判的なものであっても、モーラン、スレイター、そしてバクニックという現代日本社会の研究者によって注目されていることに驚いている。彼らの中根の引用をみて、私は中根の著書を再読せざるを得なくなった。現代的視点からいえば、中根の仕事は典型的な「構造機能主義」と読めるが、それを明確に表現する点で有効性がある。同意を得られないかもしれないが、中根の議論には、それをもとに仕事をしたり、批判したりできる理論的要素があるということである。日本と同様に、私はタイの社会も研究しているが、比較の視点からいえば、戦後期を通して、タイ社会についての理論化の遅れが学術的分析を妨げてきた。われわれ日本研究の人類学者《ジャパン・アンソロポロジスト》は中根を批判するが、われわれは明らかにそのような優れた先駆的研究を有しているのであり、要するに、それはわれわれに対し日本社会の新しい分析視点――代替可能な視点――を構築する思考へと駆り立てるのである。

一九七〇年代、中根によって展開された集団行動のフォーマルな理論は、以下のような日本に対する視点に精巧にはめ込まれていた。すなわち、会社への帰属意識による明確な、永続的「枠組み」の中にいる従業員の間で、情報が円滑に流れる大きく強力な組織のおかげで日本社会は「機能」しているという認識である。幸運にも、この日本の組織に対する視点は、以下のように二重に注目され議論される結果となった。まず第一に、日本の労働条件に関するより広汎な議論、たとえば、女性労働者や中小企業の従業員などを対象とした議論である。また第二に、企業を含めた多くの種類の日本の組織内で、すべて調和がとれているわけではないことを示唆した著書『Conflict in Japan』［Krauss, Rohlen, Steinhoff 1984］などによる一九八〇年代初期の研究成果があげられる。

しかしながら、ここ十五年間、これら有望な視点以降、人類学者のあいだで、日本の組織に関する分析は議論としてはあまり先に進んでいない。日本のばらばらな組織についての研究は「伝統的」としてとらえられ、そこではたとえば「個人の視点」［Kondo 1990］などが付与されて研究がおこなわれている。「テクスト」／民族学のポストモダン的批判による影響という世代的な変遷のなか、そして前述のように大きな理論的動きの表面的解釈のなか、日本研究の人類学者《ジャパン・アンソロポロジスト》――とくに西洋で教育を受けた者――の興味と話題はフォーマルな日本の組織からは大きく焦点がずれてきている。そうしている間にも、日本人のほとんどは多くの時間を、直接的にフォーマルな組織に参加し相互に影響し合っている。

パネル討論会は、中和剤のようなものをめざしていた。そして、それはすでにかなりの知的進歩を遂げた日本の組織についての研究を活用するかたちで、日本人の実証的コンテキストについて再考を促すものであったろう。われわれを将来有望な方向に導くために――中根の議論の有無にかかわらず――残っている二つの論文に移りたい。

その他二つの論文――日本の組織を記述するための方法

ブリギッテ・シテーガ論文は、純粋なインフォーマル活動がどのように考えられているかという議論に直接的にわれわれをいざなう。彼女は、日本でのうたた寝の問題を扱っている。国会議員は居眠りを実践している注目に値する出席者であり、「居眠りしながら出席すること」の意味が問題となるようなフォーマルな国会が分析の文脈である。居眠りは日本のすべての学生にみられる現象であるが、これはおそらく怠惰な性向のためであろう。しかし今日まで、その実態は十分に分析されてきていない。シテーガの精巧な解釈は、この明らかな日本のインフォーマル活動の事例に対する視点を開眼させてくれる。居眠りは日本文学――源氏物語を含む――にもあらわれており、そして国会議員のあいだの居眠りは、日本のジャーナリズムの現代的興味を獲得したと彼女は言及する。ジャーナリストは居眠りの実際をこっけいに描き、また日本で国会議員が何もしていない様子をみじめな民主主義国家として批判している。シテーガは、国会議員が無責任であることに特に批判もない状況での彼らの公共に対する責任感について述べている。居眠りは、むしろ議員の薬の服用というような「外の力」に、また極度の圧力と公共生活の枯渇に起因している。

シテーガは、これら議員の説明を日本のフォーマルな状況における個人の責任分析のなかに、またさらに民衆行動に対する理論的分析のなかに位置づける。それは、社会的機会、この場合国会における「従属連鎖」というゴフマンのカテゴリーに明らかに関連づけられる。バリー・シュワーツの睡眠そのものの調査に依拠し、シテーガは睡眠への準備——風呂、歯磨きなど——のできていない居眠りは、実際日本では社会的には睡眠とは考えられていないという。それはむしろ組織のなかで、ヒエラルキー的・個人的関心事が機能している国会や委員会のようなフォーマルな場面において比較的「容認された」行為なのである。シテーガは、このように日本社会の文脈内で説明されるインフォーマルな日本的行為を見事に概観している。さらに日本の居眠りの定義は、英語読者のために明確化され、そして大きな社会理論の文脈のなかに位置づけられる。そのような仕事は、フォーマルな組織におけるインフォーマルな活動の関連性に息吹をもたらしている。

最後に、王向華論文は、J香港社のマネージャーについての事例研究をわれわれに提示してくれる。組織において一般的にみられるインフォーマルな個人間の問題や権力政治は、フォーマルな規則や規範を伴って個人的欲求に操作されるということが、ここでは十分に論証されている。王は、日本人マネージャー間のインフォーマルな連立や対立が、その文脈では自然であることを論ずる。香港中国人従業員との関係で、日本人マネージャーの「アイデンティティ」は強固に「日本人」とされ、そして彼らは「会社」を全面に押しだす。つまり、彼らは会社の規則に厳しく従わせようとし、権威をもって行動し、そして「ローカルスタッフの前では自らを家族のように団結させる」。また一方で王は、数人のマネージャーの個人的行動を苦心して描くことで、男性日本人スタッフの内部に激しい葛藤と不和が生じるさまを、興味深く表現している。彼は日本人マネージャーの競争的戦略における行為を、三つの態度に分類する。すなわち、ヒエラルキー的位置、個人要素、そして会社への依存度である。この豊富な民族誌的資料は、組織的行為に対するインフォーマルな活動の意義を重くみている。民族と同様にフォーマルな構造、規範、ヒエラルキーは、特定の組織的／対人的文脈次第で創造的に、多様に形づくられる問題として、ここでは表現されている。

結論

まとめに際して、サブ・パネル討論「日本の（フォーマルな）組織のなかのインフォーマル活動」の五つの論文は、組織の理論と分析に対し、人類学的方法が価値をもつものであることの論拠として提示したい。人類学的分析にもとづく民族誌的記述は、組織活動の複雑さと深さを喚起する挑戦的で、基本的に興味深い目標を達成するために、不屈にも格好の位置を占めている。これとは対照的に、政治学やビジネス研究にみられるフォーマルな、構造的な、そしてサーヴェイ調査を基礎にした分析は、たいてい単なる表面的で平板な概観を提示するにとどまっている。

しかしながら、先行研究と比較すると、ここに展開された分析的なアプローチは、日本人がいかに自らを組織化するかという新しい視点を探求している。組織は、ここでは行為を含んだ消極的な構造としては理解されていない。インフォーマルの巧みな側面に頼るということは、彼らの社会が、組織として彼ら自身を編成することをわれわれに理解させてくれる。

そして、そのような分析から、日本を専門とする人類学者は日本組織の研究を、さらに一般的な組織研究をともなった内容へと移行——われわれがそう選択するならば——できる絶好の立場にある。仮に組織がわれわれの生活世界を構成する基礎的な部分であるならば、日本を専門とする人類学者は社会科学の世界に日本の組織を示して、議論に参加すべきである。

参考文献

Kondo, Dorinne, *Crafting Selves : Power, Gender, Discourses of Identity in a Japanese Workplace*, Chicago : Chicago University Press, 1990.

Krauss, Ellis S., Thomas P. Rohlen, Patricia G. Steinhoff,（eds.）*Conflict in Japan*, Honolulu : University of Hawaii Press, 1984.

Rohlen, Thomas P., *For Harmony and Strength : Japanese White-Collar Organization in Anthropological Perspective*, Berkeley : University of California Press, 1974.

（浦野篤也訳）

第一章　J社の日本人男性駐在員のパワーポリティックス(1)

王向華

はじめに

一九九一年二月のある晴れた日、筆者はJ香港社(2)の管理部長に会うため、香港本社のオフィスにでかけた。彼と会うのはこれが初めてだった。彼は親切にも筆者にこの会社で現地調査をする機会を与えてくれた人物で、管理部のアシスタント・エグゼクティブ・オフィサーのポストを約束してくれていた。この調査によって、筆者が運営面での問題を見つけ、問題解決の方法を示すことができるのではないかという期待があったのである。

管理部長は、彼の部下である管理部次長を筆者に紹介してくれた。この管理部次長が、筆者の調査のスケジュールに関する相談を受けてくれるとのことだった。彼は、管理部長の前では大変親切であったが、管理部長がいなくなると、突如、態度が変わった。彼は筆者に話しかけないどころか、デスクすら用意してくれなかったのだ。しかも現地社員まで、筆者の存在を全く無視した。J香港社に入った一週間後、筆者はとうとうこの管理部次長に売場の調査をしたいと申し出た。すると、彼は即座に同社の店舗に異動させてくれた。その日から筆者はJ香港社の本社を離れ、店の売場で働くことになった。

実のところ、この時非常に驚いたのは、管理部次長の非協力的な態度よりもむしろ、この会社に来てすぐに気づいたある発見についてであった。筆者は管理部次長の部下である現地社員と仲良くなろうと試みたが、彼らは管理部次長から筆者に何も情報を与えないように言い渡されていると言うのだ。

しかし、今回の調査は、この管理部次長も含めた駐在社員一人ひとりが、筆者に情報を提供し、できるだけ協力するのが約束だったはずである。彼らから提供された資料があってこそ、いかに会社の運営効率を向上させるか助言することができるのではないか。筆者は現実と当初の取り決めとの間のギャップに困惑した。明らかに、日本人駐在員たちにとっては、筆者に協力してあげたいと思う以上に重要な問題があるようだった。

管理部次長は食品商品部の部長が率いる派閥の中核メンバーだったのだが、この食品商品部の部長は、実は、筆者を紹介してくれた管理部長の長年のライバルだったのである。つまり、彼は筆者をアカデミックな調査員ではなく、管理部長のスパイだと思っていたため、協力することを拒んだのだ。後で分かったことだが、当の管理部長も筆者を本当にスパイとして扱っていたのである。結局、スパイではなく、アカデミックな調査だけが目的の文化人類学者だということを彼らにはっきりと分からせるのに、ゆうに二カ月間もかかってしまった。

この出来事は、まさに日本人駐在員のあいだが対立関係にあることをあらわしていた。では、この出来事を「日本人駐在員は、現地社員に対して非常に家族的な行動をする」ことを明らかにするという調査目的とどうつなぎ合わせれば良いのだろうか。

その後、一九九五年十一月のある静かな夜、筆者は管理部次長と夕食を共にしていた。この時、もう彼はJ香港社の専務に出世していた。彼はこの席で「近々、退職した元社員の日本人女性と香港で高級下着の小売店を開く予定だ」と語った。そこで、「それは個人の商売をしてはならないと規定した社内規則に違反するのではないか」と彼をつついてみた。すると彼はこう言うのだった。

私がJ日本社にいた時、私はこの会社に「忠実」でいなければならないということしか考えていませんでした。それは、他に選択肢がなかったからなんです。私は仕事をやめるわけにはいかないし、日本では今の仕事と同等の仕事を見つけるのは困難です。それに妻は仕事をしていないし、家族は私の給与なしには生きていけない。しかし、私は香港に来て初めてわかったんです。私は香港の中国人から、J香港社に勤めながらでも自分の商売ができるということを学んだのです。今、私は会社が私を良く扱おうが悪く扱おうが気にしない。このビジネスが安定したら、辞めてしまえばいいんですからね。

筆者はこの現実と、日系企業で働く香港人の現地社員が再三言っている「日本人駐在員は非常に統括されていて、ロボットのように社内規則に従う」という話をいかに結び付ければ良いのだろうかと悩んだ。

この章の中で、筆者は、J香港社の日本人男性駐在員のパワー・ポリティックスを通して、この二つの矛盾の解明を試みたい。本章の前半では、日本人駐在員のアイデンティティ形成におけるポリティカルな部分に主眼を置く。一連の制度的慣習が、日本人駐在員と現地社員の個人のアイデンティティ、利害、経験をいかに構築するか、そしてこれによっていかに日本人駐在員と現地社員の間に分類化された違いや、力関係、機会、利益の違いが産み出されるかについて説明したい。

また、これらの力、その他の利益面の違いがいかに社員の考えの中に浸透し、再生産され、エスニシティによって日本人駐在員と現地社員の違いがいかに自然に受け入れられているかについても実例で示したい。これを通して、日本人駐在員のアイデンティティ、つまり、個々の日本人駐在員をさらに社則に順応させて、現地社員の監督に責任を持たさせ、また現地社員の前では家族のように振る舞うようにしむけるアイデンティティが、いかなるものなのかを解明したい。

本章の後半では、日本人社員のパワーポリティックスに主眼を置きたい。まず、J香港社は、小川ファミリー、とくに社長の長男の小川真司によって統括されているが、この機会主義者の小川真司が、日本人駐在員が出世のために戦わなければならないような環境をいかに産み出したかについて説明したい。そこにおいては、日本人男性駐在員が出世のための戦略としてとる特徴として、抵抗型、消極型、積極型の三つを確認することができる。さらに、(1)グループ内にあるヒエラルキーでの位置づけ、(2)環境要因と人間関係の要因、(3)性別、年齢、仲間、未婚か既婚か、これらによって決まる社内での従属性の程度が、いかにして一定の日本人社員によって受け入れられる方向性や、その後実行される具体的な戦略を決定するのかを示したい。

先に述べた通り、J香港社の日本人駐在員は同質のグループを形成し、彼らの間の関係が調和的である必然性はなかったのである。

小川家のファミリー・ビジネスとしてのJ社

一九三〇年十二月、小川太郎は、義理の父親で、J社の創業者である渡辺一郎から資金援助を受け、熱海にJ社の支店を開いた。当時のJ社は村の雑貨屋にすぎず、竹篭を付けた両天秤に商品を入れて配達するような店だった。しかし、六十年後に、この小さな村の雑貨屋は、国際的なコングロマリットに成長するのである。この六十年間の歳月は、小川一族による連合経営と管理の永続という点が特筆されるべきだろう。

最初の三十年間、総合的な会社管理は三つの部門、すなわち一般業務部門（財務、総務、経理、人事）、運営部門（販売）、商品管理部門に分かれていた。そして、三つの部門すべてを小川家の直属の家族が担っていた。一族が経営と管理を兼任する当時の経営形態は、部外者と一族を意図的に隔てようとするものではなく、単に会社が家族会社の規模でしかなかったからである。

小川家の家族成員が加わるたびに、雑貨以外に扱う商品の品目が増えていった。太郎の長男、真司は、バイヤーとして入社した。一九五七年には、次男が一年間パン屋で働いた後、真司に続いて入社し、ベーカリー・ビジネスを始める助けとなった。そして、三男が入社し、鮮魚、織物、家庭用品の部門の設立を手伝うようになった。一九六二年に一般のGMS（総合スーパー）へと変貌した。ちょうど同じ時期に、この会社は管理システムを組織し始めた。一九五九年、取締役会が設けられたが、当時、すべての席は小川一族で占められていた。

一九六一年、専務だった真司は、スーパーマーケット・ビジネスの視察のため、アメリカに渡った。この視察旅行から帰った後、真司は父親に対して店を現代的にするよう提言した。口論の末に説き伏せられた父は、長男の真司を社長に任命し、自らは会長となった。真司はその後、東海地区でチェーン店を展開し、一九六二年から一九七〇年の間に十件の店を開いた。

一九七一年、真司は、ブラジルにJ社初の海外支店を開いた。これは、小川家が熱心に信仰している新宗教のブラジル支部の支援で実現した。一九七〇年代後半、J社は、ほとんどの時期をブラジルでのビジネスに力を注ぐ一方、他の国でも引き続き店を展開した。一九九五年に、J社の海外支店は十二の国と地域に広がり、店は五十七店舗に増えていた（表1参照、ブラジルはすでに撤退）。

一九九〇年、真司は、J社の本社を香港に移転し、多角的に傘下企業の従属関係を形成する財閥を手本に、J社の再編に取りかかった。これは、森川英正が指摘している点だが、財閥組織は、多角経営を目指すには、最も有効なやり方である［Morikawa 1992 : xxxiii］。真司は香港で、J社グループの持ち株会社としてJ・インターナショナルという名の個人会社を設立し、この会社を通して、新たに設立した香港・中国・マカオ・グループ、J日本社、そして海外運営を担う三つの組織を管理することにした。この三番目のグループは、シンガポールに本部を置いた。そして、発祥地である日本の運営組織は傘下組織に変わり、同年十月、社名をJストアからJ日本社に変えた。

この再編にもかかわらず、小川一族は依然として株式の七一パーセントを保有する大株主だった。言い換えれば、その他の傘下企業もすべて手中に納めていたのである。さらに、小川一族は役員の重要なポストを占拠しただけでなく、実効的な力も持っていた。真司は、J・インターナショ

（表1）J社の海外支店の数（1995年）

国家／地域	店舗数	出店年
シンガポール	4	1974
コスタリカ	2	1979
香港	9	1984
米国	9	1985
ブルネイ	2	1987
マレーシア	5	1987
中国	19	1991
タイ	3	1991
マカオ	1	1992
カナダ	1	1993
英国	1	1993
台湾	1	1994
合計	57	

ナルと海外の傘下企業の会長だった。また、彼は香港、中国、マカオも管理し、日本やその他の海外支店は二人の弟にすべて任せていた。

　小川一族がJ社の運営管理と権益をすべて支配できたのは、こうした歴史があったからだ。

J香港社の日本人駐在員のアイデンティティ確立の戦略

　J社は一九八四年に、香港の現地法人であるJ香港社を通じて香港で最初の店、沙《サーテイン》田店をオープンし、その後十二年間で十店舗に増やした。一店舗はマカオだったが、残りはすべて香港に出店した[3]（表2）。J香港社は、他の日系小売業とは違い、その十店舗を香港の新界にある沙田にある本部で運営した。

（表2）J香港社出店年表

出店年	店舗
1984	沙田店
1987	屯門店
1988	紅磡店
1991	荃湾店
1992	元朗店
1992	藍田店
1992	マカオ店
1993	天水囲店
1994	将軍澳店（ジャンク・ベイ店）
1995	馬鞍山店

　一九九二年、J香港社には二十八人の日本人駐在員がいた（表3）。J香港社も他の日系企業と変わらず［Kidahashi 1987, March 1992, Sumihara 1992, Trevor and White : 1982］、この駐在員たちも、現地社員とは異なる地位、給与、昇給システムに置かれていた。つまり、駐在員の方が、現地社員よりも、高給で、福利も優遇され、社内での力もあった。ある面で、この二重の人事システムは、日本人社員と現地社員のあいだで経済分配や人事裁量権が不平等になるよう作られたものだが、別の見方をすれば、地位、観点、考えの特徴を形成する構造的な慣習でもあった。日本人駐在員と現地社員は異なる。その違いは、日本人社員は現地社員よりも利益を享受でき、より力を持つという点によってのみ、それぞれの地位、報酬、昇進の違いを求められた。優秀な社員と優秀ではない社員を振り分け、その能力に応じた報酬を与えるという平等な昇進機会を与えられる可能性を排除し、J香港社はこの現地社員と日本

（表３）日本人社員のパーソナル・データ（1992年）(4)

名前	年齢	性別	ランク	香港転任年	婚姻状況	学歴	ポジション
飯田	50	男	——	1989	既婚	高卒	社長
栗原	45	男	E 2	1984	既婚	大卒	ディレクター
西脇	45	男	E 2	1987	既婚	大卒	ディレクター
山本	44	男	E 3	1985	既婚	大卒	ディレクター
門口	43	男	E 3	1985	既婚	大卒	ディレクター
伊藤*	42	男	E 4	1990	既婚	大卒	マネージャー
松園	41	男	E 4	1987	既婚	高卒	店長
小村*	40	男	E 4	1984	既婚	大卒	シニア・マネージャー
太村	38	男	E 4	1991	既婚	大卒	店長
国江*	38	男	M 1	1987	既婚	大卒	店長
中田*	38	男	M 1	1989	既婚	大卒	店長
望月	37	男	M 1	1991	既婚	大卒	店長
古山*	35	男	E 4	1985	既婚	大卒	店長
若井	31	男	L 1	1991	既婚	大卒	アシスタント・マネージャー
竹島	31	男	E 4	1991	既婚	大卒	シニア・マネージャー
山口	30	男	L 2	1991	既婚	大卒	マネージャー代理
鈴木	41	男	M 1	1990	未婚	大卒	マネージャー
広瀬*	33	男	M 2	1988	未婚	大卒	マネージャー
岡野*	32	男	L 1	1989	未婚	大卒	アシスタント・マネージャー
岡部	31	男	L 2	1989	未婚	大卒	アシスタント・マネージャー
樫村	31	男	L 1	1989	未婚	大卒	アシスタント・マネージャー
藤田*	29	男	L 1	1989	未婚	高卒	アシスタント・マネージャー
戸田	29	男	L 1	1991	未婚	大卒	シニア・エグゼクティブ・オフィサー
田中*	29	男	L 2	1988	未婚	大卒	アシスタント・マネージャー
大石*	28	男	L 3	1991	未婚	大卒	エグゼクティブ・オフィサー
成沢	26	男	L 3	1991	未婚	高卒	エグゼクティブ・オフィサー
近藤	25	女	L 3	1990	未婚	大卒	バイヤー
沼口	25	女	L 3	1990	未婚	大卒	エグゼクティブ・オフィサー

*は山本派のメンバー

人の区別にのみ方法を収斂していた。一連の慣習——送別会、歓迎会、忘年会、新年会——の中では、任意的に分けられる日本人と現地社員の地位関係が現れていた。まるでこの任意的な差別化に気づかず、元からこうであるという当然のこととして、違いが規則化されていったのである。

歓迎会と送別会

J香港社は、日本人社員が転任して来た時と、日本へ帰国する際にパーティーを開いていた。人事総務課がパーティーの準備をするのだが、たいていはJ社系列のレストランで開かれた。このパーティーに呼ばれた参加者は、この集りの基本となっている団結と同一性を強調するメッセージを何遍も聞かされることになる。ある歓迎会で、飯田社長はまず歓迎のスピーチをおこなった。香港に来たばかりの社員らに、日本人駐在員は会社運営に当たって真の責任者ある中核メンバーとしての心構えが必要であること、また現地社員は経営上で重要な責任のない脇役であることを説明した。そして、彼らに果たすべき責任を全うするべく一生懸命働くよう訓示した。一方、新参の社員たちは、懸命に働くことを誓い、そして先輩社員らに指導と助力を求める挨拶をした。

送別会の席で、飯田は全社を代表して、帰国する日本人社員に対し、彼らが滞在中、会社のさらなる繁盛と名声のために捧げた貢献に感謝の意を表し、日本の新しい職場で同じような成功を収めるよう祝福した。帰国する日本人社員らは返礼として、会社のはからいと、これまでの上司や同僚らの協力や助けに感謝するスピーチをした。

スピーチに続いて、参加者全員で乾杯となった。このような乾杯について、ベン＝アリはメンバー同士の連帯感を確認する儀式的手段だとしている［Ben-Ari 1993 : 3］。興味深いのは、その席順も、社員の間の社会的地位の格付けが一時的に働いていることだ。飯田は、いつも新参の社員か、帰国する社員の隣に坐り、他の部長たちはほかの社員らと混ざって坐っていた。このように、乾杯によって連帯感を確認するのは、同じランクの社員に限られたことではなく、集団としての存在を作り上げる基礎を産み出すものなのである。現地社員は、組織のヒエラルキーの中で上級職に就いた者であっても、これらのパーティーに呼ばれることはなかった。また、会社は現地社員に対して同様のパーティーを開くことは決してなかった。つまり、現地社員は、集団として存在しているメンバーとして受け入れられていなかったのである。

忘年会と新年会

年末年始は、日本人駐在員たちの間に、まるで家族のような雰囲気が生まれてくる時期である。飯田は、J香港社という家族の父親として、責任を持って宴会を開く立場にあった。一九九一年の年末、尖沙咀の韓国料理屋で忘年会が開かれることになり、日本人社員全員が招待されると伝えられた。

この忘年会には、二十八人の日本人社員全員が出席した。そして、彼らは家族の一員として一人ひとりスピーチすることを求められ、この一年の仕事の中で、自分が何を達成できたか、そして何が達成できなかったかを語った。若い社員には、彼らが上司の前でもっと気楽に、饒舌になるよう、韓国の焼酎がなみなみと注がれた。酒が進むにつれ、社員たちは次第に、普段職場の上下関係により隔られていた、また間接的に部下が上司に感じていたバリアが解けていった。

聞いたところによると、例えば鈴木は、彼の直属の上司である栗原に対し、まるで同僚か部下に話し掛けるような調子で話していたという。彼は上司と幾度か乾杯をかわした後、馴れ馴れしくするどころか、栗原を叱り始めた。彼は、栗原が馬鹿で彼の不満を分かってくれないと文句を言った。彼はさらに栗原を殴ろうとしたので、他の社員に止められたという。

彼がしていたことは、慣習的なマナーを踏みにじるもので、この宴会が受け入れられる限界を超えるものだった。しかしながら、このような暴力は、レブラが呼ぶ「社会的に裸の状態（Social Nudity）」――日本人社員が社会的マスクを脱ぎ捨て本当の姿をさらけ出す――としてすでに指摘されている［Ben-Ari 1993 : 10］。「社会的に裸の状態」は、ベン＝アリが言うように、連帯感とお互いの帰属感を作り上げる働きをする［Ben-Ari 1993 : 11-12］。この状態は鈴木だけに限らず、この宴会のあらゆるところで起こっていた。宴会が終わり、飯田以外は、女性社員も含め社員全員が酔っ払っていた。なぜ飯田が酔っていないかと言えば、彼が支払いをしなければならないからだった。

新年会は、家族的な雰囲気がさらに強かった。一九九二年一月、日本人社員全員が飯田宅に夕食に呼ばれた。フード・アーケードの社員は寿司を作り、近藤と沼口が給仕と片付けを手伝った。上級職はゲームを用意し、「父」である飯田は食費を払った。飯田は一人ひとりがスピーチをし、みんなの前で新しい年での生活や仕事に対する目標を語るよう求めた。そしてこの時、彼は父親のように、社員たちに向かって夢や希望を達成するために一生懸命働くよう励ました。沼口はこう語る。

J社はひとつの家族です。私たちみんな（日本人社員のこと）はこの家族の兄弟であり、また姉妹なんです。私は本当にそう感じます。新しく来た人を出迎えたり、帰国する人を飛行場に見送る時や、社長の家の新年会に行った時は、とくにそう感じるんです。

前述のような慣例行事の中では、日本人社員と現地社員の地位の差が「任意的」につくられたものであることが忘れられ、慣習そのものを当然のことと思い、本当は選択できるはずの人間関係が排除されていた。日本人社員らは、この考え方で自分が社内に「優れた日本人駐在員」の地位にいることを確認していた。しかしながら、これは日本人駐在員が一人ひとりそうならねばならないと指示されているのではなく、前述の慣例行事を通じて、彼らがこのような物の見方と自分の位置づけ方に慣らされていたのである。

さらに重要なのは、この「優れた日本人駐在員」という位置づけは、エスニシティによって、まるでそれが必然的で、必要とされているかのように自然に受け入れられていた。日本人社員と現地社員は、同じ社内で異なるエスニシティによってできた二つのシステムを受け入れ、正当化していた。いったん民族衣装に身を包めば、日本人駐在員と現地社員は異なり、前者が後者よりも優れているという考えは、この他に考えられない唯一のとらえ方となり、優越性は、日本人駐在員の性質となっていた。日本人駐在員と現地社員を関係づけている、作られた任意的な違いなどには気づかず、おかしいと疑問を抱く余地すらなかった。

さらに、日本人駐在員が力を持ち、現地社員は力がないと思いこむことによって、それぞれのアイデンティティが決められていた。その結果、日本人駐在員にとって「優れた日本人駐在員」らしくふるまうのは当然のことであり、自分たちは社内で責任のある仕事をする役目があり、真の経営責任を担う中核メンバーだと、ごく自然に考えていたのだ。

彼らは、会社の規則に順応すればするほど、現地社員の管理に責任感を覚えるようになり、現地社員の前で団結しようとした。つまり彼ら自身が、日本人論によって描かれたステレオタイプ的日本人を強調していたのである。あたかも日本人は文化的に、忠実であるようプログラムされており、調和的で、現地社員の前では規律正しい社員であるよう決められているかのように振る舞った。それによって自分たちを現地社員と区別し、現地社員よりも優れていて、団結力を独占できる場を作り出そうとしたのである。

日本人駐在員に関するこのような報告は、すでに他の人類学者によって指摘されており［Ben-Ari 1994 ; Nakano 1995］、また海外日系企業に働く現地社員からも確認されている。つまり、日本人は、日本にいた時よりも（少なくとも現地社員の視点からだが）、日本式にふるまおうと、日本人論に記されたモデルに近づいていこうとするのだ。

権力の源、小川真司

しかしながら、日本人駐在員同士がうまくやっているかといえば、そうではなかった。彼らは時には団結と調和を捨て、反目し合うことすらあった。上述のとおり、小川一族は、J社を支配していた。日本人駐在員の出世は、小川一族、とくに長男である真司が決定権を握っていた。しかし、真司は、任命を言い渡すのも、社の方針を決定するのも、他に別のことがあるとすぐ気が変わる機会主義者だった。そのため、その時の決定が、前の決定と正反対になることも珍しいことではなかった。

このような状況下では、社内では計算づくの戦略が必要となる。日本人駐在員は計算された出世の方法を取るよう圧力を常に受けているようなものだった。日本人社員は、年功序列のシステムの下で、会社を辞めない限り、自動的に出世できることを当然のことと思っていた。しかし、これは組織全体から見れば事実だろうが、社内にいる日本人にとっては出世が保証されているわけではなく、彼らはこうしたシステムの中で自分の将来の出世を予測することはできなかった［Ben-Ari 1994：7-8］。そのため、J香港社の社員は、出世を勝ち取るために積極的に戦略を練らなければならなかった。

日本人駐在員の三つの類型

ウォルダー［1986］は、中国本土の国営企業の従業員が社内で取る打算的な行動に会社の権威に対する二つの考え方の特徴――積極型と非積極型があると指摘した。ウォルダーの理論に従えば、ここで、J社社員の打算的行為の裏にある考え方を示すだけでなく、異なるグループの間に存在する重大な違いを分析的に描き出すことができるだろう。

私は、日本人駐在員が三つの異なる類型を受け入れていることを確認した。それは、抵抗型、積極型、消極型の三つである。抵抗型というのは、会社の規定や指示を無視したり、反抗するタイプの人間のことである。消極型は、会社の基準に最低限合わせるだけの人間。そして、積極型は、最も優れた行動基準を達成しようと努力するタイプの人間である。どのタイプが日本人駐在員に受け入れられているのか。その時、彼は実際にどのような行動に出るのか。それは、その人間が（1）グループ内のヒエラルキーのどこに位置するか（2）職場環境と人間関係はどうか（3）性別、年齢、所属グループ、婚姻状況、子供の数などで分けられる社内での独立性がどれだけあるか――などによって決まる。こうした点からも、日本人社員は、社内で単一のグループを形成しているわけではなかった。

日本人駐在員の差別化

二十八人いた日本人駐在員は、いくつかの基準に従い、決まった集団に分けられる。ひとつは、社内での地位だ。以下で説明するが、異なる地位にある従業員たちは、それぞれ異なった行動を取るようになる。役員と従業員はそれぞれ二つの違うグループに属すると考えられる。J香港社のディレクターである飯田、栗原、西脇、山本、門口をひとつのグループにまとめるのは道理にかなっているが、彼らもまた、そのグループ内のヒエラルキーの中で位置付けをしなくてはならない。

飯田は、香港に来る前にすでに日本で取締役になっていた。一九八九年五月、飯田は香港の本部に転勤となり、その一年後、小川真司がこの新しい領地に移って来ると、飯田はこの新しい会社、J・インターナショナル社の取締役に昇進した。栗原、門口、山本、西脇の役職決めは、海外転勤の任務に伴いとられた昇進だった。他のケースを見ると、J社では、日本で課長だった人は、海外転勤で部長へ、日本で係長だった人は、海外転勤で課長へという具合に昇進が決まっていた［Ben-Ari 1994 : 9］。このような昇進は、より大事な責任とさらに重要な任務が課せられることを意味していた。しかし、これは、管理面での考え方とは違い、組織面からだとそれ相応のランクの変化がなければ、昇進とは決して言えなかったのである。つまり、日系企業の「本当の」昇進は、ランクの変化が必要なのである。[5]

表3から分かるように、飯田だけが取締役と認められる。他の者は、ただその他の社員と同じようにランキング・システムの下の普通の管理職でしかない。ただし、そのうちの誰かがいったん取締役に昇進すれば、このランキング・システムは、関係がないものとなる。それゆえ、「日本人社員の目から」見れば、飯田とその他の社員の間に線が引かれるべきだろう。

通常、社員は性別でさらに別のグループに分けられる。女性社員と彼女たちの仕事のサイクルについての扱いは、いずれも男性社員とは大変異なり、別途調査が必要である。別の機会に触れたことがあるが、[6] J香港社の女性社員も、会社の権威に対して異なった行動パターンを取っていた。また、その権威に対する行動は、男性社員とは違ったものだった。

男性社員は、さらに四人の管理職と他の社員とに分かれていた。ディレクターの四人は取締役ではなかったが、ほぼその地位に届く所にいた。彼らの間では出世競争がとても激しく、社内を政治的にさせる源になっていた。

一般の男性社員の間では、男性社員が経済的に一人前かどうかも、もうひとつの差別化の基準と考えられていた。なぜなら、それは社内の権威を得る上で影響ある特別な基準であるからだった。経済的に一人前かどうかとは、要するに結婚しているかどうかということであり、未婚の男性社員の経済的責任は、既婚の男性社員とは分けて考えられるのである［Cole 1971 : 158］。男性社員は、このように未婚か既婚かで二つのグループに分けることができる。広瀬と岡野が独身者の社会的な活動を組織するため「独身会」という会を作ったが、このように未婚と既婚の差別化は、際立った社会的事実だった。

このように、日本人社員は、男性社員と女性社員のグループに分かれ、そして男性社員は、飯田、四人の管理職、既婚者と独身の四グループに分けられていた。この後の節では、この日本人男性社員の四つのグループが、J香港社内の力関係の中で、用意されたチャンスをつかみ取るために、いかにしてさまざまな行動を選び取っているかを観察してみたい。

社内管理とは分離された飯田の存在

一般に、日本の取締役は、彼らを任命した社長や会長の部下だった。言葉を変えれば、飯田も昇進の件では、真司に委ねるしかなかった。このため意識的、打算的な「自分の存在」の価値を真司に対してだけ持つよう求められていた。それゆえ、飯田はJ香港社の社長だったが、彼はほとんどの時間をJ・インターナショナルのために使っていた。J・インターナショナルは、真司の会社で、真司はいつもこの会社に顔を出していた。つまり、ここは飯田が自分の働きぶりを真司に見せられる場所なのだ。沼口は振り返ってこう語った。

私は、飯田社長をキャッシャープロジェクトの委員会議に招待し、委員たちの前でスピーチをして励ましてもらおうと考えていました。しかし、会議の始まる数時間前になって、突然、秘書から、飯田社長が、出席できなくなったと連絡が来ました。飯田社長は、小川会長から日本の友人とゴルフに行くのに付き合うよう言われ、ゴルフに行くことにしたというのです。私は、その時、非常に怒りました。私は飯田さんがなぜ小川会長たちとゴルフに行くことにしたか分かるのです。彼はもっと出世したいんです。しかし、飯田さんは自分の将来のことばかり心配して、J香港社の利益を無視してはいけないのではないかと、私は思います。

このような不満は、沼口だけに限らなかった。多くの日本人社員が、私に飯田が社長としての責務をしっかり果たしていないと訴えた。

表向きでは、日本人社員のこうした不満は、飯田の評判を傷つけ、彼のキャリアに悪影響となるので自制すべきものだった。飯田が部下の日本人社員をなだめるには、彼らが彼の部下であることを再認識させるしかなかった。J・インターナショナルの業務をしている時、J香港社の本業を放っておいたことを決して恥じることではない、いつもJ香港社のことで真司と言い争う、真司と対立するリスクを承知で、会社の利益のために全力で戦うことがあるのだ、と幾度も強調した。しかし、誰一人として、彼の言葉を信じる者はいなかった、と沼口は言った。

真司の独裁下では、飯田が真司と言い争うなんて考えられませんでした。さらに、会社が飯田の退職金をまだ支払っていないと聞いたことがあります。それでは、飯田が真司に背くなんて不可能です。

J香港社の仕事をおざなりにした埋め合わせに、飯田は積極的な社員が持ち込んだ提案には、他の役員に却下されたものでもすぐに賛成した。沼口はこう言った。

飯田さんは、私を夕食に誘った時は、いつも私の不満に耳を傾けてくれました。私は、社長に私の仕事に関連した不満を伝えるのには良い機会だと思っていました。しかし、私が管理システムを変えたほうが良いと提案すると、彼はきまって、その提案の実行の可能性などの質問は何もせず、ただ「やってみろ」としか言いませんでした。初めのうちは、小売業界で三十年以上の経験のある社長が賛成してくれるのだから、問題はないだろうと思っていました。しかし、いざその計画を実行に移すと、多くの問題が出てきて、再考さぜるを得ませんでした。私は、飯田さんが私の提案に賛成したのは、ただ私を喜ばせたいだけだったと、だんだん分かってきました。もう私は彼を信用しませんし、彼にアドバイスも求めようとも思いません。

結局、飯田は、会社の象徴的な存在でしかなくなった。一方で、飯田に仕事上の問題を持ち込む社員もいなくなり、飯田自身もJ香港社の業務のための時間を作らないようになっていった。この結果、J香港社の管理権は、残る四人の争いとなった。

四人の役員——栗原、西脇、山本、門口

栗原、西脇、山本、門口は、J・ジャパン、J・インターナショナルのどちらの役員でもなかったが、彼らはいずれもE2かE3にランクされ、一九九二年には、J・インターナショナルかJ・ジャパンの役員候補に名前が挙がったこともあった。しかし、J香港社の役員としての彼らの業績は、前任者たちの業績と比べると、出世につなげるには危ない物だった。彼らがJ香港社の役員に任命される前は、三人の前任者がいた。一九八九年、その三人の役員は日本に戻されたが、ちょうど真司がJ・インターナショナルを香港に設立しようとしたその時に、J・ジャパンでの役員異動があり、三人のうちの一人はJ香港社の発展のため、同社の副社長に任命され、もう一人はJ・インターナショナルの役員に任命されていた。そして、一九九〇年にはすぐに真司とともにこの新天地に戻って来た。残る一人も、真司からJ・ジャパンの役員に任命された。

同様に、栗原、西脇、山本、門口が次に目指したキャリアは、前任者と同じ、J・ジャパンの役員になることだった。幸運ならば、彼らはJ・インターナショナルの役員になれるかもしれなかった。しかし、彼らが実際に組織のヒエラルキーの中で上位にのし上がったのかどうかは定かではなかった。もしそうでないとしたら、彼らはずっとこの役職のままで、退職を待つだけだった。そのため、彼らは結局、出世のためにさまざまな策をめぐらし、戦わねばな

らなかった。

栗原は、この四人の役員の中で最も歳が上だった。表3で示した通り、彼は西脇と同じランクだが、山本や門口よりは上だった。栗原は、西脇と同じ年齢で同期だったが、一九八四年に香港に来た栗原の方が西脇よりも三年、J香港社での仕事が長かった。さらに栗原は、日本の企業では伝統的に一番力を持つ総務部を取り仕切っていた。そのため、残る三人は、社内の管理の点で、栗原と競うのは難しかった。

他の三人よりも優位だったからと言って、栗原は出世に対して積極的な態度を示さなかったわけではなかった。確かに飯田は栗原の直属の上司で、栗原も飯田の前では良く振る舞わなければならなかった。しかし、栗原はまた、J・グループの日本人社員全員をコントロールしているのは飯田ではなく、真司だということもよくわかっていた。そのため飯田のように、栗原も真司とJ・インターナショナルのために働くチャンスを狙っていた。そして、彼は会社の財務を取り仕切る立場にあったおかげで、チャンスをひとつ手に入れた。

栗原は一九八八年、香港株式市場へのJ香港社上場に深くかかわった。彼は続いてJ香港社の姉妹会社の上場にも関係することになった。この一連の仕事を通じて、栗原はグループ内で企業上場の専門家としての名を揚げ、グループ内で他に企業が上場できるかどうかの検討会議に呼ばれるほどの立場となった。

J香港社で、栗原は総務部だけに関心を向ける傾向があった。とくに部下たちを管理する意欲を失ってからは、J・インターナショナルの方に献身的に働いたため、他の部まで見る時間が全くなくなっていた。より重要なことは、彼がかつて社内で裁量権を振るえた財務問題が、もはや彼が全社をコントロールできるだけの力を持たなくなった、と彼自身がそう信じていたのも一因だった。

また、彼はそれほど社内で自分のネットワークを作ることには熱心ではなく、そのため自分の派閥を持っていなかった。一九九一年から一九九二年の間、彼の直属の部下には、総務人事課のヘッドだった小村、経理課のマネージャー代理だった山口、経理課のエグゼクティブ・オフィサーの成沢、コンピュータ課のマネージャーだった鈴木、トレーニング・セクションのエグゼクティブ・オフィサーだった沼口がいた。

理論的に言えば、彼らが派閥を作りたいと思っていれば、このメンバーが最も栗原派に相応しいと言えただろう。しかし、栗原はめったに彼らを夕食や諸々の社交にも誘わず、昼ごはんすら一緒に食べることはなかった。例えば、栗原は一九九二年の暮れ、小村の後任の深尾に総務部の日本人社員の忘年会を準備するよう頼んだことがあった。しかし、彼は中止せざるを得なくなった。実は、深尾以外は誰も出席したくなかったのだ。

他の日本人社員と付き合わない栗原の性格は、オフィスのレイアウトでも如実に出ていた。四人の役員の中で、彼が一人だけ、自分のオフィスを持っていた。山本、西脇、山口は本部の一般オフィスで働いていたので、明かに栗原よりも他の社員に近かった。栗原が部下たちから孤立してしまったのは、彼が部下たちの問題を理解できず、彼らが社内でどのような立場に置かれているかが把握できなかったからだった。彼は、社員の視点からということで、新しいバカげた規則を作ることがあった。

例えば、一九九一年に彼は部下の小村に、本部の全社員に対して就業時間中は一切休みを取らず、すべての時間を仕事に捧げるようにとの通達をするよう指示した。小村は、栗原にそのような規則はうまくいかないどころか、社員の怒りを買うだけだと指摘したが、栗原は聞かず、小村に言われた通りにするよう命じた。結局、小村が予想した通り、社員のモラルは、深刻なまでに落ち込んだ。その上、栗原は自身の任務を怠ったどころか、社員に対して何でも彼に報告するよう指示したのだった。沼口は深尾の言を借りてこう言った。

栗原さんは、部下が何でも報告してくれるのを好む上司だと知っています。だから、栗原さんが何の報告が欲しくて、何がいらないのかはっきりと言ってくれるまで、何でも報告するよう言い付けに従っています。例えば、先週などは、私は栗原さんに水曜日に我々の部の全社員と昼ごはんを食べに行くと伝えたのですが、その時、栗原さんの邪魔をしてしまったのか、栗原さんは私に社員といっしょに昼ごはんに行くなんて報告はもうしなくてもいいと言ったんです。

しかし、すべての社員が深尾のように我慢強かったわけではなかった。小村は時々、栗原には報告せず、直接飯田に報告していた。彼はこう言った。

役員の何人かは、老人みたいにとても頭が堅いんです。彼らは、私に何でも報告しろと言うのです。しかし、彼らはたくさん自分たちでやらねばいけないことがあるのに、部下たちに対して何も彼らの役目を果たしていない。つまり、私がどんなに報告しても、彼らはすぐに決定することはできないのです。時々、彼らが最後の決定を下すまで延々と待たされることがあります。だから、急ぎの件は、直接飯田社長に報告します。しかし、私のこういう行動は、いつもあの老人の方々に邪魔されてしまいますがね。

小村の不満は、その他の日本人社員と共通するものだった。結局、栗原を好ましく思う日本人社員はあまりいなかった。しかし、栗原は、彼自身の悪いうわさはあまり気にしてはいなかった。なぜなら、彼の出世は、他の日本人社員との人間関係によるものではないからだった。

西脇――蔭の存在

西脇は、四人の役員の中で二番目にランクされていたが、いくつかの理由から、一番影響力がなかった。まず第一に、日本人社員の多くが、彼は非食品部門のトップになるだけの力量がないと思っていた。彼の部署はいつも在庫を抱えていて、部全体の収益が低く、そのため多額の損失を出していた。事実、この部署が、いつも会社の赤字の主因となっていた。こういう状況なので、西脇の部門はいつも飯田から非難されていたが、西脇は業績を上げられる人間とは思われていなかった。彼は、結果を出せなかっただけでなく、伝え聞くところによると、この状況を改善しようとすらしなかったという。ある人は彼をこう形容した。

西脇さんは一日中デスクに坐っているだけで、何もしません。店内のチェックもめったにしません。彼はずっとオフィスにいて、タバコを吸って、リポートを読んでいるだけです。やることと言えば、たまにバイヤーたちを彼のデスクまで呼んで叱るくらいです。彼はこれくらいしかできません。私たちは、彼を「警備員」と呼んでいました。まるでマンションの入口で何もしないで人が通り過ぎるのを眺めながら、突っ立っている警備員みたいですから。

日本人社員の部下も、現地社員の部下も、西脇を尊敬する者はいなかった。なぜなら、彼は部署の損失に対する責任を一切取ろうとはせず、いつも彼の部下をスケープゴートにしていたからだ。例えば、西脇は、一九九一年七月の役員全体会議に、彼の部署が多大な損失を出していたため出席しなかった。しかし、彼はスピーチ用の文章を書いて、岡野に対し、彼の直属の部下としてその会議上で読むよう指示した。これは、この非食品部門に異動してきたばかりの大卒のバイヤーたちの責任だと非難する内容だった。バイヤーたちは皆、非常に怒った。西脇は、日本人駐在員にも同じようなことをした。その結果、彼らもまた彼を好きではなかった。他の役員も彼を尊敬はしなかった。前述の人間はこう見ていた。

西脇さん、山本さん、門口さんは、同じオフィスで働いています。門口さんは、西脇さんと話をするほうですが、いつも自分の席に坐ったまま、大声で彼に話しかけています。西脇さんは門口さんの声が聞こえないと、門口さんの席まで来ます。しかし、門口さんは、決して西脇さんに対して同じようなことはしません。その一方で、門口さんは山本さんに話がある時、山本さんの席まで来ます。山本さんも、西脇さんを門口さんと同じように扱っています。

西脇は、社内での人付き合いから、彼自身が人気がなくて、疎外されていることをよくわかっていた。昼食や夕食も一人で食べ、仕事を終えた後も、めったに他の日本人社員との付き合いはなかった。忘年会のような会社が主催する付き合いの席に出なければならない時、彼はいつも黙ったままだった。つまり、彼は、日本人駐在員の中でとても見劣りする人物だった。結局、彼は一九九三年に日本への帰国を申し出た。そして、日本へ役員ではなく、社員として戻された。

門口――一匹狼的人間

西脇と違い、門口はベテラン社員と思われていた。入社以来、彼は、日本の店舗部門と商品部門の両方で働く機会が与えられた。一九八五年、彼はJ香港社の商品部門に異動となった。彼はそこで三年働いたが、その後、J香港社の旗艦店である沙田店の店長となり、またその一年後には、J香港社の役員に昇格し、そして、一九九一年、店舗管理部門の役員として本部に異動となった。

門口は、自信、実力ともにある人物だった。彼は、通訳を使わず、彼の現地社員の部下に英語で会議を開かせることができる唯一の役員だった。彼が、店舗管理部門のトップとして異動してきた時、彼は新店舗に関する売り場のフロアプラン、商品の組み合わせ、宣伝戦略などで能力を十分に発揮した。彼は、新店舗の展開には欠くことのできない人材だった。

彼は能力があったので、それ相応の尊敬を受け、社内での面子も十分立っていた。しかし、彼は非常に高潔な性格だったので、個人的に取り巻きがいるとか、他の役員の取り巻きになるという考え方を明かに嫌っていた。つまり、彼は日本語でいう一匹狼だった。門口は役職に甘んずることなく、一九九四年、店長代理として上海店に異動となった。

日本人駐在員の中で人気のなかった栗原や西脇、そして取り巻きを嫌った門口を見ていくと、構造的に重要な結論に到達した。これは、日本人駐在員が、人事面での支援を求めて山本のそばにいようとしたことだった。山本とその取り巻きの間にできあがった人間関係とのつながりを深めようとしていたのである。

当初、山本は、栗原といくつかの理由で競うことはできなかった。それは、栗原が山本よりも数年早く入社しており先輩だったからだ。山本がまだE3だった時に、栗原はすでにE2にランクされていた。しかも、栗原が、総務部のディレクターとして山本より優位な立場にいた、つまり、山本は栗原と違い、真司に近付けるチャンスはなかった。しかし、山本は、自分の人望と指導力を武器に栗原と争ったのだった。

山本派

日本人駐在員の間で広まった山本の人望とリーダーシップは、社会的に作られたもので、山本が自分の派閥を積極的に広げて作り上げたものだった。山本派は、山本自身が言うには、小村、伊藤、中田、国江、古山、岡野、広瀬、藤田、田中、大石がメンバーだった。彼らは皆、以前あるいは現在、屯門店の中核にいた日本人社員だった。山本は、屯門店が一九八七年にオープンした当時の初代店長だった。当時、小村は彼の代理で、国江は雑貨課のヘッド、古山はフード・アーケードの責任者だった。一九八九年、小村は山本を引き継ぎ、国江は小村の代理となった。そして、田中が後に古山の後任となった。そして、一九九〇年には、国江が小村を引き継いでストア・マネージャーとなり、小村は、本部の人事総務課のトップに異動となった。こうした経緯から、山本派は、現地社員の間では別名「屯門派」とも呼ばれていた。

山本が、本部の食品商品部のトップに異動した時、山本は直属の部下だった広瀬とその取り巻きを自分の派閥に入れた。広瀬を通じて、山本は、広瀬の親友の岡野と、岡野の親友の藤田も引き入れたのである。その時、伊藤も、仲の良かった小村を通じて山本派に加わった。伊藤は、小村と同じ地域に住んでいたので、毎日、いっしょにタクシー通勤する仲だった。

重要な点は、藤田、岡野、伊藤は、一九九一年に非食品商品部に働いており、西脇の直属の部下だったことだ。西脇が彼らを大事に扱わなかったのが、彼らが山本派に加わる動機だった。私が本部の人事総務課に席を置いていた時、仕事を終えた岡野と伊藤が、小村を飲みに誘うのをよく目撃した。私は、小村に「また西脇のことか?」と尋ねた。つまり、彼らは西脇への不平を言うために小村を飲みに誘っていたのである。

山本自身からではなく、彼の取り巻きも、少なくとも間接的にだが、山本を中心に派を作ろうとしていた。例えば、田中が一九九四年に現地社員と結婚した時、田中は他の派閥の人間には後になって結婚を知らせた。古山はとても怒って、こう言った。

私は昨日になって初めて彼が結婚することを知ったんです。それも現地社員から聞いたのです。失礼じゃないですか! 私によりも、現地社員に先に伝えるなんて! 我々は同じ親分のところで働いているのだから、結婚することになったら、すぐに私に知らせるべきじゃないですか。彼は、いつも子供みたいで、やることが大人じゃないんだから。

古山の不満から、山本派の人間たちが意識的に派閥を作っていることがわかる。

山本派の存在は、山本とその取り巻きの間にできた集約的な相互関係によって裏付けられた社会的事実である。山本派は、全メンバーが参加する忘年会を開き、さらに山本は普段から終業後の飲み会などの機会を利用して、彼を取り巻く人間たちとの親密な人間関係を広げ、またそれを強めていった。山本は会社の接待がない時は、毎日、彼の取り巻きたちと夕食を共にした。夕食が終われば、飲みにでかけ、仕事とは離れた場で、彼らに仕事に関わる非常に重要なアドバイスや相談をしていた。そして、彼の取り巻きたちは、会社や、西脇や栗原のような他の日本人上司への怒りを山本に訴えた。

山本は、時々、彼らの個人的な相談にも応じていた。例えば、藤田は、日本に郷里のクラスメートだった恋人がいたのだが、彼女に香港に来るよう説得しても彼女が応じてくれず、人事もまだ藤田を日本に帰してくれないようだと心配していた。彼女は三十歳になるので、もう結婚を待てないという。藤田が酒の席でこのように山本に恋人との悩みを話すと、山本は藤田を日本に帰すよう取り計らい、日本にいる彼のフィアンセに手紙を書いて、香港に来るよう説得してあげようと約束した。実際に、その女性は高校時代の同級生と一緒に香港にやって来た。山本は、彼らに食事と酒を御馳走し、その女性に藤田と結婚して、香港に来るよう話したのだった。

山本はまた、仕事後の時間を使って、新しいメンバーを確保した。例えば、山本は、彼のメンバーではなかった沼口とめったに夕食にでかけることはなかったが、一九九二年九月、山本は突然、沼口を誘うようになった。彼は、子分の大石に沼口をメンバーとの食事に誘うよう頼んだ。大石は、沼口の同期であることを山本は知っていたのだ。彼らは、日本料理屋に行き、山本はそこで二〇〇〇香港ドルも使った。沼口によると、山本は何も特別なことは言わなかったが、夕食後、山本は沼口をカラオケに誘ったという。沼口によると、山本は彼女にこう言った。

店長たちが君に何を言おうと、沼口、君は諦めてはいけない。全力を尽くして、君の意見を彼らに納得させるようがんばるのだ。私が君を応援しよう。

山本は、一部の店長たちがその頃、沼口の提案を却下していたことを知っていたので、彼女を励まそうとしたのだった。沼口は、当時、直属の上司である栗原に彼女の提案を一読すらしてもらえなかったところだったので、山本の励ましに感動したと言っていた。

三カ月後、マカオ店で沼口は山本に再会した。山本は、沼口にいっしょに香港に戻ろうと誘い、香港行きのフェリーの時間を変更してでも同じ船に乗ろうとした。フェリーの中で、山本は彼女を食事に誘い、彼女が友達と約束があるというとそれをキャンセルするように言った。二人は、中華レストランに行った。山本は食事の間、沼口に彼の派閥について話した。また、彼は、親分として子分の世話を見てやれるとほのめかし、広瀬が日本に帰国することになれば、広瀬が良い部署に就けるように動いてやると繰り返し強調した。そして、彼は、前年に多くの子分たちを店長に昇進させたと付け加えた。山本が、沼口に言い含めたかったのは、彼の派閥に入れば、彼女も良い思いができるということだった。

さらに付け加えれば、山本は、沼口を信用させるために、彼の子分のこと、また彼が門口をさほど気に入っていないことなど微妙な話を彼女に対していくつかそっと伝えた。それは、すでに沼口が彼の派閥の一員になっているということを示すためだった。夕食を終え、山本は支払いを済ませると、沼口をさらにカラオケに連れて行った。

沼口は後になって、山本の目的は自分ではなく、深尾にあったということに気がついた。深尾は一九九二年、小村の後任として人事総務課のトップになった。つまり、山本は、もはや栗原の部署に自分側の人間を置けなくなっていた。山本は深尾を自分の派に引き入れたかった。

しかも、深尾は日本のJ社で十五年も人事部に勤めた人物だったので、総務部のマネージング・ディレクターとの関係を持っていた。深尾とそのマネージング・ディレクターを通せば、山本は自分の派閥の人間のために影響力を行使することができる。

しかし、深尾は、山本の誘いを断った。そこで、山本は深尾を攻撃するキャンペーンを張っていた。山本は、沼口を派閥に入れるべくその二つの理由を説得する間も、深尾が前任の小村に劣ると直接非難し、深尾の妻まで攻撃の的にしていた。沼口は、山本の言葉をこのように再現した。

深尾はダメだ！　あいつの女房はブスだし、あの女房はきれいな格好をしたことがない。我々の店に買い物に来る時は、いつもジーパンとTシャツ姿だ。彼女は、J社の妻たちのイメージを壊している。二人が香港に転任してきた時、他の日本人駐在員の妻たちに挨拶のパーティーも開かなかった。しかも、深尾の妻は、「和栄会（婦人会）」の活動に積極的ではない。人事総務課課長の妻として、他の社員の妻たちと良い関係を築かねばならないというのに、深尾の女房も深尾と同じような人間なのだ。

初めのうち、沼口は、なぜ山本がそこまで深尾を攻撃するのか、なぜその攻撃があまり効いていなかったのか分からなかった。しかし、そのうち、沼口は、深尾が香港に来る前に、山本が基本的に彼の息のかかった人間を使って社内全体をコントロールしていたことが、徐々に分かってきた。総務部には小村、ストア・オペレーション・ディヴィジョンには国江、中田、古山、藤田、田中が彼の側についていた。非食品商品部では岡野と伊藤がいたのである。彼の派閥の人間は、それぞれの部の重要な人物、つまりその部のディレクターの決定を遂行する人間で占められていた。彼らは、山本のライバルである各部のディレクターの決定を遂行する際、その決定に抵抗することもできたし、密かにそれを変えることもできた。そのメンバーの中で、最も重要なのが、人事総務課のトップだった。なぜなら、その人間は、栗原の情報をすぐに提供してくれるし、また山本の好きなように栗原の決定に反対することもできるからだった。だから、山本は深尾の拒否にひどく腹を立てた。だから、状況を改善するために、沼口を入れて栗原の情報を仕入れようとしたのだった。

栗原と山本は一九九三年に副社長になった。栗原は、山本に追い付かれると感じていた。そこで栗原は、これまで取ってきた総務部で地位を固めようとしていた戦略を、会社全体の総括管理を目指す戦略に変え始めた。

山本の昇進後、栗原は一方的に社内の商品戦略、店舗管理、情報システムを検討するため、日本のコンサルタント会社を雇うことを決めた。コンサルタント会社から二人のスタッフが香港に派遣され、三週間かけて研究結果をまとめた。その時、栗原はビジネス・アナリシスと呼ぶメモを作り、コンサルタント会社のスタッフが研究結果と提案を発表する会議の席でそれを配った。この会議は四回に分かれ、それぞれの回に、J香港社から一部の社員が参加した。

最初の回は日本人社員を対象におこなわれ、二回目は本部や店舗でジェネラル・マネージャーの代理をしている現地社員、三回目は非食品商品部のセクション責任者、現地社員とバイヤー、そして四回目は食品商品部のセクション責任者、現地社員とバイヤーを対象に開かれた。それぞれの会議の後で、栗原は、全出席者に対して彼らの意見を書き記し、彼に提出するように言った。

興味深いことに、この研究は、会社の商品販売システムや管理システムに関するものだったにもかかわらず、それらに直接関係している山本と門口の二人のディレクターは会議に呼ばれなかったばかりか、この研究プロジェクトについてすらよく知らされていなかった。しかも、このビジネス・アナリシスの会議は、山本が出張の日に開かれた。言い換えれば、山本は、完全にこの研究から外されていたのだった。

他の日本人社員も実は、そのプロジェクトには関わってはいなかった。彼らは、このプロジェクトについては何も知らず、ただ会議に出席するよう言われただけだった。彼らは、非常に憤慨していた。とくに山本派の男性社員たちは、会議でプロジェクトに触れられることはなかったと言い、まるでプロジェクトが実行に移されていないかのように振る舞い、協力しなかったばかりか、抵抗までした。各部の主要な地位を占めている山本派の協力がなくては、栗原も実行に移すことは難しかった。そして、このプロジェクトは、そのまま尻つぼみとなってしまった。

明らかに、栗原は、飯田に対して、彼が会社の発展のために努力していることを見せるために、このプロジェクトを利用しようとしていた。また、同時にプロジェクトを山本の部門の問題を浮かび上がらせて、山本を批判する道具にしようともしていた。しかしながら、栗原はこの計画に失敗した。山本が作り上げたインフォーマルなネットワークがうまく山本を栗原の攻撃から守ったのである。

これで、山本がなぜ派閥の人間を昇進させたことが彼の利点となったか、なぜ山本が社内の重要なポストに息のかかった人間を置こうとしたかが見えてくる。彼は、自分一人では誰を昇進させるか決定できないが、重要なポジションに彼側の人間を就かせるだけの影響力は発揮できるとわかっていた。店舗の店長などのような重要なポジションは、たいてい昇給の面ではメリットがなく、ランクの上昇にもならないが、これらのポジションは、非常に大きな責任と、さらに重要な任務を遂行するチャンスを与えられることがある。藤田はこう説明した。

私が一九九二年、藍田店のジェネラル・マネージャー代理に昇進しましたが、給与は上がりませんでした。なぜなら私のランクは据え置かれたからです。しかし、この仕事は自分がジェネラル・マネージャー代理としての経験をつめる良いチャンスだと思います。最終的には、この経験が利益につながり、将来、正真正銘の昇進が実現するのですから。

このため日本人社員の中には、山本派に入りたいと強く願う者がいた。彼らは、山本が唯一、キャリアアップのために後押ししてくれる力のある上司（実力的親分）で、子分の面倒をよく見てくれる良い親分と信じていた。さらに、飯田が、J香港社にあまり時間を費やさなくなってからは、飯田との関係を作りにくくなっていた。さらに栗原と門口は、自分の部下たちを昇進させる力は持っていたものの、派閥を作りたがらなかった。また、西脇も派閥を作ったり、自分の部下を昇進させたりすることをしなかった。そのため、山本派の一員になることが、出世へのメインストリートだった。だから、山本派のメンバーは、野心的なキャリア組と思われていたのだった。

男性社員の間における消極型の特徴

しかし、半数の男性社員は、人間関係での高いコストが付くと恐れて、山本派に入ることを望まなかった。もし、山本派に入れば、仕事を終えてからもメンバーたちと長々と付き合わなければならなくなる。さらに大変なことには、山本側に付くと、栗原からの怒りを買うというリスクが伴うのだった。とくに栗原の直属の部下である山口のような立場にとっては、そうだった。実際に、栗原は、一九九二年に人事総務課から小村を排除するのに成功していた。小村がマカオへの出店準備をしていた時、栗原は総務部にいた彼の部下たちに、小村に協力しないよう言い付けていたという。マカオ店がオープンした後も、栗原は、総務部のディレクターとしての地位を利用して、小村の店に関する問題に干渉を続けた。

そのため、既婚の男性社員の防衛の第一の鉄則は、山本派の中核メンバーに近づかないようにすることだった。つまり、山本、小村、国江との距離を取るようにということだ。そうでなければ、彼らは山本やその取り巻きに不平を言える余裕もないまま、トラブルに巻き込まれるだけだった。このバランスの取れた行動には、ソフィスティケイトされた考え方と賢明な判断が必要とされていた。

戸田が、社内政治に巻き込まれないように取った方法は違っていた。彼は、日本でスーパーマーケットを営む一家の出だった。戸田は、長男で、両親から彼らが引退した後に店の看板を継ぐ後継者として期待されていた。彼は私に対し、一九八六年に大学を卒業するとすぐにJ社に入社したが、それは将来家業を継ぐため、J社で商売の勉強をするためだったと言った。要するに、彼は定年までこの会社にいるつもりはなかった。両親が引退すれば、彼は家の商売を継ぐため会社を辞めるつもりだった。そのため、戸田は、社内政治では問題を感じていなかった。

一九九一年、J社は戸田を香港に派遣した。そこで、戸田は、荃湾店の食品売り場のシニア・エグゼクティブ・オフィサーだった中田の下で働くことになった。一九九二年、小村は戸田をマカオ店に異動した。その一年後、戸田は山本に本部の食品商品部で山本の直属として働くよう呼び戻された。このように戸田は、山本派のメンバーと、山本の直属で働いたことがあるにもかかわらず、この派閥に入ることはなかった。その最大の理由は、彼がこの会社で出世したいと思っていなかったからだった。

社内政治の中に身を置いていたにもかかわらず、戸田は自分の自由時間をスポーツやアウトドアや音楽活動などの趣味に使っていた。私が屯門店でフィールドワークをしていた時、彼と藤田と二カ月間、社宅でいっしょに暮らしたことがある。休みの日は、藤田はいつも午前十一時に起き、私といっしょに朝食を取った。朝食後、私たちは、尖沙咀の銀行へお金を下ろしに行き、地下鉄で大丸まで行った。藤田はそこで日本食と日本のマンガを買った。私たちはいっしょに日本料理屋で昼食を取って、家に戻った。そして、藤田は夕方になると、決まって他の山本派のメンバーに会いにバーにでかけていた。

対照的に、戸田は休みの日には、いつもアウトドア活動に熱中していた。午前九時に起きると、まずマンション内のプールに泳ぎに行った。その後、戸田は昼食を取りに家に戻り、昼食後は現地社員とテニスや他のスポーツをしに、再び外出した。そして、夜は、いつも音楽を演奏して楽しんでいた。後になって、彼は日本人の香港ダイビング・クラブに入り、夏になると、隔週ごとにダイビングにでかけた。

戸田は、他の日本人駐在員を完全に無視できたわけではなかった。しかし、彼は、終業後の付き合いを社内の派閥作りの道具とは思っていなかった。戸田にとって、終業後の時間は、自分の楽しみとリラックスのための時間と考えていた。そのため、彼は、誰が参加していようが関係なく、彼が面白いと感じた集まりには顔を出した。彼が、仕事後の付き合いの上で、特別に選んで参加することがなかったので、彼は派閥に関心を持っていないという印象を与えることができた。

さらに付け加えれば、彼はいろいろな趣味を持っていた。そのおかげで、他の日本人駐在員は、彼が子供みたいに天真爛漫な人物だというイメージを抱いていた。彼は、ただ楽しみたいだけだった。このイメージのおかげで、彼は社内での派閥争いから来る災難から逃れ、上司との良い関係、少なくとも上司とはニュートラルな関係を保つことができた。このように彼は、派閥争いが彼の生活に深く関わるのを防いだのである。

成沢——抵抗型の社員

成沢は一九八九年、大学卒業後、J社に入社した。一九九一年、彼はJ香港社の経理部に異動となった。当時、彼はまだ独身で、社宅に同僚の鈴木と住んでいた。成沢は反抗的だと見られていたが、それは第一に彼が彼が自分の時間を会社や同僚のために犠牲にしないからだった。彼は、終業時間が来ると、進んで残業しようとはせず、すぐに家に帰った。沼口は彼と同室に暮らしていた鈴木の言葉をこう再現した。

午後六時を過ぎると、成沢くんはすぐに帰宅しました。家に帰ると、ジャケットを脱いで、おしゃれな服に着替えて出かけるのですが、私は初め、彼がどこに行くのか知りませんでした。すぐ後に成沢くんが教えてくれたのですが、彼は現地の女の子とカラオケやディスコに行っていたんです。いつも、彼は午前三時か四時頃に帰宅します。時には夜通し外にいるものだから、翌朝、疲れて会社に行けない時もあるのです。

この夜のスケジュールのために、成沢は終業後の日本人駐在員との付き合いにも参加できなかった。もっとも、彼は会社の同僚といっしょにはいたくなかった。例えば、彼は休みの日には、同僚とよりも、友達といる方が良かった。成沢は、香港日本人倶楽部のバレーボール・チームに入り、週に二回練習に参加していた。成沢は、またドラゴン・ボートのメンバーにもなった。結局、このスポーツマンの成沢も、社内ではどの派閥にも属していなかった。

もう一つ彼が抵抗型である理由は、彼が個人の時間を会社のために犠牲にしなかったばかりか、会社を自分の利益のために利用しなかったことにあった。彼は、午後によくオフィスから姿を消した。

彼はオフィスの近くの銀行へ外貨の売買をしにでかけていたという。成沢は、為替投機が好きで、仕事の合間に自分で作った米ドルと日本円のチャートを私に見せてくれたこともあった。彼はたいてい銀行に午後五時までいて、その後すぐにこっそりオフィスに戻って来た。時々、前日の夜に踊り過ぎてしまい、疲れてそのまま家に帰って寝てしまうこともあった。

彼が抵抗型である最後の理由は、彼が香港の地元のファッションブランドのモデルをしていたことだ。会社の規則に従えば、社員はプライベートの時間でもアルバイトをすることは禁じられていた。しかし、成沢は、この規則を無視して、会社に通知することもなく、何度かテレビのコマーシャルに出演した。

現地社員はテレビを見て、日本人駐在員がアルバイトを禁止されているとは知らず、他の日本人社員にそのことを告げた。しかし、成沢はモデルのアルバイトをしたことはない、広告に出ている人間は別人だと否定した。事実、彼は日本に帰されることを恐れてはいなかった。会社側が本当に彼を処罰するなら、彼は辞職して、香港で別の仕事を探すつもりだった。実は、彼はその頃にはもう現地女性と結婚しており、就労ビザなしに働くことができる状況にあった。それに香港での仕事探しも問題ではなかった。彼はフルタイムのモデルになればよかったのだ。しかし、会社は、まるでテレビに出演したのが別人というように扱い、成沢を処分せずにこの件を済ませた。

沼口はこの処置について、J香港社の経営側が、J・ジャパンが成沢の異動を拒んだため成沢を日本に送り帰せなかったからだとみていた。沼口は、J・ジャパンは必要のない人間に給与を払って、人件コストを引き上げることをしたくなかったと推測していた。

大石――抵抗型から積極型のキャリア組へ

大石は、成沢と同期だった。大石は、香港で二年間語学を勉強したことがあり、流暢に広東語が話せる唯一の日本人駐在員だった。大石は、入社した最初の一年間、デリバリー・センターで働いた。彼の仕事は、商品を各店に運搬するアレンジと倉庫の管理だった。大石は私に、当時、彼の給料は非常に少なかったので、その埋め合わせのため、倉庫から高価な食品、おしゃれな服、テレビや冷蔵庫などの電気製品まで盗んだと言った。彼はさらに誇らしげに、彼の家の家具や、家で食べる高価な食べ物はすべて会社から盗んで来たものだと言った。そして、大石は時々、各店に挨拶に行く時、その店の同期たちに高価な食べ物を持って行ってやっていた。大石は、彼の泥棒行為についてこう言った。

会社は私のことなど面倒みてくれるわけないですよ。むしろ私を食い物にしているんだ。給料もこれっぽっちしかくれないし、待遇もひどい。今、私がここで死んだって、経営側はちっとも私を可哀相には思わないでしょう。すぐに代わりの人間を探して埋め合わせするだけなんですから。だから、愛社の精神なんて感じるわけないですよ。

このほか、大石は、三回も上司に対して暴力をふるったことがあった。彼は私にその理由についてこう語った。

初めてマネージャーを殴ったのは、彼がパートタイマーの人をクリスマス休暇中に病欠したのを理由に解雇した時でした。私は、マネージャーがどうして病気を理由にその人を解雇できるのかと非常に頭にきたんです。二度目は、直属の上司が自分を能力があると思い込んでいる馬鹿だったからです。彼はいつも私にああしろ、こうしろと命令しました。それはいいのですが、彼はとても厚かましかったんです。私が働いている間に、彼はAと言ったり，Bだの、Cだのと次々命令するんです。そして、私は最後にがまんできなくなって、彼をひっぱたきました。最後に私が手を上げた上司は、真司の親戚でした。彼は四十歳でした。彼はちゃんと仕事をしないのに、真司が守ってくれると思ってひどく傲慢な人間でした。面白いことに、私が上司を殴っても、会社は私を解雇しないんですよ。私は辞表を出したんですが、経営側は受理してくれず、結局、一九九一年に香港に異動となったんです。

大石は、香港に来ても、あまり変わることはなかった。大石によると、彼は、経理部のマネージャー代理の斉藤も、彼が彼のことを栗原に報告したという理由で殴った。その後、斉藤はJ・インターナショナルに異動となっている。大石が、抵抗型の社員から積極型のキャリア志向に変わり始めたのは、マレーシア人の女性と結婚することになった頃からだった。彼は、他の日本人駐在員への暴力をやめ、飯田に対して礼儀正しく接するようになった。例えば、飯田が社内のキャッシャー・コントロールの改善に関する沼口の提案が良いと誉めると、大石は倉庫管理の改善についてのリポートを一生懸命に書いて、飯田に見せた。また、彼は仕事を終えると、山本派の集まりに顔を出し、山本との関係も考慮するようになった。そして、最後に大石は山本派のメンバーになることができた。

大石のケースは、抵抗型の社員の存在が、その独立性の度合いによって決まることを示すのに役立つだろう。つまり、日本人社員は、会社に頼る部分が大きければ大きいほど、抵抗型の行動を取らなくなるのである。このように、抵抗型の日本人男性社員は、既婚者よりも、未婚者の方に多いと言えるだろう。事実、私は、既婚の男性社員の中に抵抗型の人間を見つけることができなかった。大石のケースのように抵抗型の社員は、会社に頼る部分が増えると、反抗的な行為をやめるのである。

日本人駐在員の意識に与える香港文化の影響

香港に転勤になる前、J香港社の日本人駐在員は、自分自身のビジネスをできるようになるなど考えたこともなかった。大石は私にこう言った。

日本では自分の商売を始めるのは非常に難しいんです。日本政府が、相応の資本金を要求するし、たくさんの書類を提出しなければならない。それに彼らは丁寧に書類をチェックするから、すごく時間もかかるのです。香港だったら、会社設立はとても簡単です。会社登記の手続きを完了させて、三〇〇〇香港ドルの登記料を払うだけです。一晩でできますからね。

彼らは香港で数年働くうちに、香港中国人から、J社に働きながらでも、自分のビジネスを始めることができるということを学んだ。例えば、一九九〇年、小村は、現地の友人数人とパーソナル・コンピュータを販売する会社を興した。彼の会社は、一カ月に七十万香港ドルの売り上げを出し、月あたりの収益は五万香港ドルにもなった。そして、その二年後、彼は日本食の食材を売る店を始めた。

この考え方は、小村だけに限らなかった。実際、大石も密かにマレーシアに農場を作る準備を始め、マレーシア人の妻の両親に農場の管理を任せることにしていた。彼はまた、成沢といっしょにフィリピンに別の農場を持っていた。そして、いつかこのビジネスが成功したら、J香港社を辞めようとしていた。大石は、ビジネスを始めた動機をこう語った。

論理的に言えば、私たちは一時的にだけ香港に派遣されているだけで、J・ジャパンの社員だから、いつかは日本に帰らなければなりません。ただ、香港にしばらくいるうちに、私は日本に帰されなくても済むと思い始めたのです。J社はただ地域的なスーパーマーケットにすぎず、人事異動関連の規定はちゃんとシステム化されていません。日本でバブルが崩壊してから、日本のJ社は人件費がかさむと我々の帰国を望んでいないのです。もし、J・ジャパンが受け入れてくれたとしても、良いポジションはすべて埋まっているので、良い地位に就けることはないでしょう。J香港社に働いている間に、自分の将来をよく考えなければならないのです。もちろん、すべての日本人駐在員が、自分のビジネスを始められる能力、勇気、ネットワークがあるわけではないです。私は、香港で広東語を勉強している間に、多くの華僑と知り合いました。彼らと友達になって、彼らから香港で自分のビジネスを始められることを教えられました。彼らが香港を離れてからも、彼らとは連絡を取り合っています。

彼らは今、私のネットワークであり、ビジネスパートナーなんです。

また大石は私に、成沢が香港中国人の妻の親戚や友人らとたくさんのジョイント・ベンチャーを持っていると言った。そこで、私が大石に、このように個人のビジネスをするのは、J香港社にいる他の日本人社員に対して悪いのではないかと聞いてみた。すると、大石はすぐにこう言い返した。

いいえ、決して悪くなんかありません。私は、自分で貯めた金と、自分の時間を使って自分の会社をやっているんです。それのどこが悪いのですか？　あなた方、香港中国人だって同じことをしているんじゃないですか!?　それにですね、私は、J・インターナショナルの渡邊信太郎社長みたいに、会社を傷つけるようなことはしていません。渡邊は、銅鑼湾に自分の韓国料理店を作って、いつも会社の客を自分の店で接待しているじゃないですか。もし、私たちが自分で会社を作って処罰されるなら、あの渡邊をまず最初に首にするべきですよ。

このように、確かに香港文化が、日本人駐在員の意識に影響を与えていることが分かるだろう。

結論

この論文の中で、筆者は、一連の組織的な行為によって、日本人社員と現地社員がそれぞれアイデンティティ、利害、経験を構築し、日本人駐在員と現地社員の間を類別化するための差異と、力、機会、利益においての差別化を産み出すことを示した。このような行為は、ディーズの言葉に置き換えれば、「正常で、争いのない経験と社会的関係を保とうとするための無限の理由から、おとなしく繰り返される集団行為」［Deetz 1994 : 194］である。これらの差別化は、さらにエスニシティによって当たり前のように受けとめられていた。その結果、力の構造を作るはずの本質的な能力は無視され、選びうる力の配分が取り消されて、「日本人駐在員の優位性」だけが唯一認識可能な見方となった。そして、日本人駐在員と現地社員は、それを自然に受け入れていた。

このような構造の中で、日本人駐在員は、抵抗型の日本人社員も含めて、みな自動的に「日本人駐在員の優位性」

を演じていた。社内でも高い行動基準を求められることで、会社運営での本当の責任を負わなければならない中核メンバーとして、それを演じていたのである。日本人駐在員は、現地社員を管理したり、彼らの前で日本人社員同士が団結することで、会社の規則にさらに順応していった。そのため、この社会的コンテクストの中だけで見ると、日本人駐在員は、一貫して同一的で調和的なグループだと認められる。

本章の後半で、筆者はJ香港社の日本人社員が、会社とその代表である真司に向けて採る戦略上の三つの特徴について説明した。日本人駐在員がどのような特徴を採るのか、その時、彼らがどのような戦略を採るのか。それは、J香港社の社内でのポジション、環境的な要因や人間関係上の要因、結局は会社からどれだけ独立できるかということが鍵になっていた。言い換えれば、日本人駐在員は、同一的なグループとは言えなかった。

また、日本人駐在員の間の関係は、調和的ではなかった。本章では、山本がいかにしてインフォーマルなネットワークを使い、ライバルである栗原の情報を得ようとしたか、栗原がマネージング・コンサルタント会社を使い、いかにして山本が監督する部署の問題を指摘し、山本批判を展開しようとしたか、そして、山本が作り上げたインフォーマルなネットワークがいかにして山本を栗原の攻撃から守ったかについて述べた。そして、西脇が常に部下をスケープゴートにし、そして他の役員や部下たちから疎外されていったのかについても触れた。

最終的に、こうした日本人駐在員のインフォーマルな行動は、いつかJ香港社の運営に影響を及ぼすことになるだろう。

筆者はこのフィールドワークで、この会社のいろいろな側面を知った。J香港社の社長である飯田は、常に真司とかかわりたい一心で、ほとんどの時間をJ社・インターナショナルのために費やし、J香港社の業務をおざなりにしていたし、栗原は、ただ山本が監督する部署を見つけだし、彼を非難するためだけに、会社の金を使ってコンサルタント会社を雇った。そして、山本派のメンバーは、山本を守るためだけにコンサルタント会社から指摘された問題を無視することを選んでいた。こうした出来事を見るに、こうした日本人駐在員の間の社内政治が、一九九七年十一月のJ香港社の倒産の原因のひとつだったと言っても、言い過ぎではないだろう。

注

（1）本章は筆者がオックスフォード大学に提出した論文の一部である。筆者の同大学における博士課程は、Swire / Cathy Pacific Scholarship（1989 — 1992）, Overseas Research Students Award（1989 — 1992）, and Sasagawa Foundation（1991）の助成を受けて完成したものであり、これらの諸機関に対して深く感謝したい。同論文は、以下の論文集の一部として出版されたものを修正したものである（Japanese Bosses, Chinese Workers : Power and Control in a Hong Kong Megastore, Surrey : Curzun Press 1999）。

（2）筆者は、一九九一年から一九九三年の二年間、同社に入社し、社内観察と集中的なインタビューによるフィールドワークをおこなった。最初の一年間は、香港の同社の各課を回り、観察した現象のコンテクストの確立と、社内の異なる視点からの観察、ヒエラルキーや機能的に立場の異なる人々との関係作りに努めた。二年目の上半期は、子供用品売り場での集中的なインタビューをおこなった。残りの半年は、日本人駐在員に集中的にリサーチをおこなった。

（3）J香港社は一九九七年十一月に倒産した。

（4）二十八人の日本人駐在員の名前は、インフォーマントのプライバシーを守るため偽名を用いる。

（5）日本人社員のランキング・システム（表4）は、エグゼクティブ・レベル（管理職）、マネージリアル・レベル（監督職）、リーダー・レベル（指導職）、そしてジュニア・レベル（一般職）の四つのレベルから成る。これらのレベルはさらに三〜四のレベルに分かれ、一を最高に、エグゼクティブ・レベルは、E1、E2、E3、E4と分かれ、マネージリアル・レベルはM1、M2、M3、M4に分かれていた。リーダー・レベルとジュニア・レベルは三段階に分かれていた。それぞれのランクは、さらにグレードに分けられており、エグゼクティブ・レベルの場合は、それぞれのランク（例えば、E1）五一グレード、マネージリアル・レベルなら三六グレード、リーダー・レベルは二六グレード、ジュニア・レベルは二一グレードに分かれていた。

（6）「J社の香港現地法人の日本人女性従業員について」中牧・日置編『経営人類学ことはじめ』、東方出版。

参考文献

Ben-Ari, Eyal "Sake and 'Spare Time' : Management and Imbibement in Japanese Business Firms", *Occasional Papers in*

Japanese Studies, no. 18. Singapore : Department of Japanese Studies, National University of Singapore. 1993

———"Globalization-Folk Models of the World Order and National Identity" Japanese Business Expatriates in Singapore, photocopied paper, 1994

Cole, Robert E. *Japanese Blue Collar*, Berkeley and Los Angeles : University of California Press, 1971

Deetz, Stanley "The New Politics of the Workplace : Ideology and Other Unobtrusive Controls," H. W. Simons, and M. Billig (eds.) *After postmodernism : Reconstructing Ideology Critique*, 172-199. London : SAGE Publications, 1994

Kidahashi, Miwako *Dual organisation : A Study of a Japanese-owned Firm in the USA*, Ph.D. diss., Columbia University, 1987

March, Robert M . *Working for a Japanese Company : Insights into the Multicultural Workplace,* Tokyo : Kodansha International, 1992

Morikawa, Hidemasa *Zaibatsu : The Rise and Fall of Family Enterprise Groups in Japan,* Tokyo : University of Tokyo Press, 1992

Nakano, Yumiko *The Experience of Japanese Expatriate Wives in Hong Kong : The Reproduction of a Conservative So-*

（表４）正社員のランキング・システム（1992年）（出典：Ｊ社人事課　1991）

レベル	ランク	グレード
管理	E 1	51
	E 2	51
	E 3	51
	E 4	51
監督	M 1	36
	M 2	36
	M 3	36
	M 4	36
指導	L 1	26
	L 2	26
	L 3	26
一般	J 1	21
	J 2	21
	J 3	21

cial Patterns. M.A. thesis, University of Hong Kong, 1995

Sumihara, N. *A Case Study of Structuration in a Bicultural Work Organisation : A Study in a Japanese-owned and Managed Corporation in U.S.A.*, Ph.D. diss., New York University, 1992

Walder, Andrew G. *Communist Neo-Traditionalism : Work and Authority in Chinese industry*, Berkeley : University of California Press, 1986

Wong, H. W. *Japanese Bosses, Chinese Workers : Power and Control in a Hong Kong Megastore*, Surrey : Curzon Press, 1999

王向華「J社の香港現地法人の日本人女性従業員について」、中牧弘允・日置弘一郎編『経営人類学ことはじめ』東方出版、二三九－二五六頁、一九九七。

第二章　マーケット、ヒエラルキー、ネットワーク、フレーム
——広告代理店のインフォーマル／フォーマル組織

ブライアン・モーラン

議論からはじめたい。

日本研究の人類学《ジャパン・アンソロポロジー》というフィールドの構造は、それ自体に内在する問題、もしくは一連の疑問から出発して成り立っている。その問題・疑問とは、日本でおこなわれる調査活動を方向づけるものであり（これはブルデューの言葉であるが、日本を民族誌学的不思議の国とまでは表現していない）、また同時に関係者の間で正当と認められるものだけに疑問の範囲を限定してしまうことでもある。このように、日本の社会組織のフォーマル、そしてインフォーマルな側面を扱おうとする際、特別な語彙を用いて対処しなければならない状況に陥る。すなわち、「タテ社会」、（小）集団と個人、属性とフレーム、個人的付き合い、ネットワーク、そして派閥などを含めた語彙であり、それらはウチ／ソト、オモテ／ウラ、タテマエ／ホンネ、センパイ／コウハイなどの現地の概念をともなっている。これまで日本社会をみる思考様式を決定づけてきたこれら語彙からの決別が、もし仮に可能であり、推奨すべきものならば、問題はここで、いかにわれわれの議論を別の語彙で言い換えるかという問いとなって、立ち返ってくる（われわれが研究をおこなっているフィールドによって、いつも議論は限定されてしまうわけだが）。

もう少しちがった表現をすれば、おそらく日本研究の人類学《ジャパン・アンソロポロジー》というフィールドのなかで、社会組織についての研究自体が（大きな）部分を占めているともいえる。われわれは、自身の研究をある学際的領域に位置づけ、そして戦略的思考や意図、または知識というものに結びつけるものだ。それらのまとまりは、われわれが仕事をし、考え、記述

し、また討論したりするフィールドもしくは世界を規定し、そしてたえず繰り返し規定しなおしている。このフィールドは、以上のように社会的地位の間に存在する、客観的な力関係のシステムによって定義づけられてしまうのである。そして、この社会的地位というものは、学術雑誌や大学出版局で刊行されるような論文や書物、また特別招待の名高い講演などにより確立されている象徴的な事柄の客観的な関係システムとして形成され、それに対応しているのである。日本研究の人類学《ジャパン・アンソロポロジー》というフィールドの構造は、これらの点において、われわれが支配と権力の関係を総合的に成立させた（経済的、文化的そして象徴的）資本分配のバランスによって、いかなる瞬間においても規定されてしまうことになる［Harker et al. 1990 : 8］。

　日本の社会組織のフィールドが、それを研究するわれわれに言及する以上は、このことについての含意を述べておく必要があるだろう。たとえば、このところ、わたしの研究者仲間の多くは、日本社会の「集団モデル」として表現されるものを批判的にとらえてきている。それらのモデルは、彼らの言うには、そもそも中根千枝によって主張されたにすぎないというのである（彼女は日本社会の研究において、ウチ／ソトの関係に対し「タテ」の関係を強調しすぎたことは認めているが、この批判に関しては否定している）[1]。しかし、この類の批判をおこなう者たちは、以下のような設問を考慮に入れない傾向がある。すなわち、英国で学び、歴史学者から人類学者に転向した女性が、派閥に支配された日本の学界のなかで、その理論を誰にむかって展開したか。また、日本を訪れた西洋人によってまず広められた、組織に対する単純なカテゴリーとステレオタイプに、いまだにこだわり続ける「反」オリエンタリストの言説の出現によって、このフィールドはどのくらい影響を受けたか。そして、財を成すために、隆盛する日本人論の出版産業をどれだけ利用したか、などの設問である。

　同時に、社会的交換、紛争、階層化を提唱する日本社会への別な視点も、中根が言いはじめた小集団、調和、均質性の概念にあいかわらずすべて関連づけられている。その結果、日本の社会組織の議論に参加する者たちがおこなう論争の方法は、いつになっても、そのフィールド自体に規定され続けてきたのである。日本の社会組織について再考・再措定しようとする真剣な試みはどこにもみいだされない。その代わりにもち込まれてきたものは、多様な一対の

――ウチ／ソトのような――「現地」概念であった。おそらく、それらは日本の社会組織およびその多様な慣習を詳細に分析するという目的よりは、日本研究の人類学《ジャパン・アンソロポロジー》において、研究者自身の立場を明らかにするための手段として用いられてきたのである。

現在の日本研究の人類学《ジャパン・アンソロポロジー》が、特権を主張する個人の戦略によって構成されているにすぎないという実態は、特定の民族誌を書き表す能力誇示を意図するような最近の仕事に、もっともよくみいだされる。それらの著者たちは、偶然に二分の一、三分の一、もしくは四分の一の、日本人の血をひいている。[2] これはイデオロギー的な虚言にすぎない。ブルデューが指摘するように、「外部観察者と現地人《ネイティブ》の問題は、まやかしで危険なものである」［Barnard 1990 : 79］。

この論考では、最近軽視されがちな「日本社会」の問題をとりあげ、日本の社会組織に関する人類学者たちの設問を再構築することを試みたい。たとえば、仮に「集団」と「個人」をめぐる論争が、構造と行動《エイジエンシー》の間の弁証法的関係に対する事実究明以外のなにものでもないのなら、それはいったい何なのか。また、それはどのように、このフィールドに対するわれわれの思考を変革させてくれるのか。また、日本の社会組織の変化に富んだ側面に、われわれの意識を向けさせることは可能なのだろうか。こういった疑問に答えることで、日本社会をしばしば特徴づける対概念である「集団」と「個人」というものと、われわれの民族誌的主題を結びつける行為に終止符が打たれるかもしれない。もしそうならば、われわれはどのような概念を代わりに採用すべきであろうか。

以上のようなことが、これからわたしがおこなう東京の大手広告代理店の組織におけるフォーマル、そしてインフォーマルな側面の議論のなかで、探求しようとする設問である。

代理店のフォーマル・システム

「フォーマル」そして「インフォーマル」によって、われわれは何を指し示すのだろうか。これについて、わたしはスーザン・ライト［Wright 1994 : 17］にしたがいたい。すなわち、「フォーマル・システムとは、組織構造、職務記述、意思決定のヒエラルキー、目標、規則そして政策などの地図である。インフォーマル・システムとは、組織においての個人と集団を互いに関係づける方法であり、フォーマル・システムと組織の目的達成に影響をあたえるものである」。

組織構造

わたしが一九九〇年の一年間、調査をおこなった広告代理店は、日本では業界のトップ十二に入る企業のひとつである。社員はおよそ千人（その約四分の三が男性である）、そして日本国内の主要都市には支店があり、同様に東アジア、東南アジア、北ヨーロッパ、アメリカの西海岸・東海岸などにも支店をもつ。この代理店は、機能的な多くの本部、局、部、そして「室」もしくは「グループ」によりフォーマルには構成されている。

一九九〇年四月の新入社員に配られた代理店ハンドブック一九八九年版に掲載されている組織図によれば、本部は、管理、経理、メディア・バイイング（新聞、雑誌、ラジオ、テレビなどの広告スペースを買う本部：訳注）、営業、国際、総合情報開発、プロモーション、そして制作などに分割されていた。

それぞれの本部内にある局、そして局のなかにある部は、いくつかの例外はあるが、フォーマル組織を識別するものとして一般的に記号化されていた。たとえば、メディア・バイイング本部において、ラジオ・テレビ局のコマーシャル担当部はCM部というように機能別に分類されていた。一方、制作本部は、ほとんどの部が責任者の名前（たとえば、石田グループ）によって分類されており、稀に、重要なクライアントの名前（すなわち、PKWグループ）で区別されている場合もあった。

わたしが調査した時点で、その代理店にはおよそ、十の本部、二十三の局、そして八十二の部（いかなる名前であろうと）が存在していた。このことは、平均すると九人から十人の社員数で、フォーマルな最小集団が形成されていることを意味していた（全社員数は日本国内の他の支店を含んだものだからである）。しかしながら、営業、国際、マーケティング、そして制作の各本部は、通常五人から六人の小集団で運営されていた。このフォーマルな組織構造は、会社創立以来四十年あまり成長するなかで、調整と変革の継続的な過程を経てきたのである。わたしの調査以降も変化を続け、一九九九年には、ある買収と提携の結果として、大規模な組織の再編成に直面している。しかしながらこの代理店は、現在の機能重視的な本部、局、部という組織構造から移行させなければならない状態まではいたっていない。

代理店における個々の社員の機能が、小集団の相互行為［中根　一九七八］のレベルにあるならば、われわれは、それぞれの小単位（グループ、室、チーム）が組織されるその方法を、もう少し詳しく調べる必要があるだろう。[3] 部署の記号化について先に述べたが、この代理店内の小集団は、本部、局、部という段階にそって数字で表現されている（たとえば、営業七—四—一、これは営業本部にある七番目の局における四番目の部、その部にあるひとつのグループをあらわしている）。しかし、グループ、室、チームは、リーダーの名前によって認識される場合もあれば、その一方で、重要クライアントの名前で認識される場合もある。しかしながら、その代理店が同時に六百を越えるアカウント（広告業界では、各々の「案件」「作業依頼」をこのように表現する：訳注）を扱うこと、また継続的にそれらを獲得したり、逃したりすることに鑑みれば、営業本部やその他の本部の運営グループを編成する際に、得意先の名前よりは社員の名前を使い、グループを表現した方が理にかなっている。このように「本多グループ」は本多氏とともに、二人から五人の社員で構成され、多様な担当者の組み合わせになっている。多ければ六つほどのアカウントを扱うが、通常は二、三のアカウントである——これは、アカウントの規模と重要性によって異なる。それゆえ、各々の営業担当者（account executive）は午前中に、コンピューター会社のＣＩ（企業イメージ確立戦略）の仕事をかたづけ、昼に外資系磁器会社を訪問し、午後にはコンタクトレンズの広告キャンペーンで奮闘し、午後遅くならないうちに、もしくは夕方早く、その部署のメンバーが扱っている他のアカウントにおこっていることに対処しようとする。同様なことが、制作、プロモーションまたはマーケティング本部の「室」「グループ」で働く社員にもいえる。[4]

ある部署のメンバーが取り扱うさまざまなアカウントの調整役は、通常、その部署のなかで最初にアカウントを獲得したシニア営業担当者がつとめる。換言すれば、営業本部において、昇進はアカウントの獲得にかかっているといえる。それらは、収益的側面から常に評価される。一般的に言って、ひとりの営業担当者は年間四億円を「稼ぐ」ことを期待されている。仮に、グループの売上げ合計が、社員一人あたりの平均を上回った場合は——特にそのグループのメンバーが突出した新しいアカウントの獲得に成功した場合——グループのリーダーと成功を収めた営業担当者の両方、もしくはそのどちらかは昇進することになるだろう。後者の場合は新しい「グループ」を誕生させる。そうすることで国際本部や営業本部において、営業成績の優秀な個人を軸にした組織構造の拡大は、継続的におこなわれ、代理店全般の成功がもたらされるのである。その他の本部においても、個人的成功による同様な組織拡大の倫理が浸透している。制作グループは、実際に広告が「通用した」(得意先を満足させ、規模と数においてアカウントを増加させるという意味で)コピーライターもしくはデザイナーによって率いられている。マーケティング、プロモーション、また総合情報開発などのグループも、得意先の売上げや経営戦略の開発に成功した人間によって指揮されているのである。

最後に指摘すべきこととして、この代理店においては、本部、局、部、グループによって人事がフォーマルに構成されているが、それぞれのアカウントのために運営されているもうひとつの営業チーム(account team)とよばれる集団が存在する。各々のチームには、直接得意先と接触ができ、クライアントの要求とチームの仲介役をする少なくともひとりの営業担当者、そして——適宜に——マーケティング、制作、メディア・バイイング、プロモーション部のメンバーが配置される。それぞれの専門分野が得意先の企画するキャンペーンに貢献できるよう構成されているのである。このように「グループ」は、営業本部内の異なるアカウントに対し、長期のフォーマルなヒエラルキー組織として適用されるが(先に示したように)、その一方「チーム」は、ひとつのアカウントに属するひとつのキャンペーンで働く人々の、言ってみれば、水平的に部署を横断する組織として使われる。営業チームの使われようは、代理店内の別々の部署に配属された人間たちの交流を可能にさせ、それがなければ全くばらばらであった人々の間に、無数のインフォーマルなつながりを導き出すのである。

職務記述書

この代理店には、わたしの知る限り、正式に書かれたいかなる職務記述書も存在しない。なぜならば、社員は特殊な技術をもつことよりも「一般者」であることが望まれているからだ。このように、新入社員は毎年四月に採用され、彼らは配属されたい部署を一応は希望するものの、実際には、入社して三週間に及ぶ研修プログラムの最後にならないと配属が言い渡されない。そして、彼らはいつ何どき、他の部署に転属させられるかわからないのであり――メディア・バイイングからＳＰ（販売促進）、営業からマーケティングというように――それは代理店側の必要性と個人の能力ならびに要求次第である。

このルールのひとつの例外事項は、コピーライターとデザイナーの雇用である。彼らは特別にクリエイティブな仕事をするために採用され、毎年春の採用とは別の機会に代理店の社員となることがある。また、年間を通じて、特殊な業務のため採用される中途採用者もいる。たとえば、自動車メーカーに勤めていた中間管理職者は、新しい外資系自動車アカウントを担当するため、その業界における専門知識をかわれ採用された。他の若者は、彼の漫画制作会社での以前の仕事の経験をかわれ、テレビ番組部のアニメ漫画デスクに採用された。一般的に中途採用は、他の社員の専門技術ではまかなえない新しいアカウントの獲得に突然成功したような場合、補充的な方法として使われる。

意思決定

ここで、意思決定の過程とフォーマルな命令系統についての議論に移りたい。代理店の第一の目的は、売上げを伸ばすことである。日本の広告業界の枠組みでは、広告スポンサーたちは、別々の数社の代理店にさまざまな手段でアカウントをふりわけている。これは代理店が現在取り扱ってるアカウントの価値を増大させ、同様に既存、または新規得意先から新たなアカウントを獲得しなければならないことを意味している。このことを効率的におこなうため、代理店の社長（ＣＥＯ）は以下のように考えている。すなわち、各社員は上司の承諾がなくとも、業務上において即決ができるべきであり、そうすることで、すべての社員は彼らの仕事に対して責任を負うべきであると。この考えは

「全員経営主義」というフレーズで表現されている。

全員経営主義は、社員がおこなう意思決定に関し、勝手なそして任意の自由を認めているわけではない。なぜならば、実際、すべての社員は得意先との間の決定事項を、直属の上司に報告しなければならないからだ。その上司は次に、議論の余地のある問題は部、もしくは局の責任者に順を追って報告し、必要とあれば、本部長のところにも話が伝わることもある。このように、ビジネスの「現場」での行為が、代理店全体にとって、広くかかわる場合などは、社長自身につながる命令系統へ伝えることができる。全員経営主義は営業担当者に対して——そのシステムは営業担当者を頭にいれて構築されたが——上司が後ろ盾になってくれるだろうという認識のもとに、得意先もしくは他社との交渉を可能にさせる。したがって、その代理店では社員に対し、すべての新しいアイディアに対して自分の上司がどう考えているか「なりゆきを見守る」ことなく、広告や販売促進のキャンペーンの業務を進めるうえで、効率的手段として広い裁量をあたえている。このことは広告業界全体のなかで、この代理店を大きく発展させてきた社長による、社員の意思決定権を尊重する姿勢のあらわれなのかもしれない。確かに、それはすべての社員に対し彼らの仕事上に誇りや満足感という意味合いをあたえるものとなっている。

加えて、さらにフォーマルなヒエラルキー的命令系統がある。各部、局、本部は、代理店全体もしくは各組織などに影響をあたえる事柄に関して、議論し評価をくだすための会議を毎週おこなっている。ひとつのレベルで出された審議、決議、そして賛成（反対）意見は、会議がおこなわれた翌週、組織内部を上下に伝わることになる。部の会議は、部長（一九九〇年において部長はすべて男性であった）が議長を務め、そして部の代表として、局の会議には彼自身が出席する。順に、局長は本部会議の代表となり、本部長たちは、すべて取締役会のメンバーである。同様に取締役会も社長のもと毎週おこなわれている。

このような代理店における、異なる構造的なレベルでの間接的な情報伝達の形態は、全社員を対象とする、一つ、二つの直接的な集まりによって支えられている。たとえば、社長は毎月第一月曜日の朝八時三十分に、代理店の全社員に対して発表をおこなう。出席は強制ではないが、たいてい三百人から五百人の社員が、聴講のために毎月集まっている——人数のちがいは、その時の出張や業務の関係によるものと思われる（たとえば、プレゼンテーションの準備に追われているなどである）。三十分の発表の間、社長は最近の特別な出来事をとりあげ、それらについて言及する（たとえば、原油価格の上昇、金利の下落など）。そして日本経済が、日本広告業界全体、特にその代理店のビジネスに対しどのように影響を及ぼすかを提示するとともに、グローバル化した日本経済の重要性について詳細に説くのである。このように、社員たちは、自らの仕事環境に影響を及ぼすような状況に遅れずについていき、そして世間にひろがる潜在的な困難や落とし穴を知り、業務に活かすのである。それはこの代理店を、業界トップの地位に向け、上昇を続けさせるためなのである。

このような、社長や取締役会が代理店内の全社員を対象に発信する情報ネットワークへとつなげるフォーマルな会議に加え、簡単な報告会も毎週おこなわれている。そこでは、テレビの新番組や特別番組、そして雑誌などの創刊や特集などにより、またスポンサーによる突然の広告からの撤退の結果生じる出版や放送メディアにおける広告の空き状況についての報告がある。これらの報告会には、メディア・バイイング本部のすべての人間が参加し、そして国際、営業本部のほとんどのメンバーが出席する。彼らばかりでなくマーケティング、プロモーション、そして関連する本部からも参加がある。なぜならば、その報告会では、代理店の社員に対し広告業界のニーズに合致する先端的メディア・デザインに関する有用な概要説明もあるからである。

目標、規則、政策

明確なかたちで、社員は全員経営主義により自由を比較的あたえられているためだろうか、この代理店は、営業担当者に対し厳密なアカウント対処法にしたがうよう指導している。このために代理店は「業務マニュアル」を発行している。それは全社員に配られ、アカウントの——得意先会社、メディア企業、そしてその他の会社（たとえば、制作会社）などとの——取り扱いについての厳密なステップ（ないし「基本的な流れ」）が詳細に記されている。このマニュアルは七つの部分に分かれている。第一部分では、いつ、どのようにして、キャンペーンの見積書を作成し、次にそれをクライアントへ提出する前に、代理店内の誰にまわすかといった順序などが詳述されている。また、テレビやラジオのスポット広告に対する業務の発注をいかに完了させるか、また同様にその放送完了における支払い伝票の取り扱いなども示してある。そして、請求・領収関連、業務契約、経費の決済など、ひとりの社員が取り扱うであろうすべての事柄について概説されている。

マニュアルの次に続く部分は、代理店内のさまざまな本部（メディア・バイイング、SP、制作など）の業務について割かれている。それらは「……本部の業務は、営業本部からの業務依頼により開始する」という言葉で始められており、そうすることで代理店の成功にとって、いかにアカウントが重要であるかを強調しているのである。また、何が広告業界をかたちづくり、何が代理店の質を決めるかについても、営業部署のページが独自に指摘をおこなっている。そのページは、いくつかの基本的哲学原理をあらわしている。「得意先との関係において、広告代理店は広告スポンサーの代理であって、つまりわれわれは、広告がおこなうこと、おこなわないことに対し責任をとらなければならない」「明らかにわれわれは、定型化や具体化が容易でない商品を扱っているのだから、代理店は『満足』を売らなければならない」「売上高は、得意先に足を運んだ回数とそれに費やした時間を掛け合わしたもの、それに得意先の単価とその数を掛けあわした合計で構成されている」。そして「広告ビジネスは、結局、よい仕事をこなし利益と売上げを伸ばすことで成り立っている」。これらの信念は以下のことを意味する。すなわち、社員は、得意先のために働くのと同様に、組織のなかで上司のためにも働くべきである。また社員は営業マンの「人あたりのよさ」と「アイディア・マン」となるべきビジネスマンの「才能」をもち合わせなければならず、また最後まで「絶対に嘘をつかない」ようにすべきである。彼らが決して口にしてはいけないことが三つある。すなわち「知りません」「助けが必要です」そして「間違っていました」である。情報伝達、意思疎通、そして相談・協議は、このように広告マンにとって必要不可欠な三つの条件であり、それらは代理店の内外において適宜使用されるべきものである。結局、仕事は割り当てられるものではなく、社員たち自らのために「つくる」ものなのである。

メディア・バイイング、マーケティング、そして制作の業務について割かれているマニュアルのその他の部分は、当該業務へのアプローチという、さらに実践的なものである。つまり、メディア・バイイング担当は、得意先のキャンペーンの要望をもとに、いかにメディア・プランを立てるか、そしてどのような点（ターゲットにする観衆、聴衆、メディアの種類、頻度、範囲、地理的区域など）を考慮に入れるべきかということなどについて書かれている。得意先の関心が常に一番に来るよう心がけ、また出版社や放送局において広告の掲載場所や放送のタイミングに関して、他社の得意先が優先的に扱われないよう、彼らは気を配らなければならない。また、彼らはメディア業界内の独自の規則にしたがって行動するよう気をつけなければならない。それらは交渉の成功をみちびくために学び、そして理解されるべきものなのである。

プロモーション本部で働く者に対するマニュアルの部分では、他社と下請け契約を結ぶ必要があるのかないのか、あるとすればいつ契約を結ぶのか、そしてどのような仕事に代理店内の誰の承諾が必要なのかについてアドバイスしている（すなわち、五十万円までの仕事は部長の、五百万円を越えるものは本部長の決裁が必要）。また関係者（外部メディア、会場設営会社、タレント）の間でいつ契約書が交わされるべきか、そして事故や完成の遅れ、もしくは個人的な過失（俳優の勝新太郎がキリンビールのキャンペーン契約を結んでいた際、ハワイの税関で麻薬所持により逮捕されたときのような事件）が発生した場合の責任回避のため、言いまわしやサインに誰が責任をもつかなどが明記されている。

制作本部についての業務マニュアルでさえ、クリエイティブ・ディレクターと制作チームの任命において取られるべき手続き、仕事のすすめ方、上司によってどのように仕事の進捗状況が把握されるべきか、また得意先へのプレゼンテーションにかかる経費などに関して、さまざまなレベルで、誰の承諾が必要になるかなどが詳述されている。制作本部のスタッフは業務に関するさまざまな事項に留意し――タレントの使用から音楽の著作権まで広告規則にしたがうべきであり――他の本部と同様に、経理会計的な事柄は適切に処理されなければならないとアドバイスされている。「創造性《クリエイティビティ》」そのものへの言及はない。

代理店のインフォーマル・システム

ここで、代理店内のインフォーマル組織に議論を移したい。わたしが *A Japanese Advertising Agency* において、苦心して指摘したように、日本もその他の地域と同様に、広告業界にとって、人間関係はきわめて重要なのである。広告業務の性質および業務における情報の獲得と交換の必要性について、また信念（persuasion）、昇進（promotion）、名声（prestige）、利益（profit）、権力（power）という五つの「P」［Moeran 1996 : 33］を信条として彼らがもつことに鑑みれば、代理店の社員にとって、個人的な人間関係が決定的な役割を演じていることは驚くに値しない。

個人的人間関係

個人的人間関係は、多数の異なる形態をとり、多数の異なる目的をもっている。まず第一に、アカウントの獲得——そして増大——のために使われる。個人的人間関係は皮相な外見にはあらわれてこない。しかし、広告が「通用」することを本気には信じず、また自社の最上の利益を考えるよりも、自分の仕事や昇進を危惧する会社の管理職たちとの関係を「ときほぐす」ものとしては必要不可欠である。このときほぐしは、多くの時間を見込みのある得意先への訪問に費やす営業担当者によって実行される。まず玄関の所で第一歩を踏み出すところからその関係は始まり、そして徐々に、経費を使ってもらえるような信頼関係や友情関係という良い「雰囲気づくり」につとめる。このために、営業担当者（とその他の代理店社員——特にメディア・バイイング担当者や管理職たち）は、広告業務それ自体には、通常、直接的にはつながりそうにないあらゆることをおこなう。たとえば、彼らはそれぞれのやり方で、得意先の外出に同行し、また得意先やメディア関係者の葬儀に出席し、それらを手伝うことさえある。時には、取引先の人間の自宅を訪ねたりもする（たとえば、無料雑誌を配ったり、代理店が企画する文化的な催しものなどのチケットを手渡す）。また、マイホームの好適地をみつけてあげるようなことも、仕事関係の人間に対しておこなうようである（それゆえ、取引先の人間に隣人として、大規模な広告アカウントを発注するよう、精神的に圧力をかけることができる!）。そしてもちろん、日本人ビジネスマンに知られている「業務外活動」もおこなう。カラオケ・バーでの深夜までの付き合い、時折りのゴルフのラウンド、そして代理店もちで、（見込みのある）顧客に対する継続的な昼食・夕食への招待などである。(5) 優秀な営業担当者であれば皆知っているように、成功したければ、営業担当者は「三度昼めしを食わないとダメ」なのである。

このような業務外活動は、インフォーマルな長期にわたる人間関係を築き、そして根本的にそれらは仕事の糧となっていく。しかし、日本の広告マンのこういった倫理観は、単なるイデオロギー的な空論ではない。そこには信頼関係、パートナーシップ、また友情関係さえ存在し得る。フィールドワーク中に三、四度、今後得意先になるであろう企業側との会食に同席する機会にめぐまれたが、そこでは、毎日おこなわれるごますりやお世辞などとは、ほど遠い温かさと相互の理解が存在していた。そのなかにおいて少なくとも二回の接待の席では、得意先が広告の依頼を代理店に対してもちかけるような場面はなかった（なぜならば、彼らは世界的な販売戦略を考えた広告キャンペーンを展開している多国籍企業につとめていたからである）。それにもかかわらず、代理店の社員はしばしば、得意先に会い、情報交換や他愛もない噂話をし、最近のオペラを話題にし、経済動向を懸念する会話などを継続的におこなう。それは見込みのあるクライアントとの付き合いにおいて、優秀な広告マンがおこなうきわめて重要な部分であり、究極の目的でもある。言ってみれば、それは「人間化学」のようなものである。わたしが以前指摘したように［Moeran 1993, 1996］、自分の営業相手とうまくやっていく能力は重要アカウントの獲得——または損失——に大きく関与するのである。

以上の理由により、営業担当者は毎日得意先の製品責任者のもとを訪れる。それは彼がキャンペーンのさまざまなことを取り扱っているからだけでなく、彼自身がクライアントの心情の微妙な変化を感じとりたいからに他ならない。このようにして、最終的には、得意先とともに「パートナー」として仕事をしていくことを望むのである（おそらく、取引先を対等にみるのではなく、「スポンサー」としてとらえているのであろう）。(6) 理想的には、もし仮に製品責任者が、ある日病に倒れるような事態がおきれば、彼の代役をつとめられるようになるべきであろう。これは優秀な営業マンの目を通した、代理店と得意先との関係がいかに緊密であるかということをあらわしている(7)

個人的人間関係の第二の側面も、仕事の糧となるものであるが、それはもっと明らかに自分自身よりも他人のための行為である。広告マンは、交際の網（日本語では人脈）を築くことに全力を尽くす。それは彼自身のためばかりでなく、他人が彼の人脈を利用することを可能にするためでもある（もちろん、このように個人的関係において、最終的に願わくは、もちつもたれつを目指す）。リゾートホテルに割引が効き、ひっぱりだこの骨董品を探すことができ、また卒業間近い得意先の娘さんへの就職の斡旋などのできる広告マンは「顔が広い」と言われ、羨望と尊敬のまなざしでみられる。このインフォーマルな人脈は、他人の目的や願望を実現させるばかりでなく、広告マンに社会的名声をもあたえるのである。

第三に、個人的人間関係は構造的な意味合いも内包している。確かに、営業担当者と得意先側の人間との個人的関係によって、代理店はアカウントを獲得できるわけだが、代理店と取引き会社との制度的な仕事上の関係は、当然固く結びついている必要がある。結局、この代理店がＰＫＷ自動車会社のアカウントを失った時、その損失の大きさを痛感するとともに［Moeran 1996 : 71-98］個人的関係も消滅していったのである。得意先側の広報責任者は昇進するかもしれないが、その責任者の後任が、今までの代理店の営業担当者を登用するとは限らない。対照的に、その営業担当者は、信じ難いことだが時と場をわきまえないようなことを口にし、そのようにして崩れた業務上の信頼関係から自ら距離をおくようになる。そして、その代理店は得意先が召集するプレゼンテーション・コンペで敗れていくのである。このような事態を避けるため、代理店は得意先との間に後ろ盾《バックアップ》の関係をつくりあげる必要がある。これは、まず第一段階として、営業担当者と得意先側の広報担当者の直属の上司との間で、個人的な結びつきをかためることからはじめられる。そして第二段階として、「社長プレー」とよばれるものに至る。そこでは代理店の社長が、昼食や夕食を通し、得意先会社の社長と会い、ビジネス上の謝辞を述べ、今後とも自社を引き立ててもらいたい旨を丁寧に表現する。この行為には、相手に対して好印象をあたえる目的とともに、もし仮に、業務担当者レベルでの個人的摩擦があった場合でも、代理店との友好関係を継続させようとする意図がある。

このような高いレベルでの付き合いは、アカウントに問題が発生した時などに、間接的な方法として使われる。たとえば、ヨーロッパのメーカー、PKWに対するプレゼンテーション・コンペが間近に迫った時などは、代理店の社長は、その代理店にとって長い間大手の得意先であった日系自動車メーカーの重役とかなりの時間をともにする。この行動の狙いは、日系企業の重役に対し、直接欧州企業に話をもちかけ便宜をはかってもらうことにある――そのようなことが可能であるかもしれないのは、その二つの企業の間に最近業務提携がおこなわれたからである。この代理店は、PKWのトップに対して直接的に対話をもつ手だてをもっていなかったため、プレゼンテーションに先駆けて日系企業のクライアントに「パイプ役」を演じてもらい、そこで何らかの代理店に有益となる話をしてもらうよう依頼したのであった――結局これは役にたたなかったが。

アカウント・システム

日本の広告業界でのフォーマルおよびインフォーマルな関係の原動力となるのは、アカウント・システムである。先に述べたように、日本の広告主は彼らのもつアカウントのすべてをひとつの代理店に割りあてることはしない――この方法は、これまで多くの場合ヨーロッパやアメリカでおこなわれてきた。そのかわりに――広告媒体、製品ライン、時には代理店(マーケティング、制作、メディア・バイイングなどの業務別)によって――彼らはアカウントを分け、二つかそれ以上の代理店(クライアントの規模によるが)に、比較的少ない金額を支払うようにしている。

アカウントは、広告宣伝を可能にし、メディアを十全に機能させる資金を供給する。なぜならば、アカウントは広告それ自体だけではなく、販売戦略、企業イメージ、メディア、その他のプロモーション業務をも含み、代理店を構成する機能的単位――販売、マーケティング、プロモーション、メディア・バイイングなどの本部――の行動方針を決定するからである。それと同時に、ひとつのアカウントが業務の広域にわたるという性質が、本部間相互の協力を代理店内に芽生えさせる。さらに、日本の広告主は、たくさんの代理店にアカウントを分けあたえ、比較的少ない金額にして分配することを明らかに好む。このため、代理店はアカウントを取り扱うために、無数の小組織集団(グループやチーム）を運営する必要がでてくる。個人の成功や失敗により、アカウントは多くの部分で能力のある人間に、管理職への昇進の機会をもたらし、結果として代理店内の昇進システムおよびフォーマルな組織構造に影響を及ぼしているのである。

ここで、さらにいくつかの点を指摘しておきたい。まず第一に、アカウントを分割するシステムが広告主に好まれているのは、広告主が契約を結ぶ代理店をこの方法によって、コントロールできるという点にある。また、このシステムは代理店がアカウントを失った場合などに、それぞれ分割されているアカウントの金額が比較的少ないため、総体的安定が悪化している事態を――アメリカの代理店が巨大なアカウントを失った時のように――財務会計上からは把握しにくいということを意味する。別な表現をすれば、アカウント喪失の結果解雇処分が発生するようなことは通常ない。それゆえ分割アカウント・システムは間接的に日本の「終身」雇用制を支える格好になっており、またそのことは代理店によって実践されてもいる。

第二点として、アカウントが明確に分割されているため、代理店の営業担当者は、既にかかえている広告業務の利益をさらに大きくしようという衝動に常に駆り立てられているという事実が指摘できる。このように分割アカウント・システムは、営業担当者と得意先側の担当者との間にインフォーマルな付き合いを求めることになる。なぜならば、アカウントの業務を遂行するというもっとプロフェッショナルなアプローチよりも、アカウントが特定の代理店にとどまったり、拡大したり、増加したり、あるいは減少したりするのは、結局個人的な関係次第だからである。[8] 言い換えれば、多数のアカウントの存在自体が――そして広告業界において代理店、メディア、プロダクション会社などの組織間でおこなわれる競合が――個人的人間関係をつくりあげ、アカウントが分割されていない広告業界の場合よりも、日本のビジネス関係において重要な要素となっている。

第三点目に、広告代理店はあらゆる異なった業界のクライアントに対処しており、それらのひとつひとつが独自の組織的特徴（それは業界特有の仕事の進め方に起因する）をもっている点である。したがって、代理店は最大限臨機応変に動ける組織構造をもつ必要がある。なぜならば、それぞれの得意先会社の構造に適応しなければならないからであり、同時に、異なるクライアントのただただ多いアカウント数にも対処しなければならないからである。

これは、以上のように代理店がさまざまな組織構造を採用する、ひとつの理由である。その他に第四として、代理店は、小さな「グループ」そして「室」や営業「チーム」を使用する点があげられる。これは、得意先に対して分割アカウント・システムの結果生じる混乱を未然にふせぐためであり、広告主のなかには――特に、PKWの時のように［Moeran 1993］、ひとつの代理店のなかで得意先の競争相手のアカウントを扱うことになれていない広告主――それぞれ別の部署でアカウントを取り扱うことを主張するところもあるかもしれないからだ。それゆえアカウントの獲得は、新規得意先のアカウントに従事する社員から構成される新しい部署、グループ、もしくは室の設立につながっていく。

同時に、この代理店の組織構造の細かな各部署は、別々のフロアーや異なる建物に分けられ、空間的にも独立を維持している。営業本部の場合は、本部全体として、異なるサブ本部内にある別々の局同士が混同しないようになっている。このように、第一の自動車会社のアカウントはある建物の八階にあり、第二の自動車会社のアカウントは隣の建物の四階にあり、そして第三番目は通りを隔てた建物の七階にある。このような組織形態は、内部機密の保持および厄介な状況の回避という両方の意味において有効である。一方では、内部機密を遵守するという信条とともに構成される無数の小さなグループが、情報を漏らすことを防ぐ役割を果たす。それぞれのアカウントの担当者が、お互い頻繁に顔を合わせることもなくなるからである。また他方では、広告主の広報・製品責任者は、代理店（つまり、出入りしている数社のなかのひとつ）がライバル会社のアカウントを扱うようになることを容認するとしても、時折りおとずれる代理店のオフィス内で、ライバル会社からの人間と偶然に出くわすことだけは避けたいのである。

このことに関連して、代理店自体には効果的な組織編成機能もある。たとえば、大きすぎる本部や局よりは、むしろ小さな部門、部署づくりがアカウントや人事の管理を容易にする。それは、ある部署の管理職の管理能力を超えて業務が大きくなった場合に、組織内で何がおきているかすべてに目を配ることができなくなるからだ。各部署の管理職が適宜、効果的に管理能力を発揮するためには、代理店の取締役会により多様な局や部のアカウントの担当を編成しなおす必要があるだろう。仮に新規アカウントの獲得や既存アカウントの拡大の結果として、ひとつの組織の業務が許容範囲をこえ膨大になった場合である。もちろん、重要アカウントや今後の成長アカウントへの対処には、最大限の注意が払われることだろう。なぜならば、それは社員の報酬や昇進に影響を及ぼすからである。

さらに、新規アカウントの獲得や既存アカウントの担当替えは、しばしば新しいグループや、時には局の設立にもつながる。このことは次に、新しい管理職のポストが、能力ある社員のために用意されていることを意味する。換言すれば、代理店組織の継続的な再編成が、競争心を煽る恰好となっている――本部間、そのなかの局間、そのなかの部署間、そのなかのグループ間、そして最終的には個々の社員間にも。こういった競争意識が非常に低いレベルまで浸透していき、営業担当者は、同僚が確保しているよりも、さらに大きなアカウントの獲得を目標に最善を尽くす。その結果、代理店全体としては、繁栄を続けることになるのである［Moeran 1996 : 49-51］。

日本社会の組織

この論考のはじめのところで、もしかするとわれわれは、日本社会の組織をみたり議論したりする方法について再考する必要があるかもしれないと論じた。いままで、広く流布した日本社会に関する語彙を改訂することができるか、もしくはすべきかについても議論した。わたしがはじめたこの問いに答えをだせるかわからないが、これらの問題にここで立ち戻ってみたい。

これまでの議論の流れのなかで明らかになったことは、わたしが調査をおこなった代理店における、平均的な広告マンの日常生活のなかで、個人的人間関係がきわめて重要な部分を演じているということである。そして、個人的人間関係はフォーマルな組織構造と協力するかたちで、弁証法的協調関係の役割を担っている。今や、すべての人間がいたるところで他者と「衝突」を繰り返している。問題は（広告マンと人類学者にとって）、つまり誰が誰と衝突し、それらはいつ、なぜ生じるのか［Barnes 1969］、また（人類学者にとって）どのように、そういった衝突過程を研究すればよいのか、ということである。二番目の問題に対しては、学界に広く流布する考え方のなかに二つの基本的アプローチがある。すなわち、関係者の属性によって、もしくは彼らの間に存在する関係によって、さまざまな社会的世界の側面を観察し分類することである［Knoke and Kuklinski 1991：174］。著名な人類学者、中根千枝の「タテ社会の人間関係」の英語版である *Japanese Society* のなかで、日本人は社会的関係を重視するという議論を見てとれる。なぜならば、それが日本社会の構造の形成と保持に、決定的要因となっているからに他ならないからである。他方「個人の属性は、二次的問題である」［中根　一九七〇：三］というのである。(9)

しかしながら、中根は「関係」という言葉よりも、「枠組み」（場）という考えを活用している。彼女は、そこに小集団の帰属意識においての「根本的な重要性」をみいだした。今まではそれでよかったかもしれない。日常的な毎日の活動において、われわれは異なった行動範囲、地位、または属性をもっている。そういった枠組みでの出来事の連続を通して、われわれは自らを認識していくのである。これらの枠組み（電話での会話、道端での軽い挨拶、講義、また枕もとでのお話）のひとつひとつにおいて、われわれはちがった属性となる（友人、隣人、先生、そして父親として）。またそれぞれの属性において、異なる人間と付き合う《コミュニケート》際に、われわれは別々の行動（インフォーマルな、儀式的な、フォーマルな、または親密な行動）をとるのである。この点で、われわれの生活は、自己と他者の意識を「人生」として、セルロイドに焼き付けられた膨大な数の「ひとこま映像フィルム」のようである［Goffman 1974：561］。中根が示唆するように、日本人は、彼らの社会的行動に影響をあたえる枠組みが機能する仕組みを非常に強く意識して行動している。事実、彼らは意識的に時間と空間の両方を考慮にいれ、枠組み――オフィスで、学校で、フォーマルなパーティーの間など［Moeran 1998］――に適応するよう態度を変化させる。そして彼らは言葉の使い方も、その場や枠組みに対応させるのである［Hendry 1993：123-132］。中根が「場」の概念を強調したことは、そういった日本人の社会的行動の側面がたえず変容するものであるという点で全く正鵠を射ているとわたしは考えている。

しかしながら不運にも中根は「個人とグループをつなげる場所、制度、もしくは特別な関係」［中根　一九七〇：二］として枠組みを定義づけたが、*Japanese Society* において、彼女は根本的に、不変的な、安定した、制度的な枠組みに関心をもってしまったのである。[10] このことは、序列、リーダーシップ、分裂、派閥およびその他ひとつふたつの日本の社会組織の側面に彼女の意識を向かわせ、そしてちがった社会的コンテキストにおける人々の相互作用により生じる変化しやすい価値観を無視することになってしまったのだ。このように、彼女の学術用語の使用については、矛盾が存在する。なぜならば「枠組み」は、本来、個人の「属性」の不変性や安定性として彼女が認識するものに対峙するかたちで提示されるものなのに、まさに彼女は、枠組みに安定、不変の特徴をあたえてしまっている（中根が彼女の議論を通して強調する点は、人間相互や個人というよりは、制度上のそれであるが）。

このように、彼女の関心が枠組みの安定性に移ったことにより、また彼女が実在例として、日本の農家や会社を中心にとりあげたことによって、中根は独自の構造機能主義的理論枠組みをつくりだすのである。このことは「ネットワーク」「擬似集団」「行動群」また特定の目的のために特別な枠組みに身をおくような、一時的な個人的協力関係などよりも、彼女の意識を「集団」の方に向かわせ、議論させることになる［Mayer 1966］。[11] これは、わたしが「その代理店」のフォーマルな組織を言及することだけで、広告業界のすべての人間関係を描こうとするようなものである。そうすれば、営業、マーケティング、そして制作チームの間でさまざまな状況により、ちがった方法で広がる個人的な関係を、また代理店、得意先、メディア組織の間に生じる特殊な人間関係を度外視することになってしまうだろう。わたしが *A Japanese Advertising Agency* において明らかにしようと試みたように、非継続的な枠組みにおける個人的関係は、日本の広告業界において相互に影響しあう代理店内のフォーマル組織とその他の制度などの間にある原因と結果の継続的な相互作用のなかに存在するのである。

言葉を換えれば、*Japanese Society* で安定した制度的な枠組みを強調したばかりに、個人がさまざまな社会的文脈で行動し、そのように彼らの経験がまとめあげられる過程を明らかにすることに中根は失敗したようである［Goffman 1974］。もしくは、彼女は二つの手品のようなものに頼ってしまう。まず第一に、集団と個人のすべてのつながりは、もっぱら一対一であり、ひとつの集団の構成員であることは、その他の集団のそれであることよりも好まれると彼女は主張する［1970 : 21］。第二に、そのような二元的なつながりは、組織構造のなかでヒエラルキー的でなければならないと彼女は断言し、かくして、日本社会の「タテ原理」[1970 : x] という言葉が生まれることとなった。

代理店でのフィールドワークの間に、わたしがすぐに学びとったことは、その業界の仕事上での人間関係は、必ずしも一対一のものではなく、また必ずしもタテ関係ではないということである。ここで、ネットワークが一般的に機能する方法を広く観察する必要がでてくる。仮に、他の多くの人類学者が賛同するようなことがひとつあるとすれば、日本の社会組織全体に特徴的なものとして中根が議論した二元的人間関係の類は、その他の諸個人がもつ個人的つながりと比較して、コミュニケーション上、コンパクトさに欠けることがはなはだしく、きわめて低効率なものである [Mitchell 1969 : 16]。政界や学界(論理的議論を例証する際、中根によってしばしば引用される二つの領域)において、掌握しにくいものは多くのひとに受け入れられるパワーゲームの戦略であるとしても、こういった戦略は、長期の信頼関係を重んじるビジネス界では、かならずしも必要とされない。このことは、広告業界で働く人々が——そして日本のビジネス界一般で——多くの時間と努力を、彼らが接触する他人との個人的関係からつくられる「関係学」(中国では guanxixue とよぶ) というものに費やすことからもうかがえる。彼らもまた、できるだけ多重に連鎖した関係を構築しようとするが、それはその密度が人間関係を効率よく動かすからである [Mitchell 1969 : 22]。営業担当者とアカウント獲得の議論をみてきたように、これは代理店全体にとっても、そこに雇用された個々の社員にとっても、真実なのである。

ここで、われわれは、中根のネットワーク論をめぐる問題を明らかにする必要がでてきた。*Japanese Society* の後に出版された『タテ社会の力学』によれば、職業(彼女は医学や宗教の分野について言及している)を基礎としたネットワークは、序列的に構成されており、またそれらの基本的機能は小集団単位での情報のやりとりである [一九七八 : 五二-五三]。日本のそのようなネットワークは、通常人類学で議論される個人を中心とするネットワークとはちがうと、彼女は述べている。なぜならば、彼らのつながりは、個人を基礎としたものではなく、個人が所属している小集団を基礎としたものであるからだ。日本のネットワークは、たとえば中国や東南アジアのネットワークとは、その機能と規模の両方で異なっている［一九七八：五四-五五］。換言すれば、「ネットワークの効用はきわめて弱い」［一九七八：七二］ため、小集団の構成員であることが、日本社会では人々の相互作用に優先する。

　中根が示唆するように、個人の日本人が、小集団グループの構成員としてネットワークをもつという見解にわたしも賛同するが、これがすべての場合において適応されるという彼女の議論は受入れ難い。日本人は「集団」の目的のために使われる関係と「個人」の目的のために使われる関係とを頭のなかで区別している。しかしすべての選択は自由におこなわれているのである。以上のことは、長期にわたって存在する多様な小集団の構成員の人間関係が錯綜している農村や下町のような伝統社会の文脈の場合には例外である［一九七八：六七-六八］。むしろ、中根が指摘する(12)ように東南アジアの人々がおこなう、その同じやり方で［一九七八：六三-六六］、日本人も個人としてネットワークをつくる――少なくとも、広告業界においては――ということを、わたしは確信している。中国の「関係」(guanxi)ほど社会的戦略性に富んだものではないとしても［Yang 1994, Kipnis 1997］。

　多重に連鎖した関係を構築しようとする過程で、広告マンは彼らのネットワークを自然に強めようとする。ここで彼らは二つの目的を心にいだいているといえよう。ひとつは、彼らはネットワーク内の人々の間で緊密な関係を維持する必要があるということである。ネットワーク内の人々は、中根が描くような明らかな分裂や一対一の小集団関係を基礎として集団化していない［Barnes 1969：64-66］。言い換えれば、彼らは、二元的関係の基本的問題を乗り越えようとするのである。すなわち、一対一の個人的関係において、直接的には関係をもち得ない人物が、間接的なつながりをもつ個人の仲介なしに、たがいに接触をもつことは可能かという問題である［Knoke and Kuklinski 1991：178］。そしてふたつ目は、彼らは社会的つながり（人脈）の範囲を広げていき、ビジネスの重要人物にコンタクトをとるまで、ひとつの社会的関係からその他の関係へとリレー方式で人脈をたどることである。このことは、ネットワークは付き合いのある人間たちの連鎖であると定義する(13)クライド・ミッチェル［Mitchell 1969］の議論と相反する。日本人は限定されたネットワークにかかわるだけでなく、彼らが必要なときに頼ることのできる、人脈の無限の輪を、可能な限り構築しようとする。(14)この点において、理想的には日本人のネットワークというものには、それに連なる者の手腕や社会的地位が徐々にあがるような累積的効果がある――中国人が関係（guanxi）を広めるのと同じように［Yang 1994 : 123］。

ミッチェル［Mitchell 1969 : 47］が的確に指摘するように、観察者の問題は、ネットワーク内の異なる関心と人物をつなげるような潜在的な連鎖と、ネットワーク全体のなかで特定の人間集団をつくりあげる個別具体的な交渉とを区別することである。行為者間の関係の構造とネットワークを結ぶ個々の行為者の位置が、個人単位とシステム全体の両方にとって、行動の上でも、認識や態度の上でも、重要な結果をもたらす［Knoke and Kuklinski 1991 : 175-6］。とするならば、エイドリアン・メイヤー［Mayer 1966］の言うように、手持ちのビジネスにしたがって、ちがった枠組みにおいて異なる人物と目的のために行使される「人脈」（network）の全体と、個別具体的な「付き合い」（action sets）との区別について、何らかの示唆が得られるかもしれない。わたしの「付き合い」という言葉の使用は、このように人々による仕事の協力と場の共有［中根　一九七八：二三］という中根の「小集団」への視点に対応している。せいぜい、われわれは集団そのものでなく擬似集団を議論しているにすぎないのだ。

ひとつの例を引きたい。代理店のＮＦＣコンタクトレンズ・キャンペーン（*A Japanese Agency* で同様に議論したが）の準備段階において、営業チームが得意先の広報部からの担当者と打ち合わせをした際にも、また製品責任者と彼の部下がコア・メンバーに加わった際にも、営業チーム内外に独自の付き合いがうまれた。営業チームそれ自体は、制作やマーケティングの社員という代理店内の関係から構成されるわけだが、営業担当者は得意先側の製品担当者やその同僚とともに、一連の小さな打ち合わせをおこない、独立して仕事を進めていくことが少なくなかった。いかなる要望にも瞬時に対応できるようなネットワークを、彼らは一緒に形成していくのである。たとえば、制作部のディレクターが、現在打ち合わせをしている以外の、もうひとつのアカウントのコマーシャルについて、制作会社の社長と詳細に話し合ったりもする。スタイリストは、代理店のＮＦＣアカウント営業担当者とキャンペーンで抜擢されるタレントとの間に、一席設けようとするかもしれない（実際彼女はそうした）。製品担当の課長代理は代理店ＮＦＣアカウント課長に利率のよい生命保険の購入をもち掛けるかもしれない。また一方では、彼の直属の上司であるＮＦＣの製品担当課長は、バーナード・リーチ（Bernard Leach）の陶磁器について、日本の民芸運動を研究したことのある人類学者から意見を求めるかもしれない。

同様に、代理店ビジネスの他の分野でも、個人的付き合いが継続的におこなわれては、消えていく。たとえば、キャンペーン期間中に、NFC営業担当者は、見込みのある得意先の広報責任者、営業担当の直属の上司（広報責任者の長い間の友人で、東京郊外の土地付き家屋の購入時に便宜をはかっている）、代理店の制作局トップ、およびテレビ局の番組制作部・広報局のそれぞれの担当者などと、新しいテレビ・ドキュメンタリー・シリーズの企画について議論したりしている。ネットワークや付き合いは慣習的であり、以上のような実例では、広告代理店、得意先、そして放送局の間では、構造的平等がみられたのである。このシステムにおいては、ちがった立場の人間同士が、ひとつの共通した他人との付き合いのなかに存在するのである［Knoke and Kuklinski 1991 : 179］。しかしながら、われわれが先にみた、広告代理店がおこなったPKWのプレゼンテーション・コンペの準備での議論のように、実際は、組織のなかにあって構造関係上、さまざまなレベルの人間の相互作用は、調和というよりは不調和の様相があらわれている。「メディア」と「巨大ビジネス」との間の共謀理論［Van Wolferen 1989 : 177-178］を確信する人々の印象に反して、個人的人間関係は、大集団の関係をも覆し否定することが可能であり、そしてしばしば実行され、また同時にそれらを補強してもいるのである。

マーケット、ヒエラルキー、ネットワーク、フレーム

議論をまとめたい。

わたしはこの論考で、日本の広告代理店のフォーマルおよびインフォーマルな組織について、特に四つの点に絞って議論してきた。第一に、日本の広告代理店業界において、アカウント・システムがどのように構築され、そして解消されていくかを指摘した。アカウント・システムは本部、局、部、そしてグループという言葉によって、組織の規

模とともに、代理店のフォーマルな構造を説明する一方、他方では部署構造を越えたインフォーマルな営業チームの意味も解説してくれる。要するに、アカウント・システムは、社会組織と市場プロセスの関係を簡素に述べているのである。これは、市場プロセスの競争や企業家精神〔Krizner 1991〕が、全体として代理店のフォーマルな構造に組み込まれていくありさまのようであり、広告業界における他の組織関係へも導入され、また市場における情報の獲得を第一目標とした、ネットワークの構築とその維持にもつかわれるのである。広告の「世界」を規定し支持するのは、広告の市場プロセスなのである〔Becker 1982〕。

第二に、わたしは日本のビジネス関係において個人のネットワークが重要であることを指摘し、それらは、日本社会の日常的な動きのなかで、小集団と補完関係にあると議論した。[15] また、中国社会や東(南)アジア社会のネットワーク組織とそれらを比較することも示唆した。つまり、日本人も中国の関係(guanxi)のように、個人的人間関係を特徴づける倫理、戦法、礼儀という三要素をあわせもっているのである〔Yang 1994 : 109〕。これらの要素が互いに補い合い、競い合うことで、すべての社会関係においてメイフェアー・ヤング〔Yang 1994 : 123〕が示した四つの活用形を生みだすことになる――すなわち、感情移入、義務・恩義の広がり、エチケットと礼儀作法、そして損得勘定である。関係(guanxi)と同様に、日本のネットワークも個人の「継続的で反復的な社会選択の操作」〔Kipnis 1997 : 8〕を内包している。

第三に、わたしは代理店のフォーマルな構造を概観し、そのなかでヒエラルキーが、内部的には本部、局、部、そしてグループ内で、また他方、外部的には代理店と得意先、メディア組織、制作会社などとの間で、いかに存在するかを示した。アカウント・システム、代理店の経済活動、そして組織形態の間には緊密な関係があることは明らかである。ひとつのアカウントを扱う人々(クライアント対代理店、代理店の営業担当もしくは代理店対キャンペーン中の下請業者)は、彼らの間に上下関係をつくりだす。しかしここで明記しておきたいことは、そのようなヒエラルキー関係は広告キャンペーン中に関係者がもちこむさまざまな種類の知識や専門的意見によって影響を受けるということである。

第四に、わたしは日本社会を分析する際の「枠組み」概念の使用について議論した。しかしながら、中根の関心事である不変で安定した制度的な枠組みに対しては、警鐘を鳴らした。同様に彼女が序列を強調しすぎることに対してもである。もっと正確にいえば、制度的でなく、また長期的に存続しない状況的枠組みにおいて、特定な目的のために個人が協力して行動するようすを指摘してきた。換言すれば、枠組みは社会的相互作用（制度、ネットワーク、付き合い、「擬似」グループなど）を規定し、そして彼らがとるべき態度（インフォーマル・フォーマルな、ヒエラルキー的な、平等主義的な）をも規定するのである。

いままでの日本の社会組織の議論には、ある基準によって社会関係を分析するという傾向があった――事実は事実として認めよう、いくらかすっきりしないが。それは社会（集団）と個人という二分法で分析する傾向である。そういったアプローチは昔から使われている対概念――タテマエ／ホンネ、オモテ／ウラ、ウチ／ソト――によって支えられ、こういった概念は日本人が人間関係を保つさまざまな方法を「説明」するために使われ続けた。しかしながら、それらは、日本研究の人類学《ジャパン・アンソロポロジー》を特徴づける個人／集団の思考体系からわれわれを解き放してくれることはないだろう。

安定した制度的フレームワークに焦点をあてる人々は、構造の問題に興味を抱き、他方、集団や人間関係の推移・変動の問題を強調する人々は、行動《エイジエンシー》に関心を示した。このことは、われわれに、アンソニー・ギデンズの構造化の概念、もしくはピエール・ブルデューのハビトゥスと場の概念をもって、日本の社会組織を観察させることになる。しかしながら、こういったことが日本研究の人類学《ジャパン・アンソロポロジー》への大いなる飛躍を達成するかのようにみえるが、実際は二匹のチェシャーの猫（「不思議の国のアリス」にでてくる猫：訳注）のような「集団」（社会）と「個人」という社会的カテゴリーを、われわれはさらに見つめることになるだろう。

わたしはこれら四つの概念を、日本における社会的、政治的、そして経済的営みを分析する際に有効な、中間的な理論枠組みとしてみている。*Markets, Hierarchies and Networks* の序論でジェニファー・フランセス(Jennifer Frances)とその共編者たちが概観した三つの「相関モデル」をわたしがここで使用したことを、読者の方々は気がつかれているだろう。そしてわたしは、四つ目の相関概念である「フレーム」をここに加えた。なぜならば、枠組み概念は、異なる文脈で異なる形態をみせるマーケット、ヒエラルキー、ネットワークの機能が、どのように異なっているかについて、われわれの理解を助けてくれるからに他ならない［Thompson et al. 1991 : 5］。たとえば、異なる市場は異なる企業構造をつくりだし、その企業構造のちがいは、代理店がアカウントを扱う過程で、徐々にちがった効果をもつことになる。同様に、ヒエラルキーも、社会的文脈に関連し依存しながら、存在もすれば不在であったりもする。同じことが、ネットワークにもいえる。われわれがみてきたように、その機能は状況のちがいによって様相がまったく変わるのである。

最後にふれておきたいことは、マーケット、ヒエラルキー、ネットワーク、フレームは、日本などの社会にあって、継続的に社会的関係の生産・再生産を可能にする過程であり、実践でもあるということだ。それらはわれわれに対し、文化的限界を越えることを可能にさせ、そして他の国と同様に、日本を理解可能にも不可能にもさせるのである。

注

（1）ホフステッド［Hofstede 1994 : 54］は著書 *Culture and Organizations* において、世界五十カ国で個人主義の傾向を測定し、そのなかで日本は二十二位であった。彼が作業において使用した基準に対しては、確かに疑問と批判の余地はあるが、記録では、日本はわずかにインドより「個人主義的」傾向が低いという結果がでている。そして、ギリシャ、トルコ、アルゼンチン、ブラジル、またさまざまなアラビア語圏諸国より少しばかり個人主義であった。その他すべての東アジア、東南アジア諸国（韓国、台湾、香港、フィリピン、タイ、そしてシンガポール）に比べるとかなり個人主義であるようだ。

（2）たとえば、ドーリーン・コンドウ（Dorinne Kondo）の *Crafting Selves* とマシュー・マサユキ・ハマバタ（Matthews Masayuki Hamabata）の *Crested Kimono* を参照。人類学一般に批判を加える日本研究《ジャパン》の人類学者《アンソロポロジスト》による別の議論に関しては、マリリン・アイヴィ（Marilyn Ivy）の *Discourses of the Vanishing* の序文を参照。

（3）わたしは、*A Japanese Advertising Agency*［Moeran 1996 : 48-54 参照］のなかで代理店の組織構造を詳細に議論した。

（4）メディア・バイイング本部では、社員は一般的に、印刷メディアの場合は出版物担当になり、また放送メディアの場合は放送局担当になる。彼らの仕事は、各々のメディア・スペースの確保という目的のためすすめられる。もちろん、メディア・バイイング担当は代理店内で多数のさまざまな人間と連携しなくてはならない。

（5）その他の極端な例であるが、ある若い女性社員が、バーのトイレの外で立って待つ役割をさせられたことについて、以前不平をもらしたことがある。そのバーでは、営業担当者が大事なクライアントを接待していたが、彼女が待機していることで、クライアントは立って待つことなく用をたすことができたのである。彼女は皮肉たっぷりに以下のように付け加えた。「士、農、工、商という四つの階級制度があって、そしてその下に広告代理店があるの」。

（6）「パートナーシップ」という考えは、営業担当者から組織全体に広がる。究極的に、広告代理店は——多くの日本企業がそうであるように——それぞれのクライアントや下請企業との間に「付加価値的パートナーシップ」とよばれるものをつくりあげようとする。そうすることで、彼らは生産から消費まで広がる連鎖に沿って、モノやサービスの流れを管理することができるからである。理想的には、そのような付加価値的パートナーシップにおいて、それぞれの組織が、相手の組織の成功と共存共栄関係にあることを認識するところにある［Johnston and Lawrence 1991］。広告代理店は、得意先、メディアそして制作会社との関係をうまく保ち、問題を解決し、情報を伝え、資材供給に関しての交渉をおこない、多くの場合、販売、宣伝そしてプロモーション活動のすべての側面に深く関係する。

（7）この緊密な関係の広がりは、営業担当者が時折り、代理店からクライアント会社の製品担当責任者として転職する事実にみいだせる。

（8）このような個人的関係は、広告自体の内容にまでしばしばもち込まれ、そこには、あるイメージが代理店によって示され、明らかに、クライアント側の製品担当責任者の私的な好みにうったえる恰好になっているのである［Schudson 1984 : 44, Moeran 1996 : 89］。

（9）わたしはここで、中根の『タテ社会の人間関係』の英語版に注目した。なぜなら、それこそが日本の社会組織について書いている西洋の学者にもっとも影響をあたえた本であるからだ。

（10）この節で、中根千枝の仕事の全面的な批判をくわだてているわけではない。むしろ、西洋の学者がどのように中根論文を理解しているかを問題にしているつもりである。わたしはここで、中根が日本社会の「均質性」や、いわゆる

「グループモデル」を支持してはいないことを指摘しておきたい。中根の興味が「小集団」にあることは明らかである（「プライマリー・グループ」よりも好む用語［一九七八：二二］）。それはごく簡単に「仕事の協力と場の共有」として定義される。さらに彼女は、さまざまに異なった目的のため構成され、異なる人々が構成員として集まる小集団の多様な性質をも認識している（十分な意思表示、そして個人の意見や感情の自由な交換を十分に機能させるためには、五人から七人の人数が理想とされる）［中根一九七〇：二二、一九七八：二二-二四］。また彼女は、「集団」の概念が正確に日本の知識人たちによって、分析しきれていないことを指摘する。つまり、彼らはそれを、西洋の個人主義や近代化に対峙する抽象的概念として、漠然と使っているだけなのである［中根一九七八：一二-一三］。さらに彼女は、日本社会の「小集団」は構造的に、ヨーロッパやアメリカの社会の「個人」としての機能的特徴と同じものをもっていると議論している［中根一九七八：三八-三九］。

（11）このような混乱は、彼女が以下のようなことを書くことではっきりしてくる。すなわち「日本の集団は通常、二人の個人間におけるタテ関係の乗法によって構成されている。このように個人の位置は関係のネットワーク内でインフォーマルに決定される」［中根一九七〇：四四、傍点は筆者］。

（12）わたしには日本の鏡をのぞいているかのように感じる、東南アジアのネットワークについての中根の議論に注目すべき点がある。すなわち、彼女が特にネットワークの機能と形態の多様性を指摘する時に、ネットワークの構造は、序列に対峙するような、一対一の水平的な個人的なつながりで構成されているという点である。また、東南アジアのネットワークは「個人プレー」や特定な個人関係によって支配されるので、集団的な日本人の行動とは異なるなどの指摘である。その一方で、日本人も彼らが属する小集団の外の個人に焦点をあてたネットワークも操作しているという事実への彼女の反論の仕方に、わたしは——心情的に——納得できないのである［中根一九七八：七一-七二］。

（13）ちなみに、これは中国人のネットワークと比較して、日本人のネットワークが小集団の甘えを基礎としているため、いかに自由な発展を規制されているかについて指摘している中根によって支持されている議論である［一九七八：五五-五六］。

（14）彼らの社会的ネットワークは、得意先の製品の広告キャンペーンのため、コピーライターやアートディレクターによってつくりあげられた無限の満足の連鎖と論理的には同じなのである。この点で、彼らがおこなう実践も、雑誌をつくる際、編集者が読者のためにおこなうそれと類似しており、社会的に同じ戦略に含まれている［Moeran 1996 : 227-229］。

（15）「小集団」と「ネットワーク」を対立するカテゴリーとして取り扱おうとする中根とはちがう［一九七八：七二］。

参考文献

Barnard, Henry, "Bourdieu and Ethnography : Reflexivity, Politics and Praxis," in R. Harker et al.（eds.）, *An Introduction to the Work of Pierre Bourdieu,* London : Macmillan, 1990, pp.58-85.

Barnes, John, "Networks and Political Process", in J. Clyde Mitchell（ed.）*Social Networks in Urban Situations,* Manchester : Manchester University Press, 1969, pp.51-76.

Becker, Howard, *Art Worlds*, Berkeley & Los Angeles : University of California Press, 1982.

Goffman, Erving, *Frame Analysis : An Essay on the Organization of Experience,* New York : Harper and Row, 1974.

Harker, Richard et al ,. *An Introduction to the Work of Pierre Bourdieu,* London : Macmillan, 1990.

Hendry, Joy, *Wrapping Culture : Politeness, Presentation and Power in Japan and Other Societies,* Oxford : Oxford University Press, 1993.

Hofstede, Geert, *Culture and Organizations : Software of the Mind,* New York : Harper Collins, 1994.

Johnston, Russell and Paul Lawrence, "Beyond Vertical Integration : The Rise of the Value-added Partnership," in G. Thomson et al.（eds.）*Markets, Hierarchies and Networks : The Co-ordination of Social Life,* London : Sage / Open University, 1991, pp.193-202.

Kipnis, Andrew, *Producing Guanxi : Sentiment, Self, and Subculture in a North China Village,* Durham and London : Duke University Press, 1997.

Knoke, David and James Kuklinski, "Network Analysis : Basic Concepts," in G. Thomson et al.（eds.）*Markets, Hierarchies and Networks : The Co-ordination of Social Life,* London : Sage / Open University, 1991, pp.173-82.

Krizner, Israel, "Market Process Versus Market Equilibrium,", in G. Thomson et al.（eds.）*Markets, Hierarchies and Net-*

works : The Co-ordination of Social Life, London : Sage / Open University, 1991, pp.53-65.

Mayer, Adrian, "The Significance of Quasi-groups in the Study of Complex Societies," in M. Banton（ed.）*The Social Organization of Complex Societies,* ASA Monographs 4, London : Tavistock, 1966, pp.97-122.

Mitchell, J. Clyde, "The Concept and Use of Social Networks," in his edited *Social Networks in Urban Situations,* Manchester : Manchester University Press, 1969, pp.1-50.

Moeran, Brian, "A Tournament of Value : strategies of Presentation in Japanese Advertising,", in *Ethnos* 58 : 1-2, 1993, pp.73-93.

——*A Japanese Advertising Agency : An Anthropology of Media and Markets,* London : Curzon, 1996.

—— "One over the Seven : *Sake* Drinking in a Japanese Pottery Community," in Joy Hendry（ed.）*Interpreting Japanese Society,*（2nd edition）, London : Routledge, 1998, pp.243-258.

Nakane, Chie（中根千枝）, *Japanese Society,* Berkeley and Los Angeles : University of California Press, 1970.

——『タテ社会の力学』講談社、一九七八年。

Schudson, Michael, *Advertising : The Uneasy Persuasion,* New York : Basic Books, 1984.

Thompson, Grahame et al.（eds.）, *Markets, Hierarchies and Networks : The Co-ordination of Social Life,* London : Sage / Open University, 1991.

Van Wolferen, Karel, *The Enigma of Japanese Power : People and Politics in a Stateless Nation,* London : Macmillan, 1989.

Wright, Susan（ed.）, *The Anthropology of Organizations,* London and New York : Routledge, 1994.

Yang, Mayfair Mei-hui, *Gifts, Favors and Banquets : The Art of Social Relationships in China,* Ithaca : Cornell University Press, 1994.

（浦野篤也訳）

第三章　ワーキング・クラスの公立高校におけるインフォーマル・ストラクチャー

デビッド・スレイター

はじめに

少なくとも中根千枝氏がその見解を示して以降［Nakane 1973］、日本人の組織活動に関するあらゆる分析において、インフォーマル・ストラクチャーの概念が非常に問題視されてきた。中根は表面的な社会組織と深層的なそれとの相違を明らかにした。そしてわれわれは近代日本の組織がもつ官僚主義的な外見ではなく、その真実の構造、つまりその中で真の組織活動が機能するような枠組み、すべての社会人がその社会的アイデンティティを確立するため、または社会関係を認識し、その行動を戦略化するために用いている価値基準に注意を払ってきた。そしてそれらは徳川時代の農民にみられた構造や価値基準とほぼ同一のものであると考えられている。タテの構造は社会構造となり、研究者たちはこのインフォーマル・ストラクチャーの発見に没頭した。それは茶道愛好家から国際的な商取引で活躍する人々まであらゆる種類の集団にみられることであった。

しかしながら、そのような考えは少しばかり疑問視されるようになってきた。根本的な性質をもつ過去の「イエ」と現代のそれとをつなぎ合わせて考えることは不可能ではないが、納得のいく分析をおこなうためには、説得力のある主張が必要とされる。中根の見解に関しては、とりあえずというのではなく絶対的に、多くの事象に対する再考察を必要とする。ここではそのような考察に対する準備をすすめてゆく。

まず第一の疑問点をあげよう。たしかに社会的アイデンティティは安定的・恒久的にある組織の一員であることによって決定される。しかし誰の目にもあきらかなように、終身雇用制度はまさに崩壊しようとしている。そればかりでなく、それが最盛期であったときでさえも、一部の国民のみがその制度を享受していたという事実を無視することはできない。そしてこれまでその恩恵に与ってきた彼や彼女（往々にして彼であるが）たちに関しても、個人と組織における役割を同一視できると仮定するのは、あまりに単純すぎるのではないだろうか。

本稿におけるより重要な論点であるが、第二の疑問点はそのモデルがいかなる定義にもとづいているかということに関係している。ムラ社会の延長線上にあるイエから現代の組織に対象を移すというのは大きな飛躍である。安定した雇用のもとにある成人男性を多数抱えた大規模組織の仕事図（いわば表面的な社会組織）というのは無視できることである。しかしスポーツの実業団やボランティア組織の共同体、コンビニエンス・ストアの店員たちというのはどうであろうか。タテ社会のインフォーマル・ストラクチャーを見つけ出すというのは、世界のほかの大部分の地域では全く考えられない、日本人の集団に関する歴史的意識を前提とするものである。純粋なかたちで分析をおこなおうとすれば、日常的な政治問題、物々交換、社会人によって経験され、構築される日常生活の質感などは無視されてしまう。問題としてとりあげる集団が、社会全体の中でどのように位置するのか、たとえば社会階級といった社会構造の枠に位置するのか、はたまた政治的、多面的な構造に属するのかといった問題、そしてそれを定義するイデオロギーなども同様に隅に追いやられる可能性がある。

学校内のインフォーマル・ストラクチャーに対するアプローチ

東京都内にある某公立高校について話をすすめていこう。この高校はワーキング・クラス（労働階級）の学校であり、タテのインフォーマル・ストラクチャーは他の場所と同様に支配的であると考えられる。教師たちの間では、ランクというタテの関係（中根の言葉を借りれば）によって非常に固定的なグループ構成が存在するようである。生徒との関係においては、モラル・コミュニティーに対する強い意識によって支えられているインフォーマル・ストラクチャーの存在が確認される。そこではしばしば集団生活が適用されるが、これについてはトマス・ローレン［Rohlen 1989］などのアメリカの民族誌学者らによって精巧な研究がなされている。しかしながら、さまざまな理由によって、本稿ではこれを研究対象とはしない。

実際にわれわれが考察しようとしているのは、教師間や教師と生徒の間に存在するインフォーマル・ストラクチャーがいかに深刻に侵食されているかということのみではない。従来の傾向が崩壊しつつあり、かつてのものとは異なった新しい傾向が出現しようとする時、中根の論著から想像しうるよりもはるかに弱小な到達点に対する意見の一致や微小な共同作業しか見ることができない。ドーリーン・コンドウは、トップにいる人間の職権乱用によって古い権威のラインが崩されつつあるとしても、下にいる人間たちは、破ることのできない原則と理想化されたイエの実践論にしばりつけられたままでいる、と述べている［Kondo 1990］。しかし実際はそれよりもはるかに組織化されていないといえる。学校におけるこのような侵食と、たまに生じるインフォーマル・ストラクチャーの明らかな崩壊というのは、それが個人主義の特殊なディスクールが重要な指導法にまで高められていることと同様に、その独自の無政府主義的性質におおいに起因するところである。

中根が述べているようなインフォーマル・ストラクチャーと道徳感情としての一種の集団主義が日本社会全般にわたって侵食されている一方で、学校は社会の個人主義化する傾向に対して非常に敏感な様子を見せている。その敏感さは、学校の経済全体の構造の中での位置からくるものである。とりわけ大人の市場に対する若い労働力の準備と再分配という観点からいえば、学校は非常に重要な役割をもっている。学校は若者を大人社会に備えて準備させるのであるから、保守派もリベラル派（現在弱体化しつつある日教組を含めて）も、長い間学校を彼らの戦いのためのイデオロギー的土壌として利用してきた。その労働市場における役割ゆえに、とくに一九八〇年代の中曽根内閣時には条例が発令されたが、学校は戦後の最も影響力のある数種の政治的レトリックにとって第一の対象となってきた。事実これらの改革は、個人主義を教育政策の中で組織的な原則へと引き上げた。それと同時に教育内容は比較的明瞭なかたちで、めまぐるしく変化する市場の要求に対処するべく再調整されるよう試みられた。インフォーマルなタテの構造と集団生活の理想形はすでに有益というよりは障害となっていたからである。このような場所におけるインフォーマル・ストラクチャーの理解のためには、あきらかにミクロな民族誌が必要である。しかし同時に、その学校がその中におさまっている経済的・政治的な背景に対する考察も不可欠である。インフォーマル・ストラクチャーはこれまでの研究が指摘してきたように、制度化された生活組織からのみ生じるものではない。それは、意味のある社会的・政治的活動に対する有効なオプションを決定する、競合的なディスクールの相互作用と教師たちの戦略からも生じうる。

民族誌的特性と個人主義の理念

ここではそれに費やしている余地はないのだが［Slater 2002］、今日学校教育に非常に浸透していて多方面にわたる個人主義の特異性について記すことは不可欠であろう。とはいっても西洋化の影響による不可避で均一的な個人主義について論じるつもりはない。その種の個人主義は近代において伝統と引きかえに拡張してきた。とはいえ、ここで自由民主主義の浸透の賜物であるかのように扱われてきたイデオロギーの終焉を述べようというわけでもない。マーシャル・サーリンズが再三指摘してきているように［Sahlins 1976］、個人主義は常にそのほかの民俗的原理と連動して構築、特異化されるものである。普遍的な人間の性質についてとやかく言うことはできないし、方法論的な手順というのは説得力のない推定となる。ホッブスやアダム・スミス、その他の優生論者のものとは違って、中曽根が構想した個人主義というのは、小学校での訓練を集団生活から切り離すという政治的なくさびであった。中曽根は、戦後の高度経済成長の時代には非常に有効であったと実証されているように、集団生活が忠義心の相互密着のために補強的役割をはたしたことは認めている。しかしながら、同時に中曽根は将来的に、期待の構造、つまりその相互密着の構造が終身雇用のような贅沢が許されない経済状況に日本が陥ったとき、経営そのものをがんじがらめにしてしまう恐れがあると考えた。そして数年にわたる忠誠心への代償として労働賃金を確約するという、家父長主義的な義務に関するモラル問題に足を踏み入れることなく、それらの労働力を配置するためには、ある種の柔軟性が必要であろうと考えた。

中曽根は団体レベルでの「期待の構造」から学校が解放されれば、学校は躍進的なものとなりうると考えたのだろう。彼は新しい用語「個性主義」をつくり出し、市民権と非国家主義を結びつけるためにつくり出された用語である「個人主義」との差異化をはかろうとした。彼は市場の最大化のロジックに学校をまったく融合させてしまおうと試みたのである。学校を生徒の中にある独自性と才能をできる限り効果的に引きだす場とするためには、個としての認識がしっかりとした価値基準に組み込まれることが必要である。生徒は、中根によるとインフォーマル・ストラクチャーの核心である、定義のあいまいなモラル・コミュニティーへの貢献度などで判断されるべきではなく、主観的なメリットによって判断されるべきである。中根の説明に即すれば、生徒は最高権威の属性基準――個人的な業績、彼らはこの基準によって促成される――によって価値づけられるという。学校が生徒を大人社会のために社会化する場であるとするならば、学校のインフォーマル・ストラクチャーというのは非常に重要である。なぜならそれは効果的に生徒を、さまざまな職場にある、学校と同様に侵食されたインフォーマル・ストラクチャーに備えさせるからである。インフォーマル・ストラクチャーが侵食された職場では、人はその性格や忠誠心というよりは、その仕事に必要なスキルのために雇われ、その労働から抽出される利益に対して賃金が支払われる。しかしながら社会組織としての学校は、それそのものにおいて非常に研究対象として興味深い。なぜなら中曽根がまったく予期しなかった結果がそこにあらわれているからである。この個人主義のディスクールは、効果的に生徒から、上からの家父長主義的なサポートを奪い去っている一方で、それは実際により多くの左翼的な教師を輩出させているのである。それらの教師たちは学校運営の唐突さに抵抗するための正当な論点を擁している。東京都教育委員会の事例をみれば、中曽根が考慮していなかったことがあらわれているのが、よりあきらかとなる。

そのような政治的なディスクールと彼らの組織的な効果について述べる場合、とくにこれらのプロセスがマクロレベルの経済変動と組織様式と関係しているときには、その記述はできるかぎり民族誌的に特異性をもつものとなるよう心がけることが重要である。

集団生活、権威、モラル・コミュニティー

この状況では、校内での教師と生徒の間に存在する社会組織の定義を解釈することが非常に重要となる。このように多面的な個人主義が変容していることを理解するためには、簡単に集団生活のアウトラインを示す必要がある。筆者にはあまり多くのオリジナリティをもって、読者に対して、集団生活とはいかなるものであるかを説明することはできない。簡単にいえば、しばしばそれは“group living”と英訳され、その特徴としては、集約的な責任を信念とし、共同の義務、個人的な目標よりも共有する目標が優先されることなどがあげられる。ローレンらの学者に指摘されてきたことであるが［Rohlen 1989］、この集団生活というのは、学校においても職場においても同形をとるという点で、社会関係と密着した構造を示している（同様のモラル・コミュニティーの崩壊が学校・職場両方で起こっていることがあきらかである。それは同じ理由にもとづくものだが、異なった効果を生み出している）。さきほど個人主義を普遍的な単語として取り扱わないと述べたが、集団生活についてもまた、日本人の生活における基本的な特性として述べていくつもりはない。多くの研究がその比較的短命な日本の繁栄を、「日本の文化」や「日本の経営」などと題して、その行動様式の分析をもとに評価している。集団生活は比較的最近開発された伝統である。にもかかわらずそれは怠慢の一種であるとみなされ、時代おくれのモデルとしてさまざまな目的をもつ多様なグループによって引き合いに出されている。学校において集団生活は、これまで、そして現在も広く受け入れられ、実践されている。ここではこの集団生活を、教師たちによって彼らの生徒との関係を構築するため、そして学校内における彼らの権威を正当化するためにもち出されている管理的な思想としてみなすことができる。集団生活の教育は社会の自然な秩序というよりは、むしろ安全な社会操作という効果を生みだす。それが開発されたものであれ、自然発生的なものであれ、集団生活はいまだ非常に効果的であり、学校におけるその勝者たちは、ビジネスの世界にいるその勝者たちと比較して、穏便に喜ん

でそれを放棄するということはない。その理由を以下に示していこう。

インフォーマル・ストラクチャーと公立高校の事例——なぜそれを定義するディスクールがそれほど重要なのか

フォーマル／インフォーマルな教師社会の構造の研究をおこなう際、多くの重要な点において公立高校は大規模組織のイメージとは異なるものであるということを示しておくべきであろう。この違いというのは、まず第一に高校は社会構造のモデルとしてわれわれが扱うところの大規模組織と比較して、その性質の特異性は比較的弱いといえる。それぞれの学校は他の学校から転任してくる教師たちによって構成されている。彼らは八年から十二年おきに配置換えされる。それゆえ、そこには安定性も内部者と外部者の間に生じる恒久的な違いもなければ、長期的に組織に裏打ちされたアイデンティティも存在しない。むしろ全員が単なる高校教師だといえる。そのためそこには、中根による組織構造の第一の特性——ウチ／ソトの違いを際立たせる固定的なメンバーシップ——というのは作用しない。毎年その組織に同時に入ってくるものたちの年齢が均一でないために、そこには中根による第二の特性である「固定」だとかタテの関係（さらには有効なヨコのグループも）を構築するための機会が生じない。このことから行動レベルにおける影響も予測されうる。教師陣がたえまなく回転するということは、つねに毎日の学校経営に話し合いがもたれるか、しばしば果てない程までに再三話し合われるということを意味する。中根は日本の組織社会において個々の役割はさほど違わないと指摘しているが、それはフォーマル・ストラクチャーの場合と仕事内容に意味が無い場合についての話である。そしてそれは、インフォーマル・ストラクチャーの中では互いの個人が固く結び付けられるという「義務と期待」の特殊なセットに焦点をあてることを前提としている。われわれが学校内で観察できる事象には、区別、さらには明確な輪郭さえも、そのインフォーマル・ストラクチャーの中には欠けている。したがってその状況はなにか他の原典から法則をもってくることを必要とする。

また仕事と経営の間には、はっきりとした区別がある。つまり教師たちは公務員として市に雇われているが、ある人々は全国的に日教組によって組織されている。校長と教頭は東京都教育委員会の代表メンバーである。彼らは大勢の教師たちの間から選ばれるが、いかなる場合でも教頭は同じ学校で校長には昇進しない。そして彼らはたいてい三年から四年おきに学校を転任する。ここでは往々にしてホワイト・カラーの職場で上下に広がる力と権威のラインがあきらかに断絶されることがその効果であろう。そしてそこで二種類の結果が生じる。第一には、管理者は他の教師たちから非常に孤立する。彼らは自分たちの学校で何が起こっているかわからないし、実際に学校を運営している人々——教師たち——との機能的なつながりに欠けているのである。管理者たちが持ち込むあらゆる主導権は東京都教育委員会からの圧力の結果である。そのような上から下への改革の導入に対して、政治的には好意を示す教師たちでさえも、ほとんど間違いなく学校そのものには合わせようとはしない。いうまでもなく、教師間の競争的な派閥争いにおいて休戦協定が提案されたとしても、それに応じることはない。管理者と教師の間の関係は最悪の場合、泥沼のようであるが、往々にして教師たちは管理者たちを失速させるか妨害することができるし、すくなくとも校長の主導権を削減することができる。第二の結果として、教師たちに過分なイデオロギー的自治権が与えられる。彼らは上から強制されるいかなるコンセンサスからも自由となる。

ワーキング・クラスの学校の特異性

筆者の見解の応用をひとつの事例——しかも高校の領域——に絞ることは危険ではあることを覚悟している。そして高校の間でも違いがあることを明確にしなければならない。グッドマンの研究対象であるような［Goodman 1990］エリート校はさきほどのようなモラル・コミュニティーが学校内における組織的強制力であるという推論の否定に同意するかもしれない。すでに述べたように、中曽根改革の表面的なゴールは、学校の内部に市場最大化のロジックをより十分に集約させることであった。そして事実、あらゆるエリートの学生が認識しているように、運動部の主将であることや学級委員であることによって東大へ入れるわけではない。この場合、偏差値という「基準」にもとづいているのであり、それは学校でも認可されているし、大学入学にも認可されている基準である。エリート校の場合、個人主義の思想の優位性は生徒の学習習慣において確固たるものである。そしてそれは行動の領域にまで応用されうる。こうしたことは機能的に学校が、大学や理想的な職業に従事することを可能にするための場であるという考え方によっているのである。一生懸命勉強すれば結果が得られる。その問題点といえば、学校内に生じる不調和であろう。しかし学校の秩序に問題は起こらない。異文化研究ですでに証明されてきたように、恵まれた裕福な生徒の間で個人主義を拡大解釈させることは、それが適切に操作されるのであれば、ほぼ常に社会コントロールの最も有効なメカニズムとなる。なぜならそれは、内から外へと機能する個々のセルフ・コントロールの副産物である社会秩序を有効に保つからである。

高校とはいっても、とくに筆者のフィールドの立場を他と異なるものにしているのは、その高校がワーキング・クラスの高校であるということである。高校入学の際、そこにはある特定の種の生徒を集めようとする自己選択のメカニズムが存在する。結局、もし彼らがテストを受け、それをやりこなす能力（理想や向上心）、勉強するための個室、塾を利用する能力があったとすれば（それは両親の資産とも関係するが）、彼らは現在この高校にいないかもしれない。学校側でも、彼らが大学へ進学しないこと、それゆえにキャリアに結びつくような仕事に従事することを切に望んでいるわけではないことを理解している。もちろん彼らがよろこんで比較的単純なサービス業（運転手、販売、レジ係、給仕、美容師からペンキ工、タクシー運転手といったあらゆる仕事）に従事するというわけではない。しかしながら望ましい職業へのいかなる軌道にも位置せず、大学進学に関しても無関心な底辺の学校では、一生懸命はたらいても不明瞭な未来における社会的報酬の約束などはいまや若干むなしいものに思われている。彼らにとって、学校とはちょっとした利点——おそらく仕事——を得るために三年間耐えるところである。しかしそれは人生におけるその人のチャンスを獲得するための絶対的なメカニズムではない。彼らは単に卒業する必要があるのだ。学術的達成度は、彼らが退学の危機にさらされないかぎりは、あまり関心のないものである。卒業はそれほど問題ではない。なぜなら学校へ出てきて教えられたことをこなしてさえいれば、誰でも卒業できるからである。

学校を市場論理にまったく融合させるための効果的な手段として、中曽根によって導入された個人主義のディスクールは多くの要素を抱えている。その要素とは、それらの雇用機会が望ましいものであると判断されうる「雇用の有効性」や、学校は生徒個人を個々に正当にくだされた価値基準にもとづいて再分配するものであるという見方である。ワーキング・クラスの学校では、このような価値をはかる基準はまったく存在しない。

ここで教師のフォーマル・ストラクチャーの問題に戻ろう。この一連の生徒の志の低さを考慮にいれた生徒の操縦法は教師間の社会秩序や管理側による社会コントロールといったものの可能性を無効にしてしまう。その社会コントロールにおいて、教師の行動は生徒の試験結果や大学入学率などによっては、エリート校の教師たちほど厳密には評価されない。ほとんどの中堅校またはエリート校にとっては、生徒＝生産品である。いくつかの学校では、それらは心をこめて丹念につくられ、生産者たちはその生産品の能力によって評価される。つまり学校の名声とはいかに多くの学生を東大に入学させるかによっており、教師たちは彼らの個人的な貢献も含めて評価される。しかしあきらかなことには、教師の能力に対するいかなる判断基準も実際には、組織的な優先権と日々発生する実際行動をめぐって、統一された、または統一されんとする意見の一致に暗によっている。もし生徒たちがクラスの中で一番なのか十番なのか、二十番なのかを気にせず、学校がある種の違い（好成績であることがつねにより良い仕事と結びつくわけではなく、生徒たちもそれをわかってしまっているが）にもとづいて、予想可能な結果をうみだすための立派なメカニズムであるかどうかにとらわれないとすれば、教師たちはこのような判断基準には左右されない。能力評価に関してこのような安定した最低限のラインが欠如していることは、教師の役割や義務、地位、そして相互関係がワーキング・クラスの学校では、中堅校あるいはエリート校と比較して流動的であることを意味している。

これまでに述べたことをまとめると、より伝統的なインフォーマル・ストラクチャー（構成員としての自己認識、ヨコの関係を形成する同年齢階級、タテの関係を形成する先輩・後輩関係などの連続した権威のラインなどを含むウチ・ソトの違い）はそこには存在せず、生産能率は気にされず、空間は開放的となる。インフォーマル・ストラクチャーを決定するメカニズムは崩壊しており、それゆえにディスクールの違いに帰する自由なふるまいがインフォーマル・ストラクチャーのパラメーターを調整する。

教師のインフォーマル・ストラクチャー

生徒たちがより自己規制に長けていて、自分たちの潜在能力を最大限にひきだすことができるようなエリート校では、教師たちは往々にしてなんとなく存在感がない。つまりこれらのエリート学生は大学に入るために必ずしも教師を必要としないのである。教師たちは自らを、将来的には大学教授の道や、私立高校の管理職へと導くためにアカデミックな仕事に没頭したりする。学生たちのあまり見込みのない運命は皮肉にも教師たちにも影響を与える。そしてその皮肉は教師たち自身にはくつがえすことはできない。つまり低レベルの学校での教師としてのキャリアはその生徒たちの人生同様に、限られたものである。ワーキング・クラスの学校ではたらく教師にとって、専門的な業績というのは現実的な意味合いをもたない。ほとんどの教師が中堅校へと転属することはないし、論文や教科書、評論といったアカデミックな仕事にたずさわることなど皆無に等しい。そこで二つの選択肢が可能となる。その二つは政治的にも教育的にもまったく対照的なものである。しかしながら双方とも、よりエリートの学校ではたらくアカデミックあるいは専門的な教師と比較して、学校の日常生活によりかたく根付いた特徴を呈している。それは中根が主張する伝統的なインフォーマル・ストラクチャーに類する集団生活の崩壊しつつある構造と、異常なディスクールではない個人主義の台頭との間にあらわれ、しかもそれは学校内の教師間の派閥争いに関する記号として認識される。

ある大きな派閥は時代おくれ、少なくとも流行おくれな集団生活や一種のモラル・コミュニティーを、学校の基礎となる構造であり、彼らの権威を合法化する第一の要因であるとかたく信じている。あらゆる教師が、集団生活や学校内のすべてのモラル・コミュニティーの可能性は大変危ういものであると感じてはいても、そのモラル・コミュニティーや権力に従って、慣習的な枠組みのなかでそれらを処理しようとする。あきらかに時代おくれでどうにもならないとわかっているにもかかわらず、全くの因習とはいわないまでも、いまだある種の日課的なことが声高に強制されるのである。もうひとつのグループはこのモラル・コミュニティーがすでに死んだもの、あるいは死すべきものと考えている。このようなグループでは、教師による権威をその構造に根付かせようとするいかなる試みもみられない。彼らはすでに述べたような個性主義のディスクールに支配される、個人主義性の強い民族集団である。あらゆる社会的なグループ分けと影響力のある社会現象の特徴を基礎としているという点で、このような現象もまたインフォーマル・ストラクチャーであるといえる。つまり学校での仕事というのは、この集団主義と個人主義の間の際立った対立の認識と調整に拠っているのである。

集団

実際、さまざまな方法によって四つに分類される教師の集団が存在する。それぞれが集団生活と個人主義に対して決定的に異なった意見をもっている。ひとつは最も年長（五十歳以上）で、集団生活を尊重する最も保守的なグループである。そして二つ目は比較的若いグループ（三十歳から四十五歳）で政治的には左翼的な活動家であり、個人主義を支持している。第三のグループはここでは触れないが、さらに若い（三十歳以下）「カウンセラータイプ」のグループであり、彼ら自身の個人主義に対する考え方があって、それらは政治には無関係で療法的手段である。もちろん一五パーセントから三〇パーセントの割合でいずれにも所属しない、実際には学校の経営にまったく関与しない、彼らのクラスで教えることにのみ満足し、できるだけ早く帰宅する人々がいるのも事実である。ここでは筆者の議論は最初の二つのグループにのみ限定される。

年配の保守的なグループ

「変わるには年をとりすぎている」ような、主に男性教師で成り立っている年配のグループは、やや高圧的で、集団生活の意義が日本の産業の再沸騰ともいえるバブル期や、ひいては日本の戦後経済急成長の時代をとおして発達してきたのをみている。彼らにとって集団生活は有効な意義をもつ。しかしそれはアメリカの民族誌で理想化されてきたような小学校の集団生活とはまったく異なったものである。彼らにとって最も望ましいのは、クラス内において教師が中心となり、そこで教師が指示・指導を与えることに責任をもつことである。小学校の場合とは異なって、生徒の間でうしなわれてしまっている鍵(最も重要なこと)は「参加」である。それは社会的アイデンティティの安定した確立のために必要な前提である。結果として、このようなクラスにおいては、実際ほとんどの高校のクラスではそうなのだが、集団生活を育成するのに非常に重要な生徒への義務の委任がほとんどなされない(エリート校では、このようなことは部活動などを中心に実施される。多少の委任というのは、生徒の能力や抜擢のチャンスを評価するものとしての本来の学校の役割とはまったく異なる領域で生じる)。恒常的な指導スタイルを形式だてるのは大変むずかしい。教師たちの話によれば、生徒の質や関心が低下してしまっており、教師はクラスのコントロールをより強化するよう義務づけられているという。生徒にいわせれば、自分たちには決してチャンスが与えられないのだという。どちらの場合でも明白なことは、もし彼らが学校で自分が積極的に参加を求められ機会があたえられたとしても、生徒たちは実際にはいかにしてそれを処理すればよいかわからないだろうということである。

三年生までにはこれらのクラスのほとんどが管理教育の状態に陥ってしまっている。ポール・ウィリスにいわせれば、失笑を誘うようなトラブルさえも引き起こさないような生徒に、教師たちはほんの少しの残された権威を、服従と沈黙を求めることで最大限に活用しようと試みる。このようなインフォーマル・ストラクチャーの議論にあって最も重要なことは、指示ルールの強化であるといえる。教師のような立場の人間は力と権力を差異のないものにしてしまっている。これは中根とローレンが明らかにした最たる特徴のひとつである。確立された権威が威圧的な権力の一機能となる時、それがひとりの気まぐれというのではなく、多くのものの集約された意見の一致から発せられるとすれば、権威を規制する機会は僅少となる。コンドウが述べているように、イエのフォーマルな性格が健在である場合も、その下にいる人間の感情の投入や認識がなければ、上にいる人間は、ウチのなかに存在する個人的な「尊敬」からその権威をひきだすしかない。この場合のウチとは組織のなかでの日常的な機能のことであり、それが工場であれ、ホワイト・カラーの職場であれ、教室内であれ、権威は次第に失われていく。その点において、インフォーマル・ストラクチャーは日常的な仕事を意味のある、または有効なものにするためには十分に生かされ得ないのである。

　権威の問題に関して教師と生徒は狂いやすいダンスを踊っているようなものである。そのような場の権威が示す最たる特徴というのは、その予測不可能性と脆さである。筆者がこれまで接してきたあらゆる国の高校教師たちのように、これらの人々もまた一生懸命働いており、まじめな人間である。彼らは非常に長い時間を学校で費やし、彼ら自身がまるでそこで勉強する子供たちであるかのように、学校の経営に熱意をもって没頭している。しかしながら、ほとんどの生徒はこのような保守的な教師が率いるクラスにいるのは大変難しいと訴えている。なぜならそこは統制が厳しく、緊張感があり、予測できないところだからである。威圧的な統制による独裁的な傾向を示しながら、これらの教師たちは天気予報のように、日によってたいてい自らの性格を変化させる。授業中、教師はほとんどアイ・コンタクトもとらなければ、その他の種類のコンタクトをとることもない。実際、彼らはとりとめもなく話し続け、授業モードにしがみつき、教科書と黒板の間を行き来するだけである。その間生徒たちは騒がない限りは、自分たちの好きなことをするように放任されている。時々教師が、これらの生徒のグループが聴衆ではなくて、そこで実際的な責任をもつ人間であるのにふと気づいた場合、無防備な生徒をとらえて質問をなげかける。生徒はたいてい口ごもりながら立ち上がる。そしてそれは教師と争うことを好むか好まないかの度合いによるのだが、準備していないのに急に名指しされたことに対してなんらかの義務的な不満をあらわす。

　そういうふりをしているというのもありえるのだが、しばしば生徒は驚きと悔恨をあらわしつつ質問に答える。ある生徒は質問をもう一度繰り返すよう要求する。あるいはもう少し知恵がある場合、その質問に対して若干の言及をおこなう。「えー、この質問の意味はわかりますか?」とか「だれかこれに答えられますか?」といった質問によって、生徒はその位置を自覚し、もしも教師の権威に対抗しているわけではないならば、教師の権威の範疇に助けを求める。教師はそれを受けて自分自身のリスクで授業をすすめていかねばならない。予測不可能なことが教師の力——統制と管理の力——を増強する一方で、それらの誇示は教師の力が宿っているとおもわれる正当化された権威を危険にさらしている。つまり権威を誇示し、権威と力を合体させることで、教師たちはその妥当性を疑われている権威そのものを危険にさらすことになる。

すでに述べたように、生徒の質の低下は今日の教育の必要悪とみなされ、低レベルの高校においてそれは正当化され、避けられないものとさえみなされている。それゆえ教師たちはこの威圧的態度を取り入れねばならないのである。これらの教師たちによって最も激しく嫌われることは、個人主義のディスクールによる結果として、生徒の態度が著しく低下することの理由を直視することである。ある教師は東京都教育委員会作成のあるパンフレットについて語るときに、このように洩らした。「学校が単に個性主義をいちいちそれぞれの生徒の問題に関して教育方針にとりいれるべきだとする主張に納得するのは、つまり我々に学校であることを望まないということなのだ。われわれはここで生徒を社会に役に立つように教育している。これはこのような低レベルの学校ではとりわけ必要なのだ」。これらの年配の教師たちは、この新しい思想が生徒たちに学校のモラル・センターから自身を遠ざけるのを助長し、モラル・センターの存在をまったく問題のあるものにしてしまったのだと執拗に主張している。もし学校が生徒ひとりひとりの潜在能力を引き出すための場であるならば、それがいかに共同体によって共有されるものであり、強制可能なものであるとしても、行動に対する期待と標準があらゆる効果的なインフォーマル・ストラクチャーを確立してしまうのである。個人主義が導入されるにあたって、「教師はどこから権威を正当化するための主張をひっぱってくるべきか?」と自問自答し、そこで教師は緊急に自分自身の地位に関心をもつのである。手短にいえば、そのような種類の社会秩序が可能か、そしてその秩序の中で教師たちはうまくやっていけるのかということである。

若い活動家の教師たち

まず第一にわれわれは生徒たちがそうするように、これらの教師たちをその教室でのスタイルによって定義づけることができる。若い教師たちの教室にはより見込みがあり、生徒たちは個人的あるいはグループ単位の課題に取り組む。それによって教師中心性の度合いは薄められる。授業はしばしば短めで、いつもあるとは限らない。そこで生徒は彼らの机でより個人的な勉強をし、たいていそれらの勉強はプリント教材のかたちである。保守的なグループと比較して、一般的にはこれらの教師たちは教室内を均一なレベルにするためのコントロールの必要性というものをさほど感じていない。そこでは授業中の雑談や、もし起こるとすれば生徒による授業の中断というものにも、より寛容である。そのような中断が起こった場合の教師たちによる良心的寛容の限界というのも、保守派のそれよりはずっと広い。あまりに騒々しく集中できない、手に負えない状態の場合、個人をわりだしてというよりは、グループ全体にむかっての穏やかな訓戒によって秩序の再形成が図られる。「はい、なにが起こってるいるのでしょうか？　この騒々しさはなんですか？　今は勉強中ですよ。静かにしなさい」。つまりこれらの教師たちは生徒たちの反対の立場というよりは、自分自身を生徒たちとともに、教室のウチの範囲に位置づける傾向がある。

このような生徒に対する敵対心を露にしない態度というのは、それ自身がうちに秘めるある種のパラドックスへと導かれやすい。これらの若いリベラルな教師たちは教室を快適な場所として設定するのだが、これは生徒の個々の人格が尊重され受け入れられているからというよりも、生徒に対してあまり期待していないという理由によるところが大である。生徒たちは正しく日本語の単語を使用するには知識薄弱であり、教師との関係でもドライであるといえる。これらの教師たちは生徒個人が彼ら自身の人生やモラル形成に対する義務があるという認識についてはまったく無防備である。たとえ彼らがそう望もうとも、あるいは若干の教師が実際にそうしているとしても、これらのリベラルな教師たちは生徒の学外での生活の詳細を調べることに関して、まるで彼らがその役割の範囲を逸脱しているかのように感じるという。これは年配の保守的な教師たちとはまったく異なっている。彼らはいまだ生徒のモラルの発達に対して責任を感じているのであり、これらの教師の多くは生徒に対して緊密であたたかい関係を築くことを好む。それでいて生徒たちの大部分は彼らを危険な権威者とみなしているのである。若く、よりリベラルな教師たちは個人主義のレトリックと政治的なアクティビズムゆえに、学校内でのモラル・コミュニティーの抹消と市場としての学校の自然化を図ろうとする。その市場では集団に貢献することよりも、生徒自身の潜在能力を引き出すことが第一とされる（実際、この方法で見れば、よりリベラルな教師はエリート校の教師に相似する点が多い）。

しかしこれらの教師たちは自分自身を無政府主義的信条のもとにあると位置づけている。つまり、若い教師たちは自分自身を教育学的にもイデオロギー的にも年配の保守的で伝統的な教師たちとは相反するものとして位置づけているのである（もちろん教え方のスタイルの違いというのは、イデオロギー的なスタンスのために多様なわけではないが）。若い教師たちの大部分は組合のメンバーであったり、かつてそうであったりしたのだが、彼らにとって個人主義のレトリックはその学生時代の政治運動につうじるところがある。組合のメンバーと非メンバーの間の分裂にもまた、世代的な問題がある。しかし若い組合のメンバーは模範的に、生徒との関係を教育上でもイデオロギー上でもうまく表現することができる。筆者は問題をこのようにセルフ・サービス的方法で二つのグループに簡略化して分けてしまうことができると考えるが、ボアズの見解によれば、その議論そのものが二次的なものにすぎないという。そのストーリーはこのように展開する。戦前のファシズムにさかのぼることができるくらいの、昔からの伝統に支配される年配の教師たちの権威主義的スタイルは打破されねばならない。もし彼らがかつて真に生徒の「温情主義的な羊飼い」であったとすれば、彼らはその任務において忠誠的で信頼に値するものとしてみなされたであろう。この重要で熱狂的なコネクションはすでに枯れてしまっており、どのような場合でも生徒の不参加や熱狂的な人間関係の度合いの弱さゆえに、この学校において彼らは有効に機能しえない。ましてや若い教師たちはこれらの年配の教師たちの努力にほとんど気づくこともないであろう。年配教師たちは基本的に管理教育のほかには何もできない、あるいは関心がないとみなされているのである。より哲学的な観点からいえば、システムを曲解しているということは、システム自身が無効な状態よりもさらに始末が悪い。多くの若い教師たちにとって、個人主義の権利に優先して集団コミュニティーの概念でものごとをはじめるというのは耐えられないことである。なぜなら集団の必要性のために個人主義の選択肢に制限が加えられることは、必ずや学生指導に関してというよりも多分にイデオロギー的な領土あらそいの問題に関わってくるからである。

教育プロジェクトの改革は（社会中心主義的な集団生活ではなく）その中心に多くの要求と選択肢をかかげている。そしてあきらかなことには、個人の重要視というのは中曽根の改革からはじまった。そしてそれ自身を義務というよりは、むしろ権利の正当化というかたちにうまく力を貸している。しかしながら、権利に関する問題は接着剤とか論理的な範囲の問題を超えてしまった。日教組のような組合活動家たちの政治的協議では長い間、集団生活のコンテキストのなかに閉じ込められた彼ら自身の苦闘に対する必要不可欠なものとして、ある種の権利のディスクールに焦点があてられてきた。しかし実際には、そこは権利を発達させるための統一された認識を生み出すための場ではなかった。個人主義のディスクールが活動家の教師たちによって再々認識されたために、この個人主義の認識は権利の、民主主義の、正統な生産過程の新しい概念を正当化するための基礎となりえた。個人主義は生徒たち、そして彼らの権利に対するディスクールとしてはじまったが、そこでは生徒ひとりひとりがバランスをもって、より大きな集合体（たいていは教室であるが）の要求だとか教師のきまぐれな思いつき（集団生活に対する彼らの見解など）によってではなくて、法的なルールにしたがって取り扱われる。

権利に対する認識は中曽根の改革そのものの中で公然と問題にされた。個人の権利は「集団の権利」や「国家の権利（国家の要求という不細工な公式）」によって理不尽な方法で操られていた。若い活動家の教師たちの個人主義のディスクールに対する動きは、その主義を発展させたものだとわかる。実際ほとんどのディスクールはそのようなものだといえる。しかしながら、あらゆる権利の主張に対する中曽根の否定をみれば、われわれはこのディスクールが展開されうる限界を知ることができる。個人的な発展と選択権を主張しつつ、それでいて権利を否定するということは内なる矛盾であり、行動をおこすためにディスクールがその語義にもつ潜在能力を駄目にしてしまうことである。堀尾輝久などの教育哲学者にとって、これは矛盾のようにみえるかもしれない［Horio 1988］。しかし、学校内の悪戦苦闘に身をとられている平均的な教師にとって中曽根の権利の否定はまったく理論的ではなく、余計な補足説明としてまったく無視されうるものなのである。

ある種の改革的な側面はとりさられてしまったが、個人的権利に対する基本的な思想と選択の自由は個性主義のディスクールから生じている。もちろんこれは皮肉である。なぜなら中曽根の試みについてはいうまでもなく、一九八〇年代から現在も含めた教育改革の全体のレトリックの構成要素というのは、組織的あるいは官僚的な権威に挑戦するための合法的な基礎として役立つものではなかった。むしろ、かならず文化的行動を理論あるいは市場に、より完全なかたちでまとめあげるものであった。中曽根の試みは教育を右翼とか左翼といった政治的な葛藤から切り離すことにあった。しかしこの個人主義の心理的な再編成を通して、活動家の教師たちは、この思想を自分たちの葛藤を再び政治的なものへと変化させるため、さらには学校の社会構造さえもこれで定義するために利用している。

いったん教師の生徒に対する根本方針が決められてしまうと、これらの若い教師たちはそれを日ごとに増す東京都教育委員会の介入との戦いに利用する。その戦いはおおむね若い活動家の教師たちによっておこなわれている。年配の教師たちはたいていおとなしく、それゆえにそれは学校内の教育委員会の代表者である校長に対する暗黙の了解を意味することになる。学校内のほとんどの人間はこれが若い教師のキャリアの第一の中心となることを認識している。年配の教師たちはこれに対して侮蔑をもって接する。それは破壊活動であるか大人気ない労力の無駄遣いであるとみなしているからである。カウンセリング・タイプの教師はそのような行動が承認されないことに我慢ならない。なぜならそれによって生徒に払われるべき注意がおろそかになってしまうからである。若い教師たち自身は、これはすべての教育の自由とその独立性に対する前提条件であり、学校内に安全な自治が訪れれば、学校はもはや政治的強化の場以外なにものでもなくなるだろうと語る。日教組は『君が代』の斉唱と日の丸の掲揚に対する抵抗に自発的に身を投じることで、政治的には切腹している。中曽根の教育的ディスクールは、いまだ仕事のやり方を規制しているという点で強い力をもっている。そこでは然るべきプロセスと教師の権利が、対立的かつ律法主義的なまでに、不寛容な土壌において中心となる。このようなことは日本の組織に関する民族誌的文献のなかでは一般的なことではない。

再び、ワーキング・クラスの学校の特徴

ある人はいかにしてこのようなことが可能なのかと疑問に思うであろう。はたして個性主義のディスクールはそのようにまったく異なるプロジェクト、さらには学校の社会グループやインフォーマル・ストラクチャーを定義するのに有効となりうるであろうかと。多方面にわたる個性主義のおおよその形態は、大量の記号が不確定ないくつかの段階をもつものであるということがわかっている。それらはさまざまなかたちで、時には矛盾したことがらにも有効に利用される。純粋な記号論的分析は中曽根と活動家の教師らの間にある個人主義のディスクールに関する大きな不一致を理解するのに役立つかもしれない。しかしいまだ特殊性の問題が残っている——なぜこの学校はそのように機能しているのか——純粋な記号論的潜在能力をこえて、ワーキング・クラスの高校でみられる学校と経済とのつながりのより実践的なメカニズムをみてゆかねばならない。エリート校では、この個人主義はスムーズに学校と市場を結びつけたり、モラル・コミュニティーを破壊するものだとする実証的な例はほとんどみられない。ワーキング・クラスの高校でもこの市場と学校の融合というのはそれほどしっかりしたものではない。これまで述べてきたように、ワーキング・クラスの高校では生徒の学業成績と仕事とを、その成績の良し悪しや職業相談室などを通じて事前に組み合わせるのは不可能である。それゆえ生徒の生産過程という単純な能力基準でもって教師の価値を図るというのは無意味である。学校を市場とむすびつけるメカニズムがなければ、中曽根が心に描いていたような個人主義は定着し得ない。しかしまったく予想外にも、そのディスクールは市場の真実の働きを覆い隠すように設計されていた。個人的性格の発達というレトリックのもとにそれは隠されて、管理する権威者たちによる特定の組織を正当化することが目論まれていたのである。しかし現実としては、まったく反対のこと（自分たちの左翼的政体を教育方針のもっとも公式な表現の中心にもってくることが可能な教師集団の形成）を提唱し、それを正当化するようにさえなってしまっているのである。

インフォーマルな社会構造の働き

中根によれば、インフォーマル・ストラクチャーとは働きを機能させるもののことである。つまり、仕事の形態というよりはタテの関係のことであり、それは常に正確に仕事の責任を定義するものである。そして個人主義そのものがグループ化されるのもこのようなタテの関係のなかにおいてである。この学校において、先輩・後輩のタテのラインというよりは、保守派あるいはリベラル派のどちらかに属する個人のインフォーマルなグループ分けが教師間で仕事をおこなわせるのである。そしてそれは実際、この新しいインフォーマル・ストラクチャーのための前提条件となるのである。たとえば学校内にはさまざまなグループ分けが存在する。すべての教師はまず教室担当（一年生・二年生・三年生のグループ）の教師のグループとして分別される。そして同様に教務部・庶務部・進路指導部といったグループにも分類される。たいていの場合、校長によってある代表の教師が決められ、彼あるいは彼女が人員選択の責任を負う。結果として人員選択はほとんどいつも保守派・リベラル派のグループの範囲内でおこなわれる。その結果、一年生はリベラルな教師たちで占められ、二年生の担任は保守派の教師ばかりであったりするなどということになる。これは非常に重要で必要なことである。なぜならほとんどの学校の仕事はこのグループでおこなわれるからである。教室担当の教師たちは学校活動を組織し、生徒の進歩を補助するために、密接なコミュニケーションをおこなわなければならない。同様に進路指導委員会は限られた時間の中で一定の成果を出すために重要な仕事を担っている。この組織がうまく運営されるためには、一緒に働くことができると感じられるような気の合った人間同士が組まれることが重要である。よくあることであるが、もしも校長が自分の学校内の派閥に関して無知で、委員会を先導するためにひとつの派閥からあまりに多くの人間を選ぶような場合、当然の結果として、その個人らは非常におとなしくなる。なぜなら機能的中枢となるグループを確立するために彼ら自身のグループから十分な人員がいるために、ほかのグループのメンバーを配置するのは不可能であると理解しているからである。

それぞれのグループ内には、少なくとも担任団の内部には、グループの引率者つまり主任が、政治的同士のあいだにしっかりと配置されている。彼ときには彼女は必ずしもそのグループの中でもっとも極端で急進的な人物である必要はない。主任選出の際は、そのような急進主義は阻止されたほうがよいかもしれない。なぜなら急進的な人物はその小さなグループ内をうまくまとめるのにも、ほかのグループとうまくやっていくのにも失敗をする可能性があるからである。それゆえ、「年長」という事実だけが、政治的な活動力の次に大切なのである。これに関するほかの見方としては、学校内でもっとも活動的で野心的な人物が主任に就きうるということである。しかしその野心は学校の政治的派閥を通じた仕事によってのみ具体化されるのであり、その意図はどの派閥にも属さない誰かの行動に影響を与えることはない。結局は同じことなのである。筆者がその学校で働いていた頃、明らかにリベラル派に属しているのに、保守的な担任グループに入れられてしまった人物が存在した事例をひとつも思い出すことができない。もちろん、多くの比較的独立した、どちらかのイデオロギー的説得にしたがうのに常に流動的な人々はいた。

このような体系に組み込まれない学校のグループというのは、非常に闘争的であり、ときには機能不全であったりする。庶務部のように多くのグループには、意見や行動の一致・協力を求められるような重要な仕事がひとつも課せられない。もっとも驚くべきこの種の事例は、教科別（社会科・英語科・国語科など）になっているグループである。ひとつの教科別グループの中にある政治的なバック・グラウンドの相違は、その個人的な不信用と敵愾心のために総じてグループ内の調和を妨げることになる。ある年度から次年度のカリキュラムはほとんど全くといって良いほど統一されておらず、教科書の選択のような場でも英語や数学などの教科でおこなわれる内容が数カ月間重複しないようにするための十分な協力体制がとられない。その協力というのはいわばサブ・グループの中にみられる。第一学年・第二学年・第三学年の英語または数学といったグループのことである。このようにしてカリキュラムはひとつの学年だけのために設定されている。ある学年の生徒が次の学年へ移るとき、おそらくなんらかの連続性というものが存在するのであろうが、次の学年がたとえば二年生であるとすれば、この年二年生になる者が前年の二年生と同じテキストを使うことを保証するメカニズムは存在しない。事実、全く反対のこととして、次の年のグループが意図的に全く異なるカリキュラムを組むこともありえるのである。

この最後の点は、ワーキング・クラスの高校という学校そのものの位置づけにも非常に関係している。学校というのは生徒を大学へ進学させる能力によってその名声が評価されるものであり、カリキュラムはなにかしら一貫したものであると考えられがちである。多くの日本の高等学校の観察者は、実際には約三分の一の生徒だけが競争力のある大学へ入れるのであって、専門学校はその学費を払うことができる者には誰にでも開かれているということを忘れている。結果として、その学校が社会階層の底辺に近ければ近いほど、そこでの受験勉強の度合いは低いものであると認識することができる。つまり教科ごとの組織というのは、教師のインフォーマル・ストラクチャーの安定した尺度の中におきかえることはできないのである。

結論

これまで論じてきたのは、一連の古い思考のあいだに存在するヘゲモニーに対する苦闘、つまり無数の組織構造と日常的な行動に暗黙的に暗号化されてしまったさまざまな事象についてである。そしてもう一方で個人主義の新しいディスクールが教師たちの自分自身を集団に位置づける定義として利用されたこと、そして学校の中での行動を定義づけしていることなどを明らかにした。つまり、このディスクールがインフォーマル・ストラクチャーの改革において重要な役割をはたしてきたのである。最近の学校運営というのは、若いリベラリストの教師たちによっておこなわれつつあり、古い保守的な教師たちは、もし彼らが非現実的な理想主義者であったり気難し屋であったり、激しやすい年寄りの妨害者であったりするならば、「勇敢」とさえみなされつつある。政治的にはどこにも依拠しない教師の多くは、個人主義の根本理念や個人主義的な教育にはっきりとした賛成を唱えるであろう。しかし一般的なレベルでの個人主義の信条の受容はまったく十分ではない。基礎となるその信条が暗黙の了解のうちに、学校を組織する文化的形態に具体化されているからである。それゆえ、年配の保守的な教師たちはその数において縮小され、減退しているとはいっても、彼らはいまだ権力を保持している。なぜなら非常に多くの集団生活が学校の日常生活に目に見えないかたちで具体化されていて、それらが当然とみなされているがゆえに簡単には変えることができないからである。

本稿においては、数々の学校の組織構造の実態とワーキング・クラスの学校の経済の中での位置について述べてきた。インフォーマル・ストラクチャーとして細分化されているさまざまなことを理解するためには、教育方針を特徴づけるディスクールについて真剣に考えねばならない。事実、これらの教師たちやほかの学校の教師たちも自分たちの基礎となる形態をタテの権力関係とか権威などというよりは、むしろ個人主義と集団生活との関連をもつ彼ら自身の個人的なあり方ととらえているということがわかる。教師間のインフォーマル・ストラクチャーに関しては、彼らの生徒との関係や教育哲学としての斬新さなどについて触れることなくして考えることはできないのである。このようなシステムはこれまで「ジャパニーズ・カンパニー」として、十把一絡げにして考えられてきた。しかしながらわれわれは、生徒の属する社会階級を明確にしないで「日本の高校」について語ることさえもできないのである。本稿において最も主張したいのは、インフォーマル・ストラクチャーの抱える問題点である。しばしばこれは組織のミクロな民族誌の領域として考えられているが、実際にはより広範な政治や政策の問題、社会階級や人生コースの問題と切り離して考えることはできないのである。

参考文献

Duke, Benjamin, *Japan's Militant Teachers*, University of Hawaii Press, 1973.

Goodman, Roger, *Japan's International Youth*, Clarendon, 1990.

Haley, John Owen, *Authority without Power*, Oxford University Press, 1991.

Horio, Teruhisa, *Educational Thought and Ideology in Modern Japan*, University of Tokyo Press, 1988.

Kochmann, Victor, *Authority and the Individual in Japan*, University of Tokyo Press, 1978.

Kondo, Dorinne, *Crafting Selves : Power, Gender, and Discourses of Identity in a Japanese Workplace*, Chicago : University of Chicago Press, 1990.

Leestma, Robert and Herbert Walberg, *Japanese Educational Productivity*, University of Michigan Press, 1992.

Nakane, Chie, *Japanese Society*, Tuttle, 1973
NCER (Rinji Kyōiku Shingikai), *Memorandum : From Liberalization to Individuality*, 1985.
NCER, *The National Council* : First Report, Second Report, 1985.
Rohlen, Thomas, *Japan's High School*, University of California Press, 1983.
Rohlen, Thomas, "Order in Japanese Society : Attachment, Authority and Routine," *Journal of Japanese Studies* 15-1, 1989.
Sahlins, Marshall, *Culture and Practical Reason*, University of Chicago Press, 1976.
Shimabara, Nobuo, "Japanese Education Reforms in the 1980s," *Issues in Education* IV-2, 1986.
Slater, David, *Class Culture : Politics and Pedagony at a Japanese Working-Class High School in Tokyo*, Ph. D. dissertation, University of Chicag, 2002.
Thurston, David, *Teachers and Politics in Japan*, Princeton University Press, 1973.

（岡美穂子訳）

第四章　「インフォーマルな活動」としての居眠り

——国会議員の居眠り論争を考える

ブリギッテ・シテーガ

序

眠り、あるいはもう少し厳密に言うと「居眠り」は、日本では公の場面で最も目に付く「インフォーマルな活動」である。日常の話し言葉では、「居眠り」という単語は微妙なニュアンスの違いで使い分けられている。浅い眠りのことを「居眠り」と呼ぶ人もいれば、短時間の眠りや主に公の場面など、寝床以外の場所での眠りのことを指す人もいる。この単語を文字通りに解釈すれば、その本質というものが見えてくる。「居眠り」は、「居る」と「眠る」という単語を合わせた言葉である。つまり、「居眠り」はある特定の姿勢や時間、EEGパターン（特定の脳波の変動幅）のことを意味しているのではない。眠っている人が「眠る」以外の行動をとっているということが、この単語の特質なのである。したがって、「居眠り」は寝床での夜の眠り、さらにはごろ寝、テレ寝、まどろみ、昼寝やその他の「眠り」に関する表現とは区別されるものである。

日本で「居眠り」をしている人をよく見かける場面といえば、通勤列車の中や他に何もすることがない時ばかりでなく、余暇の最中や講演、会議などの仕事中であったりする。このように公の場で眠る人々のうち、国際的に最も知られた人種といえば日本の国会議員たちである。西洋社会では、日中に眠ったり、特に公の場面で眠ったりすることは通常、「怠惰の表れ」とされる。このように、公の場面における眠りの観察からは、「自分の生活を会社に捧げる働き蜂」という一般的な日本人のイメージの中に、矛盾が見えてくることになりそうである。

公の場での「居眠り」の習慣をこれから分析するにあたり、まず、「すべての社会組織なるものが持つ構造上の特徴とは、通常の義務の遂行を保証しながら、そういった活動からの解放をも保証するところにある」[Schwartz 1973 : 18] という理論的な概念の考察から出発してみたい。もし、人が義務の遂行と社会的な共存に対する意識を定期的に捨てることができなければ、これらのことはその人にとって面白味に欠けるもの、ひいては耐えがたいものとなってしまう。したがって、「余暇」と「休息」が、時として「仕事」やその他の「活動」に対立する概念となるが、これら仕事などの活動を円滑に進めるためには、人が元気を回復する機会を十分に持つことが最も重要な前提条件となるのである。しかし、仕事以外の場で元気を回復する機会を作ることができなければ、その条件の範囲内でどうにか手を打たなければならない。こうしてみると、社会組織の機能に関する謎は、「社会の構成員がルール違反をしないよう、そのルールの抜け道を通ろうとすることを認める」といった社会のメカニズムに注目すれば、次第に明らかになってくるようである。つまり、日本人が公の組織で求められる「建前」を崩さずに「本音」を表現していることが、筆者にとっては興味深いのである。ここでは特に「本音」を取り上げ、休息やくつろぎへの欲求やその必要性に焦点を当てていきたい。

一九九七年初頭、『週刊宝石』(光文社)で「日本をダメにする政&官の大罪」と題する記事が掲載された(二月十三日号)。この記事には、議員らが国会で居眠りする光景を撮影した写真と、それに対する彼らのコメントが載せられていた。『週刊宝石』は、日本の最有力雑誌というわけではない。ところが、この記事は議員内部のみならず、日本の他の多くのメディアの間にも居眠り論争を巻き起こすきっかけとなった。ここでは掲載された三つの記事(一九九七年二月十三日号、三月十三日号、五月一日号)を取り上げ、勤務時間中の眠りに対する言い訳について、またこれらへの批判に対する日本人の受け止め方について考察していく。さらに「居眠り」の概念、ならびに公の場における「インフォーマルな活動」としての、その重要性を探っていきたいと思う。

国会での居眠り──『週刊宝石』の議論

「居眠り」を記事にしようと、『週刊宝石』の記者たちは明らかに居眠りをしていたと見られる四十人の国会議員や大臣たちの写真を撮影した。その際、目をつぶったまま、あるいは頭が揺れていたり、机に頭を伏せたままの状態が五分間以上続いた場合を「居眠り」とした。本会議や委員会審議、あるいは国民が関心を寄せる立法本会議などでの議員演説も含めて、NHKがラジオでもテレビでも国会中継をしているため、議員たちが眠る姿をテレビやその他様々な出版メディアで目にすることができる［Foreign Press Center 1995 : 39］。国会で居眠りをする日本の議員たちの様子は、かつて国際的メディアにも取り上げられてしまったほどである。しかし、『週刊宝石』の記者たちはさらに踏み込んだ。議員の居眠りの現場を撮影した写真を張本人たちに送り付け、そのコメントを求めたのである。居眠りをしていた議員たちの多くは、彼らの過密スケジュールや夜中まで続く残業などを理由に挙げて言い訳をした。『週刊宝石』は、青木宏之議員（新進党）の二枚にわたる本人直筆の手紙を引用し、この対応を「まだしも良心的か?」（この?マークは編集部によって付けられたものである）と書いている。その手紙の内容は、「私は本会議に於ける『仕事』が深夜（午前三時迄かかった）に及び、……（中略）……結局三時間半の睡眠時間しかとることができませんでした。（明らかなる睡眠不足状態）」（カッコ内も原文のまま）というものであり、編集部はさらに青木氏のコメントとして「『眠る』という生理現象は自己の『眠らない』という意識を超えて生じてしまう……（中略）……大いに反省しております」と書かれていた、と付け加えている（三十三頁）。

青木氏の言い訳は、多発する居眠りに関する言い訳の中でも最も一般的である。つまり、膨大な仕事量のために、日中に眠りを誘発する「睡眠不足」が生じるのだという。国会議員たちが「莫大な量の仕事を抱えているのだ」というそぶくのももっともである。国会の本会議や審議委員会のほかに、彼らは勉強会や党委員会に参加し、政治学の本を読み、審議応答の準備のために官僚たちと話し合いをしなければならない。さらに、地元選挙区や支援グループと常に緊密にコンタクトを取り続けなければならず、国内を飛び回り、演説を繰り返さなければならない［Iwai 1993 :

111-112]。一月末から三月末までの会計年度の締めにあたっては、予算に関する白熱した討論がおこなわれ、国会議員たちは非常に多忙である。政府予算に目を光らせ、その税収能力を保持するために初めて国会が導入されたという日本の歴史的事実からも、予算会議における決議の重要性をうかがうことができる［Kishimoto 1982 : 55］。

予算委員会の筆頭理事を務める元自治大臣・石井一議員（新進党）も、青木氏と同様に「このところ徹夜に近い状況が続き、疲れていた。私が委員会などでやっていることを見てもらいたい」と述べている（三四頁）。他でおこなっているのが重要な仕事であって、本会議はそれほど大事ではない、といった石井議員と似たような回答が多い。『週刊宝石』によれば、議員たちの間では「本会議はセレモニーに過ぎない」とされているのである。それは一部には事実でもある。憲法第四十一条では、国会は国の立法機関であり、内閣によって提出された予算案を審議し可決するもの、と位置づけられている［Foreign Press Center 1995 : 14, 17］。しかしながら、国会議員らの仕事の山場は本会議ではなく、党内委員会等である。第一に審議されるべき法案や問題は、それらが本会議で議題とされる前に、委員会で討議されるためである［Kishimoto 1982 : 46］。

民主主義を具現化するものとして、本会議は確かにセレモニー的な重要性がある。本会議に出席するのは、主に事前に決められたことを形式的に承認するためである。規定された立法過程は、透明な政治を保証するものであり、また全体主義的、非民主主義的な方向に進んでしまうのを防ぐための儀式として見なされる。したがって、本会議への出席については、出席すること自体に意味がある。すなわち、そこで何をしていようとも、働く場所に出席していれば、それ自体働いていることになるのである。

しかし、本会議はこのようなセレモニー的な役割を果たしているだけではない。重要なあるひとつの法案が議題とされる際、ほとんどの場合は各委員会で討議される前に、本会議でその法案の目的が説明される。これによって野党側は一カ月も二カ月もかけて、問題点をはらんだ議題に関して討論し続けることができるのである［Kishimoto 1982 : 57］。

このように、野党側にしてみれば本会議は意見を述べ、反対を唱え、執行を遅らせる、さらには執行を妨げることのできる「戦場」なのである。また、これらの討論は若い政治家たちにしてみれば、政界で自分自身をアピールする絶好の機会でもある。しかし、党を牛耳る年配の政治家たちは、このような討論には関心がない。自分たちの責任に関わってこないような議題に関する討論の間、彼らは船を漕いでいるか、時には眠りこけてしまってさえいる。

写真に証拠が残った居眠り議員の多くが、激務が原因で風邪を引いてしまい、それゆえに本会議中につい眠ってしまったのだ、という回答を『週刊宝石』に送っている。江藤隆美元総務庁長官（自民党）の秘書が代読した氏のコメントでは、「当日は三十九度近く熱があり、無理をして本会議に出席したが、不覚にも居眠りをしたのは誠に遺憾であります」（三四頁）ということであった。つまり、彼は自分の「お勤め」に対して高貴な意志を持っているにもかかわらず、外からの力が彼を眠りに陥れてしまった、というものである。このように、国会議員の多くが風邪の治療のために服用した風邪薬を、居眠りの理由としている。昼食後に風邪薬を服用した結果、薬の副作用で眠気をもよおし、つい居眠りをしてしまったというのである（三四頁）。

これらのコメントを見ると、まず日本の公の組織は仕事に対して敏感で、居眠りを適切な態度としてはとらえていないことがわかる。しかし同時に、過度の労働、あるいは疲労や過労に起因する病気によって生じる居眠りが認められうる、といったこともうかがえる。ところが、すべての人々がこのような言い訳を認めているわけではない。『週刊宝石』編集部への投稿では、国民の税金から給料を支給されながらも居眠りをする国会議員たちの態度は、国民を侮辱するものだとして、怒りをあらわにする読者が多かった。実際、国会議員の給料は非常に高い。『週刊宝石』が概算したところによると、国会開催にあたって必要となる経費は、衆議院で一日当たり約二億五〇〇〇万円、参議院で約一億七〇〇〇万円である（一九九七年度予算）。

大島理森元環境庁長官（自民党）のように、「書類を見ていただけだ。決して眠っていたんじゃない」（三五頁）と、議員の何人かは彼らの注意不足を否定し、自分の立場を正当化しようとしている。編集部は、「目をつぶって書類を見るという芸当ができるのか?」（三五頁）と皮肉を込めてコメントしている。

また数人の議員は、彼らが居眠りをしていたことなど注目に値しないものだとしている。「載せるのは言論の自由だが、答える義務はいっさいない」と川崎二郎議員（自民党）の秘書は憤ってコメントした（三二頁）。小渕恵三元官房長官（自民党）の事務所からの回答は、「こんなおかしな質問に、答える必要はない」（三二頁）といったものであった。

『週刊宝石』の記事は物議を醸したが、議員ら自身の実際の行動を左右するものとはならなかった。しかし、四十五人の自民党若手議員（議員一年生）らが、眠っている議員たちを起こして回る「居眠り起こし部隊」なるものを結成し、居眠りという「醜態」を規制しようとする動きが出てきた。彼らは四つのグループに分かれ、午前と午後の当番制を組む。この部隊のメンバーが会議中に眠っている議員を発見した時には、その議員に近づいて「先生、お疲れではないですか？　お茶がありますよ」と声をかける。『週刊宝石』はこの部隊を「珍妙な〝居眠り起こし部隊〟」と呼び、「〝日本型政治〟の典型」であるとして、三月十三日発行の同誌で取り上げている。この部隊は、「選ばれて給料をもらっていながら、なぜ議員たちは議会中に疲れてその仕事を遂行できないのか」という根本的な問題を解決するものではない（三四頁）。国会議員たちには仕事を適切にこなしていくことが求められているにもかかわらず、彼らを近くで観察すると「眠っている姿」だけが目に付く。また、『週刊宝石』は他の居眠り対策についてもレポートしている。「予算委員会で、幹部の松永光氏が居眠り中の議員二人に近づいてこう声をかけた。〝一期性が勉強したいと申しておりますので、代わっていただけますか？〟」（三六頁）というエピソードや、またある先輩議員自身から電話がかかってきて、「眠いから交代してくれ」といわれた一年生議員の話を引用している。『週刊宝石』は、これを「代返」と比較しながら、その行為のレベルの低さを嘆いている。

さらに単純な居眠り対策を、元郵政大臣の関谷勝次氏が提案した。彼はＮＨＫに対し、居眠りの光景を放映しないように圧力をかけたのである。また、カメラマンや記者には、これ以上そういった写真を撮影したり、公開したりしないよう求められた（三六頁）。いずれにせよ、『週刊宝石』はこれに抵抗した。五月一日号の記事では、居眠りしないよう心がけている大臣たちや、少なくともカメラに収められないようにしている議員たちを紹介した。しかし一般的には、「居眠り起こし部隊」は国会に見られる居眠りの習慣を廃止させるまでには及ばなかった、という見方が強い。『週刊宝石』は居眠り議員のランキングを発表したが、その「居眠りワーストワン」は小渕恵三氏であった（一八六頁）。

国会議員の対応に反映された日本社会——居眠りを通して見る日本の社会

居眠りの現場をスクープされた国会議員たちの反応の仕方は、日本の社会では特に珍しいものではない。一般的に、日本人は働くために睡眠時間を犠牲にするものだ、とされている。したがって、彼らは常に疲れており、席に座ったとたん、あるいは活動を停止するや否や、はばからずに眠ることができるのである。東京に住む大卒の六十歳の主婦、英谷文子さんは次のように語っている。

ずっと寝ちゃうことに対して、ある程度は民俗的というか、皆了解していて、寝ていることはそう悪いことって思わないで、可哀相にこの人は遠くから来ているんじゃないかとか、遅くまで働いているんじゃないかとか、そういう風な目で見ちゃう（英谷文子氏とのインタビュー、一九九四年一月十二日）。

公の場での居眠りは、仕事に励んでいること、勤勉であることの表われ、さらにはその証明でもある。国会議員の睡眠時間に関する調査はあまりおこなわれていない。しかし、日本人がそれほどまでに働かねばならず、それゆえに睡眠時間を確保するのが大変であるという意見をしばしば耳にするので、ここで日本社会における睡眠時間の減少について の調査を若干付け加えたい。

ＮＨＫが日本人の時間の使い方に関する調査を五年毎におこなっているが、この「ＮＨＫ国民生活時間調査」では、十歳以上の日本人の時間の使い方が調査されている。これらを見ると、日本人の過去三十年間の平日の睡眠時間が著しく減少し続けていることがわかる。

予想に反し、統計では睡眠時間の減少傾向は労働時間の増加に並行しているのではなく、むしろ余暇に過ごす時間の増加に比例していることが明らかとなった。これは、一九七〇年代に政府が導入した余暇開発政策の効果の表われ

図１：過去25年間の睡眠時間の推移（ＮＨＫ国民生活時間調査）〈単位：時間/分〉

（年）	1970	1975	1980	1985	1990	1995
平日	7：57	7：53	7：52	7：43	7：39	7：32
土曜日	7：55	7：58	7：57	7：53	7：44	7：54
日曜日	8：40	8：48	8：49	8：42	8：33	8：29

*）出典：ＮＫＨ放送文化研究所、1996年、p.40
**）これらの調査では、人が横になっている時間、あるいは横になって眠っていると考えられる時間の量が示されており、居眠りやごろ寝、テレ寝、昼寝などは上記の数字には含まれていない。
***）2000年度の調査結果もすでに発表され、睡眠時間の減少傾向はその後も続いていることが明らかになっているが、調査方法が異なるために従来のデータベースと並べて表示することができず、ここではやむを得ず割愛した。

である。この政策のイデオロギー上の背景には、産業発展後の熟成した社会においてはサービス産業が最も重要となり、人々が余暇に費やす時間とお金の量は先進国、または裕福な国であることを示すバロメーターである、との考え方があった。この発展政策は、レジャー産業の振興が狙いでもあった［Linhart 1988：274-275］。しかし、余暇の消費は労働時間の短縮にはつながらず、逆に睡眠時間が減少するという結末となった［Steger 2001］。

労働のためであれ余暇のためであれ、統計では夜の睡眠時間が一般的に減少していることが確認され、その際政治家も例外ではない、といえよう。すると当然のことながら、社会的欲求による睡眠時間の欠如を埋め合わせするために、日中ほんの少しの間、目を閉じる時間が必要となってくるように思われる。しかし、居眠りは現代社会のみに見られる現象ではない。日本の古典には、活動的な行動を伴う状況において、熟睡する人々の例が数多く見られる。『源氏物語』の第二章では、若き光源氏が友人たちと女性の品定めについて語り合っている間に居眠りをする。『弁内侍日記』の作者は、久我の大臣（源通光）が彼自身が開いた宴の最中に居眠りしていたことを非難している。また、恋人を待つ女性や、夜伽の女性たち、勤行中、夜間祈祷中の僧侶なども、その仕事の最中に居眠りをしてしまう［シテーガ　一九九八：二四-二六］。すでに知られているように、平安時代の貴族の生活は、時間的に圧迫されていたというよりは、いわゆる「つれづれなるもの」であったという。したがって、居眠りは忙しいスケジュールというだけでは説明がつかない。これはむしろ日本社会の文化的特質であるといえる。

居眠りをした国会議員の何人かは、彼らは病気だったために薬を服用したのだと説明しているわけだが、こういった発言は、つまり眠りに陥ることは外からの力によるもので、眠ってしまった彼ら自身にはその責任がないということを示唆している。衆議院本会議は、たいてい火曜日、木曜日、金曜日の午後二時から開会される。このような曜日のこの時間帯には、特にデスクワークの多い人々など、すべての人が生物学的な理由から一度は行動力の低下を経験する。それゆえ、健康管理に関する専門家たちは、健康と元気回復のために夜はよく睡眠をとり、わざわざ昼寝をするなどをして十分に休養するよう呼びかけている。古い言い方をすれば、「眠りは百薬の長」あるいは「食後一睡万病円」なのである。また、現代では『昼寝のすすめ』［井上　一九九六］、『居眠り二分で元気二時間——デスクでうたたねできるサラリーマンほど仕事ができる』［鳥居　一九九五］といった題名の本などが出版されている。

昼寝が健康によい、という見解は新しいものではなく、また日本に限られた話でもない。世界中の睡眠研究者たちは十分な睡眠時間の摂取と適度な昼寝を勧めているが、その場合の昼寝は十五分から二十分を超えるべきではないとしている。しかし日本の伝統とは違って、西洋社会ではうたた寝する場所はほとんどソファなど、つまり独りで横になったり座ったりできるところに限られている。

国会議員たちは「居眠りは健康への留意というよりは、風邪が原因である」と釈明しているが、他の解釈の仕方もある。つまり、ある病気の人が非常に衰弱しているにもかかわらず、多くのエネルギーを必要とする会議に出席したとする。特に、眠気を引き起こすような薬を服用している場合、それはその人の意志を超えて眠りへと誘い込む。国会議員の仕事に燃やす熱意の度合いを判断する際には、こういった点を見定めるべきである。何かを成し遂げるために費やした努力は、その努力の結果をも上回る価値があるのだ、という概念は、日本社会を対象とした研究者たちの多くがすでに取り上げてきている。つまり、日本人は持続、忍耐、最後までやり遂げる精神、「頑張る精神」を尊重するのである。その人の仕事や会社への貢献度は、エネルギーの消費量と努力によって評価されるのであって、必ずしもそのエネルギーが広範囲にわたって使われたかどうかとはそれほど関係がない。それはまた、その献身を原因とする疲労によっても評価される。したがって、眠りがその人の献身度の高さや勤勉さの証拠として見なされることもありうる。最善を尽くそうと、病気であるにもかかわらず仕事に行ったのだと主張することによって、国会議員は自分たちの勤勉さや仕事への献身の姿勢を強調しようとするのである。彼らの病気が最終的に居眠りを引き起こしたということは、彼らのミスにはならない、というわけである。

病気で衰弱しているにもかかわらず、睡眠時間を削減して、鞭打って働くということは、もうひとつの日本文化の特質を示している。自分の感情を押し殺すことのできない人は、頼りない人と見なされる。それゆえ、寝床に留まっていたいという欲求があったとしても、起き上がって議会に出向いていくことによって、あるいは怠惰感や衰弱感を押し殺すことによってその人は道徳的に強くなり、積極的なエネルギーに満たされる。こういった傾向は、日本人の倫理観に色濃く反映されている［Steger 2001］。

『週刊宝石』編集部は、疲れた先輩議員が若い議員たちにその場を交代させる、といった行為を「レベルが低い」と指摘している。しかしながら、先輩や上司の名前の下に経験を積んでいくのは、様々な職業に共通した方法である。職人たちは彼らの見習い期間中、「一人前」と呼ばれ、独立して仕事をすることが許されるまで、親方や雇い主の名の下に働く。また、日本の歴史を見ると、政治家や役人は同僚たちの間で仕事を交代し合うことが許されていた。橋本義彦氏によれば、平安時代の行政執務は、役人たちの間で等しく分配されていたが、役人たちは同僚に仕事の交代を頼むことがしばしばあった。このようにして、一方では忙しく働きまわり、一方では余暇に興じる役人が出てくるようになった［橋本　一九八六：二九-三三］。

誰かや何かの代わりにあることをし、本音と建前のギャップを埋めることは、日本では往々にして見られる。Joy Hendry氏によれば、九州の八女地域では、結婚式などの慶びの席に招かれた客の席は、例えば年齢や隣組の順で決められている。招待された人が出席できない場合、その人は自分の家族の中から時間のある人を代理させる。したがって、孫の代わりに慶びの席に出席した年配の女性が、花婿の若い仲間たちの中にポツンと混じる、ということがある［Hendry 1981：237］。この発想は、眠り、あるいは厳密に言えば「眠らないこと」と関連した庚申信仰という古い信仰生活の中でも見られる。この庚申信仰は、中国の民間宗教である道教から派生したもので、日本に入ってきてからは古くからの習慣や信仰と結び付いた。具体的には、庚申の夜（六十日ごと）になると、人体内に棲む「三尸《サンシ》（三匹の虫）」が外へ逃げ出して天へ昇り、その人の罪を天帝に報告するのだが、この報告をもとに天帝はその人のその後の健康や寿命の長さを決めるのである。したがって、三尸が体内から出て行かないようにするために、人々は「庚申待」をしなければならない。この庚申待とは、祈ったり、話をしたり、飲んだり食べたりしながら、一晩中起きていることを指す［Kohn 1993：113-115］。柳田国男氏によれば、「待ち」はもともと「まつり」であった。庚申待は平安文学で記されている祭りとも関係が深く、さらに江戸時代に民衆の間に広まったものであるという［飯田 一九九四：四四］。庚申信仰にまつわる儀式や、こういった伝統の一部復活が、今日少なくとも関西で見受けられるが、今は誰も一晩中起きていたりはしない。

一日中働いている人にしてみれば、一晩中起きているのは大変なことである。しかし、起きているとはいっても、実際には「建前」の行動を認め、「本音」と「眠り」を確保するために人が演技をするというからくりがある。例えば、何人かが次のような歌を守護鬼に奉る――「ショウケラヤショウケラ、ネタカトオモッテミニキタカ、ネタレドネムゾ、マダメハネムズ」［Kohn 1993：126］このように、自分たちが起きていることを守護鬼に納得させれば、三尸に罪を告げ口される心配をすることなく、ウトウトとできるのである。さらにその他ふたつの庚申待の方法があるのだが、これらは国会中に代理を頼んだ国会議員たちの姿と重なるものがある。まず、ある地域での庚申待では、家族の長だけが家族を代表して起きていた［Kohn 1993：119］。また一九五〇年頃までは、僧侶や尼僧、山伏らが「だいまちー、だいまちー」と掛け声をかけながら通りを闊歩していた。人々は彼らに米をやったり銭を払ったりして、自分たちの代わりにお勤めをするように頼むことができたのである［Eder 1978：210］。三尸は、人が眠っている間に体内から出ていくとのことであるが、自分の代わりに誰か他の人に起きていてもらうことでそれが防げたという点については興味深い。自分の名前で誰かを代理で行動させてもよいのである。

筆者がおこなった「日本における〝眠り〟の文化」をテーマとした数々のインタビューの中で、正潟宏平北海道大学講師（三十二歳）は、国会議員の行動と大学教員の行動を同列のものとしてとらえていた。以下は正潟氏とのインタビューからの引用である。

僕の場合には大学の中の先生たちが集まっている会議ですけれども、自分がメインじゃなければ、あまり聞かない部分もあるし、自分がいいたいことがあれば、ちゃんと聞いているわけです。それでも聞いていない人もいますけど、後で（話の内容を）聞かれることもあるし。寝ちゃうということは、よっぽど緊張していないか、お疲れというか、どちらかだと思うんです。もしかしたら、日本は居眠り社会になってしまうかもしれませんね。国会でも寝ている人はいますよ。多分、面白くないのでしょう。それに自分に関係ないから。あまりに失礼ですよね。国の金をもらって寝ているというのは……。「ちゃんと聞きなさいよ！」と言いたくなります。テレビでも映っているしね（正潟宏平氏とのインタビュー、一九九五年二月十一日）。

正潟氏がいっているように、両者とも給料をもらいながら会議に出席しているにもかかわらず、彼らのうちの数人は故意に眠るのである。唯一の違いといえば、政治家の場合は人に見られているという点である。こうしてみると、居眠り代議士の放映の中止をＮＨＫに呼びかけたという関谷氏の反応は、非常に理解しやすい。一方、『週刊宝石』は国会での居眠りを記事にし、議員たちに写真に対するコメントを求めたが、これでは暗黙のルールを破ったことにになる。居眠りらしき行為が「眠り」としてはっきりと指摘されず、オープンに議論されない限りにおいては、居眠りは「仕事をしていない」こととは見なされないからだ。「居眠り」が「眠り」とされない限り、居眠りは認められるのである。また、目をつぶっているのは居眠りのサインであるのか黙想のサインであるのか、非常に微妙なところである。これを裏付けるように、小渕首相が一九九九年八月二十四日におこなわれた小中学生との対話集会での質問に対し、「カメラは寝ている人ばかり映しています。起きている人を撮ってくれないんです」と回答をしていた（テレビのニュースを観た志田和隆氏、一九九九年八月二十五日）。

次節では、「居眠り」が「眠り」と見なされない根拠を探っていくことにする。

「インフォーマルな活動」としての居眠りの概念

日本における眠りの文化に関する博士論文のための研究を進めるうちに、次第に「寝床での眠り」と「居眠り」には概念的な違いがあることに気づくようになった。「居眠り」は「眠り」であるとは限らないということが明らかになったのである。「居眠り」はむしろ理論的に概念化された、中間的な位置づけにある。「居眠り」の性格を正しく理解することは、公の場における「インフォーマルな活動」としてのその要素を分析するにあたって重要となってくる。

『公の場での振る舞い（*Behaviour in public places*）』の中でErving Goffman氏は、活動に関わっていくためには、人はある意味で「その状況の中で関与」し続けていかなければならない、としている［Goffman 1966 : 36-38］。「関与とは、与えたり、あるいは与えることを控えたりする個人の能力や、ある活動に没頭すること指す」（p.43）。Goffman氏は、支配的な関与と従属的な関与とを、以下のように区別している。

『関与』については、支配的なそれと従属的なそれとを区別する必要がある。支配的関与とは、個人に向けられた要求で、社会的状況がその個人に認知される準備をさせるといったものである。従属的関与とは、ある程度までは、そして関与する人物を支配する関与というものが、その人の注意力を必要としない期間は継続され得るものである［Goffman 1966 : 44］。

「眠り」は寝床でおこなわれた場合、支配的関与と見なされる。実際に眠っている、いないにかかわらず、ベッドや布団で横たわることは「眠り」であると考えられる。同様のことが夜中の眠りのみならず、昼寝についても当てはまる。これに対し、居眠りの場合の「眠り」は従属的関与となりうる。その際の支配的関与とは、その人が置かれた状況、例えば国会に出席していること自体を指す。このように、たとえ眠って過ごそうと、仕事場で費やす時間は仕事として評価される。西洋社会では、一般的に従属的関与としての眠りは受け入れられない。例えば、オーストリア議会議員は自分の席で睡魔に襲われるよりも、むしろ席を外してよその場所で休憩しようとする。もちろん眠ってしまう人もいるが、その場合にはそれは眠りが支配的関与として考えられるのであって、その人自身の仕事の遂行とは見なされない。日本では、「居眠り」は実際に「眠り」として、また「仕事を怠ること」とする見方があるにもかかわらず、一般的には積極的に参加していない間は無駄な時間なのであって、少しぐらい眠っても構わないのだという見方がある。形式の上では、国会出席の義務を果たさなければならないが、非公式にはいくつもの対処の仕方がある。筆者の知人の一人が言っていたように、「日本人にはオリンピック精神」があり、参加することに意義があると考えているのだ。また、日本では「内容」ではなく、「形から取る」傾向にある（松原明、一九九四年九月十六日）。

ここで、居眠りが公式な場所で許されるのかどうかを、眠りを従属的または支配的関与としてとらえながら考察したい。眠りが支配的関与になる、あるいは支配的関与として他人から見なされるようになるや否や、この眠りというものは社会では受け入れられなくなる。西洋社会で眠りは常に支配的関与である一方、日本では眠りが、少々条件が加えられるものの、「居眠り」として社会的に受け入れることのできる従属的関与となり得る。これはどういうことなのであろうか。ここで、少なくともふたつの包括的な問題を取り扱う必要がある。まず、この区別の特徴は何であるのか、そして次に、なぜ居眠りが日本社会で従属的関与として見なされることができるのか、ということである。

居眠りが認められる時とそうでない時との境界線は、それほど明確ではない。ある人が実際に眠っているのかどうかの判断の基準は幅広い。目をつぶることは、集中の証となり、話す人の論点に注意を傾けている証拠となり得る。すでに述べたとおり、しばしばこの種の言い訳をする人がいる。しかし、この言い訳が成り立つのは、積極的な参加が特に要求されない時に限る。しかもそこでは、眠りがその人のその状況への関わり方に影響を及ぼさないか、そこで積極的な貢献が望まれているのか、眠りが正当化されるかどうか、といった点が問題となる。この曖昧さといくつもの判断基準ゆえに、人は欲求と眠り癖に任せて眠ってしまうのである。

眠る人の姿というものも、重要なポイントである。見た目には体が公式な場に参加している間は、眠る人はその場に関与しているとされ、居眠りが認められる。これは姿勢や表情と同様、身だしなみや化粧、髪型の様子で判断されなければならない。眠っていても、じっとしていられる間は失礼とはならない。きちんと座って、口もひざも閉めていれば、単に目を閉じて集中しているだけだと見られ、眠っているのだとは思われない。また、これは眠りの他の表現、例えば鼾に関しても当てはまる。鼾の場合は、明らかに眠っているというしるしであり、その音は人をことごとく邪魔するので、受け入れられない。

居眠りの最中、人はその状況に適切な体勢のままでいる。居眠りしはじめる前に靴を脱いだり、パジャマに着替えたり、歯を磨いたりする国会議員はいない。同様に、ふとしばらく目覚めた時にも、顔を洗ったり、髭をそったり、あるいは化粧をしたり、髪をとかしたりはしない。その場の状況にすぐに意識を戻すために、単に目を開いて会議に再び参加するのである。居眠りし慣れた人は、事態が今どうなっているのかを即座に知り、目を開いた後速やかに積極的に参加できるように、目覚めた後にも数分間は目を閉じたままでいる。こうして、始終耳を傾けていたかのように振る舞うわけである。

夜の睡眠の場合、眠りの機能と目覚めの機能の移行段階というものがある。Barry Schwartz 氏は、「眠りの機能は、事実上の身体的または精神的な準備を必要とするすべての機能と同様に、急に作動させたり停止させたりすることはできない。この仮定は、個人が次第に適応させていくことのできる制度化された〝移行段階〟によって裏付けられなければならないのである」[Schwartz 1973 : 23]。それゆえに、朝晩は顔を洗ったり、服を着たり、髭をそったり、髪を整えたり、食べたり、その他諸々の方法で、それぞれの機能への適応がほとんど習慣化している [Steger 2001]。これは、保育園などでの昼寝の場合にも当てはまるが [Ben-Ari 1997 : 30-53]、居眠りの場合、実際には移行段階というものがない。居眠りをする人は、すぐに最初の状況に立ち返るのである。したがって、その意味で「居眠り」は「眠り」ではないのである。

居眠りをする人が、もとの社会的状況に適応しなければならないという事実は、居眠りには保証された権利が伴わないことを示唆している。従属的関与であった場合、眠りは主体となるべき状況が望まれるや否や中断されなければならない。これは、寝床での眠りと居眠りの違いを特徴づける点のひとつである。

もとの状況に戻ることは、誰かが居眠りをしている人に質問を投げかけ、積極的な貢献を求める時に、しばしば必要となってくる。問い掛けられた人は、意識にない質問に対して、眠っていた事実を認めずに対処しなければならない。しかし日本においては、とくに国会のような公式な場面では、こういった状況は特異な言葉とコミュニケーションで切り抜けられる。実際に何かを言わなくても、多くを語ることができるのである。それでいて、長々と丁寧な言葉を交した後にも、会話の相手はどうすべきかわかっているかのように見えることもある。ある元学生部長は、学生たちに関する問題が話し合われる会議中によく居眠りをしたものだ、と語っていた。学生部長として、彼はよく意見を求められて目覚めたが、それに対して彼は「なかなかね」といって場を濁した。他の参加者はウンウンと同調し、「そうですね、そうしましょう」と、問題は難なく解決されたというのである。同様に、発表が始まるや否や居眠りを始める学者たちの例もいくつかあるが、彼らは拍手の音で目覚め、いつも真っ先にお決まりの質問をし始めるのである。

居眠りを容認するかどうかは、居眠りをするその人の社会的役割によって左右される。国会中に居眠りをするのは、ほとんどが年配のベテラン議員であるということには理由があるのだ。つまり、居眠りの容認のされ方の違いは、社会的ヒエラルキーに表われているのである。居眠りをする年配の国会議員が名指しで質問されないのは、その場のムードが悪くなってしまうためだが、それは居眠りしていた人が恥をかくだけでなく、居眠りの現場を「摘発」した側も後味の悪い思いをするのである［Goffman 1966 : 40］。同様に、上司や偉い教授が居眠りをしていても、誰も起こそうとしない。以前、（退官直前の）大学教授の話を聞いたことがある。ある学生が卒論に関する相談をしに個人的にこの教授を訪ねたが、話し合いの最中に教授は居眠りを始めてしまったのである。すると、この学生は非常に困って、どうしたらよいのかわからなくなり、静かに腰掛けて教授がひとりでに起きるまで待っていた。後日、その学生は若い講師にこのことを話したが、この一件については公に問題にされることはなかった。先に引用した正潟氏は、インタビューでこの件についても意見を述べたが、そこには日本人の一般的な見解が表われている。

結局、学生はそのまま何もしなかった。先生に「どうしたんですか?」と言うと失礼で、黙ったみたいです。寝ちゃうということはよっぽど緊張していないか、疲れているかどちらかだと思うんでね。そういうのはめったにないんですけど。……授業中に寝ている学生は必ずいます。それは授業が面白くないか、疲れているのか分からないですけどね。寝ていることに関しては、あまり議論していません。しゃべっている人は周りの人に迷惑をかけますけど、寝ていることは結局自分だけの責任でしょう。寝ていることに関しては、とくに「起きなさい!」って言わないです。気持ちよく寝ているかもしれないし（正潟宏平氏とのインタビュー、一九九五年二月十一日）。

自分自身に責任を持つということは、学生が登校せずに家にいるのは自由だ、ということではない。登校しなければ、その見返り、つまり必要な「学」を得られないであろう。そこで、公には授業に出席する義務を果たさなければならないが、「居眠り」という方法でこの義務を放棄することができるのである。

「眠り」は、公の義務から解放されるための重要な手段である。しかし、眠っているという立場はあらゆる面において弱いものである。そして眠っている人もまた同様である。騒音や悪い気候条件、より高い目標を掲げ、それまで以上に働こうとする時に感じるプレッシャー、「完全」に対する不安や、帰属意識の欠落、その他の不安や悩みが不眠の原因となり、眠りを妨げる。したがって、どの社会でもその構成員の眠りを確保する戦略を練る必要がある。まず、安全な場所をつくる。家を建て、戸に鍵をかけ、番犬を飼う。家族との「共寝“co-sleeping”」という、住み慣れた環境の中で信頼のおける人々と共に眠ることは、内的不安を乗り越えるためによく利用される手段である。さらに、眠りを確保し、かつ定期的な義務を遂行するために、人々はある特定の活動のためにとっておいた時間を使うことで同意する。皆が同時に眠れば、お互いの眠りを妨げずにすむ上、お互い同時に元気に、活動的になることができる。このように、スケジュールを組むことでうまく眠り、また効率よく活動できる。しかしながら、これが当てはまるのは「眠り」が支配的関与である場合に限られる。従属的関与としての眠りは、多くの場合、確保されない。居眠りが確保されるのは、社会的に受け入れられたときなのである。

むすび

以上、国会議員を例に取り上げることで、仕事場における居眠りに対する日本人の受け止め方について考察してみた。居眠りは、「眠り」として特に指摘されず、また恥ずべき行為として問題にされない限り、容認されると述べた。「セレモニー」としての国会の機能の方が、そこで実際におこなわれる内容よりも重要であると考えられている。また、これと関連するが、仕事の遂行についても効率的におこなわれたという事実よりも、それに費やした時間と努力に判断基準が置かれる。したがって、国会議員は風邪であるにもかかわらず国会に出向き、出席していながら居眠りをするのである。

本稿では、「居眠り」を文字どおり解釈してみた。つまり、「居眠り」とは「眠ること以外が条件となっている状況の中で『居』ながらにして『眠る』」ことなのである。特定ではあるが曖昧な条件の下、かつ特定の状況の中で、日本では居眠りを従属的関与として文化的に容認している。人は、外見上はある状況の中からはみ出ずに行動をしなければならないのである。支配的関与が望まれる状況下において積極的な行動が要求されない限り、居眠りは見逃される傾向がある。じっとして、近くにいる人の邪魔をせずに公式な場において適切な姿勢を保つことができれば、居眠りは容認される。日本人の居眠りはとくに怠け癖の表れとはならないものの、これこそが——ここで理論から入った出発点に戻るが——、日常の義務の遂行から解放されることを保証する日本の公の組織が持つインフォーマルな構造上の特徴なのである。

参考文献

Ben-Ari, Eyal, *Body Project in Japanese Child Care : Culture, Organization and Emotions in a Preschool*, Curzon, 1997.
Eder, Mathias, *Geschichte der Japanischen Religion I : Die Alte Landesreligion, Folklore Studies Monograph* 7-1, 1978.
Foreign Press Center, *The Diet, Elections, and Political Parties*（= *About Japan Series 13*）, Foreign Press Center, 1995.
Goffman, Erwing, *Behavior in Public Places: Notes on the Social Organization of Gatherings*, New York: The Free Press, 1966.
橋本義彦『平安貴族』、平凡社、一九八六年。
Hendry, Joy, *Marriage in Changing Japan*, Tuttle, 1981.

飯田道夫『日待・月待・庚申待』、人文書院、一九九四年。
Iwai, Tomoaki, "Madonna Boom: Women in the Japanese Diet", *Journal of Japanese Studies* 19-1, 1993, pp.103-120.
井上昌次郎『昼寝のすすめ――短時間睡眠の不思議』、家の光協会、一九九六年。
Kishimoto, Kōichi, *Politics in Modern Japan : Development and Organization,* Japan Echo, 1982.
Kohn, Livia, "Koshin : A Taoist Cult in Japan Part I : Contemporary Practices," *Japanese Religions* 18-2, 1993, pp.113-139.
Linhart, Sepp, "From Industrial to Postindustrial Society: Changes in Japanese Leisure-related Values and Behaviour," *Journal of Japanese Studies,* 14-2, 1988, pp.271-307.
NHK放送文化協会『一九九五年 国民生活時間調査報告書』、NHK放送文化研究所、一九九六年。
Schwartz, Barry, "Notes on the Sociology of Sleep" Arnold Birenbaum and Edward Sangrin（eds.）, *People in Places : The Sociology of the Familiar,* Nelson, 1973, pp.18-34.
ブリギッテ・シテーガ「古代日本人はいつ寝ていたか」 セップ・リンハルト、井上章一編『日本人の労働と遊び――歴史と現状』、日文研叢書一六、一九九八年、一三～三三頁。
『週刊宝石』二月一三日号、「怒りの追求シリーズ第一弾――日本をダメにする政&官の大罪」、一九九七年、三二～三五頁。
『週刊宝石』三月一三日号、「怒りの追求シリーズ第五弾――日本をダメにする政&官の大罪」、一九七七年、三四～三六頁。
『週刊宝石』五月一日号、「怒りの追求シリーズ第一二弾――日本をダメにする政&官の大罪」、一九九七年、一八六～一八七頁。
Steger, Brigitte,（Keine）*Zeit zum Schlafen: Eine Japanologisch-Sozialwissenschaftliche Studie,* Doctoral dissertation, Univ. of Vienna, 2001.
鳥居鎮夫『居眠り一分で元気一時間――デスクでうたた寝できるサラリーマンほど仕事ができる』、ごま書房、一九九五年。

（山本泰子・岡美穂子訳）

第五章　日本の高等教育における情報テクノロジー革命

——その社会的背景にある〝公式〟と〝非公式〟[1]

ジェーン・バクニック

世界中のほとんどの人にとって、日本と言えば事実上「ハイテク」を意味するもののようである。最初こそ出遅れたものの、今日の日本は産業や教育の現場でこのテクノロジーを急速に整備しつつあると言える。ネットワーク・ウィザーズ調査（一九九八年四月<http://www.isc.org/>これは書籍ではなく、オンライン調査である）によると、日本は世界につながるインターネット・ホストの数において第二位である。文部省は最近になって、すべての学校（小中高大を問わず）がインターネット接続を完了する期限を繰り上げ、二〇〇一年までとした。[2]しかし、設備機器（ハードウェア）の設置数だけでは物事の一側面しか見えてこない。はたして多様な教育現場で、教師たちがどの程度広範かつ効果的にＩＴを利用しているのだろうか。高等教育機関においてＩＴはどのくらいの水準で維持されているのか。日本の高等教育において学生やスタッフのためにコンピュータやＩＴのリテラシー技能がどのくらい十分に開発されているのか。

言うまでもなく、ＩＴを効果的に利用するためにはただ単に学校や教室にコンピュータを設置するだけでは不十分である。[3]情報テクノロジーと、それが導入される社会・文化的なコンテキストとの関係は、非常に重要な問題であるが［Beynan and Mackay 1993; Thrift 1996; Layton 1993］、それについての調査研究は、日本ではようやく端緒についたばかりである［Holmes 1998］。

こうした問題に私自身が直面したのは、一九九七年から九八年のことである。その時期、私は五年間働いていた日本のマルチメディア教育機関を離れ、六カ月ほどアメリカの州立大学においてインターネット・ソフトウェアの開発プロジェクトを推進していた。このアメリカ滞在で私は、アメリカの教育機関と私が所属する日本の教育機関とでは、専門的サービスの組織にかなりの相違があることを痛感させられた。自ら調査を進めるうちに、こうした問題が単に制度上の特色といったものではなく、もっと根本的な組織編成の問題にからむものであることがわかってきた。それどころか、むしろ、戦後初期の日本を「奇跡の復興」へ導いたと目されていた組織編成の諸特徴のいくつかが、今ではかえって情報テクノロジーへの順応を妨げる障害を生み出しているようだったのである。

そうした諸特徴のひとつで、私がいま照準を合わせようとしているものは、永続的雇用システムすなわち「終身雇用」である。以下、まずは終身雇用と個人的技能の問題とを簡潔に関連づけ、さらに「フォーマル（公式的）」と「インフォーマル（非公式的）」という組織面での区別と終身雇用との関連も見ていく。その上で、終身雇用が日本の高等教育における「情報革命」にどのように作用しているかを探った私の調査の結果を検討する。最後に、この調査が含み持つ実践的かつ理論的な意味について論じておきたい。

終身雇用――「場」対「資格」の関連

終身雇用制の存在とその性質をめぐってはこれまでも延々と論議されてきているが、Tackney［n.d.：9］によれば「終身雇用制は『神話』(4)であるとする見方がいまや報告書や論文において大勢を占めている」という［例：Aoki 1988; Koike 1987, 1988］。しかし、そうした論争は実のところ、終身雇用の定義いかんによってどうとでもなるものなのである。本論文で論じてみたい終身雇用の問題は、われわれを、雇用期間の長さばかりをあれこれ考える方向にではなく、「場」対「資格」という中根千枝の議論の方へ、さらにそこから「公式」対「非公式」という組織編成の違いをめぐる議論へと導いていく。

『日本社会（訳注：『タテ社会の人間関係』の英語版題名）』の中で中根は次のように明記している。「場」とは「一定の地域とか、所属機関などのように、資格の相違をとわず、一定の枠によって、一定の個人が集団を構成している場合をさす」[1967 : 27] と。彼女はさらに「日本人には普遍的な資格よりも個別的な場における状況に応じた立場を強調するという持ち前の傾向がある。（中略）日本人は職種よりも所属機関を優先したがる。『私は文書整理係です』よりも、『私はS会社の者です』の方がありがちな言い方なのである」[Nakane 1970 : 2-3]。

「私はS会社の者です」	「私は文書整理係です」
場	資格
集団（ウチ）	個人
個別的	普遍的

ここで問題になるのは、従業員が自己確認をおこなうときに、個人の資格（もしくは技能）よりも、制度的な所属によっておこなわれているという点である。組織の内部においては、個々の従業員は、個人ごとに明確に定められた職務内容規定によって一体感を持たされるよりも、一連の職務上の組織単位の内部に一体感を持たされる。その結果、中根にならって「場」を用いるならば、従業員は会社の場内に、そしてまた一連の組織単位の場内において規定されるのである。

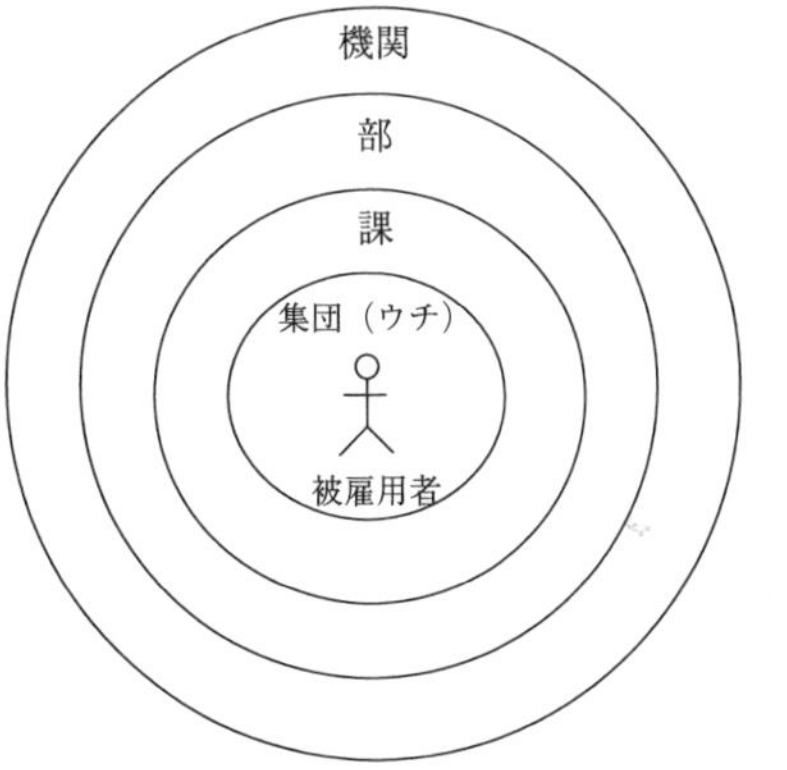

図１：被雇用者の組織における所属

このように雇用が「場」と結びついていることから、以下のようないくつかの論点が導き出される。

（1）日本の雇用現場では、事実上すべての仕事のカテゴリー分類において、資格よりも場による区分けが用いられている。教育の現場における終身雇用に関わるカテゴリーとしては、「専任教員」と「事務職員」がある。また、それと並んで「パート職員」や「アルバイト」といったカテゴリーもあるが、皮肉なことに、後者のカテゴリーもまた、資格や技能といった面よりも、場との関係によって規定されている。「パート」と「アルバイト」は「制限つきの」雇用関係として「常勤」と並置されており、実際に「場外」の関係として規定されている。

(2) それゆえ日本では、資格や個人的技能といったものは、主要な雇用カテゴリーのどれにおいても、雇用の根拠になっていないと言うことができよう。むしろ、雇用カテゴリーの方が、雇用者の「場」との関係を条件として指定してくるのである。このことは例えば履歴書の構成によく表れている。履歴書の主眼は、個人の主たる組織における所属の履歴一覧表にある。それはたいてい二つの主要なカテゴリー、すなわち「学歴」と「職歴」からなっている。英語や専門的能力といった個人の技能は、明記されるよりも推論されるものである(例えば、英語学校に通っていたとか、コンピュータ関連のアルバイトをしていたとか)。履歴書の主眼は、個人がどういった制度的な傘(もしくは「場」)の下にいたのか、そしてそれぞれの傘の下にいつ入り、いつ出たのかを列挙することにある。場と場の間に空白があることは望ましくないとされている。そのため、履歴書は個人の経歴を記述するにあたって、その個人が属したことのある一続きの制度的な場を全経歴にわたって列挙する形をとるのである。個人の能力は、それ自体としては記載されない。

(3) こうした個人と場との関係は、教育システムに相当な影響を及ぼしている。永続的雇用への経路は、技能よりも場に——制度上の所属に——かかっている。そして、この就職制度は大学の入試制度と手に手を携えている。McVeigh [1998] の指摘するところによれば、人は雇用を確保するために高等教育機関に通いはするが、それは大学で専門知識や専門技術を修得するためにではない。むしろ大学で得られるものは制度的な所属であり、しかもそれこそが雇用の獲得を左右するものなのである。就職採用に対するこうした見方は、初中等段階の教育制度にも影響を与える。なぜなら、教育の主たる焦点が生徒に市場性の高い技能を授けることには向けられず、エリート大学の入試に合格するための受験勉強に向けられているからである。ＩＴ技能を身につけるためには、生徒は特別な専門学校に行かなければならない。大学生でさえ徐々に、大学と専門学校の両方に通う「ダブルスクール」をするようになってきている。

（4）日本的雇用における資格と場との関係を考える上で重要な、雇用のもうひとつの側面がある。中根は、被雇用者と職場との間の関係を表現するために「丸抱え」という言葉を用いた。「雇用側は、一人の人間の労働そのものだけを雇用するのではなく、丸抱えという表現にもあるように、実際はその人の全体を雇用するのである」[1970：15]。異動制度は、この関係の実例のひとつである。この制度の下では、個々人は退職するまで部局間や異なる職場間を二、三年間隔で異動させられる。仕事の内容は部局ごとに変わる可能性があるし、実際変わるものである。これはつまり、経歴が技能に基づいて規定されているというよりも、被雇用者が定期的に「場」の間を異動させられているということを意味する。人は新たな異動の先々で必要な技能を身につけることを求められ、しかもたいていの場合、仕事をしながらそれを身につけていくのである[Shire and Ota 1998; Shire 1998]。日本人が「資格」よりも「場」に重きを置いており、しかもそれは雇用の問題を越えたところにまで及んでいることは明らかである。情報テクノロジーがこのシステムにつきつける挑戦は、技能の面における要求の圧倒的な増大である。この技能面での要求は、「資格」に「場」をしのぐ特権を与える。日本の職場とて資格を認めていないわけではない。しかし、それはふつう背景であり、前景はあくまで「場」の方なのである。換言すれば、日本の雇用制度において資格はほぼ完全に非公式的に規定されているのである。しかし、資格が非公式的な地位にあることは問題を生む。というのも、ＩＴ技能を修得するためのトレーニングの必要があまりに増大してきた結果、非公式的にしか規定されない状況下ではこの種のトレーニングを十分に提供することが難しくなっているからである。技能の高度化はまた、異動制度ともぶつかり合う。なぜならＩＴトレーニングには非常に時間がかかりまた専門分化も進んでいるので、被雇用者がようやくサーバの維持管理方法を修得したり、衛星通信システムの操作方法を覚えた後になってその人間を別の部局に異動することは、対費用効果については言うまでもなく、出来ない相談となる。その結果、異動制度は、スタッフ（あるいは事務職員）たちがこうした種類の技能を教育の領域で身につけることを事実上、阻害することになる。

公式的・非公式的という区別――「場」対「資格」の関連

私は以下、資格と場とを、公式的と非公式的という区別との関係において見ていこうと思う。場は「非公式的」な領域に分類される。というのも、中根は「場」を、個別性や状況性に関連させているからである（前述した「個別的な場における状況に応じた立場」といった言い方で）。言い換えれば、「S会社」は個別具体的なひとつの会社にすぎない。中根はまた「場」を、「私の」あるいは「われわれの」会社という意味での「ウチ」に結びつける［1970：3］。逆に、資格の方は普遍的に承認されているカテゴリー、例えば「教授」「文書整理係」「学生」あるいは「地主／賃借人」といったカテゴリーに準じて規定されていると中根は述べている。

組織の「公式的なシステム」には、その組織の構成図や、組織レベルごとの職務内容規定、明文化された規則や方針といったものが含まれる。「非公式的なシステム」には、組織内での従業員のアイデンティティを規定する社会関係や、その組織が実際に仕事をするときのやり方といったものが含まれる。以下のリストは、今回の議論に必要な、「公式的」と「非公式的」とに関連づけられる組織の諸特徴のいくつかである。

公式的な組織	非公式的な組織
場	場
組織構造	組織の実際
社会中心的	個人中心的
職務内容規定	人間関係、ネットワーク
時間を超越して	時間と空間の中に位置する
規則	政治と操作
方針	人間関係の諸要因

われわれはようやく、中根の論じた「資格」と「場」をいかにして公式的／非公式的な社会的組織の諸カテゴリー

と関連づけられるかという点について、問いを立てることができる。「場」が公式的な組織に結びついていることは間違いない。制度的な集団構成と「場」とは、Moeran〔1999〕が指摘するように、合致することが多いからである。しかし、「場」はまた非公式的でもある。個別な集団は「場」によって自己認識するからである。個人は集団の中に組み込まれているが、その集団は非公式的、個別的、境界確定的な側面を持っているのである。「資格」もまた公式的な面と、非公式的な面との両面に結びつけることが可能である。

ここで意味しているのは、中根の論じる資格と場をそのまま「公式的」な諸特徴と「非公式的」な諸特徴とに変換することはできないということである。なぜなら、それらの諸特徴は彼女のカテゴリーを横断しているからである。これは重要な論点なので、あとで再び論じ直すことにしよう。以下では、情報テクノロジーと永続的雇用の問題にいま一度もどることにする。

情報テクノロジーと終身雇用

これまで見てきたように、日本におけるIT問題の最重要点は次のようなものである。すなわち、情報テクノロジーは、「場」もしくは制度的な所属を優先させるような雇用制度よりも、「資格」もしくは個々人が身につけた技能に力点を置く雇用制度の方に、よく「適合」する。しかし、既述のように、日本の教育機関で働く人々は、その持てる専門的技能を主たる基準にして雇われてはいない。[5] そして、このことは企業の職場においても然りなのである。そのうえ、ITテクノロジーを設置したり、教えたり、保守したりすることを主たる業務とする職に人を雇い入れることもほとんどない。しかし、もしそうだとすれば、いったい誰がITの仕事をするのだろうか。LANネットワークの設置や保守は誰がするのだろうか。大学のウェッブ・サイトのために誰がウェッブ・マスターをやるのだろうか。誰がハードウェアやソフトウェアの面倒を見るのか。そういったものを使っている最中に問題が生じたら誰が解決に乗り出すのか。世界共通の専門的なリテラシーを獲得するのに必要なIT技能を誰が教えるのか。

こうした問いに答えるため、私は以下のような方法をとろうと思う。

(1)日本とアメリカの教育機関においてITサービスがどのように組織化されているかをわかりやすく示すために、サンプルとなる事例をあげる。

(2)日本のIT組織が実際にどのように働いているかを、その非公式的な組織に焦点を当てながら論じる。

(3)そうした議論の実践的な帰結と理論的な帰結の双方を導き出す。

教育機関における情報テクノロジーの組織

事例1　中位レベルの日本の国立大学

公式的な組織：この日本の大学におけるITサービスは、公式的には二段階編成で組織されている。四年前まで、すべてのテクニカル・サービスは教員の「ボランティア」によって支えられていた。しかし、大学が電子メール・システムを導入し、そこに全学生を組み入れたとき、テクニカル・サービスは「ボランティア」の手に余るものとなった。その時点で、総合情報処理センター（Information Processing Center, 略してIPC）が設置された。このセンターを構成するスタッフは、ディレクター（工学部から選出）一名、助教授（工学部から選出）一名、事務二名、パート三名、学生アルバイトである。

総合情報処理センターは、二層になっている大学委員会からの監督を受ける。

(1) 情報管理委員会　六つの学部それぞれからの複数の学科主任（講座長）が委員をつとめる。

(2) 情報運営委員会　各学部ごとに一人選ばれる代表とIPCの二人の教員メンバーが委員をつとめる。実際には、この情報運営委員会しか実質的に機能しておらず、テクニカル・サービスに関する全学レベルの計画や年間予算などを立案作成するといった仕事をおこなっている。

IPCの職務は、全学レベルのすべてのテクニカル・サービスを遂行することにある。そのサービスには、ネット

図2　日本の大学におけるテクニカル・サポート・サービス

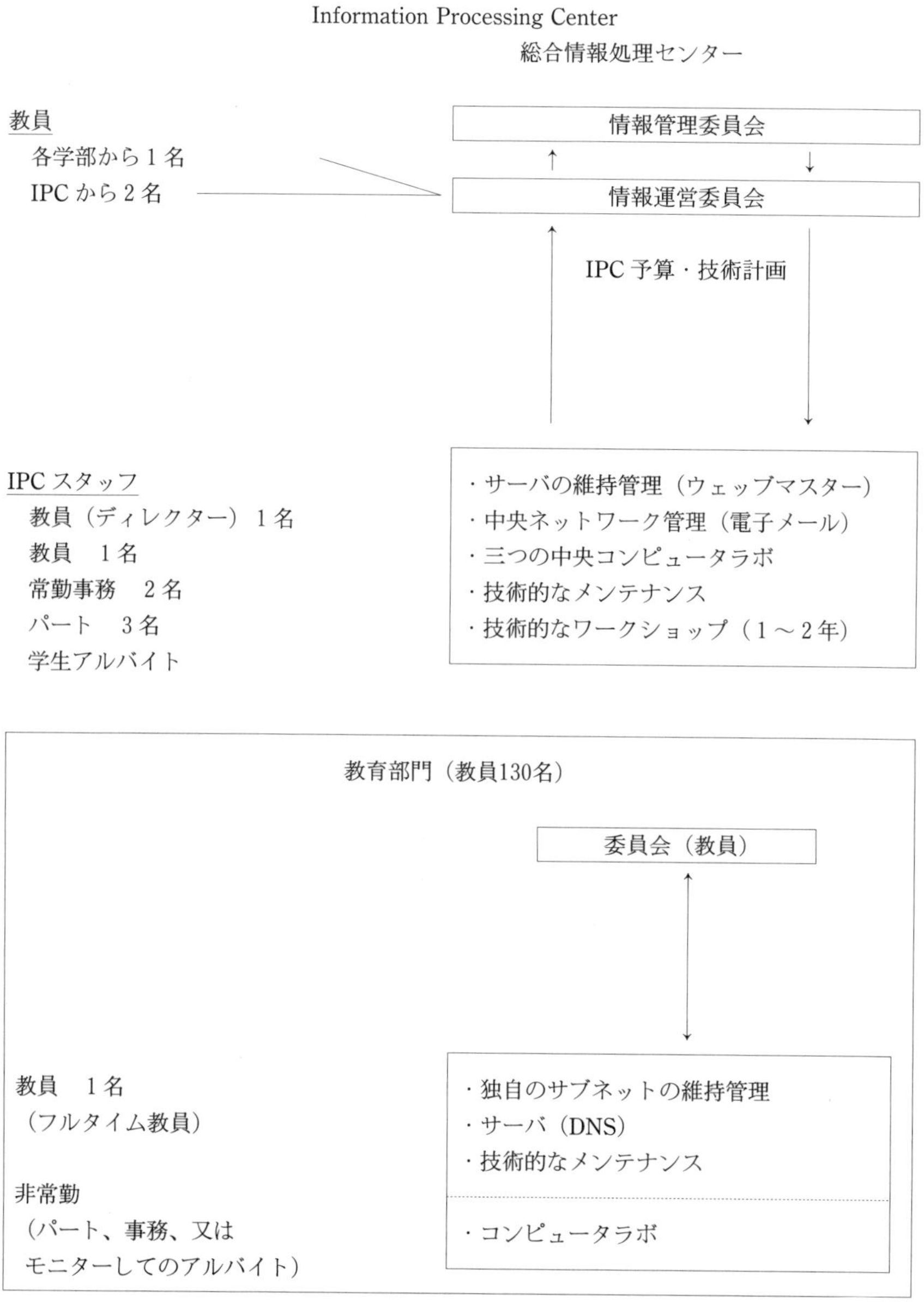
Information Processing Center
総合情報処理センター
教員
各学部から1名
IPCから2名
情報管理委員会
情報運営委員会
IPC予算・技術計画
IPCスタッフ
教員（ディレクター）1名
教員　1名
常勤事務　2名
パート　3名
学生アルバイト
・サーバの維持管理（ウェッブマスター）
・中央ネットワーク管理（電子メール）
・三つの中央コンピュータラボ
・技術的なメンテナンス
・技術的なワークショップ（1～2年）
教育部門（教員130名）
委員会（教員）
教員　1名
（フルタイム教員）
非常勤
（パート、事務、又は
モニターしてのアルバイト）
・独自のサブネットの維持管理
・サーバ（DNS）
・技術的なメンテナンス
・コンピュータラボ

ワークやウェッブ・サーバの管理運営、ウェッブ・マスターとしての役割、すべての設備の保守、各五十台のコンピュータが設置された三つの中央電算機室の保守と人員配置といった仕事が含まれる。IPCはまた、興味のある者なら誰でも参加できるFDのテクニカル・ワークショップを年に一、二回開催する。

二段階編成の第二段階レベルにあたるのは、六つの学部である。各学部はそれぞれのテクニカル・サービスを維持したり人員を配置したりする責任がある。そのため、テクニカル・サービスのレベルは、各学部ごとにかなり違っている。各学部は、最低限でも、各自のサブネットとDNSサーバを保守し、テクニカル・メンテナンスをおこない、各自の電算機室を管理しなければならない。

学部レベルのテクニカル・サービスの一例として、教育学部の場合を見てみよう。教育学部には百三十人の教員がいる。（第2図参照）この学部では、たった一人の助教授クラスの教員がすべてのテクニカル・サービスを一身に引き受けていた。ネットワークやサーバの維持管理も、設備全体の保守も、学部電算機室の人員配置もである。この教員は、ネットワークやサーバや設備の保守に彼の時間の五〇パーセントが、また電算機室の人員配置にもう三〇パーセントが費やされる計算になると言っていた。別に授業コマ数を減らしてもらえたわけではなかったため、通常の授業や諸業務のほかに、八〇パーセントもの仕事負担（それも「ボランティア」活動として）が追加されていたことになる。その後やっとのことで、電算機室だけは彼の「ボランティア」活動から切り離すことを得たが、その結果、電算機室は管理者を失い、その設備が破損したり盗難にあわないようにするためのごく普通の警備監視しか受けない状態に置かれることになった。(6)

事例2　アメリカの州立大学

公式的な組織：このアメリカの大学におけるITサービスは、三段階編成の組織によって展開されている。まず簡略に説明すると、全学レベルにおいては、UTS（University Technical Services）がある。UTSは二つのウェッブ・サーバとすべての電子メール・サービスを維持管理するとともに、大きなメイン・フレームを保守したり、大学

図３　アメリカ中西部の州立大学におけるテクニカル・サポート・サービス

UTS——大学技術サービス

スタッフ

常勤職員 250-300名

1）教育支援技術サポート
・四つのメディアセンター（教員が教材を統合的に活用するための助力・助言）
・コンピュータとインターネットに関する相談サービス（教員、職員、学生対象）
・ウェッブページ・デザインに関する助力、助言
・マルチメディア相談
・ヘルプ・ライン（毎日15時間）と訪問サービス
・統計及びメインフレームのサービスと相談
・インターネットを利用したビデオ会議の相談
2）技術サービスとサポート
・全キャンパスのインターネット接続（電子メール）登録の維持管理
・ネットワーク基盤の開発：インターネット２、Abilene
・全学二つのウェッブサーバの維持管理
・公式なコンピュータサイトの維持管理（コンピュータラボがキャンパスに点在）
・教育関係者が安価なソフトウェアを手に入れられるサイトライセンスの提供
・HomeNet，OfficeNet，ResNetの維持管理（キャンパス外からのネットワーク接続のため）

HIS——人文学部情報サービス

スタッフ
常勤職員　７名
学部学生　８名
大学院生　２名

教員350名、職員80名（18学部中）＆１学期あたり学生20，000人

1）技術サービスとサポート
・八つの建物内の七つのサーバによるNovel LAN、生産性ネットワークの維持管理
・インフラの維持管理——ワイヤリング、ハブ、キャンパスネットワークへの接続
・使用者のハードウェア整備（教員350名、職員80名）
・電話または訪問による技術サポート提供
2）教育支援技術サポート
・ウェッブ、テストウェッブ、リアルオーディオ・ビデオ、ネットスケープカレンダーサーバの整備
・大学のウェッブサービスの運営（各学部ごとにウェッブマスターを置く）
・高性能なマルチメディア、ウェッブ制作設備の提供
・教授工学プロジェクトの教員と共同
・ハイパーメディアラボへ向けて外国語センターとの協力

Foreign Language Center（Dept. Level）
外国語センター　（学部レベル）

スタッフ
常勤職員　１名
大学院生　４名

教育支援技術サポート
・メディア開発センター（HIS＝人文学部情報サービスと共同）
・自己学習センター（CD－ROMを利用した外国語学習）
・外国語オンライン出版

にいる人々が安いソフトウェアを手に入れられるためにサイト・ライセンスを購入したりする。UTSはまた、キャンパス中に数多くある常駐職員のいるPC電算機室を統括管理し、さらに一日十八時間のヘルプ・ラインを運営している。[7]

こうしたサービスを維持するために、UTSは三百人のフルタイム職員と百二十人のパート職員を雇用している。パートのスタッフは学生からなる。そのうち大学生は八十人、大学院生は四十人である。ここの雇用条件は「場」ベースであるよりむしろ「資格」である。資格のある者はどの学科からでも採用され得るし、大学内のどのITサービスにおいても仕事に就ける。換言すれば、雇用される者が自分の所属学部に縛られることのないシステムなのである。

第二段階レベルにあたるのは、学部やプロフェッショナル・スクールである。今回の事例においては、人文学部に設置されたHIS (humanities information services) について見ていこう。七人のフルタイムと十人のパート学生からなる専門スタッフがHISのテクニカル・サービスを支えている。それには、HISのウェッブ・サーバ管理(一人のフルタイム職員がウェッブ・マスターを務める)、すべての教職員が結ばれているイントラネット・サービスが含まれる。またHISは、ハードウェア・サービスやオンラインでのソフトウェア・サービスのほか、広範囲なトラブル・シューティング・サービス——ハード/ソフトの両面にわたる出張トラブル・シューティング・サービス、電話によるヘルプ・サービス、オンライン上でのトラブル・シューティング・サービスなど——もこなしている。

この大学の場合、第三段階レベルには外国語センター (Foreign Language Center) がある。これは同じ建物に入っている一群の学科のための包括組織である。外国語センターの主たる役割は、たいていは規模の小さい各言語学科の教員や大学院生にメディア・サービスとテクニカル・サービスを提供することにある。外国語センターは、教育デザインの専門家を一人、常勤で雇うほか、グラフィックが専門の大学院生を四、五人雇い入れている。FLCはHISと協力して、メディア開発センターを開設するための資金を大学事務長のオフィスに申し込み、その承諾をとりつけた。このセンターの役割は、メディア教材の制作やメディアを活用した教員の研究や教授法を支援することにある。HISはこのメディアセンターに専従のスタッフを一人雇用するための資金を拠出している。

ＦＬＣはまたマック電算機室も運営しており、そこではフルタイム一人と数人のパートタイム（学生）がスタッフとして働いている。その常勤スタッフ（この人もＨＩＳによって雇用されている）は、定期的に繰り返し開講される技能講座を担当している。それは短期間で終了する実践志向のワークショップで、いくつものレベルに分かれている（例えばＨＴＭＬの第3レベルとか）。それらは頻繁に催され、教員や大学院生はどのレベルであろうと受講（あるいは再受講）することができた。

ＨＩＳはまた、教員なら申請できるＩＴ関係のプロジェクトに対しての資金援助もおこなっていた。そして、多くの人が講座関連の教育プロジェクトを立ち上げるためにその制度を用いていた。例えば、ある教員が、自らの講義の一部に組み込めるような一つのウェッブ・サイトを一つ作成したいと思ったとき、その作業を手伝うティーチング・アシスタントを一人獲得するための資金提供までも、プロジェクトの一部に含めることができた。あるいはまた、ある教員が語学教育のためのＣＤ-ＲＯＭを作成したいと思ったとき、それを手伝えるようなソフト制作の訓練を受けた大学院生を雇うための資金提供も受けられたのである。

比較のポイント

以下では、これまで論じてきた二つの大学におけるＩＴサービスの制度的な相違のいくつかについて、コメントしていきたい。おそらく最も顕著な相違は、アメリカの大学ではＩＴサービスが三つのどのレベルにおいてもフルタイムの専門家がスタッフとして働いているという点であろう。そうしたスタッフはみな専門技術者であり、持てる技能を買われて能力給で雇われている。定職にある者は絶えず評価の対象とされる。そうした専門的な働き口は数多く存在するので、彼らはかなり頻繁に転職する傾向にあり、産業界に引き抜かれることもしばしばである。常勤のスタッフたちは、相当数の学生たち（学部学生と大学院生の両方）に仕事を手伝ってもらっているが、それは専門技能を持つ者ならば誰でもそうした職場で働けるからである。多くの学生たちが大学院在籍中、こうして週に二十時間ほど働い

図４：総合情報処理センター――その実態

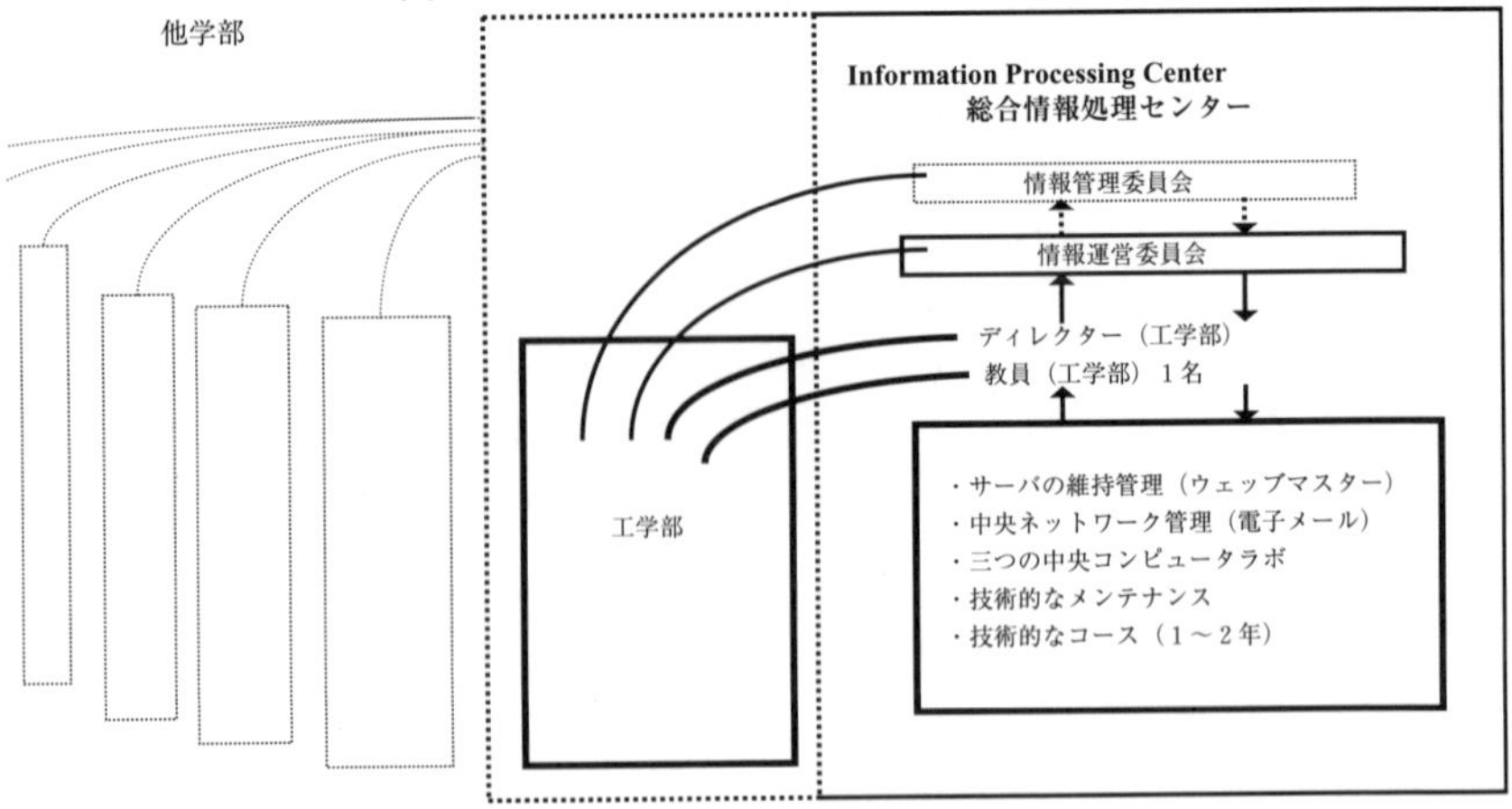

て生活費を稼いでいる。このアメリカの大学は、ＩＴ組織のこういった諸側面において非常に典型的だと言える。

対照的に、日本の大学では、教員がＩＴの運用、サービス、教育、保守管理の大部分をおこなう。公式的な組織（ＩＰＣ）は作られているが、この組織は職業的な専門技術者をスタッフに加えていない。むしろ、教員が中核的なスタッフとなっている。それどころか、そうした専門技術者を雇い入れるポストが用意されていないのである。二人の常勤の事務官はフルタイムだが、ＩＰＣが何らかの方策を見いだせなければ彼らはいずれ異動してしまう。パートや学生の助っ人は、たいてい技能が低く、給料も安く、間に合わせ程度である。日本のテクニカル・サービスの特徴は、それを維持するための負担がほぼ百パーセント教員によって担われている点にある。先の教育学部の孤独な教員の状況は、極端ではあるが、珍しいものではない。

ここで教員主導の日本的システムの帰結するところをいくつか見ておこう。図２に描かれたような日本的な組織は、実際のところ、図解されている通りに機能することがない。センターの教員はどちらも工学部に由来する職にあるのであって、それゆえその学部は彼らが自分たちの配下にいると感じている。「資格」に対する「場」の優位がここでも見られるのである。ＩＰＣの実際的状況を描いたものが図４である。現実に起こっていることは、ＩＰＣの職に新たに就任した教員が、ＩＰＣのディレクターとして振る舞いながら、同時にそれと同じくらい、まるで工学部の内側にいる人のように振る舞い続けるという状況である。その結果、IPCの組織全体があたかも工学部の内部に埋め込まれているかのように機能することになり、IPCは工学部の隠れた系列機関（もしくは領土）として運営管理される。大学全体の役に立つ組織というよりも、IPCは実際には、何よりもまず工学部のために役に立つ組織として機能している。(8) これは重大な帰結をもたらす決定的な問題点である。

要するに、日本の大学のITサービスはどのレベルにおいても人間関係に基づいて機能する傾向があるのである。こうしたテクニカル・サービスの特長によって、サーバとネットワークは、先の例で図解したように私的な領土になりはてかねない。それはつまり、ITサービスが個別化され、組織の全成員のためにというよりも、ただひとつの組織単位（先の例で言えば工学部）のために機能するということである。こういった領土内運用は不透明なものになりがちで、情報は固くガードされてしまう。例えば電子メールのパスワードを取得する行為は、個人的な頼みを聞いてもらう行為になってしまうのである（むろん、そうした頼みは保留しておくこともできる。なぜならそれは個人的なものと見なされているのだから）。テクニカルな援助というものはどのようなものであれ、それを職務にしている人が遂行する業務ではなく、同僚から授けてもらう「好意」といったものになっているのである。いやそればかりか、そういったシステムは、組織全体にITリテラシーを行き渡らせるための足掛かりとして横断的に機能するというよりも、むしろITサポートの諸資源（能力も含む）を自領土内に留めおくタテ割り式の傾向（分権主義的に内側に向かう動き）が見られる。

対照的に、アメリカの大学では、組織ピラミッドの頂点にあるものは、より低い（学部）レベルにあるものにITサービスを提供するための足掛かりとして実際に機能していた。HISは、外国語センターがメディア開発室の設立資金を得ようとしたとき、その手助けをしたし、その後もそこにスタッフを配置するといった援助をおこなっていた。さらに、ITサービスは不透明でもなかった。例えば、各電算機室やセンターあるいはウェッブ上に、サービスに関するガイドラインがはっきりと掲示されていた。サービスの水準は人によって幾分かは異なっていたかもしれないが、HISサービスの呼び出し番号は教員の誰もが知っていたし、大学関係者のほぼ全員がハードウェアやソフトウェアの問題に対するトラブル・シューティング・サービスを利用していた。また教育や研究にメディアを組み込むために必要な助力を、大学院生サービスに求めることも幅広くおこなわれていた。システムの透明性を示す一例を挙げれば、ごく普通の教員ですら大学の三段階からなるテクニカル・サービスの概略を私に教えることができたのである。日本の大学では、ふだんからＩＴサービスを提供している一部の人々にしか、その組織について私に説明することができなかった。

ＩＴサービスの提供

これまで二つの事例を通して「資格／場」関係における基本的な相違を素描してきたが、以下ではその相違がＩＴサービスの提供にもたらすさらなる帰結について論じてみたい。日本の教員とＩＴサポート・サービスとの関係がいかなるものかを私が痛切に思い知ったのは、東京大学のウェッブ・サイト上で私があるウェッブ・ページを偶然に見つけたときであった。そのページは UTnet と呼ばれる大学ネットワークについての説明をしているのだが、そこには英語で次のような文言が掲げられていた。(9)

"Ask not what Utnet can do for you.
But ask what you can do for Utnet."

情報サービスを取り巻く様々な矛盾を指摘してきたが、この John F. Kennedy の大統領就任演説の意味の取り違えはその一例と言える。この文言から明らかなように、UTnet における「サービス」とは、UTnet からサービスを受け取るというよりも、UTnet のための「ボランティア」になることを意味するものとなっている。アメリカの大学では、教員はサービスの受け手ではあったが、提供者ではなかった。

ここに矛盾が生じる。ＩＴサービスの提供者と受け手が一人の同じ人間であるなどということは、いったいどうやったら可能なのだろうか。他にもまだいくつかの問題を問うことができよう。第一に、ＩＴの提供がこういったシステムでなされるならば、それによって誰が得をするのか。「ボランティア」のサービス提供者か。ＩＴリテラシーを持たない教員か。教員や学生たちのＩＴリテラシーを向上させるための善後策はどうなっているのか。以下、こうした疑問に対する答えを少し探ってみよう。

①　ＩＴサービス提供――「ボランティア」のサービス提供者たちの視点

サービスの水準：当然とも言うべきことだが、「ボランティア」はふだんの授業数をこなしながら、それとは別にＩＴ関係の仕事（教育や保守管理を含む）をおこなわなければならないので、そうしたサービスを遂行するために雇われた常勤の専門職員に比べれば、たいした量のサービスを提供できるわけがない。しかも、そこにはもうひとつの要因が絡んでいる。日本の教員は、事実上すべてのＩＴサービスを「ボランティア」すなわち無給の労働としておこなっているが、それは「寄付」された労働であるため、評価の対象にはなり得ない。実際のところ、「ボランティア」は自分たちの仕事をしっかり成し遂げようという熱意をほとんど持っていない。なぜなら、そんなことをすればもっと多くの「ボランティア」仕事が自分たちに降りかかってくるだけだからだ。また彼らには、新しいテクノロジーが大学内で広く利用されるようになればよいという動機づけもほとんどない。というのも、そうなれば自分たちの負担が増えるだけだからだ。それゆえ、事例で挙げたアメリカの大学において、日本の大学よりずっと多くのＩＴサービスが利用できたとしても、それは驚くに当たらない。それどころか、アメリカの大学では、フルタイムの専門職員は（またパートタイムの大学院生すらも）自分たちの仕事に対する業務能力評価を定期的に受けなければならない。

サービスの質：日本の高等教育機関におけるサービスの質は、以下のような点において欠陥を抱えている。

・ネットワークとサーバは、その保守管理が行き届いていないことがある。ネットワークはたびたびダウンし、サーバは遅いことが多い。誰もが設備のテクニカル・サポートに対して無責任になりがちなため、ＩＴ設備はしばしば故障し、重要なパーツが紛失することもある。そのうえ、ボランティアの見地からすれば、これは本当に報われない状況である。経済的な見返りがないばかりか、象徴的な見返りもない。このサービスは昇進に結びつくわけでもなく、授業コマ数を減らしてもらえるわけでもなく、給料が増額されるわけでもない。さらに悪いことに、ボランティアをしていない連中は、ボランティアが扱えるものよりはるかに充実したシステムをほしがるのである。専門的な能力を持つ人々の多くは、自分たちが「ボランティア」をすることから逃れられないと訴える。

・日本の大学には少数のテクニカル・スタッフしかいないので、彼らは複雑さを増し続ける設備に対して非常に幅広いサービスをおこなう万能選手《ジェネラリスト》として活躍しなければならない。そのうえ、誰かしら「使える」人がテクニカル・サービスの任に当たるために抜擢されてきそうだというので、事務やパートの多くは技能訓練を受けずにいる。例えば、先にあげた日本の事例で、ＩＰＣの職員はネットワークの保守やテクニカル・メンテナンスをおこない、電算機室に人員を配置し、技能訓練のワークショップを主導しなければならない。アメリカのシステムでは、こういった仕事はそれぞれ、一定の管轄領域内で仕事をする専門技術者《スペシャリスト》によっておこなわれる。ここにもまた、「資格」と「場」とのあいだの相違が見い出せよう。

・おそらくこうした「万能選手《ジェネラリスト》」志向があるために、ＩＴの世界における専門技術者《スペシャリスト》の活躍舞台が日本ではなかなか拓かれてこなかったのだろう。日本のシステムは「万能選手」を生み出す方向に機能し、さまざまなグラフィックの専門家や教育デザインの専門家といった専門技術者の活躍舞台が他の高度先進諸国と同程度に開拓されることはこれまでなかったのである。そのうえ、日本においては通例、ＩＴの専門家チームが共同作業によって成果を生み出すようなことはまずない。少なくとも、教育分野ではない。

・ＩＴサービスを「資格」よりも「場」によって方向づけたことのもうひとつの重大な帰結は、テクノロジーを調達するためには専門職員を雇用することよりも「ボランティア」の教員の働きの方をあてにしなければならないというまさにその理由ゆえに、テクノロジーが優先されるようになる傾向が生まれ、さらにテクノロジーがそれ自体目的となってしまうということである。そもそも専門技術を獲得することは非常に難しいわけで、それゆえそれが最後には権力の座につくのである。アメリカのシステムでは、権力の座を占めるのは「内容」であることの方がずっと多く、専門技術は二次的なものとされているように思われる。

② ITサービスの提供――ITリテラシーを欠いた構成員たちの視点

ITサービスがその組織の人間関係によって左右される結果、リテラシーのない教員はITサービスから十分な恩恵を得られない。実際のところ日本では、ほとんどのITサービスが、ITを学科主題としている教員たちによって提供される傾向にあるため、人文科学系ではITサービスも教員のIT利用も低水準にとどまっている。しかし、アメリカでは、事例にあげた人文学部が学内で最も積極的にITを教育と研究に活用している部署であった。それに匹敵する部署は唯一、工学部だけであった。

ITを「持てる者」と「持たざる者」

ITサービスの提供システムに矛盾が存在すること、すなわちサービスの受容者が同時にサービスの提供者であることは、もはや明白であろう。こうした状況は、受容者のためにも提供者のためにもならない。いやむしろ、ITサービスの組織は、教員を二つのカテゴリーに分別してしまう。ITリテラシーを「持てる者」とITリテラシーを「持たざる者」とにである。システムが人間関係に左右されるためすべての人に均等にサービスが行き渡らず、そのためITリテラシーを「持てる者」が最後にはITサービスの多数派を占めることになり、「持たざる者」は結果的にそこから閉め出される。それというのも、ITリテラシーを有する教員を多数かかえた学部はよりITサービスを提供することができ、それが今度はより高い水準のITリテラシーの創出を促進するからである。結果的により高度なITリテラシーを身につけた大学院生がつくり出されるわけだが、そうした学生は学部のサービス・システムを拡張したり維持したりする上で非常に重要な存在である。しかし、それとまったく同じ理由から、IT技能を持つ教員が少ない学部（人文学部のような）では、十分なITサポートを立ち上げ、技能を持った学生を大量に育成し、さらに彼らのITリテラシーの水準を高めるといったことが、どうしてもできないのである。問題は、いかにしてこうした隔たりを越えてテクニカル・リテラシーを開発するかなのである。

図５：IT専門知識：日本の大学とアメリカの大学

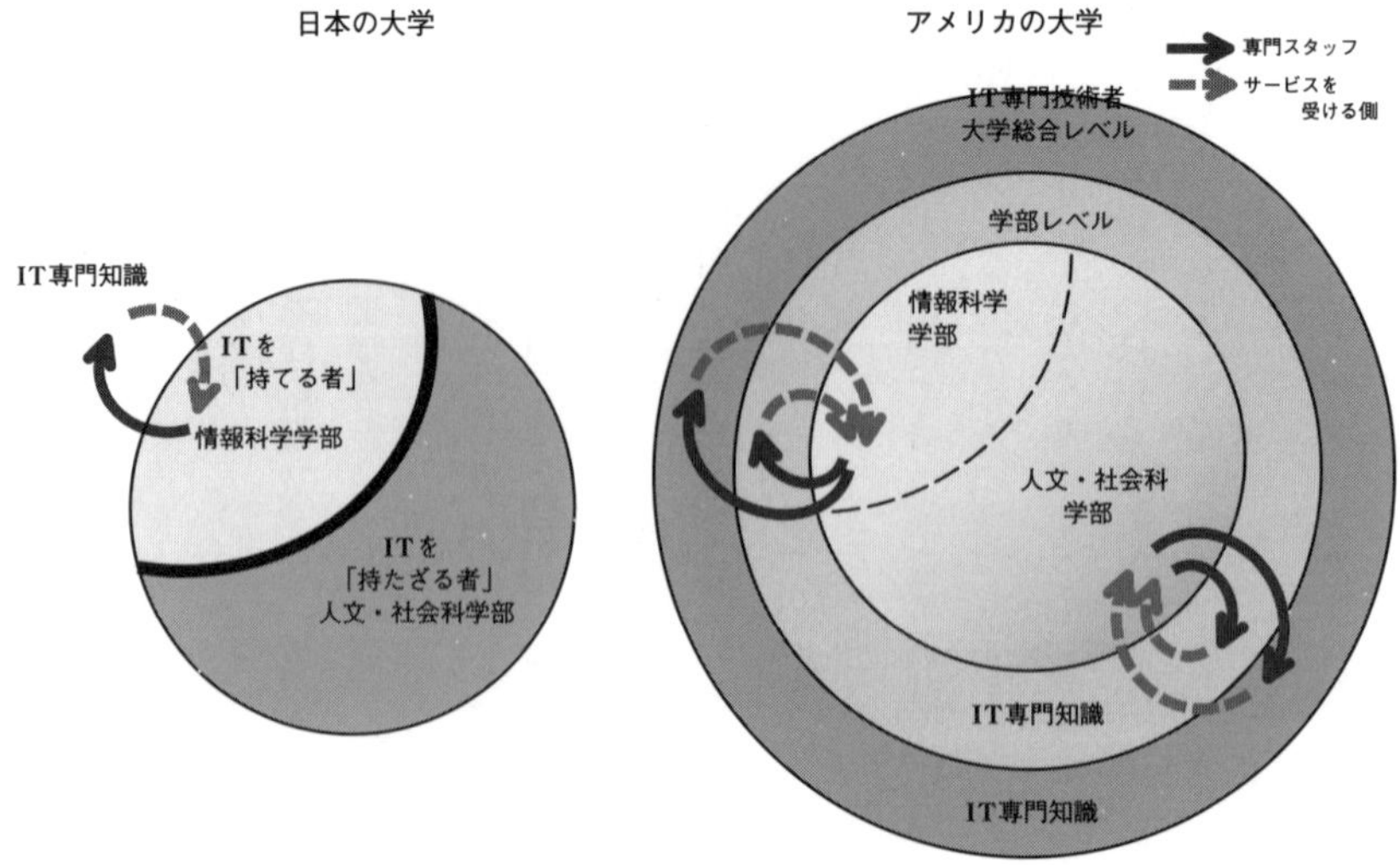

要約すれば、日本の大学の雇用における、技能と職務アイデンティティとの非公式的な関係は、一連の循環的な矛盾を生み出している。その悪循環の中では誰も勝者になれそうにない。ＩＴを「持てる者」は、結局のところシステムの維持をしなければならないし、それをしたからといって十分な評価や感謝を受けられるわけでもない。ＩＴを「持たざる者」は、技術の発展を前にして、頼れるものはほぼ自分しかいない状態に置かれている。しかし、ここでの問題点は、独力で技能を身につけようという熱意と能力を持つ教員は、疑う余地もなく、すでにそうした技能を身につけてしまっている、という点なのである。

理論的および実践的な所見

中根の「資格」と「場」という議論は、どのように上述の公式的組織と非公式的組織の議論に適合するのだろうか。こうした標識はわれわれをいったいどこへ連れていくのか。そしてそこに含まれる問題点とは何か。まず、アメリカのＩＴサービスの組織が「公式的」に規定されているのに対し、日本にあるよく似たサービスの組織は「非公式的」に規定されているというのは、不適切である。

私のここでの第一の主張は、日本の大学においては資格すなわちIT技能が背景に退かされているということ、そしてそうした非公式的な背景に置かれているがゆえに、いくつかの結果が招来されているということである。そうした結果のひとつは、「場」——およびその終身的雇用との諸関連——が、日本の大学におけるITサービス供給の組織作りにあっては、支配的なファクターとして作用するということである。

しかし、もし「場」が組織作りのファクターであるならば、そのことは必然的に、いま議論している組織が公式的なものであることを意味するのであろうか。この論文集の他の著者たちも指摘するように、「場」はより根本的には非公式的なものであり、それゆえ、日本の大学の事例において、「場」はIPCの組織にではなく、「組織の背後」の組織に現れているのである。すでに図4で指摘したことであるが、IPC所属の教員は工学部との関係によって「場」に位置づけられていることがわかる。「場」が最もよく合致するのは組織図ではなく、むしろ入れ子状に重なった場——人が組織の内部でどこに位置しているかを展望しようとしたとき、その見通しを遮るように取り囲む入れ子状に重なる場——なのである。

紙幅の都合上、ここでは二、三の短い示唆しかできないが、中根の「場」に関する議論には、どこかしら「ハビトゥス」の感覚があるように思える。むろん彼女自身はそういった方向に議論を展開させてはいないのだが。この「ハビトゥス」の感覚は、われわれの記憶の中にある歴史、社会的な積み重ね、そして「実際の活動」が世界と実践的に関連しているという感覚である［Bourdieu 1990 : 52］。

私にはまた、上述の事例に明白にあらわれている組織作りの諸要因はITサービスという現象に限定されるものではないように思える。組織作りのファクターは社会的諸関係の集合体の中に埋め込まれており（Eisenstadt［1996］や Van Wolferen［1989］が論じたように）、最近では、いまなお広がりつつある一連の疑惑に関与している。それは、ほぼすべての主要銀行が関わった数兆円もの不良債権疑惑であり、ついには日本長期信用銀行を破滅に追い込むことになったものである。同一主題の変奏としては、銀行や信用組合にも太いパイプを持つゆすり屋組織への贈賄事件、大蔵省と建設省の高級官僚を巻き込んだ贈収賄疑惑などがあげられる（以上は全体のごく一部にすぎない）。こうした疑惑から明らかになるのは、いわゆる倫理基準の欠如ばかりではない。監督や取り締まりをおこなう組織や団体が、その取り締まりの対象と思われている組織体の、重要な一部分でもあるということなのである。例えば、銀行とその顧客とが互いに株式を保有し合っているといったように。換言すれば、日本の指導的なレベルにある諸集団は、「公式的」な組織の機能とは異なる縁やネットワークによって特徴づけることができるのである。真の意味で、そういった縁やネットワークこそが組織そのものだと言ってもよかろう。

「公式的／非公式的」に関して最後に二つほどコメントしておきたい。民族誌学であるにもかかわらず、われわれの理論的趨勢は「非公式的」なものよりも「公式的」なものに特権を与えてきた。換言すれば、ひとつの組織の明確な特徴は、公式的に特徴づけられると考えてきた。われわれは、いわゆる「非公式的」な諸特徴――人と人との結びつき、ネットワーク、時間的・空間的な人の配置、そして実際の組織のその他さまざまな側面――を、それらを「非公式的」なものにする場から抽出しておきながら、そうした諸特徴を「公式的」な組織の一部であるとみなしている。われわれは、非公式的なるものが公式的なるものの内側にあると考えがちである。それは例えば、このパネルの題名「日本の（フォーマルな）組織におけるインフォーマル活動」にも現れている。

「公式的」と「非公式的」というのは申し分なく率直に見えるかもしれないが、そのおのおのは社会生活に関する固有の見解と組になっており、しかもそれらの見解は互いに両立しないようなのである。それゆえ、注意深く観察する必要がある。「公式的」な見解から見れば、諸々の実践は「ただ役割を演じるだけ、ただ楽譜を演奏するだけ、ただ計画を実行するだけのこと」[Bourdieu 1990 : 52] に容易に還元されてしまうかもしれない。「場」を論じる際の中根の限界は、Moeran [1999] が指摘するように、彼女がこうしたやり方で「場」を制度と結びつけがちであった点に存する。このように彼女には、場を実践と切り離して対象化する傾向が見られるのだが、私は彼女が別の方向に、すなわち場を実践と関連づけて考える方向に向かうべきだったと思う。

このような日本社会の事例が提起する問題は、日本社会を考えるときに、「非公式」の視点を中心に分析する必要があるということだ。すなわち、非公式的な組織の特質は、非公式的なのであり（また、これは実際にひとつの組織形態であるかもしれない）、非公式的なものを公式的なものの構成部分と規定し（また還元し）続けることではない、ということである。ここでの理論的な努力目標は、公式的なものから非公式的なものへと移行することなのであり、その逆ではない。すなわち、「非公式的」なものを起点にした、広い意味での社会生活に関する視点を定式化し始めることなのである。

この方向に向かう理論はあまり多くないが、例えばBourdieuのハビトゥスとプラクティスといった、あるいは「位置づけられた」［Bachnik & Quinn 1994］社会組織といった、すでに存在している理論は、ネットワーク理論をさらにもう一回辿りなおすよりも有益な方向であるように思われる。この論文で私がおこなった考察をより深めていけば、この非公式的な視点が暗に示しているものは、Bourdieuの次のような言葉によって示されるものである。「自らの『生の技法』を完璧にマスターした達人のみが、振る舞いや状況の曖昧さや不確実さゆえに生まれるあらゆる機知機略を使いこなすことができるのであり（中略）その結果、相応しいときに相応しいやり方で、『他に方法は何もなかった』と後になって人々が評するようなことをやってのけることができるのである。そのとき人は、規範や規則といったものからもずいぶん隔たったところにいるのである」［Bourdieu 1990 : 107］。

（1）この章は一九九九年三月十日から十四日に、大阪・国立民族学博物館にておこなわれたJapan Anthropology Workshop Conference のパネルThe Anthropology of Japanese Organisations において発表された論文、“Roadblocks on the Information Highway: Formal and Informal Faces of the IT Revolution in Japanese Universities” の翻訳である。

本論文の基礎となっている比較研究は合衆国のある州立大学での五カ月間の訪問研究、及びメディア教育開発センターでの現在まで五年間の在職期間中に進められた。ＮＩＭＥのこのプロジェクトに対する研究サポートに感謝している。日本の国立大学のテクニカルサービスに焦点をおいた本研究は、民族誌的観察、及び各大学のＩＴサービスの提供者、及び情報処理センターの担当者の面接から進められた。アメリカの大学での研究もまたテクニカルサービス担当者への面接、民族誌的観察から進められた。なお、本研究に関し、以下の先生方に謝辞を申し上げる。日本のＩ

Tサービスセンターの調査を支援してくださった、NIMEの波多野和彦先生、山梨大学の安藤英俊先生、成田雅博先生、またアメリカでの同様の調査に関してご尽力くださった、Diane W. Birckbichler 先生、Charles J. Quinn 先生そして Diane Dagefoerde 先生、私の英文のすばらしい翻訳をしてくださった鈴木健太郎先生、執筆に当たってご支援くださった廣瀬洋子先生、そして有益な提言をくださった Charles T. Tackney 先生。以上の先生方に心から感謝申し上げる。

（2） この期限の繰り上げは、文部省の進めていた学校インターネット整備計画のための予算要求を一九九八年の春に政府が退けたとき、経団連やさまざまな海外投資企業から大量に寄せられた批判に応えるものであった。また地方自治体は、五年以内にすべての学校を無料でインターネットに接続するという郵政省の計画に少なからぬ関心を示していた。文部省は自前のインターネット計画を二年ほど繰り上げることで対応したわけである［Daily Yomiuri Jan. 18, 1999］。

（3） 永野和男教授（静岡大学）の意見によれば、教師たちがもっとも必要としているのはコンピュータ・リテラシーではなく、むしろインターネットを実地の教育にどのように利用すればよいのかに関するはっきりとした見解なのである［Daily Yomiuri Jan. 18, 1999］。

（4） 終身雇用が存在するか否かをめぐってはすでに相当な議論がなされてきたが［Aoki 1988］［Koike 1987, 1988］、日本的な雇用制度におけるその組織的な基盤についても［Cole 1971b, 1972, 1979］［Dore 1973, 1986］［Dore et al. 1989］［Gorden 1985］［Shimada 1982, 1992］［Taira 1970］［Taira and Levine, 1985］、またその法的な基盤についても［Tackney and Kettler 1997］すでにかなり詳細な報告がなされてきている。民族誌的な記述を含むものとしては、［Cole 1971a］［Dore 1973］［Roberts 1994］［Rohlen 1974］がある。永続的雇用をめぐる諸議論の概要については、Tackney［n.d.］を参照のこと。

（5） その持てる専門的技能ゆえに相当の需要があるエンジニアですら、エンジニアリング（工学）という世界的に通用する包括的カテゴリーによって雇われる。そして、大学なら教員、会社なら一般職といったような職に就くのである。彼らの職歴はその就いた職によって次々に規定される。それゆえ、彼らは順々に管理職にさえ昇進していくのである。

（6） このケースで見られる組織は一〇九の日本の国立大学の情報処理センターにおいて典型的なものと言ってよい。これら一〇九のセンターは、情報サービスの人員規模及び充実度の観点から、三レベルのピラミッド構造になっている［Bachnik 1999b, 2000］。上記のケースは、中位レベルのもので、そこには現在二十九の大学が含まれている。このレベルの大学はすべて同じ様なスタッフ構成であり、各学部レベルの人員配置も一名か二名の「ボランティア」の教員がいるかもしれないが、同様の形で構成されている。

（7）　ただし、ここで紹介したUTSの業務内容は部分的なものである。「UTS」というキーワードでウェッブ検索をおこなったところ、二百件以上もの該当があったことから、この説明はUTSの業務内容の簡単な紹介にすぎない。

（8）　インフォーマントによると、こうした状況は、この大学に独自なものでなくIPC組織一般に見られる。

（9）　<http://nc.u-tokyo.ac.jp/koho/koho.html>

参考文献

Aoki, Masahiko, *Information, Incentives, and Bargaining in the Japanese Economy.* Cambridge: Cambridge University Press, 1988.

Bachnik, Jane, "Roadblocks on the Information Highway: Formal and Informal Facets of the IT Revolution in Japanese Universities," Paper presented at Japan Anthropology Workshop (JAWS), National Museum of Ethnology, Osaka, March 11-13, 1999a.

——— "Do IT Yourself: Assessing the Information Revolution in Japanese Higher Education," Paper presented at Conference: Roadblocks on the Information Highway: *How Can the Information Revolution Succeed in Japanese Higher Education?* Chiba: National Institution of Multimedia Education, Nov. 11-12, 1999b.

——— "Do IT Yourself: Assessing the Information Revolution in Japanese Higher Education," Conference Proceedings: How Can the Information Revolution Succeed in Japanese Higher Education? Chiba: National Institution of Multimedia Education, 2000. http://www.nime.ac.jp/conf99/

Bachnik Jane M. and Charles J. Quinn Jr., *Situated Meaning: Inside and Outside in Japanese Self, Society, and Language.* Princeton: Princeton University Press, 1994.

Beynon, John and Hughie Mackay, *Computers into Classrooms: More Questions than Answers,* London: Routledge Falmer, 1993.

Bourdieu, Pierre, *Outline of a Theory of Practice,* Cambridge: Cambridge University Press, 1977.

——— *The Logic of Practice,* Stanford: Stanford University Press, 1990.

Cole, Robert, *Japanese Blue Collar.* Berkeley: University of California Press, 1971a.

——— The Theory of Institutionalization: Permanent Employment and Tradition in Japan. *Economic Development and Cultural Change* 10:1:47, 1971b.

——— Permanent Employment in Japan: Facts and Fantasies. *Industrial and Labor Relations Review,* 1972, pp. 615-630.

——— *Work, Mobility, and Participation: A Comparative Study of American and Japanese Industry.* Berkeley: University of California Press, 1979.

Daily Yomiuri, Jan. 18, 1999.

Dore, Ronald, *British Factory, Japanese Factory: The Origins of National Diversity in Industrial Relations.* London: George Allen and Unwin, 1973.

——— *Flexible Rigidities: Industrial Policy and Structural Adjustment in the Japanese Economy 1970-80.* London: The Athlone Press, 1986.

Dore, Ronald, Bounin-Cabal, J., and Tapiola, K., "Japan at Work: Markets, Management and Flexibility," Paris: Organization for Economic Cooperation and Development, 1989.

Eisenstadt, S.N., *Japanese Civilization: A Comparative View.,* Chicago: University of Chicago Press, 1996.

Gorden, Andrew, *The Evolution of Labor Relations in Japan.,* Cambridge Mass: Harvard University Press, 1985.

Holmes, Bryn, *Cross-Cultural Differences of Use of Information Technology in Education: A Comparative Study of the Use of Computers in Japanese and British Classrooms.* Doctoral Dissertation, School of Education, University of Cambridge, UK, 1998.

Koike, Kazuo, "Human Resource Development," Yamamura Kozu and Yasukichi Yasuba (eds.) *The Political Economy of*

Japan. Volume 1: The Domestic Transformation, Stanford: Stanford University Press, 1987, pp. 289-330.
——*Understanding Industrial Relations in Modern Japan.* New York: St. Martin's Press, 1988.
Layton, David, *Technology's Challenge to Science Education: Cathedral, Quarry, or Company Stores?* Buckingham, U.K.: Open University Press, 1993.
McVeigh, Brian J., "Students who Pretend not to Know: Education and the 'Official Gaze' in Japan," Paper presented at Association of Asian Studies Japan Meetings, Sophia University, Tokyo, June 25, 1998.
Moeran, Brian, "Markets, Hierarchies, Networks, and Frames:In / Formal Organization in a Japanese Advertising Agency," Paper presented at Japan Anthropology Workshop Conference, National Museum of Ethnology, Osaka, March 11-13, 1999.
中根千枝『タテ社会の人間関係』講談社、一九六七年。
—— *Japanese Society.* Berkeley : University of California Press, 1970.
Network Wizards, *Internet Domain Survey* <http://www.isc.org/> Aoril, 1998.
Roberts, Glenda S., *Staying on the Line: Blue-Collar Women in Contemporary Japan.* Honolulu: University of Hawaii Press, 1994.
Rohlen, Thomas P., *For Harmony and Strength: Japanese White-Collar Organization in Anthropological Perspective.* Berkeley: University of California Press, 1974.
Shimada, Haruo, "Japan's Postwar Industrial Growth and Labor-Management Relations", *Proceedings of the 35th Annual Meeting of the [U.S.] Industrial Relations Research Association,* Dec. 28-30, 1982.
—— "Japan's Industrial Culture and Labor-Management Relations," Shumpei Kumon and Henry Rosovsky (eds.), *The Political Economy of Japan, Volume 3: Cultural and Social Dynamics.* Stanford University Press. 1992, pp. 267-291.
Shire, Karen, "On-the-Job Learning in a Japanese High Technology Workplace: Effectiveness from Workers' Perspectives," Paper presented at Association of Asian Studies Japan Meetings, Sophia University Tokyo June 25, 1998.
Shire, Karen and Nobuyuki Ota, "Relational Networks in Japanese White-Collar Workplaces," Paper presented at the

Annual Meetings of the American Sociological Association, San Francisco, August, 1998.

Tackney, Charles., "Industrial Relations, Working Rules and Learning in the Postwar Japanese Organization," Paper presented at Association of Asian Studies Japan Meetings, Sophia University, Tokyo, June 25, 1998.

——— "The Legal Ecology of the Japanese Industrial Relations System in the Current Crisis"（unpublished paper）.n.d.

Tackney, Charles and David Kettler, "Light from a Dead Sun: The Japanese Lifetime Employment System and Weimar Labor Law," in *Comparative Labor Law & Policy Journal* 19（1）, 1997, pp.1-42

Taira, Koji, *Economic Development and the Labor Market in Japan,* New York : Columbia University Press, 1970.

Taira, Koji, and Solomon B. Levine, "Japan's Industrial Relations: A Social Compact Emerges", in H. Juris et al.（eds.）, *Industrial Relations in a Decade of Economic Change*. Madison: Industrial Relations Research Association, 1985, pp. 247-300.

Thrift, Nigel, "New Urban Eras and Old Technological Fears: Reconfiguring the Goodwill of Electronic Things", *Urban Studies,* 33（8）, 1996, pp.1463-1493.

Van Wolferen, Karel, *The Enigma of Japanese Power: People and Politics in a Stateless Nation,* New York: Alfred A. Knopf, 1989.

（鈴木健太郎訳）

"Citizenship and Class in Japanese Secondary Education." In Cathy Hall and Amy Stamback (eds.), *Education, Modernity and Citizenship,* (forthcoming).
"Finding Class Culture in Japan." In *Hitotsubashi Journal of Social Science,* vol. 30, no.1 (Special Issue), 1998.

ブリギッテ・シテーガ（Brigitte Steger）

ウィーン大学東アジア・日本研究所助手兼任講師
主要業績：『日本における「眠り」の文化的考察』（博士学位論文）
Brigitte Steger, Lodewijk Brunt (eds.), *The Dark Side of Life. Night-Time and the Time to Sleep in Asia and the West.* RoutledgeCurzon, 2003 (in print).
『（仮）日本人はなぜ電車のなかで眠るのか』講談社現代新書、2003年（出版予定）

ジェーン・バクニック（Jane Bachnik）

文部省メディア開発センター研究開発部教授
主要業績：*Roadblocks on the Information Highway: The Information Revolution in Japanese Education.* Lanham Md., Lexington Press, 2002. In Charles J Quinn Jr. (co-editor) *Situated Meaning: Inside and Outside in Japanese Self, Society and Language,* Princeton University Press, 1994.

翻訳者
青木七穂（あおき・ななほ）　お茶の水女子大学卒業
浦野篤也（うらの・あつや）　総合研究大学院大学博士課程中退
岡美穂子（おか・みほこ）　東京大学史料編纂所助手
鈴木健太郎（すずき・けんたろう）　元日本学術振興会特別研究員
深水顕真（ふかみず・けんしん）　広島大学大学院社会科学研究科博士後期課程
山田香織（やまだ・かおり）　総合研究大学院大学博士課程
山本泰子（やまもと・やすこ）　ウィーン大学大学院博士課程

レグランド塚口淑子（つかぐち・としこ）

ストックホルム大学社会研究スェーデン研究所研究員
主要業績：*The Japanese Employment System Revisited: Gender, Work and Social Order*. Stockholm East Asian Monographs 10, Department of Oriental Languages, Stockholm University, 1999. Carl le Grand (ed.), *Women in Japan and Sweden: Work and Family in Two Welfare Regimes,* Center for Pacific Asia Studies, Stockholm University (forthcoming). Carl le Grand (co-author), "Women at Work: A Comparison between Japan and Sweden." Anders Bjōrklund and Naomi Maruo (eds.), *Welfare Policy and Labor Markets: Transformations of the Japanese and Swedish Models for the 21st Century,* (forthcoming).

ウェンディ・スミス（Wendy Smith）

モナシュ大学経営学部教授
主要業績："The Contribution of a Japanese Firm to the Cultural Construction of the New Rich in Malaysia." In Pinches, M. (ed.) *Culture and Privilege in Capitalist Asia*, Routledge, 1999. "Japanese Religion in Australia: Mahikari and Zen in a Multicultural Society." In Clarke, Peter (ed.) *Japanese New Religions in Global Perspective*, Curzon Press, 2000. "Islamic Identity and work in Malaysia: Islamic Work Ethics in a Japanese Joint Venture in Malaysia." In Nyland C, Smith, W. Smyth, R. Vicziany, M. (eds.) , *Malaysian Business in the New Era,* Elgar, 2001 (in press).

王向華（Wong Hueng Wah）

香港大学日本研究科助教授
主要業績：「中国人の婚姻の特質」(『民族学研究』60巻2号，1995)．「J社の香港現地法人の日本人女性従業員について」(中牧弘允・日置弘一郎編『経営人類学ことはじめ　会社とサラリーマン』東方出版，1997)．*Japanese Bosses, Chinese Workers: Power and Control in a Hong Kong Megastore,* Curzon, Hawaii UP, 1999.

ブライアン・モーラン（Brian Moeran）

コペンハーゲン・ビジネススクール教授
主要業績：*A Japanese Advertising Agency,* 1996， *Folk Art Potters of Japan,* 1997. *Asian Media Productions* 2001, all University of Hawaii' Press and, Timothy Malefyt (co-author), *Advertising Cultures,* 2003 (forthcoming).

デビッド・スレイター（David Slater）

上智大学比較文化学部助教授
主要業績：Class Culture: Pedagogy and Politics at a Working Class Tokyo High School (Ph.D. University of Chicago Anthropology Dissertation), 2002.

文玉杓（Moon Okpyo）

韓国精神文化研究院教授
主要業績："Tourism and Cultural Development: Japanese and Korean Contexts." In Yamashita S.Kadir Din and J.S. Eades (eds.), *Tourism and Cultural Development in Asia and Oceania*, Kebansan University Press, 1997. "Marketing Nature in Rural Japan." In Pamela Asquith and Arne Kalland (eds.), *Nature in Japanese Culture: Anthropological Perspectives*, Curzon, 1997. "Korean Anthropology: A Search for New Paradigms." *The Review of Korean Studies* vol.2, 1999.

G・ピーター・ウィットビーン（G. Peter Witteveen）

ミシガン州立大学アジア研究センター アウトリーチ・コーディネーター
主要業績：*The Renaissance of Takefu: How People and the Local Past Change the Civic Life of a Regional Japanese Town*, Routledge (forthcoming)

酒井順子（さかい・じゅんこ）

エセックス大学社会学部客員研究員、立教大学アジア地域センター・フェロー
主要業績：*Japanese Bankers in the City of London: Language, Culture and Identity in the Japanese Diaspora*, Routledge, 2000

呉偉明（Ng Wai-Ming）

香港中文大学日本研究科助教授
主要業績："A Comparative Study of Japanese Comics in Southeast Asia and East Asia." In *International Journal of Comic Art* (New York), Vol. 2. No. 1, 2000. "The Popularization and Localization of Sushi in Singapore: An Ethnographic Survey," *New Zealand Journal of Asian Studies* Vol. 3, No.1 , 2001.

合田美穂（ごうだ・みほ）

香港中文大学非常勤講師，甲南女子大学大学院研修員

祖運輝（Tsu Yun Hui）

シンガポール国立大学日本語研究科助教授
主要業績："The economic Power of the Chinese in Japanese-Colonized Korea." In *Field Material* vol.16, Institute of Ethnology, 2000. "Toothless Ancestors, Felicitous Descendants: The Rite of Secondary Burial in Modern Taiwan." In *Asian Folklore Studies* vol.59, 2000. "For Science, Co-Prosperity, and Love: The RE-imagination of Taiwanese Folklore and Japan's Greater East Asian War." In Akitoshi Shimizu (ed.) *Senri Ethnological Studies* (forthcoming)

執筆者一覧（執筆順）

中牧弘允（なかまき・ひろちか）

国立民族学博物館・総合研究大学院大学教授
主要業績：『むかし大名、いま会社』淡交社、1992.『社葬の経営人類学』（編・著）東方出版、1999.『現代世界と宗教』（NIRAと共編）国際書院、2000.『会社じんるい学』（共著）東方出版、2001.

ミッチェル・セジウィック（Mitchel Sedgwick）

オックスフォード・ブルックス大学シニア・リサーチ・フェロー
主要業績："Positioning Globalization at Overseas Subsidiaries of Japanese Multinational Corporations." In H. Befu and S. Guichard-Anguis (eds.), *Globalizing Japan*. Routledge, 2001. "The Globalizations of Japanese Managers." In J. Eades, T. Gill and H. Befu (eds.), *Globalization and Social Change in Contemporary Japan*, Trans Pacific Press, 2000. Japanese Manufacturing in Thailand: An Anthropology in Search of "Efficient, Standardized Production." In I. Reader and M. Soderberg (eds.), *Japanese Influences and Presences in Asia*. Curzon/University of Hawaii Press, 2000.

米山俊直（よねやま・としなお）

大手前大学学長
主要業績：『同時代の人類学』日本放送出版協会、1991.『現代人類学を学ぶ人のために』（編）世界思想社、1995.『モロッコの迷宮都市フェズ』平凡社、1996.『私の比較文明論』世界思想社、2002.

クリストフ・ブルマン（Christoph Brumann）

ケルン大学人類学部助教授
主要業績："The Perils of the Dominance of One: Charismatic Leaders and Branch Structures in Utopian Communes." *Journal of Anthropological Research* vol. 56, 2000. "Materialistic Culture: The Uses of Money in Tokyo Gift Exchanges." In John Clammer & Michael Ashkenazi (eds.), *Consumption and Material Culture in Contemporary Japan*, London, Kegan Paul International, 2000. "Writing for Culture: Why a Successful Concept Should Not Be Discarded" *Current Anthropology* 40, 1999.

日本の組織
社縁文化とインフォーマル活動

2003年7月1日　初版第1刷発行

編　者——中牧弘允　ミッチェル・セジウィック

発行者——今東成人

発行所——東方出版(株)
〒543-0052大阪市天王寺区大道1-8-15
Tel.06-6779-9571　Fax.06-6779-9573

印刷所——亜細亜印刷(株)

落丁・乱丁はおとりかえいたします。

ISBN 4-88591-846-4